跨国公司与墨西哥的经济发展

（20 世纪 40 年代至 80 年代初）

韩 琦 著

人 民 出 版 社

责任编辑:陈寒节
责任校对:湖　催

图书在版编目(CIP)数据

跨国公司与墨西哥的经济发展/韩琦 著.
—北京:人民出版社,2011.1
(南开经济史丛书/王玉茹主编)
ISBN 978 - 7 - 01 - 009558 - 5

Ⅰ.①跨…　Ⅱ.①韩…　Ⅲ.①跨国公司 - 影响 - 经济发展
- 研究 - 墨西哥　Ⅳ.①F173.1

中国版本图书馆 CIP 数据核字(2010)第 257834 号

跨国公司与墨西哥的经济发展
(20 世纪 40 年代至 80 年代初)
KUAGUO GONGSI YU MOXIGE DE JINGJI FAZHAN
韩　琦　著

人民出版社 出版发行
(100706　北京朝阳门内大街 166 号)

北京龙之冉印务有限公司印刷　新华书店经销

2011 年 1 月第 1 版　2011 年 1 月第 1 次印刷
开本:710 毫米×1000 毫米　1/16　印张:26.25
字数:377 千字　印数:0,001 - 2,500 册

ISBN 978 - 7 - 01 - 009558 - 5　定价:50.00 元

邮购地址:100706　北京朝阳门内大街 166 号
人民东方图书销售中心　电话:(010)65250042　65289539

总　序

　　南开大学的经济史研究有着悠久的历史,在国内外经济史学领域享有盛誉。1927 年南开大学成立经济研究所,该所创始人何廉先生发表《三十年来天津外汇指数及循环》,首创用经济学理论和计量学方法研究中国经济史的范例。何廉在建所之初就请他在美国的好友方显廷主持该所的研究工作。方显廷在耶鲁大学的博士学位论文就是经济史研究的力作《英国工厂制度之胜利》。他来南开后,以近代工业发展为主,在经济研究所建立了多种研究项目。各地有志之士闻风来归,人才济济,成果累累。到 1937 年共出版经济史专著 45 种。

　　南开大学经济研究所作为中国最早连续培养硕士研究生的科研机构,20 世纪 30 年代开始招收研究生,在招生专业中经济史就列入其中。新中国成立后南开大学经济研究所和经济学系分别设有经济史研究室和经济史教研室。以傅筑夫先生为首的南开大学经济史学科成为中国经济史研究的重要阵地。20 世纪 80 年代初恢复研究生招生制度后,南开大学是全国高校理论经济学科最早获得经济史博士学位授予权的两个单位之一(另一个为北京大学)。2001 年在全国重点学科评估中,南开大学经济史学科被确定为理论经济学科中全国唯一的经济史国家级重点学科。

　　20 世纪 60 年代南开大学与企业合作,整理开滦煤矿、启新洋灰公司、范旭东企业集团(永利、久大)的历史资料;从 20 世纪 70 年代后期开始,与中国社会科学院经济研究所、上海社会科学院经济研究所共同承担了《中国资本主义发展史》等重大项目的研究。20 世纪 80 年代开始,以刘佛丁教授为首构建运用经济学理论研究中国近代经济史的新框架,形成了南开大学经济史研究的特色,承担和完成了数十项国家和省部级社会科学研究项目、国际合作研究项目,在国内外经济史研究领域产生了广泛的影响。

经过多年的积累和发展,目前南开大学经济学院和历史学院形成了一支实力较强的经济史研究和教学队伍,研究的主要领域包括:中国近代宏观经济的增长与发展、企业史、财政史、金融史、农村和区域经济发展、外国经济史(日本经济史、拉美经济史、美国经济史等)、比较经济发展等。为了更好的整合南开大学经济史学科资源,2005 年南开大学成立了经济史研究中心,由王玉茹教授任研究中心主任。

为了促进学科的发展,南开学人决定出版《南开经济史丛书》。这套丛书的出版,旨在展示南开大学经济史学研究的新进展;弘扬南开经济史学科的特色;推出新人新作;促进经济史学的交流与繁荣。《南开经济史丛书》编辑部设在南开经济史研究中心,将在"十一五"期间推出第一批10 部专著,以后继续分批出版。

我不是南开学人,而是受托写此序言。我欣然命笔,并衷心祝贺《南开经济史丛书》顺利出版。

吴承明
2007 年 5 月于北京蓝旗营

目　录

序　言

　　对外开放是我国的一项长期国策,将贯穿我国的整个发展过程。毋庸讳言,对外开放是一个机遇和风险并存的过程,中国与西方跨国公司之间始终是一种既相互合作又相互较量的关系。这种合作与较量的内容和方式也将随着内外环境的变化而变化。因此,加强对跨国公司的研究是我们面临的一项重要的、长期的使命。

　　拉美国家与西方跨国公司打交道的历史要比中国长得多,特别是像墨西哥这样的拉美大国,历来都颇受西方跨国公司的青睐。自19世纪后半期墨西哥进入国家现代化发展阶段以来,西方跨国公司一直在墨西哥的发展进程中扮演着重要角色。历届墨西哥政府与跨国公司之间的合作与较量几乎构成了一部情节曲折、攻守转换、高潮迭起、有声有色的长篇历史剧。《跨国公司与墨西哥的经济发展》就是专门研究这一历史长篇的一部力作,这也是国内第一本系统论述拉美国家跨国公司问题的专著,相信其能为广大读者打开一扇知识之窗,并提供有益的历史启示。

　　该书的作者韩琦教授任职于南开大学历史学院拉丁美洲研究中心和世界近现代史研究中心,从事拉美史的教学与研究,特别是以其历史学功底和经济学功底兼备的专业素养,在拉美经济史研究领域长期耕耘,积淀深厚,是国内拉美学界一位颇具影响力的中年学者。关于他的这部新作,我想谈几点初步的体会。

　　一、关于这本书的前期准备。学术研究历来提倡"厚积薄发"。按我个人的粗浅理解,对于一部学术著作而言,所谓"厚积"有很大一部分就体现在前期准备上。在与韩琦教授20多年的交往中,我对他在这本书的前期准备工作中所付出的辛劳是有所了解的。读者不难发现,这本书所运用的资料数据是相当全面、系统的。如作者所言,墨西哥作为一个发展中国家,相关统计资料往往并不完整,尤其是早期发展阶段的资料更是稀缺难找。因此,作者在搜集资料方面曾经花费了很长的时间和大量的精力,其中包括刻苦学习西班牙文并到墨西哥进行业务进修与实地考察。作者坚持"论从史出"的原则,力求使其自己的论述与判断建立在客观真实的历史事实的基础上。这既是应有的治学态度,但又绝不是可以轻而易举地就能做到的。这本书选取了墨西哥进口替代工业化阶段作为重点考察时段,这个阶段从20世纪40年代延续到70年代,跨度达40年。加上对20世纪40年代以前墨西哥引进西方跨国公司的历史介绍,历史跨度就更长。能把这个漫长历史阶段中墨西哥与跨国公司之间错综复杂的互动关系及其相关背景条分缕析地呈现给读者,是以前期艰苦的准备与研究为基础的。作者在书中还大量引用了国外学者的研究成果,力求从各种不同观点的比较中得出比较客观的判断,这同样需要有一个前期积累的过程。

　　二、关于墨西哥的外资政策。作者在书中对墨西哥外资政策的发展演变做了系统的回顾与论述,为我们提供了许多可资借鉴的历史经验与启示。墨西哥曾是一个饱受帝国主义欺凌的国家,光是被外国吞并的领土就占其原有国土面积的一半以上。人们因此曾感叹墨西哥"离上帝太远,离美国太近。"但是,有一个现象却令人关注,墨西哥从来没有实行过"闭关锁国"的政策。墨西哥独立后的第3年(1823年)就颁布法令,允许外国人"购地开矿"。在迪亚斯当政时期(1876~1910年),外资进入墨西哥出现第一个高峰期,到1910年前后,墨西哥的主要经济部门均被外国资本所掌握。1910年爆发的墨西哥革命显然对这种外国资本过度扩张的局面做出了反应,如1917年宪法关于国家对地下资源所有权的规定,卡兰萨政府强调增加国家在资源财富中所占的比重,直至20世纪30年代卡德纳斯政府实行石油国有化,并在土地改革过程中没收了外国公司占有的大片土地,等等。这可以说是在全面进入工业化发展阶段以前,墨西哥与跨国公司之间的一次重大较量。但即便是在这个所谓民族主义思想高涨的年代,墨西哥的国有化运动也只具有局部的性质,而且后来都通过与跨国公司的谈判,进行了合理的赔偿。

进入 20 世纪 40 年代以后,墨西哥经历了持续 40 年的进口替代工业化时期,这是作者重点考察的历史阶段。在这个阶段,墨西哥国民经济实现了重大的结构转型,外国资本也全面渗入了墨西哥的工业、特别是制造业部门。作者对这个阶段中墨西哥历届政府外资政策的调整做了系统的描述和分析,清楚地呈现出政策几度放松又几度收紧的变化过程,以及墨西哥与跨国公司之间频繁的攻守转换。从这个过程中我们似乎可以得出两点基本的判断:第一,在上述年代里,墨西哥在对待外国资本或处理与跨国公司关系的决策中,既不存在某种极端的民族主义,也没有出现极端的自由主义。第二,历届政府所实行的外资政策或相对宽松,或相对严厉,都与当时的内外环境有着密切的关系,其基本出发点都是努力维护本国的正当权益。这种情况恰好说明,在外资政策上,墨西哥政府长期处于在实践中不断进行探索的过程。在此过程中出现政策上的某些偏差与失误也在所难免。

三、关于"墨西哥化"与"非民族化"。这里所说的"非民族化"是指外国资本对某种产品、某个生产行业、甚至某个经济部门形成控制或独占的局面,使东道国资本边缘化。作者对于 20 世纪 70 年代跨国公司在墨西哥众多工业部门所形成的控制或独占局面做了详尽的介绍与论证,其情景有点令人触目惊心!这显然与墨西哥引进外资的初衷相违背。但问题在于,这种"非民族化"局面恰恰是在墨西哥明确提出"墨西哥化"的背景下出现的,这该如何解释呢?我认为,作者在这个问题似乎缺少了一点笔墨,没有对此做一个集中的分析与回答。当然,细心的读者从不同的章节中还是可以找到答案的。例如,政府把"墨西哥化"的重点放在了自然资源和基础设施领域,如采矿、石油、铁路、电力,等等,而此时跨国公司投资的重点正好在向制造业转移,因而双方并无多大冲突。又如,跨国公司大量采用并购当地工业企业的方式来拓展地盘,而政府和本国私人资本对跨国公司这种策略所蕴涵的风险缺乏防范意识。再如,政府提出的"墨西哥化"方针包含有提倡合资和限制外资股权比例等具体政策内涵。然而,在建立某些新兴产业的过程中,政府至少握有本国市场的优势,本来可以通过合资或规定零部件国产化比例等方式直接参与,但实际上往往没有坚持这样做。如此等等。

四、关于外资政策与国家发展战略的关系。作者在分析墨西哥利用外资的实际成效时,没有局限于单纯从外资政策本身去寻找原因,而是同时把国家发展战略这个大背景纳入分析视野,这是书中的一个重要亮点。在拉美地区,所谓"进口替代工业化"的内向发展战略从20世纪30年代资本主义大萧条发生后逐步成型,一直延续到1982年拉美债务危机爆发为止,长达50年。以墨西哥为例,20世纪40年代至70年代这40年的发展始终在这一战略的主导下进行,只不过其中不同的阶段替代进口的侧重点有所不同。由这一战略主导的工业化进程的基本特点是,按工业产品的不同类型实行由低级向高级的逐级替代,以满足国内市场的需求。国家对外建立起关税与非关税壁垒,对内实行"以农养工"等一系列优惠政策,以保护和支持民族工业的发展。在这个背景下,外国资本就绕开贸易壁垒,以直接投资的方式进入墨西哥。这样,外资企业不仅享受着与当地企业同样的优惠待遇,而且以其资本雄厚和技术先进等强大优势与当地企业争夺墨西哥这块相对有限的市场,从而也就不断地挤压着当地企业的发展空间。随着墨西哥的工业化逐步从非耐用消费品向耐用消费品等高端产品生产升级,外资企业的固有优势更进一步显现出来,使当地企业在高端产业中的地位更加边缘化。由此可见,当时墨西哥利用外资的实际成效如何在很大程度上是受其发展战略(或发展模式)的支配,很难从具体的外资政策中找出完整的答案。因此,作者在书中所做的分析使我们对这个问题的认识进入到一个更深的层次。

作者在书中专门写了"跨国公司与墨西哥经济发展的困境"一章。这里所说的"经济发展困境"实际上就是指的20世纪60年代后期至70

年代初期,包括墨西哥在内的一些拉美国家出现的"结构性发展危机"。这一危机是由于没有适时转变国家发展战略引起的,具体表现为多方面的结构性失衡,其中最突出的有3点:一是就业需求与创造就业能力的失衡。其中一个重要原因是工业企业快速向资本密集与技术密集的方向发展。二是外贸失衡。其中一个重要原因是产业升级导致技术、设备等的进口激增;粮食与食品进口的急剧增加则意味着农业部门已不能像过去那样继续为工业发展提供大量外汇支持。三是国际收支失衡。这几种现象在墨西哥都出现了,有的方面甚至比其他拉美国家更为严重。这正是墨西哥等国70年代在国际上大量举借外债的深层背景。作者的分析表明,跨国公司是加剧这种"危机"或"困境"的一个重要因素,或者说,跨国公司在加剧所有这些失衡方面都扮演了重要角色。在墨西哥特定的发展模式下,跨国公司的子公司主要是着眼于占领墨西哥的国内市场,因而无须去考虑大量利用当地的廉价劳动力资源优势,以低成本的产品去争夺其他国家的市场。在这种情况下,跨国公司产业链条的主要部分、关键技术以及研发基地都保留在母公司所在国,在墨西哥的投资对当地经济产生的联动效应就相对有限。

五、关于从具体产业部门对跨国公司行为的考察。作者分别以墨西哥汽车工业、制药工业和食品工业作为案例,对跨国公司的行为做了更深层的考察。从中可以看到,尽管跨国公司在这些部门中的行为方式不同,但它们所追求的目标却基本一致,总是力图形成和保持长期的主导地位。食品工业是墨西哥最先发展起来的优势产业,这个产业生产技术水平和组织管理水平的提高也并非一定通过大量引进外资企业来解决。然而,跨国公司通过参股、并购等方式不断扩展其在食品工业部门的实力,通过广告宣传等手段影响当地居民的消费模式,甚至通过建立新的合成饲料工业改变了墨西哥的作物构成,等等。

作者指出,外国资本在助推墨西哥汽车产业与制药产业的发展上所作的贡献是不容忽略的,特别是在汽车产业方面,墨西哥已成为世界第10大汽车生产国。但与此同时,跨国公司在两大产业中长期保持垄断局面也造成了一系列的扭曲现象,其中包括墨西哥传统医药业的衰败,这些现象也很值得我们予以关注。这里需要提出的问题是,墨西哥为提高这些产业的"民族化"或"国产化"水平奋斗了数十年,为何成效并不明显呢? 我们需要清醒地看到,在一些高新技术产业领域,我们如果真想要实现"民族化"与"国产化",就必须加速提高自身的科学技术水平,就需要有与这些目标相适应的教育政策、科技政策、人力资源政策,等等,不是单靠外资政策可以做到的。为此,作者在本书的最后一章中专门就"国家作为技术创新者的表现"进行了研究和论述,指出了墨西哥对跨国公司技术的长期依赖,认为墨西哥国家在技术创新方面是"失败大于成功"。

　　总之,作者在这部著作中,以丰富的史料为基础,以马克思主义的历史唯物主义和辩证唯物主义为指导,坚持史论结合、论从史出的原则,对墨西哥与跨国公司关系的历史发展与演变进行了系统的考察与研究。书中对各种相关问题做出精彩、深刻分析的例子甚多,在此就不一一列举。作者从这项研究中得出的几点基本看法是颇具启示性的。第一,跨国公司是一把双刃剑,既对墨西哥经济发展做出了一定的贡献,也给它带来了不少问题。第二,代表东道国利益的政府与跨国公司之间的关系是一种相互博弈的关系。东道国在博弈中的成败,既取决于双方力量的对比,又取决于国际环境的制约。东道国取得成功的时候,往往既是东道国手中握有王牌,同时又是顺应了国际时势的变化,是谈判双方感到共同利益大于分歧的时候。第三,墨西哥经济发展战略的选择和经济发展政策的实施有许多失误之处,限制了跨国公司的作用向积极的方向发挥,在某种意义上讲,跨国公司仅仅是经济发展的手段,它的作用只是放大了经济发展战略的效果。

　　《跨国公司与墨西哥的经济发展》一书的出版,是对我国拉美经济史研究领域做出的一项重要贡献,谨此致贺!

苏振兴
2010 年 3 月于北京

前　言

　　在世界经济日益全球化的今天,跨国公司作为世界经济运行主体之一发挥着越来越重要的作用。跨国公司对发展中国家经济究竟发挥了怎样的作用? 发展中国家东道国应该如何处理与跨国公司的关系? 这是两个颇有争议的问题。自由主义理论、依附理论和结构主义理论对此分别提出了不同的看法,但要验证这些观点的虚实真伪则需要有扎实的实证分析。本文在马克思历史唯物主义和辩证唯物主义思想的指导下,运用历史学和经济学相结合的跨学科研究方法,着重对 1940～1982 年墨西哥进口替代工业化期间跨国公司所发挥的作用以及墨西哥国家如何应对跨国公司的做法进行了较为详细的考察。

　　从 1940 年左右开始,墨西哥经济发展进入了进口替代工业化时期,其中经历了三个阶段,即非耐用消费品的进口替代阶段(1940～1955)、耐用消费品的进口替代阶段(1955～1970)、高级进口替代与促进出口相结合的阶段(1970～1982)。跨国公司在第二阶段大量进入了墨西哥的制造业,促进了墨西哥工业化和整个经济的增长,但是伴随“墨西哥奇迹”到来的同时,一系列结构性问题也为后来发生的危机埋下了伏笔。由于受墨西哥革命和 1917 年国家宪法的影响,墨西哥政府对外国资本始终采取了利用和限制相结合的政策,但在不同时期侧重点不同,掌握政策的松紧程度也不同。对采掘业和公用设施、基础工业,墨西哥政府坚持国有化方针,对制造业则采取“墨西哥化”和生产“一体化”方针。在前两个阶段(特别是第二阶段)外资政策比较宽松,在第三阶段则加强了对跨国公司的管制。墨西哥国家在与跨国公司的博弈中同时扮演了企业所有者、政策管制者、制成品出口推动者、技术创新者、财政金融经营者等多种角色,其中有些基本是成功的,国家保持了主权独立,并能将外国直接投资引入需要发展的产业和地区。但在倡导技术创新和实行财政政策和货币政策方面最终是失败大于成功,这成为导致债务危机的重要原因。

与东亚国家(地区)相比,墨西哥在利用跨国公司方面存在失误,因为从宏观资源配置效率的角度看,跨国公司没有促使墨西哥当地资源比较优势得到充分利用;从微观资源配置效率看,跨国公司没有促使当地企业的成长和增强其竞争力,尽管跨国公司促进了墨西哥制造业的结构效率,但这种促进是通过跨国公司进入制造业的"现代"部门来实现的,而对整个行业的技术进步率和"传统"部门则没有影响;从产业关联效应的角度看,跨国公司产业链条的主要部分在国外,关键技术也在国外,对当地经济产生的联动效应很小。相反,跨国公司在东亚国家(地区)利用了当地丰富的劳动力资源,并促进了当地企业的成长和升级。这种跨国公司作用的区别不仅取决于两地政府谈判能力的区别,而且取决于两地发展战略的差异,而发展战略则是由国内和国外多种因素决定的。

通过对1940~1982年跨国公司与墨西哥经济发展进程的研究,可以归纳出这样几条结论:

第一,跨国公司对墨西哥经济发展做出了一定的贡献,包括资本积累贡献、税收贡献、就业贡献、技术贡献、出口贡献等,但跨国公司是一把双刃剑,它也给墨西哥经济发展带来了不少问题,如在第三章和第六至八章案例分析中提到的东道国制造业的"非民族化"、国际收支逆差、地区发展不平衡、收入分配不平等、加强技术依附、改变东道国市场结构、干预东道国政治进程等等。跨国公司与1982年债务危机之间有着内在的联系。与东亚国家(地区)相比,跨国公司在东亚国家(地区)发挥了更大的积极作用,而在墨西哥则基本没有发生像在东亚国家(地区)所产生的那种经济扩散效应。

第二,在经济发展的进程中,代表东道国利益的政府与跨国公司之间的关系可以被看作一种博弈关系,因为二者追求的战略目标有很大差异,东道国可以与跨国公司讨价还价,通过各种政策手段引导和管理跨国公司的行为。墨西哥汽车工业、制药工业和食品工业的案例分析表明:当东道国政策与跨国公司的经营战略在大方向上基本一致的时候,跨国公司就会做出很多改进或让步,当东道国政策目标与跨国公司战略发生冲突的时候,外国企业就会忽视东道国的政策目标,采取一种捍卫现状的立场。在与跨国公司的较量中,东道国如果采取积极主动的姿态,很有希望获得成功。东道国在博弈中的成败,既取决于双方力量的对比,又取决于国际环境的制约。东道国取得成功的时候,往往既是东道国手中握有王牌,同时又是顺应了国际时势的变化、使谈判双方感到共同利益大于分歧的时候。

第三,在经济发展进程中,跨国公司作用的性质一方面取决于跨国公司本身追求利益最大化的本性和它的全球经营战略,另一方面取决于东道国国家的谈判能力、经济政策和发展战略。与东亚国家(地区)的比较表明,墨西哥经济发展战略的选择和经济发展政策的实施有许多失误之处,它的经济发展战略和经济发展政策限制了跨国公司作用向积极方向发挥,在某种意义上讲,跨国公司仅仅是经济发展的手段,它的作用只是放大了经济发展战略的效果。当然,一个国家选择这样的发展战略而没有选择那样的发展战略,往往不是主观因素就能够决定的,它要受到多方面客观条件的制约,国家作用只能在一定的制约框架之内发挥主观能动性。但这样说并不是宿命论,而是想强调,国家决策者应该在尊重历史、顺应时势的前提下,积极发挥主观能动性,因势利导,趋利避害,使跨国公司为我所用,而不是受制于人。

Preface

Transnational corporation as one of the main world economic entities is playing a more and more important role in the world of increasing economic globalization. What roles do transnational corporations play in the economy of developing countries? How should the host developing countries deal with the relationship with transnational corporations? These are two controversial questions to which Liberalism, Dependency Analysis and Structuralism have given different views. The verification of these opinions requires solid positivistic analysis. This paper combines historical method and economic method to study in details the effects of transnational corporation on the economy of Mexico and the reaction of Mexican state to transnational corporations during the import – substitution industrialization period under the guidance of Marxist historical materialism and dialectical materialism from 1940 to 1982.

Around 1940, the economic development of Mexico entered a period of import substitution industrialization, which has gone through three stages, namely the non – durable consumer goods import substitution phase (1940 – 1955), durable consumer goods import substitution phase (1955 – 1970), advanced import substitution and export promotion combination phase (1970 – 1982). A large number of transnational corporations entered Mexico's manufacturing industry, promoting the industrialization and the growth of the whole economy of Mexico during the second phase. However, with the arrival of "

Mexican miracle", a series of structural problems that foreshadowed the subsequent crises emerged. Influenced by Mexican revolution and the 1917 Constitution, the Government of Mexico has taken a combined policy both utilizing and limiting foreign capital with different focus and degree of tightness at different points in time. For extractive industries, public facilities, and basic industries, the Mexican government sticked to the principle of nationalization, while for the manufacturing industry, it adopted Mexicanization and production integration approaches. During the first and second phase (especially the second phase), the foreign investment policies were quite loose; in the third phase, the control of transnational corporations was strengthened. Mexican State played multiple roles in the game with transnational corporations, including business owners, policy controller, promoter of manufacture exports, technological innovator, and fiscal and financial operators, some of which ware basically successful, maintaining the country´s sovereignty independence and directly introducing foreign investment to the industries and regions that need development. However, in advocating technological innovation and the implementation of fiscal policy and monetary policy, failure overshadowed success eventually. This became an important cause of the debt crisis.

Compared with East Asian countries (regions), the use of transnational corporations in Mexico has flaws. From the view of the efficiency of macro resource allocation, transnational corporations in Mexico did not contribute to the full utilization of the comparative advantage of local resources; from the view of the efficiency of micro resource allocation, transnational corporations did not promote the growth of local businesses nor enhance their competitiveness. Even though transnational corporations improved the structural efficiency of the manufacturing industry, this improvement was achieved by the entrance of transnational corporations into the "modern" departments of the industry without affecting the "traditional" departments and the technology progress rate of the whole industry; from the perspective of " linkages effective", the major parts of the industrial chain as well as the key technology of transnational corporations remained abroad, resulting in small linkage effects on local economy. In contrast, transnational corporations in East Asian countries (regions) made use of the rich local labor resources and promoted the growth and upgrading of local businesses. The different effects of transnational corporations result not only from the different negotiation capacity of the two governments, but also from the different strategies of economic development in two regions, which are determined by a variety of internal and external factors.

In short, on the basis of the study of the transnational corporations and economic development in Mexico from 1940 to1982, the author concludes that:

First, the transnational corporations has made relatively important contributions to the economic development of Mexico from a variety of aspects, including capital accumulation, tax, employment, technology, and export. However, transnational corporations are a double – edged sword which also brought many problems to the economic development in Mexico, such as the denationalization of the manufacturing industries in host countries discussed in the case studies of Chapter III and Chapter VI to VIII, including the international balance of payments deficit, uneven regional development, income distribution inequalities, dependence on the strengthening of techology, changes of the market structure of host country, interference of political process in host country and so on. There is an inherent connection between transnational corporations and the 1982 debt crisis. Compared with East Asian countries (regions) , the transnational corporations played a more active role in East Asian countries (regions). The economic proliferation effect brought by transnational corporations to East Asian countries (regions) almost did not occur in Mexico.

Second, in the process of economic development, the relationship between the government on behalf of the benefits of the host country and transna-

tional corporations can be viewed as a game, because the pursuit of the strate-
gic objectives of both are very different, the host country can bargain with
transnational corporations, guide and regulate the conduct of transnational cor-
porations through a variety of policies. The case studies of Mexican auto indus-
try, pharmaceutical industry and food industry show that when the host country
policies and the business strategy of transnational corporations were in the same
general direction, transnational corporations would make a lot of improvements
and concessions; when the host country policies and strategies of transnational
corporations were in conflict, the transnational corporations would ignore na-
tional policy constrains, adopting a defensive status – quo position. At the trial
of strength with the transnational corporations, the adoption of a proactive
stance usually promises success of host country; the success or failure of the
host country in the game depends on the balance of power as well as the inter-
national environment. The host country often succeed when it holds the trump
card and also conforms to the international situation changes, making the nego-
tiating parties feel that the common interests are greater than differences.

Third, in the process of economic development, the nature of transnation-
al corporations on one hand, depends on its inherent nature of seeking the
maximum interest and their global business strategies, on the other hand, de-
pends on the host country's negotiation capacity, economic policies and devel-
opment strategies. The comparison with East Asian countries (regions) shows
that Mexico's selection of economic development strategy and implementation
of economic development polices had flaws, which limited the positive role that
transnational corporations could play. In a sense, transnational corporation is
only a means of economic development, whose role is only magnifying the
effect of economic development strategies. Of course, such a selection of coun-
try development strategies is subjected to many objective constrictions and can-
not be decided merely by subjective factors. The state can only exert initiative

in the framework of certain constraints. But this is not fatalism, instead, the point to be emphasized is that national policy – makers should respect history, conform to the premise of the current situation, exert a positive initiative, master the opportunities and avoid the harmfulness, make use of transnational corporations, rather than be controlled by them.

绪　论

本部分着重阐明本课题的主要目的和意义,评述国内外学者的研究状况,以及介绍本文的研究方法、基本思路和试图有所创新的地方。

一

本文选择 1940 年到 1982 年跨国公司与墨西哥的经济发展作为研究课题,试图探讨进口替代工业化期间跨国公司介入墨西哥经济的状况,跨国公司对墨西哥经济发展的作用,墨西哥政府的外资政策、经济发展战略、国家与跨国公司之间的关系。研究这样一个课题具有重要的学术价值和现实意义。

首先,从实践上看,跨国公司是世界经济一体化和全球化的载体,选择从跨国公司角度研究国际经济关系是一个较好的切入点。第二次世界大战以后,跨国公司得到迅猛的发展,据《2002 年世界投资报告》统计,目前全球共有 65000 家跨国公司,其国外子公司约有 85 万个,控制着世界贸易额的 65% 以上,还控制着世界工艺研发和技术转让的 80%,世界对外直接投资的 90%。其中国外子公司创造了世界国内生产总值的 11%,全球贸易的 1/3,全球最重要的工业和第三产业都已经进入跨国公司的一体化国际生产、流通和服务网络中。因此,从宏观角度讲,跨国公司在很大程度上控制着资本主义世界的经济活动,从微观角度讲,一国国际收支的增减、资本的流动、传统工业的衰落和新兴工业的勃起,无一不与跨国公司经营有关。跨国公司对第三世界市场的占领首先是从拉丁美洲开始的,跨国公司对拉丁美洲进口替代工业化进程产生了重要的影响,当地东道国在与跨国公司打交道的过程中也积累了丰富的经验教训,很值得总结借鉴。

其次,从理论上看,对跨国公司作用的评价历来有褒有贬,需要实证分析给予验证。自由主义学派的一些学者认为,以跨国公司为代表的自由企业有利于促进东道国的经济增长和社会福利的增加。一些资本输出国的政府也宣传资本输出对投资对象国的经济增长所做出的种种贡献,要求发展中国家对资本输入采取更加自由放任的政策。美国政府和美国商人认为,美国私人企业所进行的对外直接投资活动对于全世界的资本合理流动和东道国的经济增长都具有重要意义。但一些拉美学者提出了相反的观点,结构主义代表人物劳尔·普雷维什早期对跨国公司的经营活动持谨慎的乐观态度,到晚期则转为给予抨击。依附论学者如多斯桑多斯、松克尔、卡多索、法莱托、富尔塔多、伊文斯等人都对跨国公司持有批判态度,尽管他们的观点有差异,但共同之处在于他们都认为跨国公司奉行不平等交换原则;外国直接投资带来了种种恶果;跨国公司传播的先进国家的消费模式导致了外围资本主义经济遭到破坏。但实际情况究竟怎样? 这就需要通过有理有据的实证研究加以说明。

第三,从学术研究的角度看,跨国公司研究虽是一个热点,但国内对拉美跨国公司的研究却是一个薄弱环节。通过对国内外学者关于拉美国公司研究学术史的考察可以看到,国外对拉美跨国公司既有理论研究又有实证分析,积累了不少研究资料和研究成果。但国内学术界对拉美跨国公司的研究很不够,对拉美某个国家跨国公司的案例研究则更少。能够从跨国公司这个微观层次透视拉美经济发展进程,揭示拉美经济发展进程的动力与阻力,剖析其成功与失败原因的学者则少之又少。因此,这是一块需要开垦的学术处女地。

第四,选择20世纪40年代到80年代初在墨西哥的跨国公司作为研究对象具有典型意义。一是墨西哥是拉美各国中接受外国直接投资比较多的大国之一,在大多数时期,墨西哥所接受的外国直接投资数量仅次于巴西,居于第二位,受外资的影响比较大。二是40年代到80年代初是墨西哥实施进口替代工业化战略的时期,也是墨西哥现代化快速发展的时期,70年代初墨西哥人均GDP超过了1000美元,但到1982年墨西哥却陷于了严重的债务危机和经济危机。跨国公司在这一发展进程中究竟起到了什么作用?跨国公司与墨西哥的经济发展究竟是什么关系?这是需要做出解释的问题。三是墨西哥具有比较强的民族主义传统和国家主义传统,又与美国毗邻,外国直接投资中美国资本占70%以上,因此,在处理民族国家与跨国公司之间的关系上、在利用外资和处理墨美经济关系上究竟是怎样运作的,也是需要探讨的问题。

第五,研究墨西哥和拉美跨国公司的历史对当今中国的经济发展具有重要的借鉴作用。改革开放以来,中国外资政策逐步放开,吸收外资的规模不断扩大,自1991年至2006年,中国已连续16年位列发展中国家吸收外资的第一位,到2006年底,中国已累计批准设立外商投资企业594445家,实际使用外资金额7039.74亿美元,来华投资的国家和地区近200个,世界500强跨国公司中已有480多家来华投资或设立机构①。在外资进入的初期,人们强调的是外资带来的好处,但随着外资规模的扩大,跨国公司带来的一些问题和弊端也逐渐凸现,如投资产业结构失衡;投资区域布局不平衡;技术溢出效应有限;对土地资源、环境资源带来浪费和污染等。更为重要的是,跨国公司已经度过了成本收成的时期,进入盈利并利润汇出的阶段。从2003年以来,在企业界和理论界反对跨国公司的呼声逐渐升高,有的学者指出,跨国公司在中国的迅速发展,虽然使得中国的GDP迅速膨胀,但中国人民没有充分获得经济增长的成果,工人下岗失业激增、农民收入水平衰退、企业投资无门,都已成为普遍现象。"跨国公司有两个害处,总结起来就是,一挖了我们市场,二抢了我们就

---

① 商务部:《2007年中国外商投资报告》,经济管理出版社2007年版,第46页。

业和投资机会,最后会使我们中国走向拉美化。"①2004年,中国"拉美化"的问题引起媒体重视并作为主题词广为流行起来,这年年初《中国的"拉美化之忧"》成为国内颇有影响的杂志《中国企业家》首期封面文章的标题,在3月份的两会期间,国家发改委负责人在记者招待会上将中国的发展前途与"拉美现象"联系在了一起,随后,"拉美化"问题在学术界的讨论也热了起来。"拉美化"的重要含义之一是跨国公司化,即跨国公司对民族资本形成了挤压和控制之势。但是,拉美学界对这个问题做出回应的声音很弱,缺少通过对拉美跨国公司经营活动的案例剖析或从理论高度深入分析这一问题的研究成果。如何借鉴拉美的经验教训,正确引导和规范跨国公司的行为,提高利用外国直接投资的质量,是我们研究拉美问题的学者应该回答的问题,这也是激发本人研究这一课题的原因。

二

跨国公司又称多国公司、国际公司、世界公司、全球公司等等,1974年联合国经济社会理事会做出决定,此后联合国采用"跨国公司"这一名称。尽管如此,由于对跨国公司定义的标准不同,国际学术界对跨国公司的定义也见仁见智,众说纷纭。1980年5月在联合国跨国公司委员会的第六次会议上,所有成员国就跨国公司定义的三要素达成了共识:第一,跨国公司是指一个工商企业,组成这个企业的实体在两个或两个以上的国家内经营业务,而不论其采取何种法律形式经营,也不论其在哪一个部门经营;第二,这种企业有一个中央决策体系,因而具有共同的政策,此等政策可能反映企业的全球战略目标;第三,这种企业的各个实体分享资源、信息以及分担责任。简单地讲,跨国公司就是以母国为基地,通过直

---

① 左大培:"学术界有人争着卖国——左大培在乌有之乡书吧的讲座"(2003年9月20日)http://www.wyzxwyzx.com/xuezhe/zuodapei/ShowArticle.

接投资,在国外设立附属公司,从而形成一个从国内到国外、从生产到销售无所不包的独特的企业经营体系。

跨国公司与对外直接投资是两个相互联系、密不可分的概念。没有对外直接投资就不能产生跨国公司,而跨国公司产生后,对外直接投资又成为它的重要活动方式。跨国公司是对外直接投资活动的载体和承担者,对外直接投资活动绝大部分是由跨国公司来完成的。但是,这两个概念之间又有区别,跨国公司从事的是对外直接投资,但对外直接投资并不是全部都由跨国公司负责的。同时,跨国公司的业务范围不仅仅限于资本输出。正如联合国跨国公司中心指出的,"必须把研究多国公司与研究外国直接投资相区别,这主要是因为多国公司要提出的一些重要的问题并不限于资金流通,而且在一些实例中有时甚至与它无关。多国公司还与大量其他活动有关,诸如技术转让及商品转移、提供管理服务和企业经营能力,以及有关的业务措施,包括合作安排、销售限制与划拨定价。当多国公司的营业日益扩展以后,和提供资金没有直接联系的那些因素就变得日益重要起来"。①

根据上述跨国公司的定义,笔者仅在能够搜集到的资料范围内,对国内外学者对有关墨西哥跨国公司的主要研究作一简单的述评。

(一)国外学者对拉美地区跨国公司的研究

在对墨西哥的跨国公司进行研究之前,首先应该对跨国公司在整个拉美地区的进入、分布以及运作情况有个大体的了解。在这方面,比较早的资料有联合国《外国资本在拉美》的报告,②该报告分两个部分,第一部分对外国资本在该地区的发展和影响外国私人投资的政策作了回顾;第二部分是对 20 个国家外国资本的历史和现状的专门研究,包括外资的规模和性质、影响外资的政策和法律等内容。但报告提供的资料主要是

---

① 联合国秘书处经济社会事务部编:《世界发展中的多国公司》,南开大学经济研究所译,商务印书馆 1975 年版,第 9 页。

② United Nations, Department of Economic and Social Affairs: *Foreign Capital in Latin America*, New York, 1955.

1955年之前的。阿尔弗雷多·埃里克·卡尔卡尼奥执笔撰写的《在拉美的外国直接投资》①,是拉美经委会的系列文件之一,其中所提供的资料扩展到了20世纪六七十年代,主要论述了这一时期外国直接投资的外部形势和内部环境;拉美外国直接投资的来源、分布;接受跨国投资的企业所表现出来的一些特征;外资和与拉美专业化生产的关系;外资的某些政策倾向等,但篇幅不大,也缺少理论分析。泛美发展银行和欧拉关系研究所编著的《在拉美的外国直接投资:对主要投资者的透视》②一书主要从投资者的角度着重讨论20世纪90年代拉美和加勒比的外国直接投资,该书第一部分考察了美国、日本、西班牙、德国、联合王国、法国等6个国家在拉美和加勒比的直接投资特点;第二部分论述了这些国家的跨国公司在拉美和加勒比地区内部国家之间投资战略的新发展。类似的研究还有沃恩沃·贝尔和威廉姆·R.米勒斯主编的《拉美的外国直接投资:在世纪之交的性质转变》③,这是一本论文集,着重对7个拉美主要国家和中美洲地区进行了案例分析。作者认为,在20世纪的最后20年,许多拉美国家都经历了宏观经济、经济结构、法律制度等方面的变革,这些变革吸引外国直接投资再次大量进入,不少国家的案例能够表明外国直接投资带来的好处,但国家主权问题和利润分配问题仍然是引进外资争论的焦点。20世纪90年代外国直接投资的方向出现了新的趋势,即重新投向矿业部门和服务业部门,特别是航空、铁路、公路运输、电信、电力等公共事业部门。但外国投资对解决贫困和收入不均问题的贡献并不大,在新世纪,外资无疑会为拉美发展提供许多新的机会,而前提是必须由公共政策加以管制。这些著作对我们了解外国直接投资在拉美的概况无疑会有帮助,然而,它们还不是专门研究跨国公司的著作。

———————————

　　① Alfredo Eric Calcagno:*Informe Sobre Las Inversions Directas Extranjeras En America Latina*. De la Cepal,Santiago de Chile. 1980.

　　② Inter – American Development Bank,Institute European – Latin America Relations:*Foreign Direct Investment in Latin America:Perspectives of The Major Investors*,Rumagraf. S. A. Madrid. 1998.

　　③ Wernwer Baer and William R. Miles (edited):*Foreign Direct Investment in Latin America*,International Business Press,New York. 2001.

较早关注跨国公司在拉美经营活动的官方著作是 1973 年联合国出版的《世界发展中的多国公司》①，这本报告着重对跨国公司的定义、性质、跨国公司对发展中国家发展进程的影响、以及跨国公司在国际关系中所牵扯到的各种问题提出了自己的看法，由于这一时期跨公司在拉美的活动比较多，因此报告在不少地方涉及到拉美的案例。此后，联合国又先后在 1978 年出版了《再论世界发展中的跨国公司》②，1983 年出版了《三论世界发展中的跨国公司》③，对跨国公司进行了追踪研究，这"三论"均由南开大学经济研究所翻译成中文。美国学者罗伯特·格鲁塞的《拉丁美洲的跨国公司》是一部比较系统介绍跨国公司在拉美经营状况的著作，作者旨在解释"跨国公司在拉美做了什么和为什么要这样做"，他的理论框架是：跨国公司会遵循"内部化"战略，利用它的竞争优势，按照讨价还价理论，与环境因素（特别是它的竞争对手和当地政府管制者）展开较量，以争取获得最有利的结果。全书包括了历史和理论背景、管制和经济环境、跨国公司的战略等几个部分。B. 利塔埃尔写的《欧洲在拉美的跨国公司》④，主要是回顾欧洲国家的跨国公司在拉美的历史，并为跨国公司在拉美的发展提供建议。全书分两部分，第一部分是欧洲跨国公司在拉美的发展和跨国公司对拉美与欧洲双方的影响；第二部分在分析南北关系的基础上，对欧洲和拉美分别提出了一套新的政策建议，认为如果双方都接受新的游戏规则的话，跨国公司将成为实施这种政策的工具之一。利塔埃尔的这本书是由欧洲跨国公司研究和信息中心赞助出版的，该书的前言中提到，该中心的目的是推动人们更好地理解现在和未来跨国公司与社会之间的相互作用，并认为，对跨国公司的估价应该是对它们

① the Department of Economic and Social Affairs of the United Nations secretariat, *Multinational corporations in world development*. New York, 1973.

② The Centre on Transnational Corporations of United Nations: *Transnational Corporations in World Development: A Re-Examination*. United Nations Publication, 1978.

③ The Centre on Transnational Corporations of United Nations: *Transnational Corporations in World Development: The third survey*. United Nations Publication, 1983.

④ B. Lietaer: *Europe⁺ Latin America⁺ The Multinationals*, ECSIM, 1979.

置身其中活动的全球环境总的理解的一个部分,对它们的影响形成一种观点的最好的办法是研究某一国家、某一地区乃至一个大陆的政治和经济目标,这些目标对评估跨国公司的冲击和影响提供了一个有用的背景。这种将跨国公司的研究置于更大的政治和经济背景之下的观点是很值得借鉴的。罗伯特·H.斯旺斯布拉夫写的《布阵的巨人:经济民族主义和美国在拉美的投资》[①],讲的是美国投资在拉美引起的反响,作者着重分析了在拉美出现的经济民族主义现象及其与美国投资者利益之间的冲突,同时考察了在私人企业对经济发展作用的问题上,拉美与美国之间的认识分歧,评估了美国推动和保护在第三世界国家中外国私人投资的政策,通过重点分析拉美经济民族主义的心理和政治根源,为避免美国与拉美之间的投资争议提出了政策建议,但该著作研究的时段限于 20 世纪 70 年代初之前。拉迈斯·F.拉姆萨兰写的《美国在拉美和加勒比的投资:趋势和问题》[②],重点论述了美国在拉美地区直接投资增长的历史,讨论了一些与外国私人资本在发展中作用有关的问题,对外国直接投资的政策和经验作了初步的归纳。作者认为拉美地区长期以来是外国私人资本的投资场所,但其影响效果则有限,在很多情况下,它仅仅是有助于经济增长,但对广泛的结构改革则贡献不大。

　　跨国公司在拉美工业部门的活动与本课题联系密切,在这方面的研究主要有里查德·纽法默主编的《利润、进步和贫困:拉美国际工业的案例研究》[③],这是一本将近 500 页的论文集,它试图回答跨国公司对发达国家和发展中国家的利润分配产生了什么样的影响? 发展中国家经济增长本身的性质是什么? 在跨国公司控制和垄断的 8 个拉美工业的案例研究中,作者在他们的历史和经济的分析中,集中讨论了 4 方面的问题:跨

---

① 　Robert H. swansbrough:*The Embattlted Colossus, Economic Nationalism and United States Investoes in Latin America.* The University Presses of Florida , Gainesville,1976.

② 　Ramesh F. Ramsaran, *US Investment in Latin America and The Caribbean , Trends and Issues*, Hodder and Stoughton , London , 1985.

③ 　Richard Newfarmer (edited) :*Profits , Progress and Poverty : Case Studies of International Industries in Latin America* , University of Noter Dame Press,1985.

国公司扩张和控制一种工业的经济原因;跨国公司之间垄断竞争的性质和结果;跨国公司控制发展中国家工业投资的结果;跨国公司和政府影响发展进程的力量对比。所考察的工业包括了香烟、汽车、轮胎、制药、钢铁、拖拉机、电力和食品加工。里斯·詹金斯写的《跨国公司和拉美的汽车工业》①是对拉美汽车工业的专题研究。他对世界汽车工业的演变和汽车工业在拉美的发展进程作了归纳,他以广义的"汽车工业"(包括了汽车制造、零部件和轮胎生产、市场销售等)作为分析的基础,并以20世纪70年代中期为分界线,将拉美汽车工业的发展分为两个阶段。他的重要贡献之一是详细考察了先进工业国家和发展中国家的汽车生产过程、市场条件和价格形成、终端企业和它们的供给商的关系、利润率以及资本积累情况。他确认了在汽车工业增长中劳动的重要性,分析了不同国家背景下的劳动控制战略、生产率和工资格局,但是由于所利用的各国资料质量上的参差不同,他对劳动与经营关系的理解深度也有很大的变化。里斯·欧文·詹金斯写的《拉美的依附工业化:阿根廷、智利和墨西哥的汽车工业》②,着重论述了世界汽车工业的发展及其向拉美的扩散;汽车工业的技术、供给条件和成本差异;汽车的市场和需求;汽车工业的集中和非民族化;汽车工业发展的不同模式等问题,选择拉美三个主要国家的汽车工业作为考察对象,试图说明拉美经济与世界经济连接为一个整体,先进工业国家的发展和扩张为拉美国家的发展限定了框架。拉美汽车工业的发展是一种依附性的工业化。

　　国有化和投资风险是跨国公司研究的重要内容。保罗·E.西格蒙德:《拉美的跨国公司:国有化的政治》③,着重讨论了拉美的经济民族主义和国有化问题,其中内容包括关于国有化的国际争论;拉美经济民族主

---

① 　Rhys Jenkins: *Transnational Corporations and The Latin American Automobile Industry.* University of Pittsburgh Press,1987.

② 　Rhys Owen Jenkins: *Dependent Industrialization In Latin America , The Automotive Industry In Argentina , Chile , And Mexio.* New York , Praeger Publishers ,1977.

③ 　Paul E. Sigmund: *Multinationals in Latin America , The Politics of Nationalization.* A twentieth Centry Fund Study ,The University of Wisconsin Press ,1980.

义的发展;国有化和墨西哥的发展模式;以及古巴、智利、秘鲁、委内瑞拉等国的国有化;国有化、外国投资和美国政策的关系等。作者的主要目的是考察产生国有化要求的经济和政治背景,评估赞成或反对国有化的观点,分析国有化工业经营的困难,寻找解决这些困难的方案。作者认为,在国有化运动的经历中,东道国和投资国都学会了保护自己的利益。豪尔赫·斯托斯伯格写的《拉美外国直接投资的政治风险和体制环境》[①]一书,主要内容包括:投资风险理论;政治风险和国家体制;政治风险和拉美的外国直接投资;政治风险和墨西哥的外国直接投资。作者认为资本流动的密集程度是全球化的一个重要特征,而吸引外国直接投资是保证发展中国家外部金融的重要途径,但外国直接投资的流动则取决于跨国公司的选择。影响跨国公司投资决策的重要因素之一是东道国的政治环境,诸如征用、暴动、革命或内战等政治风险都是投资的重要障碍。因此,本书除了一般地分析政治风险对拉美外国资本的冲击之外,还以墨西哥的政治变动及其外资政策为例,进一步论证了政治环境对跨国公司投资决策的重要意义。但该书研究的年代偏重20世纪80年代以后。

(二) 国外学者对墨西哥跨国公司的研究

首先,我们对在墨西哥的跨国公司及其直接投资的状况需要有一个整体的了解,在这方面有如下资料为我们提供了帮助。伯纳多·塞普尔韦达和安东尼奥·丘马赛罗的《在墨西哥的外国投资》[②],该书描述了20世纪60年代外国资本在墨西哥经济中的活动,认为在这一时期外国直接投资从传统部门转向了制造业部门,这种情况使外国资本的作用超出了一般资料的估计。该书的优点在于不是简单地提出结论,而是以比较翔实的资料作了论证,统计资料的附录占据了整个著作的1/2,为后人利用这些资料作比较研究提供了方便。费尔南多·法齐贝尔和特立尼达·马

---

① Jorg Stosberg: *Political Risk And the Institutional Environment for Foreign Direct Investment in Latin America*. Peter Lang, 2004.

② Bernardo Sepulveda and Antonio Chumacero: *La Inversion Extranjera en Mexico*, Fondo de Cultura Economica, 1973.

丁内斯·塔拉格合著的《跨国公司、世界水平的扩张和墨西哥工业的表现》[①]，利用大量的统计资料，对跨国公司在墨西哥工业部门的投资、墨西哥国家对这些跨国公司的政策、以及跨国公司对墨西哥工业和对外部门的影响作了比较详细的论述，作者认为，跨国公司的作用是有利有弊。范·R.惠廷写的《墨西哥外资的政治经济：民族主义、自由主义和选择的限制》[②]，通过对墨西哥外资和外资政策的考察，试图说明墨西哥从经济民族主义向经济自由主义转变的原因。"在这本书中，我试图解释民族主义政策的逻辑和探讨使这些政策遭到挫折的结构性制约"。他认为外国资本对民族主义时期的国家政策提出了最直接的挑战。国际化改变了结构性制约，使得民族主义向自由主义转变成为可能。阿隆索·阿吉拉尔和维克托·贝尔纳尔等人写的《墨西哥的外国资本》[③]，是一本论文集，主要由5篇文章组成，即外国资本的战略；外国资本在墨西哥的战略；1970~1984的外国投资；国家垄断资本与外国人：相互关系与矛盾；外国资本与墨西哥经济的非均衡。该著作主要展现了20世纪70年代外国资本在墨西哥的投资、部门分布、外资与民族资本的关系，以及给墨西哥经济带来的问题。作者都是墨西哥国立自治大学经济研究所的教授，论述的问题虽然集中，但比较简略。理查德·S.韦纳特写的《墨西哥的外国资本》[④]是一篇专题论文，主要包括外国资本在墨西哥经济发展中的作用；墨西哥对外国资本的控制；墨美关系的未来问题三个部分。由于美国资本在墨西哥外资中占绝对比例，所以作者基本论述的是美国资本在墨西哥的情况。作者勾画了美国资本在墨西哥的发展线索（包括借贷资本）

[①]　Fernando fajnzylber y Trinidad Martinez Tarrago：*Las Empresas Transnacionales*，*expansion a nivel mundial y proyeccion en la industria mexicana. mexico*，Fondo de cultura economica. 1976.

[②]　Van R. whiting，JR：*The Political Economy of Foreign Investment in Mexico*，*Nationalism*，*Liberalism and Constrains On Choice*. Baltimore And London，The Johns Hopkins University Press. 1992.

[③]　Alonso Aguilar M. y Victor M. Bernal：*El Capital Extranjero En Mexico*，Editorial Nuestro Tiempo，S. A. 1986.

[④]　Richard S. Weinert：Foreign Capital in Mexico，*Proceedings of the Academy of Political Science*，Vol. 34，No. 1，Mexico – United States Relations. (1981). pp. 115 – 124.

和墨西哥政府对外资采取的政策变化,以及美墨关系的有关问题。线索比较清楚,但比较简单。作者还撰写了一篇《国家与外国资本》的类似文章,被收入何塞·路易斯·雷纳主编的《墨西哥的威权主义》中。加里·盖尔菲和彼得·伊文思的《跨国公司、依附发展和半边缘的国家政策:巴西与墨西哥的比较》[①],是一篇比较研究的论文,主旨是论述外国直接投资在巴西和墨西哥依附发展过程中扮演的角色,不仅展示了两国的直接投资在部门分配、跨国公司的行为方面有着类似性,而且还指出,两国政府在应对占支配地位的跨国公司给经济所带来问题时所做出的反应也有趋同性。

其次,对墨西哥工业部门中跨国公司的研究有助于我们深入认识跨国公司的经营战略和实质,在这方面主要有以下研究成果供参考。道格拉斯·贝内特和肯尼斯·夏普在 1979 年发表的《议程背景和讨价还价的能力:墨西哥国家与跨国汽车公司》[②]一文中,着重探讨了跨国公司与东道国带有冲突性的讨价还价的关系。围绕着 1960 ~ 1964 年墨西哥汽车工业创建时发生冲突的案例,集中分析了谈判议程背景和讨价还价的能力问题。他们两人在同年发表的《跨国公司和出口推动的政治经济:墨西哥汽车工业的案例》[③]一文中,通过对汽车工业的剖析,描述了墨西哥经济发展战略从进口替代向出口推动的转变。作者认为,出口推动战略没有注意到体制、分配和政治要素问题。由于国际的和墨西哥的汽车工业的所有权和结构的特点,1969 年墨西哥政府转向出口推动的尝试遇到

---

① Gary Gereffi; Peter Evans:Transnational Corporations, Dependent Development, and State Policy in the Semiperiphery:A Comparison of Brazil and Mexico, *Latin American Research Review*, Vol. 16, No. 3. (1981). pp. 31 – 64.

② Douglas C. Bennett; Kenneth E. Sharpe:Agenda Setting and Bargaining Power:The Mexican State versus Transnational Automobile Corporations, *World Politics*, Vol. 32, No. 1 (Oct., 1979). pp. 57 – 89.

③ Douglas Bennett, Kenneth E. Sharpe:Transnational Corporations and The Political Economy of Export Promotion:the Case of The Mexican Automobile Industry, *International Organization*, *Vol.* 33. No. 2(*Spring*,1979). *pp*177 – 201.

了一些问题:如出口的僵性,决定的依附性;实施中的困难;利益的分配等,他们认为,出口推动政策的考虑应该超越一般的汇率、关税、税收政策等的分析,应该注意结构、历史、特定制造业部门的动力等等。1985 年,道格拉斯·贝内特和肯尼斯·夏普出版了《跨国公司与国家:墨西哥汽车工业的政治与经济》①,这本书是多年研究成果的结晶。作者运用依附理论的历史—结构分析方法,通过墨西哥国家与跨国公司在不同时期的三次重大谈判的研究,展现了墨西哥汽车工业在资本主义世界经济大框架之下由装配到制造再到出口的发展历程,说明了在世界资本主义的结构框架的制约下,墨西哥国家通过讨价还价仍可获得发展的空间和可能性。

加里·杰里菲 1978 发表的《药业公司和墨西哥的依附:类固醇荷尔蒙药业的案例》②一文中指出,在跨国公司控制的墨西哥的类固醇荷尔蒙药业,外国控制导致了两个作为该药业"依附"的重要结果,首先,在增长中存在不平等的利益分配,这种分配对跨国公司比对墨西哥更加有利;其次,在确定国内政策的层面上,有一种对本地发展方向选择的限制。与跨国公司不同的是,墨西哥民族企业在墨西哥国家福利(以当地工业增长来确定)和全球福利(以确认的产品低价定义)中很可能表现得更好。作者认为,第三世界国家如果要建立自己的发展优先权的话,就需要发展强势国家以便有效地应对跨国公司。1983 年加里·杰里菲又出版了《制药业与第三世界的发展》③,该书先是对依附理论的历史—结构分析方法作了介绍,然后着重解剖了墨西哥的类固醇荷尔蒙药业的发展历程,最后分析了跨国制药公司与第三世界国家的关系。作者通过对墨西哥类固醇荷

---

① Douglas C. Bennett and Kenneth E. sharpe: *Transnational Corporations Versus the State: The Political Economy of the Mexican Auto industry*, Princeton University Press, 1985.

② Gary Gereffi: Drug Firms and Dependency in Mexico: The Case of the Steroid Hormone Industry, *International Organization*, Vol. 32, No. 1, Dependence and Dependency in the Global System. (Winter, 1978). pp. 237 – 286.

③ Gary Gereffi. *The Pharmaceutical Industry and Dependency in The Third World*, Princeton, N. J.: Princeton University Press, 1983.

尔蒙制药业的解剖和第三世界各国制药业中跨国公司行为的研究,认为在每个案例中,东道国工业的依附来源于多个方面,包括外国的所有权、外国的技术、外国的科学家、以及外国的市场。尽管这些国家曾试图降低这种依附的程度,但只是在某些大国通过重要药品的进口替代在一定程度上减轻了依附,但在那些小国则很难实现这一目的。由于各国发展水平的不同,制药业的依附也就采取了不同的形式。对发展的两难选择的理解应该是限制和机会并存。

　　米格尔·S. 维翁克塞克的《墨西哥的民族主义与外国投资》[1]一书,主要考察了 1900 年至 1966 年墨西哥的电力工业和硫磺开采业,试图通过对这两个部门的考察,尽量合理地确定和分析革命后墨西哥社会与外国私人投资发生冲突的原因。作者认为,墨西哥与外国私人资本建立了一种新的关系,标志是国家的发展依赖于外部储蓄的增长;外国私人投资集中于工业部门;墨西哥与那些投资国之间有非常大的技术和教育差距。考虑到墨西哥民族主义的活力,作者提出了何种条件才能使民族主义与新的外资共存的问题,他认为对这个问题还需要进行更多政治和经济的研究。里米·蒙塔冯在 1980 年出版的《跨国公司在拉美的作用,墨西哥的案例研究》[2]中认为,人们对跨国公司的研究通常注重分析它们对发展中国家带来的冲击,但对跨国公司的经营行为缺少详细的分析。因此,作者选取了墨西哥食品工业和合成纤维纺织业中的两个跨国公司进行了案例研究。就它们对就业、收入分配和国际收支的影响作了评估,也对母公司向子公司进行技术转移的成本、机制和性质给予了分析。他认为,跨国公司能够没有任何限制地经营的时代已经结束了,它们如果想在发展中国家继续存在的话,那就要看它们调整和适应发展中国家发展计划的能力了。客户工业是跨国公司涉足的另一种工业类型,联合国拉美经委会

　　① Miguel S. wionczek:*El Nacional y La Inversion Extranjera*,Siglo Verntinuo Editors Sa. 1967.

　　② Remy Montavon, *The Role of Multinational Companies in Latin America*, *A Case Study in Mexico. Praeger*,New York,1980.

撰写的《墨西哥的客户工业》①介绍了墨西哥客户工业的演变及其特点；对美国优惠关税税率的规定；有关客户工业的政府立法；客户工业与北美自由贸易协定的关系等。虽然文字介绍比较少，但有比较翔实的统计资料，约占整个著作的 1/2。

第三，如何引导跨国公司为东道国经济发展服务？东道国运用什么样的政策和法规来控制和管理跨国公司的行为？关于这方面的研究主要有以下几种：哈里·怀特 1971 年出版的的《墨西哥的外国企业：法律和政策》②一书，旨在描述和分析墨西哥政府对外国资本和技术的管理和控制。全书包括经济和政治背景；外国投资的作用；限制外国投资的法律；限制外国投资的政策；其他影响企业行为的政策；外国人和法律机构的进入和地位；商业组织；税收等共 8 章 425 页，提供了比较丰富的资料，作者说，他的分析"得益于律师、法律学者、法律出版物和他在墨西哥的经验。"墨西哥工商发展部编写的《墨西哥外国直接投资的法律框架》③主要包括了：促进本国投资和管制外国投资的法律（1973 年 3 月 9 日）；推动墨西哥投资和管制外国投资的规定（1989 年 5 月 16 日）；基于墨西哥经济和生产活动目录的一般的和具体的外国投资规定（1989 年 5 月 16 日）；总方案 1，建立和加速争取墨西哥外国投资委员会发布具体方案的进程（1989 年 6 月 21 日）；总方案 2，建立申请促进本国投资和管制外国投资的法规条款的标准（1989 年 6 月 21 日）。这些法律文本对我们理解墨西哥政府与外国投资的关系提供了真实的依据。桑德拉·F. 马维格利亚写的《墨西哥对外资的指导方针：有选择地推动必需的工业化》④一

---

① CEPAL：Mexico：*La Industria Maquiladora*，Santiago De Chile，1996.

② Harry K. Wright，*Foreign Enterprise in Mexico*，*Law and Policies*，The Univeisity of North Carolina Press，Chapel Hill，1971.

③. Commerce and Industrial Development Ministry：*Legal Framework For Direct Foreign Investment in Mexico*，National Chamber of Commerce of Mexico City. 1990.

④ Sandra F. Maviglia ：Mexico′s Guidelines for Foreign Investment：The Selective Promotion of Necessary Industries. *The American Journal of International Law*，Vol. 80，No. 2.（Apr.，1986）. pp. 281 – 304.

文,着重回顾了墨西哥外资法的立法进程,讨论了墨西哥政府对外资的各种限制。文章对 1973 年墨西哥的外资法作了考察,并介绍了 1984 年墨西哥投资指导方针的内容以及银行家、跨国公司、外国投资委员会、外国投资法团等的反应;最后,分析了通过立法修正而不是通过政策来调整墨西哥投资规定的优点和不利之处。作者认为,墨西哥对待外资的思路经历了一个变化的过程,从完全开放、到过度保护再到民族主义的限制,最后达到了一种平衡。至于外资政策的这种最后变化能否推动经济增长,其他的环境因素也很重要。道格拉斯·贝内特和肯尼斯·夏普写的《作为银行家和企业家的国家:墨西哥国家经济干预的最后诉诸的特点,1917－1976》①一文,通过对墨西哥国家干预经济发展的回顾,着重探讨了墨西哥国家成为银行家和企业家的原因。笔者认为,墨西哥革命以后,由于墨西哥是一个依附性的、后发展的工业化国家,经济发展的任务要求限制下层民众的需求和国家进入私人企业所不愿意和不能进入的经济领域,因此,国家就作为一种最后诉诸的机构承担了引导墨西哥资本主义发展的任务,但奉行主要依靠私人企业的政策对这种干预始终构成了一种威胁。

第四,关于跨国公司与墨西哥发展战略之间关系的研究不多见,但有些资料探讨了墨西哥发展战略形成和转变的原因。如戴维·R.马雷斯在《解释发展战略的选择:墨西哥的建议,1970～1982》②一文中将墨西哥的工业化历史分为两个大阶段:1940～1968;1970～1982,然后分析贸易和发展政策的实施以及政治联盟的形成与破坏。作者认为,经济发展需要在不同的战略中做出选择,如墨西哥最近的经历所表明的那样,这些选择并不是容易的事情。从一种发展战略转变到另一种发展战略涉及到复

---

① Douglas Bennett; Kenneth Sharpe: The State as Banker and Entrepreneur: The Last – Resort Character of the Mexican State's Economic Intervention, 1917 – 76. *Comparative Politics*, Vol. 12, No. 2. (Jan., 1980). pp. 165 – 189.

② David R. Mares, Explaining Choice of Development Strategies: Suggestions from Mexico, 1970 – 1982. *International Organization*, Vol. 39, No. 4. (Autumn, 1985). pp. 667 – 697.

杂的政治学,国际政治经济和国内社会联盟都对与各种发展政策相联系的成本和利益产生了影响。人们如何解释实际的结果?观察家们也许通过在他们的分析中纳入一种国家主义的成分而明显地提高他们的解释能力。在国际政治经济的范围之内,国家影响了(但不是决定了)社会联盟本身的创造和需求。另外,即使面临国内的反对,国家也可能运用政策工具和来自国内国际的便利去实施政策。国内政治经济的结构决定了用国家主义观点解释权力的空间。最终可以在一种建立在历史基础上的意识形态中找到对国家政策选择和特殊的国内联盟构建的解释。韦恩·奥尔森写的《墨西哥政治经济的危机和社会变革》[①]一文,从资本积累的角度,分析了"进口替代工业化"在60年代末的弊病,以及由此引发的各种社会危机和埃切维利亚政府做出的相应改革,并指出此后历届政府改革的目的都旨在寻求一种"新积累模型"。约翰·F.H.波瑟尔在《墨西哥国家与社会:稳定的政权必须制度化吗》[②]一文中,认为墨西哥政权是"建立在代表广大利益的职团联合基础之上的平衡体",强调了墨西哥政治结构的"吸纳功能",并用这种模式分析了70年代的改革,指出"埃切维利亚执政时期是墨西哥的转型期",改革的目的在于"寻求一种新的政治平衡"。罗伯特·E.卢尼写的《埃切维利亚政府时期墨西哥经济的表现:运气差还是计划孬》[③]一文,着重展示了埃切维利亚政府政策的两面性,以及当这种具有矛盾性的政策与几种长期的结构性趋势结合在一起的时候是怎样地导致了1976年的金融和经济危机的。笔者认为分配不平等、国际收支不平衡和农业生产增长的下降是第二次世界大战后进口替代工业化政策的逻辑结果,不是1970年以后才有的。埃切维利亚政府的"分享

---

①　Wayne Olson, Crisis and Social Change in Mexico's Political Economy. *Latin American Perspectives*, Vol. 12, No. 3, Repression and Resistance. (Summer, 1985). pp. 7 – 28.

②　Susan Kaufman Purcell; John F. H. Purcell: "State and Society in Mexico: Must a Stable Polity be Institutionalized?", *World Politics*, Vol. 32, No. 2, Jan., 1980.

③　Robert E. Looney, Mexican Economic Performance during the Echeverría Administration: Bad Luck or Poor Planning? *Bulletin of Latin American Research*, Vol. 2, No. 2. (May, 1983). pp. 57 – 68.

发展"的战略并不比他的前任更加成功,没有变革土地制度,农业衰退的
趋势没有得到扭转,也没有创造出更多的就业机会。1970～1976 年收入
分配更加不平等。埃德华·J. 麦卡恩在《墨西哥的长期危机:面向新的积
累和支配体制》①一文中把墨西哥危机与后福特主义世界经济的再建联
系在一起,确认了墨西哥危机的主要结构特征和联系特征,勾勒出了一种
新的出口导向积累模式及其社会政治内容的轮廓,最后指出了通过这种
模式解决危机的几个主要障碍。这是一种对 1930 年以来墨西哥历史演
变的政治经济分析。

第五,如何评价跨国公司在墨西哥的影响? 尽管都声称尊重客观事
实,但不同作者具有不同的关注点,这是一个带有价值判断的问题。赫伯
特·梅和何塞·安东尼奥在 1971 年出版的《外国投资对墨西哥的影
响》②是在美国议会和美国国家议会基金会(The National Chamber Foun-
dation)的支持下完成的一份报告,报告的前言声称,"我们的目标是描述
事实,而不是要证明或证伪任何预设的结论。"该书的资料主要来源于美
国商业部,着重对 1911～1969 年的美国直接投资对墨西哥的影响进行了
评估,包括投资额、生产、税收、进出口、就业等方面的正面贡献,但对技
术转让和管理技巧影响没有评估,也没有谈外国投资对当地文化、社会和
政治的影响。对外国直接投资给当地带来的问题几乎没有谈到。哈里·
罗宾逊和蒂莫西·史密斯 1976 年出版的《外国私人投资对墨西哥经济的
影响》是上述报告的延续版,受到在墨西哥的美国商会的支持。报告主
要研究的是 1970～1974 年在墨西哥的外国直接投资的特征,其中谈到,
"外国投资者相信它们对墨西哥经济做出的 5 个主要贡献是:引进新技
术、替代进口、提高了生产率、改善了产品质量,介绍了管理的新概念,"

① Edward J. McCaughan, Mexico's Long Crisis: Toward New Regimes of Accumulation and Domi-
nation. *Latin American Perspectives*, Vol. 20, No. 3, Mexico: Political Economy, Social Movements, and
Migration. (Summer, 1993). pp. 6 – 31.

② Herbert K. May and Jose Antonio Fernandez – Arena, *Impact of Foreign Investment in Mexico*.
Washington, D. C. National Chamber Foundation Published Jointly With the Council of the Americas.
1971.

"总之,研究表明外国私人投资对墨西哥经济发展的任何方面都没有不利的影响。"①但是,另一项由美国参议院外交委员会下属的跨国公司委员会支持完成的研究报告《巴西和墨西哥的跨国公司:经济和非经济权力的结构来源》②提出了不同的观点,作者纽法默和米勒认为,在墨西哥的跨国公司的行为导致了当地的"非民族化"和市场垄断问题,威胁到了当地国家的经济主权。他们提供这样的真实信息是为了建议美国政府与跨国公司所在国家建立一种互惠的关系。另外,马格努斯·布隆斯托姆写的《外国投资和生产效率:墨西哥案例》③一文,考察了墨西哥制造业企业的有关表现是否随着跨国公司子公司的出现而发生系统地变化,同时还分析了外国公司的进入对东道国家工业技术结构的影响。其结论是:外国投资出现在一个产业中对其结构性的效率有正面影响,但外资进入与结构变化的相关性仅仅在工业的"现代"部分,最重要的溢出效应来源于外国企业的竞争压力。

(三)国内学者的相关研究

在国内学术界,对该时期墨西哥跨国公司的专题研究几乎是个空白点,迄今为止,尚没有一本关于墨西哥跨国公司研究的专著,甚至对整个拉美地区的跨国公司研究也是个非常薄弱的环节。国内拉美学界在20世纪80年代曾对拉美地区的跨国公司给予一定的关注。陈舜英在1982年发表了《跨国公司在拉美的扩张》④一文,简略论述了跨国公司对拉美投资的特点、跨国公司对拉美经济的影响和拉美国家对跨国公司的斗争三个问题。丁文在1990年发表的《跨国公司与拉美的经济发展》⑤一文,

---

① Harry J. Robinson and Timothy A. Smith, *The Impact of Foreign Private Investment on The Mexican Economy.* Menlo Park, Calif. Stanford Research Institute(SRI). 1976. p25;17.

② Richard S. Newfarmer and Willard F. Mueller, *Multinational Corporations in Brazil and Mexico: Structural Sources of Economic and Noneconomic Power*, Washington, 1975.

③ Magnus Blomstrom : Foreign Investment and Productive Efficiency: The Case of Mexico, *The Journal of Industrial Economics*, Vol. 35, No. 1. (Sep. ,1986). pp. 97 – 110.

④ 陈舜英:"跨国公司在拉美的扩张",《拉丁美洲丛刊》1982年第1期。

⑤ 丁文:"跨国公司与拉美的经济发展",《拉丁美洲研究》1990年第6期。

在简单回顾了跨国公司进入拉美的历史进程及现状之后,着重从资本积累、国际收支、技术、就业、经济结构、消费结构等方面论述了跨国公司对拉美经济发展的影响,以及拉美国家对跨国公司的政策,并结合拉美的经验提出在外资来源、税收、引进技术和建立管理机构等四方面的建议。文章偏重于论述跨国公司的积极作用,对消极影响缺乏深入剖析。在不同产业部门中的跨国公司研究方面,高君诚在 1987 年发表的《美国跨国公司与拉美农业》①对美国在拉美进行农业投资的主要跨国公司及其特点、跨国公司对促进拉美农村资本主义发展的积极作用以及消极影响作了简要论述。江时学 1989 年写的《拉丁美洲汽车工业的发展》②一文,勾画了拉美汽车工业发展的三个阶段,并就东道国对跨国公司实施的政策、汽车工业发展的贡献和带来的问题进行了重点论述,作者认为汽车工业促进了就业;带动了其他部门的发展;促进了公路建设;提高了技术水平,但没有改善国际收支,加剧了贫富悬殊。张文阁和王锡华对墨西哥的客户工业进行了比较早的研究③,他们的文章介绍了墨西哥客户工业发展的概况、地区分布和部门分布、客户工业的资本来源和增值分配、以及政府发展客户工业的政策条例。董国辉也就墨西哥的客户工业发表了两篇文章④,他着重探讨的是墨西哥客户工业兴起和迅速发展的原因,包括有利的国际背景和国内政治、经济环境,以及墨西哥政府的客户工业政策等,有助于人们加深对客户工业的认识。

在与跨国公司有关的外国直接投资的研究方面,陈才兴在 1990 年发表的《战后外国对拉美直接投资的发展变化》⑤一文,考察了 20 世纪 60 年代以来外国直接投资的特点,归纳出这种投资经历了自由开放、严格限

---

①　高君诚:《美国跨国公司与拉美农业》,《拉丁美洲研究》1987 年第 6 期。

②　江时学:《拉丁美洲汽车工业的发展》,《拉丁美洲研究》1989 年第 5 期。

③　张文阁、王锡华:《墨西哥的客户工业》,《拉丁美洲丛刊》1981 年第 4 期。

④　董国辉:《墨西哥客户工业迅速发展的原因》,《拉丁美洲研究》1996 年第 1 期;"墨西哥发展客户工业的历史根源",载南开大学世界近现代史研究中心主编:《世界近现代史研究》,第 1辑,中国社会科学出版社 2004 年版。

⑤　陈才兴:《战后外国对拉美直接投资的发展变化》,《拉丁美洲研究》1990 年第 2 期。

制、积极吸收的三个变化阶段,对外国直接投资演变的背景做了比较简明的勾画,并从中得出发达国家对拉美的投资存在合作和相互依存的一面、东道国的外资政策很关键、多元化吸收外资并加强管理很重要等启示。杨茂春在 1990 年发表的《墨西哥外国直接投资浅析》①着重论述的是 20 世纪 80 年代以后墨西哥外资企业发展的新趋势、墨西哥吸引外国直接投资的政策和措施以及外资对经济发展的影响。在 1993 年发表的《墨西哥改善投资环境促进经济发展》②的文章中,进一步阐述了墨西哥外资政策的转变、外资对推动墨西哥经济的恢复和发展所起到的作用。但他的这两篇文章对 20 世纪 80 年代以前外国直接投资和跨国公司的论述则极少。

有两本著作值得一提,一是郝名玮等撰写的《外国资本与拉丁美洲国家的发展》③,全书共四章,第一章考察整个拉美地区利用外资的历史,其后的三章分别对墨西哥、巴西和阿根廷三国的外资影响作了重点分析。这本书的优点是历史脉络清晰,但"外资"概念不甚清晰,没有区分直接投资和间接投资,更没有对跨国公司的专门论述。另一本著作是陈芝芸等写的《拉丁美洲对外经济关系》④,其中第二章讲"外国直接投资",就战后拉美利用外国直接投资的特点、拉美国家对外国直接投资的政策、外资的作用和影响、以及拉美国家利用外国直接投资的经验教训作了简要的介绍,是 20 世纪 80 年代国内学者研究拉美国家外国直接投资的集大成之作,但篇幅过于短小,有许多问题仍有待进一步探讨。

另外,南开大学 1996 年毕业的柴瑜博士撰写的毕业论文《外国直接投资对拉美和东亚新兴工业化国家和地区经济发展影响的比较研究》很有启发意义,她关于拉美和东亚国家(地区)资源配置效率和结构效率的

---

① 杨茂春:《墨西哥外国直接投资浅析》,《拉丁美洲研究》1990 年第 6 期。
② 杨茂春:《墨西哥改善投资环境促进经济发展》,《拉丁美洲研究》1993 年第 2 期。
③ 郝名玮、冯秀文、钱明德:《外国资本与拉丁美洲国家的发展——历史沿革的考察》,东方出版社 1998 年版。
④ 陈芝芸等:《拉丁美洲对外经济关系》,世界知识出版社 1991 年版。

比较分析的某些观点为本书所吸收。

　　总之,国内学界对 20 世纪 40 年代至 80 年代初拉美的外国直接投资和跨国公司进行了一些有益的探讨,但总体研究比较薄弱,研究成果也较少,而对这一阶段墨西哥跨国公司的研究既没有专题论文发表,又没有专题著作出版,墨西哥跨国公司研究尚是一块有待开发的学术处女地。

三

(一)研究方法

　　本书以马克思历史唯物主义和辩证唯物主义为指导,采用了历史学与经济学相结合的跨学科研究方法,是一项经济史的研究。在具体的研究中,突出了五个方面的结合:(1)理论与实证相结合。既梳理了自由主义、依附理论和结构主义关于跨国公司的一般性观点,又利用大量资料实证分析了跨国公司在墨西哥的具体表现,既介绍了新重商主义模式论、讨价还价理论、"变位权力行为"理论,又有所取舍地借用这些理论阐释了墨西哥国家与跨国公司之间的关系。(2)动态分析与静态分析相结合。既在大多数章节采用历史的、动态的分析方法,又在对跨国公司结构效率和产业关联效应的考察中采用了静态分析的方法。(3)纵向研究与横向比较相结合。这一点在墨西哥与东亚发展战略的比较中得到了体现。(4)一般性研究与特殊性研究相结合。第一至第五章和第九章是一般性研究,第六至第八章选择了汽车、制药、食品三个有代表性的部门加以分析,并且还对制药业的分支部门类固醇荷尔蒙业、食品业中的一个奶制品企业进行了更深入的剖析。(5)历史与现实相结合。虽然重点研究的是1940～1982 年跨国公司与墨西哥的经济发展,但并未与墨西哥的现实割裂,文章的结尾谈到了 1982 年以后跨国公司在墨西哥的发展,更重要的是,如前所述,本项研究的立意是为了给中国的经济现代化提供借鉴。

(二)基本思路或框架

本书除了绪论之外,共九章内容,其基本框架如下:

第一章"跨国公司与经济发展理论",评述了自由主义、依附理论、结构主义三种思路有关跨国公司的观点,自由主义强调跨国公司的积极作用,认为跨国公司基本上是有益的,任何政府干预都是错误的。这一学派的理论虽然作为经济学理论有其合理的成分,但其中的许多假定并不符合发展中国家的实际。依附理论比较全面和深刻地揭示了跨国公司的本质特点及其给拉美国家造成的种种负面影响,但该理论的激进派基本否认跨国公司的积极作用,提出发展中国家与资本主义体系"脱钩"的解决方案。结构主义理论是上述两种理论的折衷,它对跨国公司的认识随着历史的发展而不断加深,既看到了跨国公司积极的一面,也注意到了跨国公司带来的一系列问题,告诫拉美各国谨慎利用外资,提出国家规范跨国公司的概念,并倡议建立规范跨国公司行为的国际法规。这三种思路各有特点,为本书的深入研究提供了理论的借鉴。

第二章"跨国公司与墨西哥的经济发展进程",主要从发达国家跨国公司的起源和发展说起,然后论述跨国公司在拉丁美洲渗透的历史进程,展现出跨国公司进入墨西哥的大背景,最后落脚到跨国公司参与墨西哥经济发展各个历史阶段的特点。在进口替代工业化开始之前,外国直接投资主要分布在采掘业和公用设施部门,虽然促进了墨西哥初级产品出口的发展,但也成为引发墨西哥革命的重要原因之一。1929 年世界经济大危机和卡德纳斯改革,最终终止了这一模式,开启了墨西哥的进口替代工业化阶段。在进口替代工业化简易阶段(1940～1955)和进口替代工业化的耐用消费品替代阶段(1955～1970),跨国公司大量进入墨西哥的工业部门,促进了墨西哥工业化和整个经济的增长,但在带来"墨西哥奇迹"的同时也引发了一系列问题。到进口替代工业化的促进出口阶段(1970～1982),墨西哥政府一方面积极引导跨国公司推动出口,另一方面偏向借债发展,结果在内外各种因素的交叉作用之下,1982 年墨西哥陷入了债务危机。

　　第三章"跨国公司与墨西哥经济发展的困境",主要在引用大量实证资料的基础上,论证了跨国公司给墨西哥经济发展带来的种种问题,其中包括墨西哥制造业的非民族化、国际收支逆差、地区发展不平衡、收入分配不平等,从墨西哥这一国家案例揭示了跨国公司的牟利本质,佐证了依附理论的正确的一面。

　　第四章"跨国公司与墨西哥政府的外资政策",对墨西哥革命以来,特别是墨西哥进口替代工业化时期政府外资政策进行了回顾。在墨西哥革命胜利之后,政府对外资采取了收紧的政策,对石油和部分公用设施部门实行了国有化,这种政策的出台和成功与墨西哥当时的民族主义盛行、国际局势紧张以及美国战略重点的变化相一致;20 世纪 40 年后墨西哥对跨国公司进入制造业采取了相对自由的开放政策,特别是到 20 世纪 50 年代中期进入耐用消费品进口替代阶段后,跨国公司更是得到了鼓励,这与墨西哥本身的工业化战略和发达国家特别是美国垄断资本的扩张相一致;20 世纪 60 年代末和 70 年代初墨西哥政府对跨国公司开始采取了限制与管理的政策,这与跨国公司给当地经济发展带来的问题和拉美国家经济民族主义情绪的高涨相一致;20 世纪 70 年代后期,特别是 80 年代债务危机之后,墨西哥对外国直接投资重新转向积极引进的政策,这与墨西哥试图摆脱债务危机以及国际机构和美国推行新自由主义,为其跨国公司扩张开辟道路相一致。墨西哥外资政策的这种紧——松——紧——松的周期性变化服务于墨西哥的经济发展战略,而经济发展战略则受国际国内一系列因素的制约。

　　第五章"跨国公司与墨西哥的经济发展战略",主要论述了在墨西哥经济发展战略规定下跨国公司的作用。与政府的经济政策不同,经济发展战略是政府为使经济由落后变为先进所拟定的长期性、全局性、根本性的目标和对策,在一定时期具有相对稳定性。在墨西哥进口替代工业化战略的框架之下,从宏观资源配置效率的角度看,跨国公司没有促使墨西哥当地资源比较优势得到充分利用;从微观资源配置效率看,跨国公司没有促使当地企业的成长和增强其竞争力,尽管跨国公司的进入促进了墨西哥制造业的结构效率,但这种促进是通过跨国公司进入制造业的"现代"部门来实现的,而对整个行业的技术进步率和"传统"部门则没有影响;从产业关联效应的角度看,跨国公司产业链条的主要部分在国外,关键技术也在国外,结果带来当地就业不足、外汇短缺等问题。尽管在墨西哥的北部边境地区曾出现了一种旨在利用非熟练劳动力的"客户工业",但与东亚新兴工业化国家(地区)的出口加工区在性质上有所区别,不宜高估。为什么跨国公司在东亚国家(地区)能够发挥更多的积极作用,而在墨西哥却不是这样?通过两地经济发展战略选择的比较,可以看出这与不同经济发展战略的选择有关。

第六章"跨国公司与墨西哥的汽车工业",选择了跨国公司对墨西哥进口替代工业化影响最大工业部门之一的汽车工业作为案例剖析对象,认为在墨西哥汽车工业的发展中,跨国公司既促进了墨西哥汽车工业的发展,使其发展成为世界第十大汽车生产国,另一方面为了自身的利益,给墨西哥工业化进程带来了多方面的扭曲。墨西哥国家为了使跨国公司为墨西哥的国家利益服务,与跨国公司进行了长期的博弈,在不同的时期通过不同内容的汽车工业法令,规范和引导跨国公司的行为,在博弈中,有时是墨西哥国家取得了胜利,有时则是跨国公司占了上风。实践表明,墨西哥国家在博弈中的胜利,不仅取决于双方的力量对比,还取决于国际形势的制约,墨西哥的法令取得成效的时候,往往既是墨方手中握有王牌,同时又是顺应了国际条件的变化、使谈判双方感到共同利益大于分歧的时候。

第七章"跨国公司与墨西哥的制药业",选择了国际化程度最高、跨国公司涉足最深的制药业作为案例剖析对象,认为跨国公司在支配墨西哥的制药业之后,利用公司内部的各种经营策略,赚取了大量利润,特别是制药业的技术研究和开发集中在发达国家,加强了墨西哥对发达国家的技术依赖,传统的当地草药被发达国家开发的现代药品取代,当地百姓的健康条件并没有得到相应的改善。墨西哥政府通过颁布有关法律、建立制药部际委员会、建立国营制造企业等措施对跨国公司的行为加强了干预。本章特别选择了墨西哥类固醇荷尔蒙业的案例,说明这一原来墨西哥占优势地位的制药行业如何为跨国公司取代,政府又如何为挽回败局而通过国营企业与跨国公司博弈的。

第八章"跨国公司与墨西哥的食品工业",选择了作为墨西哥最重要制造业之一的食品工业进行案例分析。该行业大多数企业是本国私人企业,外国企业倾向于控制某些特定产品或领域,并且一般外国股权占多数,也就是说在食品工业中同样出现了"非国有化"的问题。另外,跨国公司子公司的生产主要面向墨西哥国内市场,并特别注重利用广告宣传、商标注册等方法影响中上阶层的消费模式;它们通过对技术的控制获得了高额利润;它们的出口很少,无助于墨西哥国际收支的改善;由于合成饲料工业改变了墨西哥的作物构成,大量原料依靠进口,结果不仅恶化了国际收支,而且还威胁到了墨西哥的食品安全。面对这些问题,墨西哥政府通过法律和法规对跨国公司加强了管制。本章特别选择了"墨西哥达诺内公司"的案例进行了剖析,这是1973年墨西哥外资法颁布之后建立的一个生产奶制品的合资企业,它的运行基本遵守了墨西哥的法律规范,对当地经济发展起到了一定的促进作用。

第九章"跨国公司与墨西哥国家",通过对新重商主义理论、讨价还价理论、"变位权力行为"理论的介绍,强调了发展中国家在与跨国公司的关系中,国家发挥作用的重要意义,并认为在墨西哥实行进口替代工业化战略期间,墨西哥国家在与跨国公司博弈中,扮演了企业所有者、政策管制者、制成品出口推动者、技术创新者、财政金融经营者等多种角色,其中有些是基本成功的,但在倡导技术创新和实行财政政策以及货币政策方面最终是失败大于成功,这成为导致债务危机的重要原因。但是,对于国家,更重要的是经济发展战略的选择,跨国公司的作用只是放大了经济发展战略的效果。与东亚国家(地区)相比较,墨西哥选择的进口替代工业化战略有着重大的失误。但是,一个国家选择这样的战略而没有选择那样的战略,往往不是主观因素决定的,它要受到多方面的内部条件和外部条件的制约,国家作用只能在一定的制约因素之下发挥主观能动性。

　　总之,一般性的观点认为,跨国公司对东道国家的发展有利有弊,利大于弊。但本项研究表明,至少就墨西哥而言,做出这样的判断过于简单化了。跨国公司对墨西哥经济发展从近期效果看,会产生资本积累贡献、税收贡献、就业贡献、技术贡献等,但从长期效果看,它带来了东道国制造业的"非民族化"、国际收支逆差、地区发展不平衡、收入分配不平等、加强技术依附、改变东道国市场结构、干预东道国政治进程等问题。跨国公司的负面影响甚至与 1982 年债务危机之间有着内在的联系。这种局面的形成,不仅因为跨国公司是资本国际化的工具,它所追求的目标是利益最大化,而非东道国的发展和福利,而且还因为墨西哥国家所选择的发展战略与经济政策未能引导跨国公司充分利用当地的劳动力资源和培育当地企业家队伍的成长,未能导致其经济发展进入良性循环,相反,墨西哥经济陷入了结构性危机。特别是与东亚国家(地区)相比,跨国公司在墨西哥基本没有发生像在东亚国家(地区)所产生的那种经济扩散效应。

　　国家在引导和管制跨国公司的方面可以发挥重要的作用,但国家的作用也受到国际环境的制约,当国际环境有利的时候(如卡德纳斯时期),国家的管制是成功的,当国际环境不利的时候,这种管制往往失败。20 世纪 70 年代埃切维利亚的政策并没有获得成功,特别是没有实现改善国际收支的目标,他的后任逐渐放弃了干预主义,转向了新自由主义模式,内部原因固然是没有建立起自己的技术创新体系和债务危机,但作为外部因素的国际机构的压力、资本主义全球化的发展、国际政治格局的剧变也是重要的制约因素。

(三) 力图有所创新之处

　　如前所述,墨西哥跨国公司研究在国内学术界尚属于一块有待开发的处女地,因此选择这个课题本身就具有一定的挑战性和某种创新意义。本书力图在以下几个方面有所突破或创新。

　　第一,对跨国公司的研究需要建立在对大量资料进行实证分析的基础之上,跨国公司经营的资料在很多情况下是保密的,联合国跨国公司中心对世界跨国公司的研究是从 20 世纪 70 年代初才开始的,70 年代之前墨西哥跨国公司的资料很少。尽管如此,本研究还是尽力搜集到了这一时期的主要研究成果和有关资料,在此基础上,力求尽量多地披露墨西哥外国跨国公司在进口替代工业化时期的数据和案例,尽力做到论从史出,有据可依。

第二,一般性的观点认为,跨国公司对东道国家的发展有利有弊,利大于弊。但本项研究力图通过对在墨西哥的跨国公司行为的分析,以及将其与东亚国家(地区)跨国公司行为的比较,较为客观和全面地评价跨国公司对墨西哥经济发展的作用,发现跨国公司与墨西哥经济发展困境乃至 20 世纪 80 年代初债务危机和经济危机之间的逻辑关系。

第三,联系墨西哥的经济发展进程,运用讨价还价理论,力求说明在与跨国公司的博弈中,如果东道国发挥主观能动性,同时东道国的政策又与整个国际经济政治环境相协调,东道国就会在博弈中取得成功,反之则反是。

第四,力求厘清跨国公司行为与东道国政府的外资政策、发展战略之间的关系。跨国公司的行为与资本的本性联系在一起,追求利益最大化,但是东道国政府的外资政策和经济发展战略在决定跨国公司作用的利弊大小问题上也起着重要的作用,如果东道国的发展战略正确,外资政策又能够顺向地加以引导和管制,那么跨国公司作用会利大于弊,反之反是。在某种意义上,跨国公司是经济发展的手段,关键在于东道国的经济政策和发展战略的正确与否。

第五,力求说明国家作用与环境制约之间的关系。国家在选择经济战略与经济发展政策的时候,固然与作为行为者的国家本身的素质有关系,但这种选择要受到环境条件的制约,包括一个国家的各种内部条件和外部条件。发展战略不是凭空产生的,从根本上说是历史发展的积淀物。在全球化的今天,这种选择更大程度上取决于外部环境。因此,选择只能是有限制的选择。

第六,力求系统地梳理依附理论、结构主义理论关于跨国公司的观点,并对 1985 年之前的"旧客户工业"进行新的评价。

第七,国内拉美学界对拉美进口替代工业化经验教训的总结一般都是从发展战略的角度考察,很少从企业层次研究,本文选择从跨国公司的角度探讨墨西哥进口替代工业化的动力和阻力,寻求其成功与失败的原因,这是一个新的视角。

第一章 跨国公司与经济发展理论

　　跨国公司在发展中国家经济发展中发挥了怎样的作用和东道国应该如何处理与跨国公司的关系,一直是个争论不休的问题,不同观点的背后有其不同的理论根源。大致说来有三种思路,即自由主义思路;依附理论思路;结构主义思路。这三种思路各有特点,本章试图通过对这三种理论的评述,为深入研究和分析跨国公司与墨西哥经济发展的关系提供思想和理论上的借鉴。

第一节 自由主义对跨国公司的观点

　　最早的跨国经营理论可以追溯到英国古典经济学家李嘉图的比较优势学说,以及 20 世纪 30 年代瑞典经济学家赫克歇尔—俄林的资源禀赋理论。前者的核心思想是,要使各国资源得到充分利用,实现最大经济效益,必须使各国都能按比较利益进行分工。后者认为,生产要素禀赋的不同是国际贸易和国际分工的根本原因,产业的位置取决于最小的成本组合法则。也就是说,产业总是被牵引到能使其达到最低成本的地点。这些观点在很长一段时间内不仅成为国际贸易和国际分工的理论依据,而且促进了早期跨国经营的发展。

　　第二次世界大战后,随着跨国公司的迅速发展,跨国经营理论也有了新的拓展。沿自由主义思路发展的理论有国际资本移动效应理论、产品生命周期理论和边际产业扩张理论等学说。这些理论从宏观的角度阐释跨国公司产生的原因和效应,一般认为跨国公司在引进资本、技术和管理经验等方面都对发展中国家有利。

国际资本移动效应理论是 1960 年由美国经济学家麦克杜格尔(Macdougall)提出的,该理论的基本假定是:(1)世界由资本充裕的投资国与资本短缺的东道国构成,两国的资本禀赋不同;(2)两国国内市场完全竞争,资本价格等于资本边际生产力;(3)资本在边际生产力递减法则的支配下,在两国之间自由流动。这些假定隐藏的含义是,资本在国际市场上的流动是无磨擦的或者资本市场上不存在巨大的交易成本、资本管制和其他阻止资本国际流动的障碍,是一种标准的"新古典环境"假设。在上述前提下,作者以边际效用原理为基础,阐述了国际资本的移动效应。即由于不同国家的资本价格(利率)存在差异,资本必将从充裕国流向短缺国,从而导致资本在世界范围实现边际生产力的平均化。麦克杜格尔认为,国际资本流动的根本原因在于各国利率的差异,厂商对外直接投资的目标是追求高利率。资本在不同国家的流动可以使资本配置更为有效、资本收益更趋均等,其结果是提高世界资源的利用效率,增加世界的财富总量,对投资国和东道国都有好处。

产品生命周期理论的创立者是美国经济学家雷蒙德·弗农(Raymond Vernon),他于 1966 年 5 月在《经济学季刊》上发表了《产品周期中的国际投资和国际贸易》一文,首次提出了产品周期理论。该理论以要素禀赋和国际贸易理论为基础,把对外直接投资作为出口贸易的替代,从产品比较优势、竞争条件变化与不同国家的要素禀赋优势等角度阐述了厂商的对外直接投资。该理论暗含着两个基本假定:即厂商可以零交易成本(或者交易成本可以忽略不计)实现寡占产品的生产在不同国家之间转移;在长期中国际市场是完全竞争的市场。弗农认为,厂商的垄断优势和国际市场的垄断竞争是一种暂时现象,从长期考察,厂商终因技术进步而无法维持垄断地位,从而回归到完全竞争状态。因此,产品生命周期理论继承了新古典国际贸易理论的完全竞争假说。

　　弗农理论的基本概念是"产品生命周期"。他根据不同阶段产品比较优势的变化特点,把产品生命周期分为三个阶段,一是产品初级阶段,这个时期创新企业拥有技术垄断优势;二是产品成熟阶段,创新企业的技术优势逐渐削弱;三是产品标准化阶段,创新企业的技术优势完全丧失,成本价格在竞争中占据主要地位。20世纪70年代他又进一步导入"寡占厂商"的概念。他把跨国公司定义为寡占厂商,并将其分为三种类型:即技术创新期寡占者(在新产品上拥有技术垄断优势并凭此获得垄断利润);成熟期寡占者(寡占厂商把对外直接投资作为出口替代,并通过技术优势的内部转移获取寡占利润);衰退期寡占者(产品技术已经标准化,寡占利润逐渐消失)。寡占厂商的三种类型与产品生命周期的三个阶段相对应。

　　从上述概念出发,弗农把产品生命周期更迭、寡占厂商类型转换与产品生产区位选择三者结合起来,从动态和时间序列角度描述了厂商对外直接投资的产生以及产品在不同国家的区位转移。他认为,在新产品阶段,由于创新国垄断生产技术,产品的需求价格弹性较低,厂商倾向于在产品创新国生产,此时不会出现对外直接投资;在产品成熟阶段,由于技术扩散和竞争者加入,产品需求弹性增大,对外直接投资比产品出口更为有利,这时厂商倾向于以对外直接投资方式在较发达国家生产,以利用当地的技术优势和劳动力成本优势;在产品标准化阶段,技术因素退居次要地位,成本价格成为竞争的主要手段,厂商倾向于将产品转移至发展中国家生产,以充分利用当地廉价的劳动力和广阔市场的资源优势。因此,厂商对外直接投资是产品生命周期三个阶段更迭的必然结果,厂商只有把自身的技术优势与特定东道国的区位优势结合起来,才能获取对外直接投资的利益。产品周期理论比较符合美国20世纪50年代与60年代制造业企业国际化的情况。但其不能解释跨国公司在海外开发新产品的现象,更不能解释跨国公司为何仍继续保持母国的技术垄断优势。

　　边际产业扩张理论源于日本一桥大学经济学家小岛清于1977年出版的《对外直接投资论》中提出的模型,这是一种利用国际分工的比较优势原理,分析和解释日本型对外直接投资的理论模型,称为"小岛清模式"。他谈到:"一国应从已经或即将处于比较劣势的产业开始对外直接投资,并依次进行"①这句话虽然简短,却是他的理论的核心所在。

　　小岛清的理论建立在比较成本原则和完全竞争假设的基础上。他继承了赫克歇尔—俄林要素禀赋理论传统,认为当生产资本可在国际范围内自由流动时,对外直接投资与国际贸易是一致的,都应遵循比较成本原则,即在完全竞争条件下,新古典国际贸易理论中的国际分工原理不仅适用于对外贸易分析,也可以用来阐释对外直接投资。小岛清利用比较成本理论所采用的两个国家、两种产品(或多个产品)的分析模式,从国际分工角度论述了厂商对外直接投资。

　　边际产业扩张理论依据三个基本概念:(1)比较成本差异。小岛清用劳动和经营资源(包括实物资产、技术水平、劳动力和价格等)替代了赫克歇尔—俄林理论中的劳动和资本要素,认为当两国的劳动和经营资源比率存在差异时,将导致两国比较成本差异。(2)比较利润率差异。由于不同国家的资源要素差别,使得不同国家同一产业的生产厂商具有不同的生产函数,进而形成比较利润差别。具有比较成本优势的行业,比较利润率也相对较高,比较成本与比较利润率是相对应的。(3)边际产业。即在投资国处于比较劣势、而在东道国处于优势地位或潜在优势地位的产业,边际产业取决于两国的比较成本差异和比较利润率差异。

　　小岛清认为,国际直接投资不能仅仅依靠从微观经济因素出发的跨国公司垄断优势,还要考虑从宏观经济因素出发的国际分工原则。美国的对外直接投资主要集中在制造业,从事对外直接投资的企业是美国具有比较优势的产业部门,这些部门的大量对外投资导致美国出口减少,贸易逆差增加,是一种"逆贸易导向"的投资。相反,日本的对外直接投资,除了资源开发型之外,制造业的投资一般为在日本已经丧失了比较优势的部门,这些投资在成本较低的东道国仍然具有比较优势,日本则集中发

_____

①　小岛清:《对外贸易论》,周宝廉译,南开大学出版社 1987 年版,第 444 页。

展比较优势更大的产业。日本的对外直接投资由于符合比较成本与比较利润率相对应的原则,直接投资的结果是扩大了双方比较成本的差异,因此日本的对外直接投资与贸易是互补的,属于"顺贸易导向型"的投资。

小岛清模式的核心是,对外直接投资应该从本国已经处于或即将处于比较劣势的产业及边际产业依次进行;而这些产业又是东道国具有明显或潜在的比较优势的部门,如果没有外来的资金、技术和管理经验,东道国这些优势就不能被利用。这样,投资国对外直接投资就可以充分利用东道国的比较优势并扩大两国的贸易。总之,不同国家产业比较成本差异是对外直接投资的根本原因,并且沿着比较劣势指示方向而进行的对外直接投资,可以扩大两国的比较成本差异,创造出新的、更为合理的比较成本格局。

上述跨国公司理论分别以新古典经济学的边际效用和资源禀赋理论、国家贸易理论和资源禀赋理论、国际分工的比较成本理论作为基石,它们崇尚市场力量和竞争机制,从不同角度解释了跨国公司的投资动机和效应。但是,完全竞争的假设与经济生活的现实毕竟相距太远。要素禀赋格局虽然对跨国公司投资动机产生影响,但不能否认单个跨国公司在投资决策方面的复杂性。另外,国家和制度等其他因素也被忽视了。

第二节 依附理论对跨国公司的观点

跨国公司对拉美进口替代工业化进程产生了重要的影响,这种影响不仅是导致拉美依附论学派兴起的原因之一,也是依附理论关注的一个重要内容。如美国著名经济学家艾伯特·菲什洛(Albert fishlow)在《拉美经济学状况》一文中,从经济学角度谈到依附论的贡献时说:"三种经济观点形成依附论的有机部分,一是不平等交换原则;二是外国私人投资带来的恶果;三是由于照抄先进国家的倾斜消费模式而导致的外围资本主义经济遭到破坏。"①这三个方面都与跨国公司有直接联系。以下着重评述几位著名依附论学者的观点,他们大多数是拉美学者,有两位虽然不是拉美人,但也是在拉美国家作过长期研究的学者。这些学者的观点大致可以分成两类,第一类被称为传统的依附论者,他们基本否定跨国公司的积极作用,如多斯桑多斯、松克尔、富尔塔多,弗兰克,认为在现存的依附资本主义条件下拉美的发展没有出路,不摆脱依附状态就不能发展,属于悲观论派。第二类是被称作依附发展论者,他们看到了跨国公司的积极作用,如奥唐纳、卡多佐、埃文斯,认为拉美在依附状态下可以得到发展,属于乐观论派。

1. 多斯桑多斯:跨国公司与新的依附形态

特奥托尼奥·多斯桑多斯是巴西社会学家和经济学家,他关于"依附"概念的定义比较经典②,被多数学者采纳。他较早地注意到随着跨国公司进入拉美,拉美出现了一种"新的依附形态"。他的主要观点如下:

第二次世界大战之后,"世界资本主义进入了一体化的新阶段并开始了一个多国公司为基础的新的漫长的增长周期"。多国公司是国际经济的细胞,"它把必然导致技术和经济集中、垄断、集权、多行业联合和国家干预的私人占有、管理和控制等强有力手段在世界范围内移植。"③由于跨国公司转而向以欠发达国家内部市场为目标的工业部门进行投资,因而在拉美国家形成了一种新的依附形态,其"基本特点是跨国公司的技术—工业统治"。在这种新的依附形态下,拉美国家的工业发展受到了来自三方面的结构性限制:

一是出口部门创造外汇的限制。为了赚取外汇购买发展工业的资本品和中间产品,就必须保留传统的出口部门。"由于这个部门保留着落

---

① 艾伯特·菲什洛:《拉美经济学状况》,墨西哥国立自治大学:《经济研究》1987 年第 3期,转引自中国社科院拉美所编:《拉美资料》1989 年第 5 期。

② 依附是一种限定性状况,即一些国家的经济受制于它所依附的另一国经济的发展和扩张。

③ 特奥托尼奥·多斯桑托斯:《帝国主义与依附》,毛里金等译,社会科学文献出版社 1999年版,第1—2 页。

后的生产关系,所以在经济上限制了国内市场的发展,而在政治上,则意味着传统和没落的寡头集团保持着政权。如果这些国家的出口部门受外国资本的控制,那就意味着大量利润汇出国外,政治上则依附于这些利益集团。"①

二是国际收支逆差的限制。首先,国际贸易的收支趋势是赤字,因为国际贸易市场的趋势是压低原料的价格;提高工业产品和投入物的价格,此外现代技术趋于用合成原料取代某些初级产品;其次,由于外国资本控制了最有活力的经济部门并汇出大量的利润,因此,资本账户对依附国极为不利。资料表明,流出的资本量大于流入的资本量,从而在资本账户上出现了绝对的逆差,此外再加上一些几乎完全为外国控制的服务部门的赤字,如运费、特许权费、技术援助费等,结果在整个国际收支中出现了重要的逆差,由此而限制了进口替代工业化所需投入物的可能性。再次,通过贷款形式为弥补赤字和刺激发展而融资,这样,外国资本和外国援助填补了由他们自己创造的窟窿,但这种援助的实际效果是令人怀疑的,由于援助强加一种额外加价的金融条件,根据美洲经济和社会理事会估计,净援助额平均只有毛援助额的 54.5% 左右。"残酷的事实是,受援国尽管实际上只收到援助的一部分,却不得不按照 100% 来偿还援助。"②

三是工业发展决定性地受到帝国主义中心所实施的技术垄断的制约。欠发达国家发展工业所需要的机器和原料依赖于进口,但发达国家的大公司不是把它们当作简单的商品出售,而是要求对方支付专利使用费,或把这些商品作为资本以投资的形式引进欠发达国家。由于依附国没有足够的外汇,因此不得不以提供各种优惠的形式来吸引外资。如"外资进口机器可以不受汇率控制的限制,可以利用当地资金开办工厂,可以利用政府促进工业化的财政机制,可以得到国内外银行的贷款,外国

---

① 特奥托尼奥·多斯桑托斯:《帝国主义与依附》,毛里金等译,社会科学文献出版社 1999 年版,第 317—319 页。

② 特奥托尼奥·多斯桑托斯:《帝国主义与依附》,毛里金等译,社会科学文献出版社 1999 年版,第 320—321 页。

援助经常被用来补助这样的投资和为与之有关的公共投资融资。外资立足之后，可以把在如此有利环境下获取的高额利润自由地再投资。"[1]

上述结构限制对依附国的生产体制和发展形式产生了重要的影响[2]。

首先，欠发达国家的生产体制在本质上是由前面提到的国际关系决定的。如（1）保持农业和矿业出口结构的需要就产生了一种外部先进的经济中心与国内"大都市"和国内"殖民地"之间的联合，前者从后者榨取剩余价值，于是国际层面上的资本主义发展不平等和联合的特点就在国内得到了复制；（2）工业—技术结构的建立更多的是响应跨国公司利益而不是国内发展的需要；（3）霸权经济中的技术和经济—金融集中化被原封不动地移植到十分不同的经济和社会中，由此造成一种极不平衡的生产结构，收入高度集中，设备能力利用不足，集中于大城市现存市场的密集型开发等等。

其次，在这样的环境下，资本积累呈现出其自身的特征：（1）在当地廉价劳动力市场和使用资本密集型技术的背景下，国内工资水平的差异极大。从相对剩余价值的角度看，结果是一种对劳动力的高剥削率。（2）这种剥削因工业产品的价格高昂而被进一步加强，而工业产品的高价格是由于当地政府实行的保护主义、免税和补贴政策以及来自霸权中心的"援助"所致。（3）由于依附性积累必然与国际经济相联系，所以就受到国际资本主义经济关系中不平等和联合的特点的严重制约，如受制于帝国主义中心的技术和金融控制、国际收支的现实、国家的经济政策等等。

第三，根据前面的分析，可以理解这一生产体系对这些国家国内市场增长的制约。农村传统关系的保留对市场规模是一个严重的制约，而工

---

[1]　Theotonio Dos Santos: *The Structure of Dependence. The American Economic Review* , Vol. 60 , No. 2 , (1970) . p. 234.

[2]　特奥托尼奥·多斯桑托斯：《帝国主义与依附》，毛里金等译，社会科学文献出版社 1999年版，第 324—326 页。

业化也没有(为劳动力)提供一种有希望的前景。依附工业化所创造的生产结构限制了国内市场的增长,因为这种生产结构把劳动力置于高度剥削性的关系之下,限制了他们的购买力,由于采用资本密集型技术,创造的就业机会与人口增长率相比就很少了,限制了新的收入来源的增加,这两种限制影响了消费品市场的扩大。同时,利润汇往国外抽走了国内创造的部分经济盈余。如果不把盈余汇往国外,就可用来建立本国基础工业,满足资本品的市场需要。

因此,"限制这些国家发展的最大障碍正是来自同国际资本主义体系的结合方式及其本身的发展规律。"他认为,如果不在内部结构和外部关系方面进行重大变革的话,拉美国家对发达国家的依附就不能被克服。

2. 松克尔:跨国公司与民族发展

奥斯瓦尔多·松克尔是智利经济学家,他着重考察的是跨国公司与民族国家发展的关系,他的有关论述主要体现在以下几个方面:

跨国资本主义的性质。松克尔在《大公司与依附》一文中认为,以民族国家为研究单位具有局限性,应该从资本主义国际体系的角度考虑问题,因为发达与不发达是资本主义体系历史演变的两个方面[1]。在《跨国资本主义与民族发展》一文中,他认为,跨国资本主义是一个"体系",尽管它有民族的、次民族的和跨国的不同的部分构成,但所有部分都是在居主导地位的原则、标准和目标的基础上运行的,并且紧密地互相依存,其行动和反应如同一个整体一样。因此,加入体系的方式和各组成部分的特点因国家而异。此外,在体系内的行为具有某种灵活性,但也有一定限度,超出这一限度,一国就会处于强大的内外压力之下,它要么适应这个体系,要么同体系决裂。在论述了跨国资本主义的技术工业性质、寡头垄断性质、资本主义性质以及总体性质之后,进一步指出,跨国资本主义"也是一整套关于社会的观念和信仰,一整套关于产生、发展和推行这些

---

　　① Osvaldo Sunkel: Big Business And "Dependencia": A Latin American View , *Foreign Affairs*, Vol. 50 (April 1972). pp. 519 – 520.

观念和信仰的组织和机构,是由接受这些观念和信仰的人们所构成的全球性社会群体,因而也是一个社会文化体系。"①

跨国资本主义的特点。松克尔最初认为,新的跨国公司向整个国际经济蔓延,"它们的活动依据了一种固定的模式:首先是出口他们的制成品;然后在国外建立他们的销售组织;然后允许当地的生产者使用他们的专利和许可证在当地生产产品;最后他们买断当地的生产者,建一个参股或全股的分公司。在这一过程中,一种新的国际经济关系出现了,A 国的 Z 企业与 B 国的 Y 企业之间的贸易被在 A 国和 B 国的 Z 企业内部转移所取代,而 Y 企业从画面中消失了。"②后来进一步指出,跨国资本主义的主要特点在于,生产是在全球范围内而不是在民族或地方范围内组织的,利润最大化也是在全球范围内和跨国公司的整体范围内实现的。……跨国公司在很大程度上取代了市场,在同子公司的交易中可以相对自由地确定价格、成本、工资和利率,从而在公司整体范围内实现利润最大化。……在国际资本主义阶段,各民族经济基本上是通过市场相互作用的,而在跨国资本主义阶段,国家市场日益为跨国公司内部的贸易所代替③。

跨国公司与民族国家的关系。松克尔认为,尽管跨国体系建立了由跨国公司和附属机构构成的经济基础结构,拥有由有着共同文化的跨国社团构成的居民,但所有这些构成要素也处于民族国家的管辖之下,形成跨国体系与民族国家体系的重叠。因此,两个体系的目标和行为方式在一些情况中可以是一致的,在另一些情况中不一致时,就会产生冲突的局面,而最根本的冲突是采取什么发展战略。当地跨国社团的目标是在当地复制其他跨国中心的生活条件、消费方式和文化,由于这一目标主要通

---

① 何塞·比利亚米尔选编:《跨国资本主义与民族发展》,经济文化基金会,墨西哥 1981 年版,第 79—82 页,转引自袁兴昌:《对依附理论的再认识》(下),《拉丁美洲研究》1991 年第 2 期。

② Osvaldo Sunkel: Big Business And "Dependencia": A Latin American View, *Foreign Affairs*, Vol. 50 (April 1972). p. 521.

③ 松克尔和富恩萨利达:《跨国资本主义和民族国家》,载何塞·比利亚米尔选编:《跨国资本主义与民族发展》,经济文化基金会,墨西哥 1981 年版,第 79—82 页,转引自袁兴昌:"对依附理论的再认识"(下)。

过国家来实现,控制、影响和进入国家机构就成为关键。技术官僚阶层的出现意味着跨国社团在国家机构内部的存在,它可以对资源配置和政策的制定产生重要影响,这种影响远远超出它所拥有的实际经济和政治权力的比重。[①]

　　跨国公司对东道国的影响。在《大公司和依附》中,松克尔认为,美国跨国公司在拉美的扩张深刻影响着当地的经济和社会。"所谓的现代化进程意味着劳动密集型的传统生产结构逐渐被另一个更为高级的资本密集型结构所取代,在这种情况下,那些偏好适应这种盛行的合理类型的个人和团体被纳入到新的体制和结构中,同时也排除了那些在新的生产结构中没有地位或缺少适应能力的个人和团体。因此,这一过程不仅阻止了民族企业家的形成,而且也一般地限制和腐蚀了中产阶级(包括知识分子、科学家和技术官僚),甚至在工人阶级内部创造了有特权和无特权的部分,对强大劳工运动的形成增加了另外一种严重的困难。"[②]在后来的文章中,笔者认为跨国公司的社会影响主要有三种,一是在不发达社会出现一个依附性的跨国核心,表现为在当地形成一个社团,拥有明显不同于社会其他部分的独特的组织和文化,并且在很大程度上拥有一个日益具有镇压性的国家机器;二是创造了日益增多的失业者或半失业者,他们一方面拥有极不稳定的收入来源,另一方面又不断地被刺激起来追求跨国核心成员所享受的生活水平;三是随着社会两极分化引起的社会矛盾及特权社会阶层的利益,国家的专制性和镇压性也不断加强。[③]

　　他认为,跨国公司不仅为东道国在经济方面造成了负面影响,同时也

　　①　松克尔和富恩萨利达:《跨国资本主义和民族国家》,载何塞·比利亚米尔选编:《跨国资本主义与民族发展》,经济文化基金会,墨西哥 1981 年版,第 87—90 页,转引自袁兴昌:"对依附理论的再认识"(下)。
　　②　Osvaldo Sunkel: Big Business And "Dependencia": A Latin American View, *Foreign Affairs*, Vol. 50 (April 1972). p. 528.
　　③　松克尔和富恩萨利达:《跨国资本主义和民族国家》,载何塞·比利亚米尔选编:《跨国资本主义与民族发展》,经济文化基金会,墨西哥 1981 年版,第 95—97 页,转引自袁兴昌:"对依附理论的再认识"(下)。

带来了许多政治和社会问题,拉美国家要取得没有依附的自主发展,必须通过彻底的改革而改变现有国际经济体系的不平等的性质。

3. 富尔塔多:巴西模式和后民族资本主义的特征

塞尔索·富尔塔多是巴西经济学家,早在 1958 年作为巴黎索尔波恩大学教授候选人提交的论文中,他就提出了这样的思想:即发展和欠发达是两个在工业资本主义演变的过程中同时出现的相互交织的现象。他确信,当代欠发达是依附现象的结果,只有通过用分析其结构(即确认其不变因素)的观点来研究整个制度的历史演变才能理解[1]。研究拉美经济思想史的美国专家约瑟夫·洛夫认为,富尔塔多是第一位"明确提出发展和欠发达是国际资本主义经济扩张同一进程的两个部分"的人[2]。

富尔塔多在《经济发展的理论与政策》一书中,阐述了对跨国公司参与外围工业化这一新的国际经济现象的观点。他认为,新的国际经济是以居统治地位的中心国家的一些集团控制着新技术的传播为特点的,因此获得新技术已成为发展的必要条件。外围经济的发展意味着总部设在统治中心的大企业在外围经济中的参与程度不断提高。外围的这种依附发展的动力来自国际大企业,这些大企业成了能使统治集团消费多样化新产品的传送带,他们一方面刺激了外围对新产品的需求,同时却控制了生产这些产品所需要的技术。结果,外围经济结构并没有实现与中心结构的同类化,由于外围内部收入集中的趋势不断增长,外部因出口收入减少和跨国公司对剩余占有的不断增加而形成大量国际收支逆差以及外债,从而加大了与中心的差距[3]。

在 1972 年的一篇文章中,富尔塔多揭示了巴西发展模式的实质。他指出,在欠发达国家,制成品的销售市场是由完全不同的两类人组成的,

---

[1]　Celso Furtado, *Adventures of a Brazilian economist*, International Social Science Journal, 1973, Vol. 25 Issue 1/2, p. 28; 11.

[2]　Joseph Love, *Crafting the Third World: Theorizing Underdevelopment in Rumania and Brazil*, Stanford, California, Stanford University Press, 1996. p. 153.

[3]　塞尔索·富尔塔多:《经济发展的理论与政策》,墨西哥,21 世纪出版社 1968 年版。转引自袁兴昌:《对依附理论的再认识》(中),《拉丁美洲研究》1990 年第 6 期。

第一类人是收入非常低的消费者,尽管他们占人口大多数,但这类消费品市场的工业带动作用很弱。第二类是富裕的少数人,他们需求多样化的消费品,也要求有生产这些新产品的新方法。跨国公司的生产就是面向这类市场的。"由于耐用消费品工业比现有消费品工业从大规模生产的经济效果中获益大得多,因此,收入分配越集中,对国内生产总值增长率产生的作用也越大。"因此,巴西政府一直在使用各种手段,特别是信贷政策、收入政策与金融政策来促进和引导收入集中化的进程。结果,"巴西正在生产一种新型的资本主义,它大大依靠调整和利用利润来产生某种消费支出。""巴西'模式'最重要的特色,是它的结构倾向使人民群众得不到积累和技术进步的好处。"①

在1975年发表的《后民族资本主义》②一文中,富尔塔多联系跨国公司的发展,对第二次世界大战后资本主义体系的结构特征和中心—外围关系的变化作了更为深刻地阐述。

他认为,第二次世界大战以来,在美国的政治保护之下,资本主义体系形成了调解整体经济活动的共同准则,其体现在《布雷顿森林协定》和《关税与贸易总协定》等条约之中,民族体系不再成为工业化进程的界限,大企业可以根据它的扩张目标在世界任何地区开展或扩大其活动,结果民族经济间的一体化进程成为资本主义体系当前结构形成的最重要特征。这种后民族资本主义经济活动是通过寡头垄断结构和金融机构的双重协调实现的。寡头垄断结构表现为大公司的纵向一体化和横向多样化,前者不仅可以减少中间产品的运输、储存和回收负担,而且可以通过公司的计划减少中间产品市场的不稳定性;后者不仅可以控制其它产品对本部门产品市场的影响,减少市场的不稳定性,而且可以增加新的增长

---

① 塞尔索·富尔塔多:《巴西的发展"模式"》,载查尔斯·K.威尔伯主编:《发达与不发达问题的政治经济学》,高铦等译,中国社会科学出版社1984年版,第414—426页。

② 塞尔索·富尔塔多:《后民族资本主义:对资本主义当前危机的结构主义解释》,载费尔南多范辛贝尔主编:《拉丁美洲的工业化和国际化》,经济文化基金会,墨西哥1980年版,第130—139页,转引自袁兴昌:"对依附理论的再认识"(下)。

机会,以利于公司制定长期发展计划。金融协调是上述两种扩张方式的必然结果,这种协调一般通过银行机构来实现。

就该时期外围工业化的性质和特点而言,富尔塔多认为,在外围资本主义范围内实现的延迟的工业化从一开始就不是以形成民族经济体系为目标,而是以加强在国际分工体系内的一体化为目标。在工业化进程的加速时期,由于同跨国公司在技术、金融和管理方面的一体化程度加剧,外围的工业化具有中心国家工业体系延伸的性质。外围的工业化是以动力很不相同的两个市场为基础的,一个市场由大部分在维持生存的经济中实现再生产的劳动力构成,它因人口的增长和城市劳动力的比例增长而不断扩大,但由于工资标准稳定不变,市场的扩大并不导致需求的多样化和新产品的引进。另一个市场由占有剩余的少数人构成,它是传播中心资本主义文化的场所,工业化所意味的生产率增长主要增强了这个市场的活力,进口替代的深化必将以这个市场为基础。这样,制成品市场的不连续性就构成了外围资本主义的基本特点之一。

他还指出了外围工业化受跨国公司控制,经济剩余为中心占有的特点。富尔塔多认为,中心资本主义积累强度伴随了平均生产率、平均收入水平和平均储蓄能力的提高,但在外围资本主义中,由于市场的不连续性,工业化只有在存在大量外部资金流入和收入集中进程的情况下才能继续前进。一旦工业化进程加速,由于生产率增长加快而工资标准稳定不变,剩余将相对扩大。但由于资本的需要量随着工业体系复杂度的提高而增加,外围资本主义国家的工业活动日趋为从事国际活动的大企业所控制,由于这些企业处于重要战略地位,他们有可能将不断增加的剩余中日益增多的部分留存下来。这样,工业化进程的质变,在很多情况下伴随了工业活动控制体系的变化以及本国资产阶级被国际大企业代表迅速替代。他指出,当代外围资本主义最典型的特征之一是技术官僚集团在政权结构中占主导地位。由于外围资本主义的演变是通过吸收发达社会的消费模式进行的,因而必然造成资本主义固有的社会不平等,在外围世界出现独裁政权是不足为奇的。

4. 弗兰克：跨国公司与工业经济的非拉美化

安德烈·冈德·弗兰克是经济学家。他生于德国，在美国受教育（1957年毕业于美国芝加哥大学，获经济学博士学位），在拉美生活和工作了十年。由于他用英文写作，其作品的传播比其他依附论者更广泛，因此，名气更大。他的著作着重从历史的长时段论述拉美不发达的根源，对跨国公司的专门论述并不多。他在与詹姆斯 D. 科克罗夫特主编的《依附和欠发展：拉美的政治经济》一书中写到，"当下，外国资本在拉美的渗透如此彻底，以至于跨国公司不再仅仅是向拉美出口制成品以换取初级产品，而是在拉美国家内部建立企业，为当地的民族市场提供产品。他们还经常以比实际价格便宜的价位购买中型和大型的拉美工业，从拉美国家本身吸引经营资本，这就是我们所称呼的工业经济的非拉美化。"[1]他还在另一篇文章中指出，朝鲜战争之后，实行进口替代的国家陷入了困境，它们只得采取两种政策，一是通过诸如世界银行这样的国际机构或美国国际开发署这样的政府机构来获得一部分资本，二是欢迎跨国公司投资，为本地的市场生产产品。这些公司带进自己的技术和设备，从而使进口替代得以维系，但是，这种情况的发展使南方民族资本遭受了很大的损失。"因为跨国公司只为这些国家狭小的高收入消费市场生产，而且在物质上助长了这些第三世界国家的内部收入分配的前所未有的不平等。"同时，"这些跨国公司通过银行资本和各种机构在南方市场中获得其大部分资本，它们更多的是从当地而不是从外国或美国的储蓄中获得资本的。"[2]虽然弗兰克对跨国公司的论述不多，但他对拉美依附资本主义失望的观点是众所周知的，他的理论特点是揭示了一种"宗主国—卫星国"的结构性剥削，认为拉美的民族资产阶级已经丧失了革命性，拉美的未来是社会主义。

---

① James D. Cockcroft and Andre Gunder Frank（Edited）, *Dependence and Under – Development : Latin America's Political Economy*, New York, 1972. p. 14.

② 安德烈·冈德·弗兰克：《不均等和不稳定的世界经济发展史》，陈宇、李玫译，《河南信阳师范学院学报》1989年第1期。

5. 奥唐纳:跨国公司与官僚威权主义

吉列尔莫·奥唐奈是阿根廷政治学家,他以60年代巴西和阿根廷作为两个典型案例,对在跨国公司时代一种新型威权主义统治形式出现的条件、原因、运行机制及变化趋势进行了比较客观系统地分析,从而提出了被后人称作的"官僚威权主义"的理论。

首先,他对官僚威权主义国家的特征作出概括:(1)官僚威权主义国家的主要社会基础是高度垄断的和跨国化的资产阶级上层;(2)在制度层面上,由履行镇压职能的专家和追求规范化的专家共同组成的机构,通过禁止民众参与政治活动和经济的规范化来恢复社会秩序;(3)在政治上排斥先前活跃的民众阶层,消除其以往在国家政治领域中的作用,使之服从于各种严格的控制;(4)这种排斥意味着在双重意义上废除了公民权,即废除政治民主制度和禁止对居民使用"人民"和"阶级"的称谓;(5)在经济上也排斥民众阶层,推行有利于大的私人垄断部门和国有部门的资本积累模式,原先存在的社会资源分配中的不平等被进一步加强;(6)它符合并推动了生产结构日益增加的跨国化,并带来了社会的非本地化;(7)用所谓中性和客观的技术合理性标准对待社会问题,使之非政治化;(8)在最初阶段,官僚威权主义国家政治体制意味着关闭民众和阶级利益的代表进入政府的民主渠道,只留给少数大组织(官方的和私人的)的顶端人物,尤其是军队和大的垄断企业。[①]

其次,奥唐奈分析了这种统治形式出现的原因。他认为,官僚威权主义的出现与跨国公司密切相关,正是为了给跨国公司创造有利的社会政治环境,官僚威权主义政府才应运而生。奥唐奈认为,工业发展的不同阶段部分地同政治变化相联系,这是因为不同社会集团的经济状况发生了变化。由初级产品出口经济向生产消费品的工业化简易阶段的过渡,同政治上由寡头制度向民众主义制度的过渡相联系。而官僚威权主义则是

---

① Guillermo O'Donnell, Tensions in The Bureaucratic – Authoritarian State and The Question of Democracy, in *Promise of Development Theories of Change in Latin America*, edited by Peter F. Klaren and Thomas J. Bossert, Boulder and London, Westview press, 1986. pp. 280 – 282.

为应对进口替代工业化简易阶段完成时出现的各种问题而产生的一种政治制度。当时的主要问题是:当简单制成品的国内市场饱和时,工业发展的机会受到很大限制;工业化的简易阶段尽管减少了对进口消费品的依赖,但中间产品和资本品的进口增加了国际收支逆差、外债和通货膨胀;这些问题引起收入在不同社会阶层之间的"零—和"转移,破坏了先前政治联盟的多阶级性质。面对这些问题,政府采取了一种长期性的解决方案,即由国内生产中间产品和资本品的"深化"工业化,也就是进口替代工业化的第二阶段。维持该阶段增长所需要的技术水平、管理经验和资本要求那些在第一阶段中小的和无效的生产企业必须由大的、更有效的、高度资本化的大企业所取代,而这些大企业通常就是跨国公司的子公司。[①] 据说,这样的结局将会对对外部门的问题产生一种有利的双重效果,一方面,一种新的进口替代阶段将减少具有严重国际收支问题的项目,另一方面,通过产生一种更加垂直一体化的工业,将打开未来的出口大门。这是一个发展主义政府欢迎外国公司进入的时代,这些公司加强了城市生产结构的深化。与此相符的随后的拉美工业化特点是,拉美开始了最初的石油化学产品、汽车、机器和设备制造的生产,所有这些成为20 世纪 60 年代那些拥有较大国内市场的拉美国家工业增长的缩影[②]。为了深化工业化进程和吸引跨国公司的进入,官僚威权主义国家在经济上采取紧缩政策和压低民众阶层的工资,在政治上废除民主制度,严厉限制民众阶层的政治参与。作为该体制中心人物的军人技术官僚和文人技术官僚与外国资本结成了统治联盟。

奥唐纳与传统依附理论不同的是,尽管他也批评了军人政权的独裁专制,但他认为这是一种发展主义的政府,在这种政府领导下拉美经历了经济发展和现代化。他强调一个强大的政府对各种反对势力进行控制,

---

① David Collier: Industrial Modernization and Political Change: A Latin America Perspective, *World Politics*, Vol 30, No 4 (Jul 1978). pp. 596 – 600.

② Guillermo O'Donnell, Reflections on the Patterns of Change in the Bureaucratic – Authoritarian State *Latin American Research Review*, Vol. 13, No. 1. (1978). pp. 10 – 11.

以加速推进资本积累和现代化进程。

6. 卡多佐：跨国公司和"与依附联系的发展"

费尔南多·卡多佐是巴西社会学家，虽然也是依附论学者，但他不赞成传统的依附理论对依附关系过于形而上学的理解，提出了"与依附联系的发展"的概念，在传统观点看来，"依附"与"发展"是两个不同的相互矛盾的词汇，但卡多佐却把二者放到了一起。他在描述这一概念的特征时谈到："我认为，国际资本主义组织的变化已经产生了一种新的国际劳动分工，在这种变化背后的动力是跨国公司，随着跨国公司工业资本向外围经济的扩散，新的国际劳动分工为国内市场的运转注入了活力。于是，在某种程度上，外国公司的利益与依附国家国内经济的繁荣是一致的。从这个意义上讲，它们帮助推动了发展。有鉴于此，跨国公司的增长需要纠正传统的经济帝国主义的观点，即发达资本主义国家与欠发达国家的基本关系是一种导致其停滞的压榨剥削关系。今天，外国资本大量投资于制造业，并向正在不断增加的城市中、上阶层出售消费品，这与依附国家一些关键部门的经济快速增长是一致的。很显然，在这种条件下的发展意味着与国际市场的确定关系，在这种情况下的发展也依赖于只有跨国公才能够保证的技术、金融、组织和市场的联系。"[1]在这里，卡多佐看到了跨国公司作用的积极一面。

卡多佐在与智利历史学家恩佐·法莱托合写的《拉丁美洲的依附与发展》中提出，到20世纪60年代拉美国家经济进入了一个"市场国际化"的新阶段，其表现为外国投资进入到外围的工业部门，引起外围国家的内部分化，外围经济中最"先进"部门通过与国际垄断资本主义体系的直接联系而同国际资本主义生产方式相结合，跨国公司的产品销售和资本积累有可能在国内市场上进行。他对这种经济运行的特点作了归纳："经济多样化程度高；剩余资金流出相对减少；劳动力的专业化和第三产

---

① Fernando Henrique Cardoso: Associated – Dependent Development: Theoretical and Practical Implications, in *Authoritarian Brazil*, *Origins*, *Policies*, *and Future*, Edited by Alfred Stepan, Yale University Press, 1973. p. 149.

业部门的出现,使得在工业城市部门的收入分配相对更平衡;结果是国内市场具备了消化工业品的能力。"因此,他认为,"从某种意义上说,国外的工业投资促进了国内市场的经济扩张。从这一形势看,可以设想发展与自主是共存的"。① 但是,卡多佐并没有忽视新的依附发展形式的扭曲特点,即"工业部门的发展继续取决于资本货和本国欠缺的原材料的'进口能力',以实现生产体系的新分化,同时,这一发展模式要求国内市场国际化。""随着统一市场强制推行现代生产体系的某些统一标准,部分民族经济的自主权超出了国内可控制的范围。"中心国家所具备的先决条件会加重外围国家的依附②。他得出的结论是,"在步入相对现代化的工业生产时代方面,拉美地区的一些国家通过吸引外资以及随之而来的先进技术和现代生产组织形式,不同程度地加快了工业化进程,但是在民族经济自主权和发展决策权方面不可避免地受到了制约。"③

　　重要的是,卡多佐对跨国公司带来的社会政治影响也做出了分析。他指出,支撑新的依附发展模式的政治结构,要求在控制三大经济部门(公共部门、国际垄断企业和民族经济的现代资本主义部门)的各社会集团间建立一种合适的关系体系。他认为当前依附形式的特点是,"'外国利益'日益扎根于面向国内市场的生产部门,进而在城市民众所支持的政治联盟中站稳了脚跟。另一方面,在国际资本主义体系外围形成的工业经济,最大限度地淡化了典型殖民主义开发的特点,并谋求赢得统治阶级以及所有与现代资本主义生产关系有关的社会集团(比如工薪阶层、技术阶层、企业家和官僚等)的支持。"结果,形成了一种"联盟体系",一种合伙型的依附资本主义。他指出,"当前的依附形式不仅超越了发展和依附之间的传统对立,而且政治上所依靠的是一种与以往确保外国统

----

① 〔巴西〕费尔南多·恩里克·卡多佐和恩佐·法勒托:《拉美的依附性及发展》,单楚译,世界知识出版社2002年版,第152页。

② 〔巴西〕费尔南多·恩里克·卡多佐和恩佐·法勒托:《拉美的依附性及发展》,单楚译,世界知识出版社2002年版,第153—155页。

③ 〔巴西〕费尔南多·恩里克·卡多佐和恩佐·法勒托:《拉美的依附性及发展》,单楚译,世界知识出版社2002年版,第154页。

治所不同的联盟体系。出口商利益高于国内市场共同利益的时代已经过去,农业利益对城市利益实行经济控制的年代也一去不复返了。"①意思是说,当今外围国家的统治阶级不再是传统的出口商和农牧业主,而是外国资本、本地资产阶级与技术官僚形成的联盟。

依附和发展不是对立,而是可以结合的,原因在于外国资本、国家资本、国内私人资本可以形成"联盟",如跨国公司的利益可以同东道国内部利益相一致。虽然中心—外围结构很在难短期内改变,但可以改变外围国家在结构中的地位(地位可以上升,如巴西),随着经济发展水平的提高,依附性会越来越低,直至过渡到独立的发展阶段

7.埃文斯:"依附发展"和三方联盟模式

彼得·埃文斯是美国布朗大学社会系教授,他为了完成他的代表作《依附发展:跨国公司、国家和巴西本土资本的联盟》,历时 5 年,采访了不少于 150 个巴西和美国的企业家。他受卡多佐理论的启发,将卡多佐"与依附联系的发展"的概念又向前推进了一步。如前所述,卡多佐曾指出,"支撑新的依附发展模式的政治结构,要求在控制三大经济部门(公共部门、国际垄断企业和民族经济的现代资本主义部门)的各社会集团间建立一种合适的关系体系。"埃文斯则在此基础上提出了"依附发展"的概念,他认为,"依附发展意味着外围的资本积累和某种程度的工业化。依附发展是依附的一个特例,其特征是国际资本和本土资本的结合或联盟,国家也作为一个重要的合伙人加入了这个联盟,最终的三方联盟是依附发展出现的一个基本因素。""应该强调的是,依附发展并非否定依附,而是依附和发展的结合"②他认为,三方联盟及其相互之间的关系,是分析"依附发展"制度基础的起点,因为跨国公司、国家和当地资产阶级的三方联盟决定了"半外围"国家资本积累的性质,而这种资本积累的

---

① [巴西]费尔南多·恩里克·卡多佐和恩佐·法勒托:《拉美的依附性及发展》,单楚译,世界知识出版社 2002 年版,第 156 页;第 170—171 页。

② Peter Evans, *Dependent Development*, *The Alliance of Multinational*, *State*, *and Local Capital in Brazil*. New Jersey ,Princeton University Press. 1979. pp. 32 – 33.

性质又决定了"半外围"国家在新的依附阶段重新构建其与外部关系的结果。

　　与传统依附论"弱势国家"的观点不同,埃文斯强调国家权力是依附发展的一个重要前提。"如果古典依附是与弱势国家相联系的话,那么依附发展是与"半外围"国家权力的增强联系在一起的。"他对巴西研究的结论是,在工业化进程中,巴西国家的指导作用急剧地加强,帝国主义的国际化给予国家跟跨国公司讨价还价的一种新的地位。他不同意那种认为帝国主义国际化的结果是民族资产阶级死亡的论点,他想表明民族资产阶级"不但活着而且活得很好,""他们的一些成员现在正越来越与国际资本合作,就像国家与跨国公司合作一样,这种合作是留给本土资本家大量讨价还价能力的一种合作。"但在同时,本土资本家阶级之间的分化也发生了。外围国家被纳入国际资本主义体系的一个最终结果是创造一种本土资本、国际资本和国家资本之间的复杂的联盟,埃文斯称之为"三方联盟"。①

　　埃文斯通过分析跨国公司、本土工业资产阶级和国家三者的性质以及它们之间的关系后指出,这三个相互依赖的伙伴构成了"半外围"国家的"统治阶级",国家"与跨国公司、本土私人资本一起参加共同的计划,每个团体可能感到计划具有不同程度的制约性,但每个团体也有特殊的利益,尽管彼此之间有矛盾,但它们对本土层次的高度积累都很有兴趣。""他们对资本积累、造成民众屈服方面有着共同的利益,但它们之间的利益也有相互矛盾的地方,"然而,只要不影响资本积累的继续进行,"跨国公司的全球合理性与本土资本家和国家之间的利益矛盾是可以协调的。"埃文斯断言,三方联盟"是依附资本主义发展的必要条件"。②

　　但他也指出了这种格局的问题,一是东道国能够有实力参与这一联

---

　　①　Peter Evans, *Dependent Development*, *The Alliance of Multinational*, *State*, *and Local Capital in Brazil*. p. 11.

　　②　Peter Evans, *Dependent Development*, *The Alliance of Multinational*, *State*, *and Local Capital in Brazil*. p. 47;52.

盟的当地资本为数不多,这样就造成了巴西资本(与国际资本联系的资本和纯粹的当地资本之间)的分化;二是随着跨国公司经营活动的增加,东道国越来越因为失去就业和收入而感到不满;三是随着跨国公司经营活动的增加,东道国越来越感到难以为当地私人资本开辟经济空间,由此造成私人资本对国家的不满。作者提出了在国际经济秩序演变中跨国公司与发展中民族国家的作用问题。他强调研究国家的作用,认为正是国家参与联盟和国家行为排除了大众部门分享政治权利和发展的经济成果。

　　从上述依附论学者关于跨国公司的论述可见,尽管他们的观点各异,但有一点是他们的共识,即他们都注意到了跨国公司对拉美工业部门的渗透代表了一种新的依附形态,这种依附形态给拉美国家带来了许多负面影响,其大致可被归纳为:因利润转移和其他对外支付超过其新投资而加重了国际收支逆差;实行技术垄断和金融控制,限制了东道国家的发展;采用资本密集型技术,创造的就业机会很少;利润汇往国外抽走了国内创造的部分经济盈余;加剧了收入分配的两极分化;利用有效的广告技术,宣传特权消费社会,促进消费国际化,带来了模仿性过度消费;不仅阻止了民族企业家的形成,而且也一般地限制和腐蚀了中产阶级(包括知识分子、科学家和技术官僚),甚至在工人阶级内部创造了有特权和无特权的部分,破坏了劳工运动的形成;东道国为进口跨国公司需要的中间产品不得不保留传统的出口部门,从而保留了政治上的保守势力;跨国公司与国家、当地资本形成三方联盟排除了民众分享政治权利和经济成果;中心在外围国家内部取得巨大的政治权力、对外围国家政府的决策施加重大影响,等等。

第三节　结构主义对跨国公司的观点

　　以拉美经委会学者为首的结构主义论者把外国直接投资和跨国公司

视为拉美经济发展的必要手段,认为它们是获得拉美工业化必需的资金和技术的重要来源,但对它们带来的结果也非常警惕,经常告诫各国要避免国际收支危机和陷入对外国的依附。为此,拉美经委会提出的政策建议是有选择地引进外国直接投资和对跨国公司加以控制,还不断强调拉美经济一体化对扩展拉美工业化、加强本地技术研究和开发以及为拉美国家政府提供信息和与跨国公司进行讨价还价的力量方面的好处。

在拉美经委会的早期文件中,利用外资的最初着眼点是放在资本积累上,鉴于对外汇的需求和国内储蓄的不足,外部融资被认为是促进资本形成的一项必要手段。普雷维什在 1949 年的文章中写到:"……对大多数拉美国家来说,外资是不可缺少的。……在不降低目前已经非常低的大众消费水平的情况下,要想打破(劳动生产率与资本积累之间的)恶性循环,外资的暂时性帮助是必要的。如果这些资本被有效的利用,生产率的提高将会允许储蓄积累到能够在新的技术进程和人口增长所需的新的投资中替代外资。"[1]在这里,普雷维什对外资作用的强调十分谨慎,外资是帮助国内资本形成以提高生产率的必要的暂时性财源,国家是这个过程中的促进力量。

拉美经委会对 20 世纪 50 年代外资进入拉美的低水平表示了极大的关心。普雷维什解释说,通过直接投资和证券市场得到的外资在拉美的早期发展战略中,特别是在基础设施的建设中扮演着重要的角色,但是,债券市场从 1930 年拉美国家发生金融危机后已经对拉美关闭,因此,鉴于国际形势和降低投资成本的需要,他认为最好的方案是寻求国际金融组织的外国援助,这些组织将提供容易得到的基金,拉美国家可以用来投资于社会资本,至少等到私人债券市场重新开放[2]。他提出了一项国际合作的政策,通过这项政策,工业国家将借助国际机构向拉美提供资本和

---

① Raul Prebisch:The Economic Development of Latin America and Its Principal Problems,in *Economic Bulletin For Latin America*,Vol. 7,No. 1,1962. pp. 13 – 14.

② ECLAC:*International Co – operation in a Latin American Development Policy*,E/CN,12/235,New York,United Nations Publication,Sales No,54. p. 15.

投资。他告诫道,这种对外资的需要是一种暂时行为,直到拉美国家工业的发展能够产生自我积累。这项政策的目的不仅是获得投资,也是为了提高储蓄率和鼓励新的投资。

鉴于拉美国家技术落后的状况,普雷维什认为,为了获得最先进的技术,必须以某种方式让跨国公司进入拉美,但这必须谨慎和有计划地进行,跨国公司的参与必须由国家引导,理想的方式是通过合资、技术援助、人员训练等协议将其限定在一些决定性的经济部门。这将使拉美工业在竞争中处于有利地位,不加选择地引进跨国公司将不利于进口替代工业化。普雷维什设想,应该有一项国际合作战略,由此,先进的国家将以特定的技术援助项目帮助拉美国家。

普雷维什提出的另一项建议是创造拉美共同市场。早在"拉美经委会宣言"中就已经开始关注这个问题了:"目前的市场划分是效能低下的,这造成工业发展的又一限制。在这种情况下,就要通过各国联合努力,根据它们的地理位置和经济特点来加以克服,这样做是符合它们的共同利益的。"市场过度分割的障碍"是可以通过一项经济上相互依赖的明智政策在互惠的条件下被克服的。"①但当时这一思想并不成熟。在《拉丁美洲发展政策中的国家合作》中,普雷维什再次强调一体化的必要性。这项建议背后的逻辑是为新的工业提供更大的市场和鼓励规模经济,使拉美工业在一个更强势的地位上参与竞争,外国直接投资的流入将会提高,并将受到拉美政府政策的控制。这是减轻本地区外部脆弱性的重要方式。

但是,拉美经委会的思想与美国战后的发展战略是不合拍的,美国要求第三世界更加开放,美国将援助的重点放在了欧洲和亚洲,因此,拉美经委会倡导的国际援助合作计划不符合美国的利益,难以得到实现。

到 20 世纪 60 年代,拉美进口替代工业化取得了很大的进步,在几个

① Raul Prebisch:The Economic Development of Latin America and Its Principal Problems, in *Economic Bulletin For Latin America*, Vol. 7, No. 1, 1962. p. 18;3.

大的国家,工业成为经济发展的引擎。但这一进程不久就遇到了严重的问题,即国际收支危机。出于对进口替代工业化的失望,受古巴革命的鼓励、以及"争取进步联盟计划"的受挫,依附理论随之兴起。面对这种形势,拉美经委会理论做出了新的调整,普雷维什在《面向拉丁美洲有活力的发展政策》中,确认和强调了进口替代工业化缺乏动力,主要的两个问题是内部缺乏结构性改革和外部的不平衡,因此,一方面强调加强拉美国家的社会改革,另一方面强调转向资本品和中间产品的进口替代工业化,并在不忽视传统出口的同时,增加制成品的出口。这种发展战略如果想得到有效地实施的话,仍然需要外国资本和技术。"我们需要外部世界帮助我们培育我们的能力,以便于全体人民能够参与发展的进程"①因此,在新的阶段,外国直接投资和跨国公司的作用有了新的解释。普雷维什强调要分清两种外资,一是已经过时的投资于飞地的外资,二是新型的投资于工业化进程中的外资。"外资企业是技术传播的核心","外国私人企业被吸引的实质当然在于利润动机,但是,这应该是企业带到这些国家的先进技术的结果,它们向东道国引进了先进的生产、组织、市场模式"。② 但是,由于过分的保护和通货膨胀,这些好处通常是不会自动发生的,需要加以规范和引导,这就意味着要有强有力的政府来为跨国公司定位。普雷维什相信跨国公司能够在鼓励制成品出口方面发挥重要作用,因为它们拥有"出口经验和市场"。普雷维什还指出,为了推动出口,需要加强地区一体化,国家要采取措施推动技术的研究与开发,以便产生更适合更有效的技术。此时,在国家规范跨国公司的概念下,又出现了一个新的思想,即提出建立规范跨国公司行为的国际法规的建议,这是普雷维什在联合国贸易和发展会议上提出来的。

到 20 世纪 70 年代,拉美经委会注意到跨国公司对经济发展所作贡献的局限性。这一时期,政治和经济不稳定、通货膨胀上升、更严重的外

---

① Raul Prebisch: *Towards A Dynamic Development Policy for Latin America*, E/CN. 12/680/Rev. 1, New York, United Nations. 1963. p. 54.

② Raul Prebisch: *Towards A Dynamic Development Policy for Latin America*. pp. 54－55.

部不平衡已经成为该地区国家中的普通现象,拉美经委会宣称,问题的实质在于"发展方式",即在于社会和政治结构,在于权力关系和由此产生的不平等,正是权力和收入的不平等分配决定了发展战略的结果。因此,为了使工业化获得成功,要解决的主要问题是收入分配。拉美经委会的经济学家阿尼瓦尔·平托的研究说明,跨国公司在拉美经济最有活力的部门发挥了重要的作用,但它们没有改变拉美收入分配不平等的"发展方式",而是在生产结构上适应了高收入阶层的需要,对外却不能解决外部瓶颈的问题。平托认为,跨国公司参与发展是有问题的,但在适当的规范和压力之下,他们能够面向出口活动,关键在于政府如何实施其政策①。

　　1977 年在危地马拉召开的第三届地区评估大会上,一种在国际经济新秩序框架下的新的发展战略的思想产生了,这种思想提出"应该对那些旨在起草能控制跨国公司活动的国际行为法规的工作给予强有力的支持"。另外,现在政府在与跨国公司进行谈判中处在比较有利的位置,因为他们的经验给予它们更多的讨价还价的能力,不仅如此,拉美国家还应该分享信息以增加他们与跨国公司集体讨价还价的力量。他们还应该采取措施推动世界工业的重建,特别是通过减少贸易限制和规范跨国公司行为而获取更多的生产制成品的机会。应该保证发展中国家比较容易地得到技术,但拉美的工业和技术首先必须得到发展,最紧迫的任务是创建一种机制以保证该地区的技术研发和转化。

　　但是,1973 年的石油危机结束了发达资本主义国家发展的"黄金时代",引发了发达国家的"滞胀"。美国政府鼓励右翼军人政变,游击队运动在本地区盛行,国际环境和政治气候都不利于拉美经委会,拉美经委会受到右翼货币主义和左翼依附论的夹击。外国投资在 70 年代达到了新的高峰,但多为间接投资,从而为 80 年代的债务危机埋下了伏笔。

---

　　①　Anivar Pinto: *La Internacionalizacion de La Economia Mundial, Una Vision Latinoamericana*. Madrid Ediciones de Cultura Hispanica. 1980. p. 140 .

　　普雷维什1963年离开拉美经委会,先后担任了联合国贸发会议秘书长(1964~1969)、联合国特别顾问及经济和社会事务副秘书长(1973~1976),1976年重返拉美经委会担任了《拉美经委会评论》杂志主编(1976~1986年)。在此期间,他对外资的作用有了更深入的认识,这些认识集中体现在他1981年出版的《外围资本主义:危机与改造》一书中。他除了注意到跨国公司由于利润转移和其他对外支付超过其新投资而加重了东道国的外部不平衡、中心在外围国家内部取得巨大的政治权力、对外围国家政府的决策施加重大影响之外,重点论述了外围的模仿消费问题。他认为外围的社会结构是在不断变动的,而中心的技术对这种变动具有决定性的影响。但作为先进技术化身的跨国公司,在外围国家并没有促进生产的国际化,而是强烈地促进了消费国际化。"跨国公司为特权消费社会的兴盛帮了大忙,"[1]结果经济剩余的一个重要部分被用于模仿性过度消费和早熟的需求多样化。在这种过度消费中,高收入特权阶层起主导作用;中间阶层步其后尘,因为城市化的发展使中间阶层的政治力量不断壮大;而国家则是加剧过度消费的第三个行为者。过度消费起因于外围对中心消费习惯的模仿,但是外围却无法复制中心的生产能力,这就使得需求方面的模仿与供给方面的模仿之间产生了失衡。这种失衡加重了外围发展的巨大困难。同时,跨国公司不仅"未能解决发展所固有的越来越高的交换要求与发达资本主义的向心性之间的巨大矛盾,倒是由于榨取外围的收入而从长远来看会使这种矛盾加剧",在资本积累受到损害的情况下,"不但体系的排斥性趋势由此而加剧,而且那些冲突性趋势也随之而来,结果把外围资本主义引向危机。"[2]

　　尽管普雷维什指出跨国公司导致了模仿性消费和对拉美国家经济剩余的榨取,从而有损拉美的资本积累和发展,但与传统依附论不同的是,

---

　　① 劳尔·普雷维什:《外围资本主义:危机与改造》,苏振兴、袁兴昌译,商务印书馆1990年版,第14页。
　　② 劳尔·普雷维什:《外围资本主义:危机与改造》,苏振兴、袁兴昌译,商务印书馆1990年版,第314页。

他反对将不发达归咎于依附,认为不发达早已存在,依附仅仅是加重了不发达的程度。"在外围,依附现象和作为不发达特征的排斥性趋势与冲突性趋势同时存在,如果第一类现象魔术般地消失了,后一类趋势将依然存在。""有人把不发达的责任归咎于依附,……这类说法不论在理论领域还是在实践领域都一无所获。""我们不应该把属于外围本身的责任推给别人,中心的责任是很大的,外围的责任也不小。"①外围的责任体现在与"技术与消费的矛盾、生产结构的差异、发展程度和民主化、土地占有、剩余的形成、人口的增长"等问题联系在一起的社会结构特性上,因此,普雷维什提出了"改造外围资本主义"的新主张。

总的来看,结构主义对跨国公司的观点是既肯定它在经济发展中的重要作用,同时又看到了它带来的问题,始终强调利用外资的暂时性;强调吸收新技术、提高竞争力;强调对跨国公司的引导和规范;强调加强地区一体化。

小　结

上述理论的作者们所在的国家不同,提出理论的时代背景也不一样。大致说来,自由主义理论大多是发达国家的经济学家提出来的,它们站在发达国际立场上,强调了跨国公司的积极作用,倡导的是一种世界主义,认为跨国公司对东道国经济发展基本上是有益的,任何政府干预都是错误的。②尽管其中的许多假定并不符合发展中国家的现实情况,但是作为经济学理论有其合理的成分,特别是在发达国家为主导的全球经济中,这种理论一直有着很强的生命力,到20世纪末发展为新自由主义思潮。

---

① 劳尔·普雷维什:《外围资本主义:危机与改造》,苏振兴、袁兴昌译,商务印书馆1990年版,第197—198页。

② Michael Novak and Michael P. Jackson（edited）:*Latin America: Dependency or Interdependence? American Enterprise Institute For Public Policy Research*,Washington,D. C. 1985. p. 16.

依附理论是拉美现实的反映,依附论者比较全面和深刻地揭示了跨国公司的本质特点及其给拉美国家造成的种种负面问题,这些问题是自由主义论者不愿意提及或被他们忽视的。依附论者之间的观点也不一致,多斯桑多斯、松克尔、富尔塔多,弗兰克等传统的依附论者基本否定跨国公司的积极作用,倡导改变拉美东道国国家的性质和建立国际经济新秩序;而奥唐纳、卡多佐、埃文斯等乐观者则在揭露和批判跨国公司负面影响的同时还注意到了跨国公司与外围国家关系的一些新特点,看到了跨国公司作用的积极一面,倡导东道国国家与跨国公司之间的"联盟"。

结构主义理论是上述两种理论的折衷。它对跨国公司的认识随着历史的发展而不断加深。在进口替代的开始阶段认为其有助于拉美国家的资本积累和技术进步,进入进口替代的第二阶段后,认为其能够带来新的生产、组织和市场模式,能够促进制成品的出口。同时,结构主义对外资所带来的结果也保持很高的警惕性,提醒拉美国家避免国际收支危机和陷入对外国的依附,特别是到20世纪70年代对跨国公司加重东道国的外部不平衡和收入分配的不平等,扭曲外围国家的消费模式等问题给予了批判。告诫拉美各国谨慎利用外资,提出国家规范跨国公司的概念,并倡议建立规范跨国公司行为的国际法规。这种根据拉美国家的具体情况,对跨国公司既利用又限制的思想具有长期的生命力。

第二章 跨国公司与墨西哥的经济发展进程

本章主要从发达国家跨国公司的起源和发展说起,然后论述跨国公司在拉丁美洲渗透的历史进程,展现出跨国公司进入墨西哥的大背景,最后落脚到跨国公司参与墨西哥经济发展各个历史阶段的特点。本章的论点是,在进口替代工业化开始之前,外国直接投资主要分布在采掘业和公用设施部门,虽然促进了墨西哥初级产品出口的发展,但也成为引发墨西哥革命的重要原因之一。1929 年世界经济大危机和卡德纳斯改革,最终终止了初级产品出口发展模式,开启了墨西哥的进口替代工业化阶段。在进口替代工业化简易阶段(1940~1955)和进口替代工业化的耐用消费品替代阶段(1955~1970),跨国公司大量进入墨西哥的工业部门,促进了墨西哥工业化乃至整个经济的增长,但在带来"墨西哥奇迹"的同时也带来了一系列问题。到进口替代工业化的多样化出口推动阶段(1970~1982),墨西哥政府一方面积极引导跨国公司推动出口,另一方面偏向借债发展,结果在内外各种因素的交叉作用之下,1982 年墨西哥陷入了灾难性的债务危机。

第一节 跨国公司的起源和发展

跨国公司起源于 17 世纪和 18 世纪,这一时期民族工业化和经济增长是民族国家巩固权力、控制领土、人口和经济的手段,而企业最终作为海外殖民扩张的工具服务于这一目的。政府和企业通过互相促进的重商主义战略加以运行。"17 世纪和 18 世纪的国际贸易公司,比如荷兰和英国的东印度公司以及哈德逊湾公司是 21 世纪跨国公司的先驱。"①尽管这些公司也在殖民地建立生产单位并必须关心被征服地区的居民、防务和管理问题,但它们基本上是与商业资本和借贷资本的发展相联系,生产活动只是其买卖活动的附带部分或次要部分。一般说来,生产任务让给或直接交给受商业和金融家控制的当地生产者或移民。在促使当代资本主义产生的资本原始积累过程中,这些公司起了非常重要的作用。

现代跨国公司应该说形成于 19 世纪六七十年代。这一时期是资本主义从自由竞争的时代进入到垄断的时代,也是资本主义大国开始资本输出的时代,尽管这一时期投资以间接投资为主,但直接投资也在这一时期出现。间接投资是以证券的形式,即通过在证券交易所购买股票、进行投机买卖的形式实现的,属于金融资本扩张的一部分,旨在为要求进行巨额投资的产品(如铁路车辆)的出口或为建立从事农产品生产和经销(卖给比较富有的国家)的企业的建设提供方便。这时,直接投资在外国投资总额中所占比例不高,但一些主要的跨国公司已经建立起了制造业工厂和采矿业工场,成为世界经济中重要的行为体。英国的公司开始卷入多种经营当中,包括资源的攫取(矿产和粮食)、交通和公用设施、银行和商业。一些英国巨无霸比如联合利华(Unilever)、科特公司(Courtaulds)、登禄普(Dunlop)、皮尔金顿(Pilkington)、帝国化学(Imperial Chemical In-dustries)、英国石油公司(British Petroleum)、嘉士多石油公司(Burmah Oil)开始向世界其他地区扩张生产、加工和组装活动,范围从美洲到亚洲再到欧洲。19 世纪 80 年代后期,法国公司在欧洲和亚非拉已经有了可观的投资。德国公司在一些诸如西门子、拜尔等大公司的带领下,迅速建立了较大的卡特尔(或辛迪加、托拉斯),以设立价格和生产的约束,首先

---

① Peter Hertner and Geoffrey Jones (eds), *Multinationals: Theory and History*, Aldershot, Eng-land: Gower. 1986. p. 1. 转引自[美]弗雷德里克·皮尔逊和西蒙·巴斯里安:《国际政治经济学——全球体系中的冲突与合作》,杨毅等译,北京大学出版社 2006 年版,第 308 页。

调节国内、然后调节国际分售和市场政策,很快在欧洲和南美建立了子公司。但是,在一些关键领域,英国在全球竞争中落后于美国,英国公司的海外经营反映出它们本国的家族导向结构,它们的管理已经不适应范围更广的生产和布局能力,而美国公司在国际化的时候把重点放在较大规模组织和可计划性、有效率和短期—长期预测性技术上,以便设计它们的产品、设备和制度化管理程序。从 19 世纪 80 年代到 20 世纪 20 年代,美国公司成长迅速,第二次世界大战后终于一跃而出遥遥领先于欧洲。

　　到 1914 年,跨国公司已经在母国以外建立了较广泛的吸纳网络和分售工厂,来自最发达国家(英国、美国、德国和法国)的跨国公司占了世界外商投资的 87%,其中大约 63% 投向发展中国家,主要是拉美和亚洲①。此时的跨国公司活动大致有两种模式,第一种是投资于原材料的开发。一般说来,东道国多是欠发达国家,但拥有丰富的自然资源,跨国公司的活动主要是进行矿山开采、原料采购、铁路、运河、港口等基础设施以及公用设施的建设,以便利母国和东道国之间的贸易。这是一种“垂直一体化”经营的模式(即“某些工厂生产的产品作为该公司其他工厂的投入”)。第二种模式是流向发达国家的直接投资,主要面向制造业,在当地生产,避开贸易壁垒,获取市场份额,扩大销售。这是一种“水平一体化”经营的模式(即在各地设厂生产相似或类似的商品)②。但是,确切地说,当时建在国外的企业不是母公司有机构成的一部分,而是拥有自主权的企业单位,它们的产品基本上在母公司所在国家的市场上或在其他发达国家内销售。19 世纪后期,跨国公司的形成是发达国家第二次工业革命提升生产力的结果,也是政府干预市场的产物,同时,铁路、海上航运工具的巨大发展,电报、电话的发明与普及是跨国经营得以进行的一个重要

---

　　① Peter Hertner and Geoffrey Jones（eds）, *Multinationals: Theory and History*, Aldershot, England: Gower. 1986 . p. 27. 转引自[美]弗雷德里克·皮尔逊和西蒙·巴亚斯里安:《国际政治经济学——全球体系中的冲突与合作》,杨毅等译,北京大学出版社 2006 年版,第 309 页。

　　② [美]罗伯特·吉尔平:《国际关系政治经济学》,杨宇光等译,经济科学出版社 1989 年版,第 265 页。

外在条件。

第一次世界大战破坏了正常的国际经济事务,导致全球跨国公司力量结构的重新分布。1914年,全世界外国直接投资为143亿美元,到1930年才恢复到这一水平,到1938年达到263.5亿美元,增长不到一倍。到第二次世界大战结束时,全球外国直接投资总额大约为200亿美元,比1938年有所减少。这种跨国公司增长缓慢的原因在于,战争和战争债务以及战后重建的费用使得欧洲大陆无力对外直接投资;世界经济大萧条导致各国采取了经济民族主义保护政策,限制了外国直接投资的进入;金本位制的崩溃和新的国际货币体制没有建立,各国倾向于采取货币贬值的方法促进出口,也不利于外国直接投资的进入①。当然,两次世界大战期间,美国的对外直接投资有了较大的增长,跨国公司的活动规模有所扩大。

第二次世界大战之后,真正意义上的跨国公司才得以面世。因为“它们走向国外的目的不单是进行股票投机、推销其产品或建立农产品和原料的出口企业。在它们的国外业务中,越来越重要的部分是由那些面向东道国内部市场的工业企业进行的。从管理角度看,这一情况造成了新的需要,在母公司和子公司之间建立了较前更加紧密的直接联系;同时,对公司的资本筹措、生产和销售结构也产生了重大影响。”②战后,整个世界经济格局发生了深刻的变化,第三次科技革命的发生,生产国际化和资本国际化的提高,发达国家国家垄断资本主义的发展,交通、通讯设施的日益发达使得跨国公司以前所未有的速度发展起来。到20世纪60年代中期,主要的跨国公司的分支机构数量已经比二战结束时翻了六番。③ 到1969年,大约有7276家跨国公司总部分布在15个主要的西方

①　藤维藻、陈荫枋主编:《跨国公司概论》,人民出版社1991年版,第34页。
②　特奥托尼奥·多斯桑托斯:《帝国主义与依附》,毛里金等译,社会科学文献出版社1999年版,第63页。
③　Peter Diken, *Global Shift: The Internationalization of Economic Activity*, New York, The Guilfoud Press, 1992. p. 51, 转引自[美]弗雷德里克·皮尔逊和西蒙·巴亚斯里安:《国际政治经济学——全球体系中的冲突与合作》,杨毅等译,北京大学出版社2006年版,第316页。

工业化国家。从地区分布看,跨国公司的扩张主要出现在西方工业化国家,20 世纪 60 年代,美国跨国公司持有的世界外国投资总额将近 50%,分支机构数目从大约 7000 家上升到超过 23000 家,并且美国外国投资的总额从 60 年代的 328 亿美元上升到 1971 年的 860 亿美元。60 年代后期,美国占据了工业化国家研发资金投入的 69%,而英国是 7.3%,德国是 6.3%,法国是 6%,日本是 4.7%。就投资的部门结构看,到 20 世纪70 年代,47.3% 是制造业,23.6% 是石油产业,5.2% 是采矿业,其他行业占了 23.9%。同期,发展中国家所接受的跨国公司在世界范围内的外国直接投资额不到其总数的 1/3,据估计,投向拉美的占 18%,非洲和亚洲占 5.5%,中东大约占 3%。[①] 从部门结构看,已经从战前的集中于采掘业和公用事业向制造业转移。

    20 世纪 70 年代,由于石油危机后发达国家经济进入"滞胀"阶段,同时,一些发展中国家对外资实行国有化政策,跨国公司对外直接投资的增长速度放慢。但到 20 世纪 80 年代中期以后,由于西方发达国家汇率、利率和股价发生大幅度波动,拉美等发展中国家陷于债务危机,它们推行新自由主义改革,寻求吸引外国直接投资,一些前社会主义国家也实行对外开放,于是,世界范围内的跨国公司直接投资出现了加快增长的势头。1986 年全球外国直接投资总额为 7755 亿美元,与上一年相比,增长了20.5%,到 1988 年突破了 1 万亿美元[②],1990 年,这一数字达到了 2 万亿美元,其中 4600 多万亿美元在美国,因为美国既是世界最大的市场,又是最安全的投资东道主。美国、英国、日本、德国和法国等 5 个国家共持有世界外国直接投资的大约 75% 左右(美国 32%,英国 18%,日本 11%,德国 8%,法国 8%)。到 20 世纪 90 年代的前半期,发展中国家的外国直接投资额也快速上升,1993 年进入发展中国家的外国直接投资额达到 700亿美元,是 1991 年的 2 倍,到 1995 年这一数字达到 900 亿美元。1996

---

    ① [美]弗雷德里克·皮尔逊和西蒙·巴亚斯里安:《国际政治经济学——全球体系中的冲突与合作》,杨毅等译,北京大学出版社 2006 年版,第 321 页。
    ② 刘研:《跨国公司与中国企业国际化》,中信出版社 1992 年版,第 36 页。

年发展中国家总投资额的近67%集中在南亚和东亚,其中40%在中国,大约总投资额的25%去了拉美和加勒比,只有5%去了非洲。①

　　总之,资本主义产业资本的国际化是跨国公司发展的基本动力。从16、17世纪以来,资本主义的产业资本国际化经历了商品资本的国际化、货币资本的国际化、生产资本的国际化的不同发展阶段,在这些阶段中,各种形态产业资本的重要性有很大不同,但它们既是前后相继、交替发展,又是同时并进、相互联系的。如在19世纪后期——以货币资本运动为主要特征的时期,"已经同时存在以对外直接投资为表现形式的生产资本的国际运动了,即在国外投入生产资料进行国际生产的直接投资,形成跨国企业。"但20世纪90年代,"三种形态的资本运动都远比以前任何时期为发展:国际贸易规模很大,国际金融发展迅速,尤其国际投资更为当前阶段重要特征,跨国公司成为国际直接投资的载体。"②根据1998年联合国贸易和发展大会的统计,全球大约有53000家左右的跨国公司,它们在海外有将近45万个分支机构,其年销售收入在1997年已经达到95000亿美元。少数跨国公司支配着石油、矿产、食品和其他农产品的世界市场,而大约100家跨国公司在制造业和服务业的全球化过程中起着先导作用。同时,100家最大的跨国公司控制着20%的全球国外资产,雇佣了世界上600万名工人,而且几乎占全部公司世界总销售额的30%。③

第二节　跨国公司在拉美的历史

　　在拉美,作为跨国公司投资的主要形式,即"外国直接投资"的历史

---

①　[美]弗雷德里克·皮尔逊和西蒙·巴亚斯里安:《国际政治经济学——全球体系中的冲突与合作》,杨毅等译,北京大学出版社2006年版,第321—322页。
②　藤维藻、陈荫枋主编:《跨国公司概论》,人民出版社1991年版,第1—7页。
③　戴维·赫尔德等:《全球大变革:全球化时代的政治、经济与文化》,冬雪等译,中国社会科学出版社2001年版,第325页。

可以追溯到殖民地时期西班牙和葡萄牙个人或企业对拉美农矿业的多种投资。从独立后到第一次世界大战爆发,拉美经历了三次外国资本涌入的高潮:即 19 世纪 20 年代短暂的投资繁荣;开始于 19 世纪 60 年代的更加持续的投资热;第一次世界大战之前十年间大量资本的涌入。整个这一时期资本的主要来源国家是英国,随后的是法国、德国、和其他几个欧洲国家,到后期美国成了重要的资金来源国家。[①]

最早进入拉美国家的长期资本是由购买拉美国家政府债券形成的。这些债券买卖的大多数(大约 2000 万英镑)是通过英国商业银行和其他在伦敦市场的金融中介机构进行的。另外,其他一些直接投资(大约价值 400 万英镑)发生在墨西哥、秘鲁、智利等前殖民地的金银矿开采公司中。债券由代表拉美政府的投资银行发行于伦敦金融市场,而拉美政府反过来用这些资金的大部分偿付先前欠下的战争债务,债券有很大的投机性质,以票面价值很大的折扣额出卖,并支付很高的利息率。当拉美国家政府在 19 世纪 20 年代由于没有充足的出口收入而不能够履行利率支付的时候,债券市场就崩溃了,一直沉寂了 20 多年。同样,对矿业公司的股份投资也由于银行的破产而遭到严重损失,尽管有少数矿山在后来的多年中仍可以继续生产矿石,并获得利润。

到 19 世纪 60 年代,铁路和电报的进步带来了英国对拉美的重要投资,主要形式是向民族国家的贷款(以在伦敦证券交易所发行债券的形式)和对铁路及公用设施公司的直接投资。英国在工业革命中的领先地位给予英国企业利用直接投资的竞争优势,与当地企业订立契约,将在英国取得的工业知识转移到了拉美。当早期的直接投资主要地服务于当地市场对交通和通讯的需要时,它们也服务于后来与外国原料购买商和进口供应商作交易的便利,同时也使跨国公司与当地子公司的联系更便利、

---

① United Nations, Department of Economic and Social Affairs: *Foreign Capital in Latin America*, New York, 1955. p. 3.

更有效。① 总的来说,19世纪拉美长期资本流动(直接投资和债券投资)的画面主要展现了英国人的参与,主要形式是通过发行债券向政府放贷和直接投资,而不是商业银行贷款和政府间贷款。美国直到19世纪末在资本输出中仍然是个小角色,实际上它仍是国际借贷市场上的净借款人。(见表2.1)

表2.1　19世纪流入拉丁美洲的长期资本

时期/来源	长期债券发行	外国直接投资
1822~1825 英国	拉美各国政府通过伦敦银行发行的2100万英镑	40多家股份合作公司致力于拉美的原料开采业
1825 法国	海地政府在巴黎股票交易所发行的3000万法国法郎	
1826~1850 英国	拉美各国政府通过伦敦银行发行的1800万英镑	没有新的股份合作公司建立
1851~1880 英国	拉美各国政府通过伦敦银行发行的13000万英镑	在几个国家的铁路建设,包括秘鲁和巴西
1870~1879 法国(年均)	拉美各国政府在巴黎证券交易所发行的15亿法国法郎	在巴黎交易所发行了3200万法国法郎的私人股份和债
1881~1900 英国	拉美各国在伦敦股票交易所发行的债券净增10500万英镑	1880~1890年有14700万英镑的外国直接投资致力于铁路建设;1880~1900年还增加了256万英镑的私人股票和债券
1880~1899 法国	拉美各国政府在巴黎交易所发行的21亿法国法郎	在巴黎交易所发行了23亿法国法郎的私人股份和债券

资料来源:United Nations, *External Financing in Latin America*, New York, 1965(E/CN. 12/649/Rev. 1). pp. 5–12.

---

① 应该确认的是,大多数19世纪所谓的"直接投资",与第二次世界大战"直接投资"的含义有很大的区别。在19世纪大多数进入拉美的直接投资的确是由英国联合股份公司从事的,但这些公司一般是由从事冒险的投资人支持少数移民到拉美的(英国)企业家所作的努力,这些企业家雇佣当地的工人,建立当地的公司,从事拉美的铁路、电报公司和矿业生产。这样,就没有现代跨国公司所具备的典型的知识和技术的转移,而是一种资金的转移,这些资金使得拉美的(英国)企业家能够建立和经营新企业。从所有权看,投资是直接的,从控制权看,的确是欧洲人控制了钱袋,但更准确地说,具体的控制权是掌握在拉美的(英国)企业家手中。这一点与今天跨国公司企业的外国直接投资类型有着显著的区别,后者的国内和国外的活动(至少在某种程度上)是整个企业的联系在一起的部分。见 Robert Grosse: *Multinationals in Latin America*, Routledge, London and New York, 1989. p. 9.

　　到 19 世纪与 20 世纪之交的时候,拉美外国投资的性质更多地转向私人部门,而不再是政府债券。伦敦市场的债券买卖仍然得以维持,但发行者是铁路、矿业公司和其他私人部门的公司。对英国投资者来说,在债券中与证券投资有关的直接投资已经开始盛行。美国的投资者也将大量的资金作为直接投资。到 1908 年美国在该地区的投资包括了 33400 万美元债券投资和 74900 万美元的直接投资。随着 20 世纪的开始,与英国相比较,美国在世界工业中的地位逐渐上升。在拉美,这意味着美国的债权人(债券购买者)开始取代英国,美国的直接投资者开始在该地区寻找原料的供给者。到 1914 年美国公司(包括私人和政府的)成为该地区的主要投资者,美国在拉美的直接投资从 1897 年的 63500 万美元增长到 1914 年的 27 亿美元,[①]超过了除英国之外的所有资本来源国。表 2.2 对 1914 年投资者的分布和外国直接投资储备接受者做了详细的介绍。从中可见,投资集中于三个最大的国家(阿根廷、巴西和墨西哥),英国和美国的投资者支配了所有国家。法国的直接投资集中在阿根廷和巴西,在这些国家远远超过了美国的投资。相比之下,美国投资更多集中在邻居墨西哥和中美州。英国投资更多地分布在南美洲,特别集中在阿根廷。不仅英国投资支配了整个拉美(接近 50%),而且这也是当时全部英国海外投资的主要部分。英国在拉美的 36 亿美元的全部长期投资接近于英国在美国的全部长期投资的规模。

表 2.2　1914 年在拉美的外国私人投资(百万美元)

债务国家	债 权 国 家					
	英国	法国	德国	美国	其他	全部
阿根廷	1502	289	235	40	1151	3217
玻利维亚	17	25	…	2	…	44
巴西	609	391	…	50	146	1196

---

①　Robert Grosse:*Multinationals in Latin America*,*Routledge*,London and New York,1989. p. 19.

智利	213	…	56	225	…	494
哥伦比亚	31	1	…	21	1	54
哥斯达黎加	3	…	…	41	…	44
多米尼加共和国	0	…	…	11	…	11
厄瓜多尔	29	2	…	9	2	40
萨尔瓦多	6	…	…	7	…	15
危地马拉	44	…	12	36	…	92
海地	0	…	…	10	…	10
洪都拉斯	1	…	…	15	…	16
墨西哥	635	…	…	542	…	1177
尼加拉瓜	2	…	…	4	…	6
巴拿马	0	…	…	23	…	23
巴拉圭	18	…	…	5	…	23
秘鲁	121	1	…	58	…	180
乌拉圭	154	…	2	0	199	355
小合计	3385	709	305	1099	1499	6997
委内瑞拉	30	2	15	38	60	145
小合计 2	3415	711	320	1137	1559	7142
古巴	170	…		216		386
小合计 3	3585	711	320	1353	1559	7528
未被债务国分配的	–	–	–	41	–	41
全部	3585	711	320	1394	1559	7569

资料来源：United Nations, *External Financing in Latin America*, New York, 1965（E/CN. 12/649/ Rev. 1）. table 17.

两次世界大战期间,总的说来,进入拉美的外国直接投资增长幅度有限。第一次世界大战之后,欧洲在拉美的投资随着欧洲经济的重建而急剧地减少,德国的许多投资被该地区的国家当局所没收。美国投资有所增加,在战争期间,美国企业在拉美找到了原料的补充供给,主要的肉食包装公司(如 Swift, Armour, Morris, Wilson)都投资于阿根廷和其他南锥体国家,糖业公司扩大了在古巴的生产,矿业投资从安第斯国家获得了利润,石油勘探和开采业在墨西哥、秘鲁、中美州得到加强。两个最大的商业银行(第一国家城市银行和波士顿第一国家银行)也开始在整个拉美建立分支网络。战争结束之后,美国直接投资者继续在拉美扩大他们的经营,在20世纪20年代,它从英国、德国、法国、加拿大和当地投资者手中购买其在整个拉美的财产,结果成为拉美最大的公用设施公司。美国的份额从1914年占全部外国长期资本的17%增加到1929年的40%。但是,从1914年到1929年,全部外国投资是减少了。在20世纪30年代的大萧条期间,进入该地区的新的外国投资很少。英国直接投资稳定地下降,共约8亿英镑。英国的证券投资从19世纪末持有大量政府债券到1928年仅剩28%的政府债务,在20世纪30年代末的大多数债券(以票面价值的10%~15%)兑现之后,到1940年,政府债务成为英国在整个拉美投资的很小一部分。[①] 美国在拉美的直接投资额也由1929年的34.62亿美元下降到1940年的26.96亿美元。[②] 从1931年开始,由于整个地区拖欠外债,因此,在纽约或伦敦发行新债券的出路被堵塞。现在回顾起来,这种债务危机一方面是由于20世纪20年代过多的借贷,另一方面是由于拉美主要出口产品(糖、铜、贵金属、石油等)价格的急剧下降。外国直接投资的储备和流入的下降,是由于各国萎缩的市场能力和限制向国外转移收入的政策所致。第二次世界大战带来了外部,特别是英国和美国对拉美商品需求的增加。这种需求刺激了出口,更减缓了进口的增加,从而使该地区大多数国家在战争期间处于有利的国际收支地位。由于工业国家处于战争状态,直到1945年,拉美改善了的经济状况并未能导致外国投资的显著增加。

　　跨国公司在拉美的大规模扩张发生在第二次世界大战之后。从战后到20世纪80年代初,跨国公司在拉美的扩张呈现出以下几个特点。

---

① Robert Grosse: *Multinationals in Latin America*. p. 16.
② Robert Grosse: *Multinationals in Latin America*. p. 20.

　　首先,外国直接投资的规模在迅速加大。1950 年,在拉美的外国直接投资额为 77 亿美元(其中美国为 51.43 亿美元),1977 年增至 528.82 亿美元(其中美国为 325 亿美元),比 1950 年增长 5.9 倍,1980 年又增加到 625 亿美元(其中美国占 328.75 亿美元)。据世界银行《1985 年世界发展报告》的统计,1965~1969 年进入拉美地区的外国直接投资年平均流入量为 8 亿美元,1970~1974 年为 14 亿美元,1975~1979 年为 34 亿美元,1980~1983 年为 67 亿美元[①]。1950 年,美国跨国公司在世界各地的子公司为 7417 家,其中 2061 家分布在拉美地区,占总数的 27.8%,到 1966 年,子公司的总数上升到 23282 家,其中设在拉美地区的子公司增加到 5436 家,占总数的 23.3%[②]。到 1973 年,在拉美地区的跨国公司子公司已经达到 7500 家。[③]

　　其次,投资来源国家发生了变化,战后美国取代英国成为最大的投资国,但到 20 世纪 60 年代末,西欧和日本先后加入外国直接投资的竞争行列,美国在拉美的外国直接投资的比重有所下降。英国在该地区直接投资最急剧地下降发生在 20 世纪 40 年代,一是战争打断了英国的海外生意,导致了拉美的脱离。二是战后不久,拉美政府从英国投资者手中购买铁路和其他基础设施项目。这些因素使英国在该地区的直接投资到 1949 年降到了 23800 万英镑的低水平。[④] 而美国的投资则稳定地增长。1945 年美国提出了号称美洲经济宪章的"克莱顿计划",规定美国同拉美经济关系遵循所谓"自由贸易、自由投资和自由企业"的原则,以扫除拉美各国的经济保护措施,更便于美国资本的扩张。1949 年美国总统杜鲁门进一步以"援助落后地区开发经济"为名,鼓励美国私人资本向拉美输出。从 1940 年以来,美国投资一直占整个拉美地区外国直接投资的 1/2

---

　　① 世界银行:《1985 年世界发展报告》,中国财政经济出版社 1985 年版,第 126 页。

　　② 联合国:《世界发展中的多国公司》,商务印书馆 1975 年版,第 173 页。

　　③ Luiz Claudio Marincho, The Transnational Corporations and Latin America's Present Form of Economic Growth, *Cepal Review*, August, 1981. p. 14.

　　④ Robert Grosse: *Multinationals in Latin Americ.* p. 18.

以上。详见表 2.3

表 2.3　1950 年至 1982 年美国在拉美的直接投资（1950 年百万美元）

	1950	%	1982	%	1982/1950	年增长率（%）
矿业和冶金	628	14	422	6	0.67	—
石油	1233	28	1133	16	0.92	—
制造业	780	17	3512	48	4.50	4.8
贸易	242	5	680	9	2.81	3.3
金融	71	2	1159	16	16.32	9.1
农业和公用设施等其他	1491	34	343	5	0.23	—
总计	4445	100	7249	100	1.63	1.6

资料来源：US Business Investment in Foreign Countries, Table 3, US Department of Commerce, 1960; US Direct Investment Abroad. 1982, Table 12, Survey of Current Business, August 1983. in Antonio Jorge and Jorge Salazar – carrillo(edited) : *Foreign Investment, Debt and Economic Growth In Latin America*, St. Martin's Press. New York. 1988. p. 22.

　　从 20 世纪 60 年代中期开始,英国以外的欧洲大陆的跨国公司得到了快速的发展,如 1970 年由 85 个最大的欧洲大陆母公司所控制的 3023 个子公司中 1/2 以上(1562 个)是在 1965 ~ 1970 年之间建立的。因此,在 1967 ~ 1976 年间,欧洲大陆跨国公司在世界范围的外国投资份额从 20.9% 上升到了 24.8%。[1] 到 1967 年,欧洲的跨国公司在拉美的直接投资已经达到了 49.78 亿美元,是对第三世界直接投资最多的(占 35.1%),拉美也是欧洲新投资增长最快的地区。尽管美国在 1967 ~ 1970 年间占拉美所有投资账面价值的 61% 和子公司数目的 63.5%,欧洲分别只占 29.6% 和 29.2%,[2]但是,欧洲在南锥体国家占有很大优势,1970 年欧洲的跨国公司至少拥有阿根廷 43%、巴西 39.9% 和智利的 35% 的外国制造业子公司,相形之下,在墨西哥(20.6%)、委内瑞拉

---

　　① 　B. Lietaer: *Europe ＋ Latin America ＋ The Multinationals*, ECSIM, 1980. p. 13.
　　② 　其余为加拿大(大约 6% ~ 7%)和日本(大约 2% ~ 3%)所控制。见 B. Lietaer: *Europe ＋ Latin America ＋ The Multinationals*. p. 23.

(18.9％)和哥伦比亚(16.1％)的子公司则较少。从投资部门看,在采掘业(3％)和公用设施(4.8％)中所占比重很小,而在银行(38.2％)和制造业部门(32.8％)的参与则很大。在整个 20 世纪 70 年代,美国在拉美新的直接投资很少,而欧洲则不断增加新投资,如 1969～1976 年欧洲在巴西直接投资的份额由 31％ 增长到 43％,而美国同期由 48％ 下降到32％,到 1977 年欧洲占巴西新增外国直接投资流入量的 49％。在阿根廷,1977 年以来新增投资的 50％ 是欧洲国家投入的①。可以说,到 20 世纪 70 年代末,欧洲跨国公司在南锥体国家已经占据优势地位。日本对拉美的投资主要是从 20 世纪 60 年代末开始恢复的,1970 年,日本佐藤政府制定了一个“积极与中南美洲和非洲进行合作”的计划,加快了对拉美的投资,1970 年它对拉美的投资只有 5 亿美元,到 1979 年已经达到 50亿美元,增长了 9 倍。由于美国对拉美的投资增长速度慢于西欧和日本,因此,美国在拉美的外国直接投资中的比重相对下降,从 1950 年的66.9％ 下降到 1978 年的 54.3％。②

再次,投资地域集中在少数国家,投资部门从农矿业和公用设施转向制造业。第二次世界大战之前,外国直接投资主要分布在拉美自然条件优越、矿产资源丰富的国家,以获取大量原料和初级产品。二战后,随着资本国际化的深入发展和拉美国家进口替代战略的实施,外国直接投资主要投向了经济发展水平高、工业基础设施较好和市场容量比较大的国家。如到 20 世纪 60 年代,巴西、墨西哥、阿根廷、委内瑞拉 4 个国家就占拉美制造业部门所有外国直接投资的 80％,这 4 个国家也是该地区最大和最富有的国家,占拉美人口的 66％ 和 GDP 的 75％。从部门变化看,在二战之前,大多数外国投资被配置在公用设施(交通、电话、电力等)、农业和采掘业部门,战后,公用设施部门的投资下降,石油是 20 世纪 50 年代采掘业中唯一快速增长的部门。相比之下,制造业得到了快速的扩张,

---

① 　B. Lietaer:*Europe ＋ Latin America ＋ The Multinationals*. pp. 23－24.
② 　张森根、高铦:《拉丁美洲经济》,人民出版社 1986 年版,第 311 页。

如20世纪50年代美国在拉美制造业中的投资增长了21.3%,1960～1967年增长了64.8%。[1]欧洲的投资也类似地集中在制造业上。结果,外国对拉美某些国家制造业的控制特别高。如联合国的调查表明,在20世纪70年代初期,外国企业占巴西制造业部门销售额的49%和资产的29%,占秘鲁制造业销售额的46%,占阿根廷制造业销售额的31%和墨西哥的27%。[2] 在有些工业部门中,这种外国控制的集中程度特别突出,如墨西哥和秘鲁化学工业的67%,巴西汽车工业的100%和阿根廷汽车工业的84%以及非电力机械生产的82%都为外资企业拥有。[3] 到1980年,美国在该地区之制造业的账面价值超过了其他所有部门,达到145亿美元。相比之下,公用设施和农业的投资是如此之小以致于它们不再被分别地报告,矿业投资仅增长到14.1亿美元,石油投资仍然保持相当的数量,达到43.4亿美元[4]。

第四,投资方式日趋多样化,经营管理方式更加国际化。第二次世界大战之后到20世纪60年代,跨国公司主要采取建立独资企业的方式进行直接投资,进入的方式大致有三种,一是并购当地企业;二是以其在资金、技术和经营管理方面的强大优势通过市场竞争挤垮并接管当地企业;三是通过集中在某些工业部门的快速发展而改变当地的制造业生产结构,从而取得优势地位。一项对20世纪60年代墨西哥工业非民族化的研究表明,外国企业增加的市场份额的1/2以上是通过并购得到的,而通过市场竞争和外国支配部门的快速增长则各占不到1/4(见表2.4)。当时,跨国公司的这类投资方式主要受到了拉美各国政府奉行的进口替代工业化政策的鼓励。但是,到20世纪60年代末,随着西欧和日本竞争力的加强,以及跨国公司与拉美国家矛盾的加深,跨国公司开始对投资方式做出了某些调整,倾向于有目的地发展一些风险小和有利可图的合资企

---

① B. Lietaer:*Europe ＋ Latin America ＋ The Multinationals*. p.21.
② 联合国:《再论世界发展中的跨国公司》,商务印书馆1982年版,第316页。
③ 联合国:《再论世界发展中的跨国公司》,商务印书馆1982年版,第323页。
④ Robert Grosse:*Multinationals in Latin America*. p.24.

业。70年代,合资企业逐渐增多,西欧和日本的跨国公司由于是后来者,因此能够更快地适应东道国政府合资企业的政策。跨国公司参与的持股形式主要有三种:跨国公司持有多数股;跨国公司和当地投资者双方持股相等;当地投资者持多数股。至于哪种形式占主导地位,则根据每个国家的具体情况而定。从20世纪70年代开始,跨国公司的非股权安排日益增多,非股权安排是一些不受股权投资限定的跨国投资协定,其范围从比较简单的许可证、特许证或管理协定,一直到各种各样规定的高度复杂的结合,被人们统称为工业合作。其中包括提供或出租工厂,承包加工和分包,联合研究和开发,联合生产,专门化,联合销售和售后服务的规定,联合投标和联合设计等等[1]。这种形式受到东道国的欢迎,因为有利于东道国引进技术和产品,而不是一个外资实体,跨国公司虽然没有股权,但能以技术、经营管理和销售方式的优势对东道国加以控制。

表2.4　美国在拉美通过并购建立的跨国公司制造业子公司的百分比

	1946年之前	1946~1957年	1958~1967年
拉丁美洲			
全部	206	340	750
并购的%	23	29	44
阿根廷			
全部	45	34	79
并购的%	24	38	53
巴西			
全部	34	70	94
并购的%	26	27	46
墨西哥			
全部	46	90	216
并购的%	20	34	54

资料来源:J. Vaupel and J. Curhan,The Making of Multinational Enterprise,Cambridge,1969. tabe,4.1.3. in Rhys Jenkins:*Transnational Corporations and Iindustrial Transformation in Latin American*,The Macmilan Press Lid,1984. p.29.

---

[1]　联合国:《再论世界发展中的跨国公司》,商务印书馆1982年版,第94页。

战后跨国公司经营的模式除了延续以往的"水平一体化"和"垂直一体化"的模式外,还创造了在产业生产中部件生产的国际化分解和生产工序中的国际化生产的新模式,比如飞机、汽车等行业,不同的零部件在不同的国家进行生产,最后在母国进行组装。还有的跨国公司研发和管理的中心设在母国,生产基础全部分布在世界各地。[①] 这是一种"国际一体化"生产模式,其特征在于其价值增值活动在全球范围内分散进行,可以将价值链的各个环节定位在世界各个理想地点,从而降低各个环节的成本,提高整个价值链的竞争力,既体现了高度的国际化,而又在同一资本的指挥下有机地结合成一个网络体系。为了发挥大企业的优势,降低风险,经营范围的多样化成为 70 年代以来跨国公司的一个显著特征,不仅化学公司扩展到食品业和工程事业,混淆了工业部门内部的传统界限,而且制造业公司还扩展到采掘业、商业和金融服务业,形成了产供销一条龙,从而更有利于跨国公司的内部管理和全球战略。

20 世纪 50 年代和 60 年代,拉美主要国家为实现耐用消费品和中间产品的进口替代,奉行了保护主义的外贸政策和相对自由的外资政策,积极鼓励跨国公司的进入,在大多数情况下,外国资本被保证享有与当地资本同等的待遇,可以自由地汇回利润。在有些情况下,跨国公司甚至被保证得到比东道国的竞争者更好的待遇。因此,这一时期在拉美的外国投资主要是外国私人直接投资。但是,从 20 世纪 60 年代末开始,情况逐渐发生了变化,一方面是拉美进口替代工业化的局限性越来越突出,其中主要问题之一是国际收支逆差扩大,而跨国公司的利润汇出、专利使用费和原材料进口费大幅度上升是国际收支状况恶化的重要原因,依附论学者对跨国公司提出了严厉的抨击。同时,拉美国家经济民族主义思潮上升,出现了大规模的国有化运动,1960～1969 年拉美国家接管的外国企业是 35 个,而 1970～1976 年则接管了 163 个,其中制造业企业有 49 个,[②]并

---

① 李滨:《国际政治经济学——全球视野下的市场与国家》,南京大学出版社 2005 年版,第 193—194 页。

② 联合国:《再论世界发展中的跨国公司》,商务印书馆 1982 年版,第 284 页。

对外国直接投资实行了各种限制措施,于是,外国垄断资本不得不减少直接投资活动而代之以借贷资本输出。另一方面,欧洲货币市场发展了起来,国际借贷资本充裕,美元又不断贬值,特别是第一次石油危机之后,西方商业银行积聚了大量的石油美元,西方国家又处于经济衰退之中,投资不足,西方商业银行的借贷利率非常低,在这种背景下,拉美国家选择了举债发展的道路。结果,从1970年开始,拉美国家的公共外债已经开始超过外国私人直接投资,到1982年整个地区的外债总额达到3277.59亿美元,远远超出了拉美经济的承受能力,最终使拉美陷于严重的债务危机①。

1982年拉美的债危机急剧地切断了外国直接投资和其他外国资本在20世纪80年代的十年间向拉美地区的流入。1981～1984年外国在拉美的直接投资减少了60%,即从1981年的76.1亿美元减少到1984年的32.8亿美元。尽管大多数拉美国家为了吸引外国直接投资,采取放宽条件、扩大优惠等措施,如扩大投资领域、提高汇出利润率(汇出利润占投资的比重)、增加外资占有股份的比例、提供赋税优惠和投资信息等,但并未能扭转外国直接投资下降的趋势。只是到1990年,随着拉美国家宏观经济环境的稳定、贸易自由化和金融开放政策的实施、国有企业私有化进程的加快、外资政策的进一步放宽,外国直接投资的增长速度才再度加快,1990～1994年外国在拉美的直接投资年均约143亿美元,到1995～1998年增长到年均465亿美元。

第三节　跨国公司与墨西哥的经济发展进程

跨国公司在墨西哥的扩张主要是在第二次世界大战之后,但为了对

---

① 　高铦:《拉美外资政策的新发展》,《拉丁美洲丛刊》1985年第3期;吴国平:《90年代初以来外资流入的变化于拉美经济的影响》,《拉丁美洲研究》1994年第6期。

跨国公司的直接投资有一个全面整体的认识,我们需要回顾历史,考察外国资本和跨国公司在墨西哥经济发展不同阶段所表现出的特点。在波菲利奥·迪亚斯时期,外国直接投资在墨西哥初级产品出口发展模式中发挥了重要的作用,这种模式既促进了墨西哥现代化的发展,同时也带来了严重的问题,墨西哥革命,特别是1929年世界经济大危机和卡德纳斯改革,最终终止了这一模式,开启了墨西哥的进口替代工业化阶段。这一进口替代工业化进程具体又分为进口替代工业化简易阶段(1940~1955),进口替代工业化的耐用消费品替代阶段(1955~1970),进口替代工业化的多样化出口推动阶段(1970~1982),在墨西哥进口替代工业化进程的不同阶段,跨国公司的作用也呈现出不同特点。

一、波菲利奥·迪亚斯时期(1876~1910)

在墨西哥1821年独立后的几乎半个世纪中,由于国内和国际纷争以及长期的政治动荡,墨西哥对大多数潜在的外资来说,没有什么吸引力。墨西哥政府在1824年和1825年间在伦敦市场上发行了3200万美元的债券,但真正获利的是经纪人,在扣除了各种佣金、回扣和手续费等,墨西哥仅仅得到了大约1560万美元。由于无力偿还债息,到1885年这笔英国债务增长到了1亿多美元①。当时,英国的直接投资已经进入到采矿业。墨西哥1823年10月8日的法令,第一次允许外国人可以购地开矿。1828年10月7日通过的法律不仅允许外国人投资开矿,而且许以减免税收的优惠。1823年英国资本开始到墨西哥投资开矿,英资开办的雷亚尔德尔蒙特矿业公司(1825年)、英国美洲矿业公司(1825年)、墨西哥联合公司(1825年)不仅是外资投入的最大公司,而且是墨西哥矿业生产的主要企业。19世纪40年代墨西哥矿业中的英国公司已经有65家,资本总额超过1000万英镑。法国和德国在19世纪20年代也先后成立了法

---

① Harry K. Wright, *Foreign Enterprise in Mexico*, *Law and Policies*, Chapel Hill, The University of North Carolina Press, 1971. p. 52.

国美洲公司、德国美洲公司,投资于墨西哥,其中法国美洲公司发行股票6000 股,合资 120 万比索,有矿 165 处。[1] 外资一度促进了墨西哥矿业的复兴,但由于所采用的生产方法成本太高和管理不善,大多数投资者最后陷于金融破产。外国直接投资还进入了纺织业,在新兴的纺织业中,15%是英、法、德的资本兴建的,其余 85% 大部分是西班牙人的产业。到 1843年墨西哥拥有 59 家大型纺织厂。但是,由于墨西哥的战乱,到 1867 年法国干涉结束的时候,墨西哥的对外信誉已经下降到了最低点。

外国资本大量进入墨西哥是从波菲利奥·迪亚斯上台后开始的。此时西方国家正值第二次产业革命,迫切需要寻找原材料和国外市场,并有大量剩余资本等待输出,而迪亚斯上台后实行了 34 年的独裁统治(1876~1910 年),政治上的长期稳定和经济上的自由放任重建了墨西哥的国际信誉,资源丰富的墨西哥成为外资进入的良好场所。到 19 世纪末,在波菲利奥和他的实证主义"科学派"的领导下,外国直接资本被引导到墨西哥人无力投资的领域,首先是铁路建设,其次是黄金、白银、铜、铅和石油等采矿业,再次是电力和基本消费品工业。外国投资者在墨西哥政府的引导下带来了现代的采矿方法、交通、通讯,将先前落后的农村地区纳入资本主义经济体中,并与西方中心国家连接在一起。到 1911 年,外国在墨西哥的投资总额已经达到了 17 亿美元,其中直接投资占 85%,超过了 14 亿美元,间接投资近 25000 万美元,占全部外资的 15%。从投资来源看,美国投资 65000 万美元(38%),英国投资 50000 万美元(29%),法国投资 45000 万美元(26%)。另外还有德国、西班牙、意大利、比利时等国家的投资,美国的投资已经超过英国跃居第一位(见表 2.5)。

---

① 郝名玮等:《外国资本与拉丁美洲国家的发展:历史沿革的考察》,东方出版社 1998 年版,第 47 页。

表2.5 1911年在墨西哥的外国投资

	百万美元					全部投资的百分比	全部直接投资的百分比
	全部	美国	英国	法国	其他		
全部	1700.4	646.2	494.7	454.3	105.1	100	
间接投资(公共债务)	249.0	29.7	41.4	164.1	13.9	15	
直接投资	1451.4	616.5	453.3	290.3	91.2	85	100
铁路	565.3	267.3	200.7	58.1	39.1		38.9
矿业	408.6	249.5	58.4	89.8	10.9		28.2
公用设施	118.9	6.7	105.8	5.0	1.3		8.2
不动产	97.2	40.7	45.5	8.0	3.0		6.7
银行	82.9	17.2	8.8	50.0	7.0		5.7
制造业	65.5	10.6	5.5	36.0	13.5		4.5
商业	61.1	4.5	0.1	40.0	16.4		4.2
石油	52.0	20.0	28.6	3.4	–		3.6

资料来源：Harry K. Wright, *Foreign Enterprise in Mexico*, *Law and Policies*, The University of North Carolina Press, Chapel Hill, 1971. p.54.

据统计,到迪亚斯统治末期,墨西哥170家大企业中的130家完全为外国资本所控制,占企业总数的76.5%,这130家外资控制的企业资本总额为10.42亿比索,占170家大企业资本总额的63.2%,如果加上另外9家外资比例较大的企业的资本(约2.39亿比索),外资控制的企业资本则占170家企业资本总额的77.7%。从外资所占的比重看,石油部门占100%,矿业部门占98.2%,农业部门占95.7%,电力部门占87%,制造业部门占84%,银行部门占76.5%,铁路部门占27.5%,也就是说,墨西哥的主要经济部门均被外国资本所掌握。在170家企业的16.5亿比索的资本总额中,美国资本控制和参与的企业有53家,占资本总额的44%;英国为50家,占24%;法国为46家,占13%,即三国共占资本总额的81%①。到这个时候,外国人大约拥有了墨西哥国家半数以上的财富,外国资本控制了除农业和手工业以外的几乎所有的生产领域。

为鼓励外国资本投资于面向出口的初级产品生产和修建铁路,迪亚

---

① 何塞·路易斯·塞塞尼亚:《在帝国轨道中的墨西哥》,1976年西班牙文第7版,第63页。转引自张文阁等:《墨西哥经济》,社会科学文献出版社1986年版,第216—217页。

斯政府给予外国资本很多优惠,包括政府补贴、免除税收和关税、甚至占有土地。在与外国公司签订的修路合同中规定:外国公司拥有铁路两侧各 70 米土地的所有权;车站、修理厂及其他有关建筑的占地也为外国公司所有;公司占地内的一切自然资源可以随意开发,免交任何费用;公司有权免税进口修路、运输和建房所需要的各种物资和设备,而政府还应当对公司建造车站、修理厂、仓库等费用给以补偿;政府对修路的补贴是每公里 6000~10000 比索;铁路修成后外国公司将首先使用 99 年,等等。迪亚斯上台时墨西哥的铁路只有 335 英里,到 1911 年则超过了 15000 英里。尽管铁路的修建有助于刺激工业发展和农业生产,促进贸易和人口流动,但明显地缺乏政府的计划,大多数线路是朝向美国的市场和主要港口,广大地区仍处于孤立状态。

在面向出口的初级产品生产中,矿产品生产对外资最具有吸引力。墨西哥 1884 年 11 月的新矿业法取消了有关矿业必须由国家直接经营的规定,对采矿活动给以充分的自由。法令规定,土地的主人就是其地产下矿源的主人,除贵金属外,对石油、天然气、煤、建筑材料等均可自由开发。矿业活动只受矿业法的约束,各地开矿的矿产税不得超过 2%。1887 年矿业法令规定,开采煤、石油、水银等矿物可以免联邦税和地方税,政府只收极少的印花税。租让的矿场、采矿企业和冶金企业,在开办或获得租让合同之日起可以十年内免税经营,开矿所需物资可免税进口。在迪亚斯政府的鼓励下,外国人从墨西哥私人和政府手中获得了大块的矿产,开辟了重要的采矿区,建立了冶金业。早期投资主要集中于黄金、白银的开采,1897 年以后铜、铅、锡的开采大量增加。到 1911 年美国资本已经占整个矿业资本的 60%。许多重要外国公司在这时已经显露头角,如美国冶炼公司、卡纳内亚联合铜业公司、弗雷斯尼略公司、德佩尼奥莱斯矿业公司等。①

1900 年美国人爱德华·多赫尼(Edward L. Doheny)首先在坦皮科地

---

① Harry K. Wright, *Foreign Enterprise in Mexico*, *Law and Policies*. p. 55.

区发现了大油田,他得到了在塔马乌里斯巴斯—维拉克鲁斯—圣路易斯波托西地区的大片油田,巩固了他在瓦斯特卡(Huasteca)石油公司的持有权。英国人维特曼·皮尔逊主要在特万特佩克地区通过英国墨西哥鹰牌石油公司开采石油,到1911年之前已经进行了大量的投资。1901年迪亚斯政府实施的第一部石油法除了重申1884年法律规定外,还授权政府可以让与联邦区的油田,而免除各种税收和关税、仅需缴纳少量印花税的规定进一步刺激了石油的开采。

在外资的控制下,公用设施的发展也很快。电报线与铁路线平行铺设;建成的电力工业为矿业、工业、主要城市提供服务,城市里也铺设了电轨,以运行电车,电话系统也初步形成;商业银行应运而生,最初是为从事出口活动的外国投资者和从事外贸活动的商人服务的,墨西哥人无力涉足或缺乏经验,主要是由英美资本所建。

不少欧洲移民对面向国内市场的工业发展进行了投资,大多是法国和西班牙移民,也有德国、英国、美国移民。法国资本支配了棉纺织业、造纸、面粉、酿造等主要的制造业,也是主要零售业的投资者。早期工业的发展是初级产品出口带动的结果。

迪亚斯政府的农业政策导致大片土地落入外国人手中。外国人除得到大片的牧场和面向出口市场的种植园以及为开发石油和开采矿产而得到的土地外,外国公司还以移民为借口而获得了大片土地。鉴于农业问题是一个生产不足和缺少劳动力垦殖土地的问题,迪亚斯的顾问们相信,破解难题的方法是像美国和阿根廷那样吸引欧洲移民。1875年和1883年当局先后颁布法律,授权通过政府让与和与私人公司订立契约而进行移民垦殖。许多外国公司被授权测量空闲的公共土地,作为服务的补偿它们可以得到其所测量土地的1/3,并有权以低价优先购买剩余的2/3。公司所得到的土地在向移民出卖时其地块面积不得超过2500公顷。后来,在外国公司和移民的压力之下,当局又于1894年颁布法律,解除了他们所有的垦殖义务,保证他们的土地所有权不被没收,并取消了1883年法律中土地出卖不得超过2500公顷的规定。禁止外国人在边境和沿海地区获得土地的长期禁令被规避了,美国人得到了墨西哥北方边境的大片土地。这样,到迪亚斯统治末期,近 1/3 的国土被测量,外国人大约拥有了墨西哥整个土地面积的 1/4。同时,几千个庄园主控制了 1/2 以上的私有土地,包括了 50% 的农村人口和 82% 的村社。少数大地产主和外国人拥有大片土地,而 90% 以上的农村家庭没有土地。[①]

这种外资渗透的程度和迪亚斯政府农业政策的失误结合在一起,激起了迪亚斯执政末期的民族主义情绪,工人罢工运动和农民土地运动高涨。1906 年至 1908 年政府对主要的铁路实行了国有化,三条重要干线的 51% 的股权被纳入国家控制的墨西哥国家铁路系统。但在 1910 年新矿业法中限制外国人投资矿业的尝试遭到了失败。

外国资本和外国企业对墨西哥早期现代化做出了一定的贡献。在墨西哥本国资本缺乏的情况下,外资的大量注入为墨西哥未来的发展打下了良好的基础,欧洲移民对早期制造业的投资建立了面向国内市场的消费品工业和培育了一个企业家阶级。在迪亚斯统治的 35 年间,墨西哥国民生产总值年均增长 2.7%,超过了同期人口 1.4% 的增长率,制造业的年均增长率 3.6%,农业产量年均增长 2.5%,出口增长了 6 倍,进口增长了 3.5 倍,国内市场也空前扩大,货币流通量增长了 7 倍多[②]。但是,墨西哥大量的资源被掠夺,墨西哥劳工遭受到残酷剥削,国家的利益和命运为外国人所控制。墨西哥的早期现代化局限于一小撮有特权的阶层,狭小的国内市场无力支持大规模的工业化,农业生产和 80% 农村大众的收入水平和社会条件得不到改善。迪亚斯的政治体制和经济政策最终导致了墨西哥 1910~1917 年的革命。

二、革命和内战时期(1911~1940)

从墨西哥革命到卡德纳斯改革,这是墨西哥历史上的一个调整时期,

---

① Harry K. Wright, *Foreign Enterprise in Mexico*, *Law and Policies*. p. 59;57.
② 《1976 年墨西哥:实施、数字、趋势》墨西哥外贸银行,1976 年英文版,第 37 页,转引自张文阁等:《墨西哥经济》,社会科学文献出版社 1986 年版,第 218 页。

在这一历史时期,墨西哥在政治上确立了"墨西哥革命党"的领导地位和革命民族主义的意识形态,在经济上政府积极推动发展,实行了土改、石油和铁路国有化等结构性改革,打破了初级产品出口模式,开启了进口替代工业化的新模式。由于墨西哥政府无论在法律政策还是实际操作中,都着意消除外国资本的控制及其不良影响,因此,外国资本的进入受到抑制。

在墨西哥革命期间,除了石油工业外,没有新的外资进入墨西哥。由于地处国家的边远地区并加强了保护措施,所以大多数外国石油公司避免了财产损害,甚至因战争需求的刺激,在革命期间还扩大了它们的投资和生产。1914～1929 年该部门的投资显著增加,仅仅美国的投资就从1914 年的 8500 万美元增加到 1929 年的 29590 万美元,而同期美国整个外资的增加数量并不多。到 1921 年墨西哥成为世界上第二大石油生产国,年产量为 19339 万桶,占世界产出的 1/4。[①] 从表 2.6 中可以看出,这一时期是墨西哥石油产量的高峰期。其他的外国企业就没有这么幸运。铁路设施和矿山设备都在战争期间遭到了破坏,矿业公司所受到的破坏最严重,全国主要的矿区都停止了生产。

表 2.6　1916～1937 年墨西哥的石油产量(桶/日)

1916	111082	1924	382680	1932	90517
1918	174872	1926	247729	1934	104582
1920	430325	1928	137399	1936	112405
1922	499393	1930	108301	1937	128511

资料来源:Pemex, Annual Report. In George Philip:*Oil and Politics in Latin America*, *Nationalist Movements and State Companies*, Cambridge University Press, 1982. p. 211.

1917 年 2 月 5 日贝努斯蒂亚诺·卡兰萨(Venusiano Carranza)政府颁

---

① George Philip:*Oil and Politics in Latin America*, *Nationalist Movements and State Companies*, Cambridge University Press, 1982. p. 12,17.

布了墨西哥新宪法。《1917年宪法》基于1857年宪法,但做了重要的修改。宪法第27条为消灭大庄园制和重新向村社和小农分配土地打下了法律基础。宪法第123条吸纳了当时世界上最进步的劳工立法纲领。对外国人和外国经济活动的限制被采纳,反映了一种限制外国资本在新社会中发挥作用的政策。宪法第27条确立了国家对所有地下矿产资源的直接所有权,并将石油重新纳入了与其他矿产一样的控制体系。外国人可以申请土地或水源的权利,或租用土地、水源或燃气矿产的权利,但条件是同意放弃他们母国政府的外交保护。外国人也不能得到离边境100公里和离海岸50公里以内的土地。宪法第33条规定,总统有充分权力不需要经过审判就可以驱逐他认为不宜在这个国家出现的任何外国人[1]。至此之后,重申其对自然资源和国家经济命脉控制的斗争便成为墨西哥历史的重要内容。

外国石油公司成为斗争的首选目标。卡兰萨认为,石油工业应该受国家的控制,政府在国家资源财富中的份额应该增加。因此,从卡兰萨、奥夫雷贡(Alvaro Obregon)到卡列斯(Plutarco Elias Calles)执政时期,关于外国人在1917年5月1日之前所获得的油田是否适用于宪法27条成为双方争议的焦点,直到1928年1月的石油修正法案中通过"确认租用权"的条款才正式承认1917年5月1日前外国人所获得油田租用权的永久性。

1934年卡德纳斯(Lazaro Cardenas)上台后,"墨西哥是墨西哥人的墨西哥"这句话第一次具有了真实的意义。他将墨西哥革命的两大目标又向前大大地推进了一步,即土地改革和减轻外国人对国家经济的控制。卡德纳斯欢迎外国资本帮助墨西哥的经济发展,但他怀疑外国人对采矿业实行垄断,提出如果外国人要来墨西哥投资的话,他们应该在墨西哥建立他们的家庭,少分一些利益,将利润进行再投资。1936年12月23日通过的《没收法案》授权联邦总统可以因多种理由(包括"因集体福利而保留一个私人企业")而宣布没收私人财产。此前激进的工会组织也得

---

[1] Harry K. Wright, *Foreign Enterprise in Mexico, Law and Policies.* p. 63.

以建立,政府支持他们根据 1931 年实施的劳工法而提出的增加福利的要求。如果一个公司拒绝或不能服从仲裁法庭应工会的要求所做出的裁定,政府就可以没收这个企业并将其交给工人作为合作企业经营。1937年 5 月,石油工人要求提高工资,改善劳动条件,遭到外国公司的拒绝,工人们举行大罢工以示抗议。卡德纳斯政府站在工人一边,指派专家委员会来调查石油公司的财务状况和其他活动。调查结果表明,采油矿区的生活日用必需品的价格提高了 89%,工人的实际工资减低了 20% 左右,比美国石油工人的工资低 25% 左右,墨西哥的工人遭受到残酷的剥削。外国石油公司以比国际市场高两倍的价格在墨西哥出售石油产品,而在墨西哥开采石油的成本比在美国要低 5 倍左右。显然,外国垄断公司在墨西哥赚取了巨额利润,严重地妨碍了墨西哥民族经济的发展。为此,墨西哥仲裁委员会于 1937 年 12 月 18 日做出裁决,责成外国石油公司增加27% 的工资基金,大致为 2600 万比索,并提供其他的福利待遇。但外国公司只同意将工资基金增加到 2450 万比索。外国公司错误地估计了形势,过高地估计了自己的力量。卡德纳斯在这场斗争中立场坚定,在同外国公司的谈判中坚持原则。当谈判破裂之后,卡德纳斯在 1938 年 3 月18 日代表政府在全国广播电台中毅然宣布将外国石油工业全部收归国有,其资产分 10 年偿还。随后公布了被没收的外国石油公司的名单,主要是美国和英国的 17 家公司。这一天即"征收日",被誉为是"墨西哥经济独立的开端。"在此前的 1937 年 7 月,卡德纳斯已经把外国人控制的铁路全部收归国有。

土地改革方面,卡德纳斯任总统期间,将 2000 多万公顷的土地无偿分配给了 763000 户农民,比前 20 年所分配土地的总额还多一倍半以上。到 1940 年已重建了 10650 个村社,使墨西哥全国村社的总数达到了14680 个。[①] 在卡德纳斯政府分配的土地中有一部分来自对外国公司侵

---

① 林宁:《论卡德纳斯执政时期的土地改革》,载中国拉丁美洲研究会编:《拉丁美洲史论文集》,东方出版社 1986 年版,第 228 页。

占土地的剥夺。1936年10月政府在杜兰戈的拉古纳(Laguna)地区没收了英国公司棉花种植园的60万英亩的土地,1938年又没收了这个地区的两个意大利公司的水稻种植园和尤卡坦半岛的几个大型剑麻种植园。在亚基河谷、墨西卡利和马约河谷也没收了大片土地。其中的大片土地被用来建立集体合作农场。①

卡德纳斯石油工业国有化的政策成为促使该国脱离初级产品出口模式的关键,但也加强了投资者的恐惧,他们认为墨西哥对从革命中继承下来的社会主义思想也许是认真的。到卡德纳斯政府后期,外资在墨西哥的地位发生了急剧地转变。与外资占支配地位时期相比,1939年外国资本仅占墨西哥整个投资的15%。1940年的全部直接投资不足50000万美元,仅仅比20世纪20年代中期直接投资的1/4稍高一点。在曾被外国资本所支配的4个主要领域(铁路、石油、矿产、电力)中,前两个已经被国有化。外国企业仍然控制着矿产和电力工业,占整个外资的近90%,即使在这两个领域,外资的数量也已经减少。到1943年矿业中的投资已经不到1929年投资的1/2,在公用设施和交通运输中的美国私人投资已经从1929年的16400万美元下降到1943年的10600万美元。土改计划没收了许多外国公司的土地,北美对农业的投资从1929年的5900万美元下降到1940年的1000万美元②。制造业是这一时期外国资本增加的唯一领域,但投资数量仍然很小,并没有在制造业的扩张中发挥重要的作用。

三、进口替代工业化时期(1940～1982)

1940年卡德纳斯总统离任之后,曼努埃尔·阿维拉·卡马乔(Manuel Avila Camacho)继任墨西哥总统,他是1910年墨西哥革命以来第一个宣布"革命时代"结束,"经济发展时代"开始的总统,他的上台,标志着墨

---

① (苏)阿尔波罗维奇、拉甫罗夫主编:《墨西哥近代现代史纲》,刘立勋译,三联书店1974年版,第622—623页;派克斯:《墨西哥史》,瞿菊农译,三联书店1957年版,第528页。

② Harry K. Wright, *Foreign Enterprise in Mexico*, Law and Policies. p.70.

西哥自觉性进口替代工业化进程的开始,在此后的 42 年中,墨西哥的进口替代工业化进程大致经历了非耐用消费品进口替代、耐用消费品进口替代、多样化出口推动(或混合发展战略)三个阶段的发展过程。在这三个阶段中,跨国公司发挥了重要的作用。

(一)非耐用消费品进口替代工业化阶段(1940~1955)

1940 年至 1955 年是墨西哥非耐用消费品的进口替代工业化阶段,也称进口替代工业化的"简易"阶段。在卡德纳斯时期,农业被放在经济发展的首位,工业化处于次要的地位,政府的政策主要向农业倾斜,但有趣的是,正是这种政策奠定了工业发展的良好基础。阿维拉·卡马乔就任总统(1940~1946)后,工业化被提到了经济发展的首要位置。墨西哥的社会科学家们认为,"将一块馅饼分得越来越小是荒谬的,革命的最终目标是让大多数人的生活水平提高,当务之急是将国家的经济基础扩大,而这只有通过一项工业化规划才能达到。""全国工业转型协会"(La Camara Nacional de La Industrial de Transformacion)则向人们宣传道:"凡有利于工业的,就有利于国家。没有工业化,墨西哥就要永远受外国经济变动的左右。"[1]卡马乔说:"墨西哥今后将生产相当大一部分现在需要进口的商品,以节约外汇。墨西哥将生产国内需要的全部钢铁、化纤、石蜡、润滑剂、化工产品、水泥、……",而这是"发展经济、提高人民生活水平、利用本国资源、摆脱对外国产品依赖最有效的手段。"[2]第二次世界大战对墨西哥的工业化进程是一个有力的刺激,传统上从国外购买的制成品实际上已经中断,国内对诸如纺织品、纤维、食品、烟草、化工产品的需求为本国生产这些产品提供了绝好的机会,同时,外部对战略物资和原料的需

① Michael C. meyer,William L. Sherman,Susan M. Deeds (edited),*The Course of Mexican History*,Oxford University Press,2003. p. 609;611.

② Otto Granados Roldan,Mexico,*Setenta y Cinco Anos de Revolucion*,*Desarrollo Economico* 1. Fondo de Cultura Economica,1988. p. 35.

求也给墨西哥初级产品出口创汇带来了机遇。①

墨西哥政府经济战略的转移伴随着对外资态度发生的变化。卡马乔总统首先采取的措施是妥善解决从前几届政府手中继承下来的赔偿事宜和国际债务,以改善墨西哥的投资环境。1941 年 11 月 19 日墨美双方签署了墨美总协定,两国关系中的许多问题在这个协定中得到了解决。在土改期间所没收的美国人占有的土地,墨西哥以 4000 万美元做出赔偿,此前墨西哥已经支付了 300 万美元,在交换批准文本的时候再支付 300 万美元,其余的 3400 万美元以后每年分期付款 250 万美元。对没收的外国石油公司的财产的赔偿,卡德纳斯时期已经在 1940 年 5 月 1 日用 850 万美元清理了一部分资产。在 1942 年 4 月 17 日,根据墨美双方专家小组的评估,墨西哥同意支付 2400 万美元对没收的北美石油资产做出赔偿,外加 3% 的利息,支付日期从 1938 年 3 月 18 日到 1947 年 9 月 30 日,总计 500 万美元。与英国在墨西哥的鹰牌石油公司的谈判直到卡马乔任期将要结束时才开始,到 1947 年的 8 月 29 日双方最终达成协定,墨西哥同意支付 8125 万美元,外加利息 4900 万,支付时间从 1938 年 5 月 18 日到 1962 年 9 月 17 日。这样,墨西哥政府所支付的外国石油公司的赔偿金为 16775 万美元。②

墨西哥还有 1922 年的旧债券外债和 1937 年因没收墨西哥国家铁路而承担的对外国债券持有人的债务,到 1941 年前者的数量为 51000 万美元,后者为 55000 万美元。经过谈判,1942 年旧债券持有人接受了墨西哥打折 20% 还债的条件,1946 年墨西哥对铁路债券持有人也做出了类似的安排。这样,墨西哥的外部债务就得到了比较妥善的处理。

---

① 与拉美其他国家相比,墨西哥耐用消费品的进口替代基础较好,制造业在迪亚斯时期已经崛起,在 1929—1939 年它的进口替代指数仅仅从 0.52 下降到 0.45,也就是在说大萧条 10 年中它的进口占全部供给的比重仅仅减少了 10%。这也说明了为什么墨西哥能够在比较短的时间完成这一进程。见 Rene Villarreal, The Policy of Import – Substituting inDustrialization, 1929 – 1975. in Jose Luis Reyna, Richad S. Weinert(edit). *Authoritarianism in Mexico*. Institute For the Study of Human Issues Inc ,1977. p. 70.

② Harry K. Wright, *Foreign Enterprise in Mexico*, *Law and Policies*. pp. 71 – 72.

　　卡马乔政府在重建对外部信誉的同时,也开始逐渐地借助于外部的金融资源,通过借贷来促进国家经济的发展。从 1941 年到 1945 年末,墨西哥所谈妥的贷款总数为 40000 美元,大多数来自美国的进出口银行,还有些来自世界银行和北美私人银行,这些贷款主要投资于高速公路、铁路、电力、灌溉体系等基础设施和一些工业项目。

　　在战争年代,(如表 2.7 所示)外国直接投资的增加比较缓慢,1941~1946 年每年增加的新的投资,包括利润再投资,只有 2600 万美元。整个外国直接投资从 1940 年的 45000 万美元缓慢地增加到 1946 年的 57500 万美元。1929 年开始的美国投资的下降趋势一直持续到 1943 年,从 68300 万美元下降到 28700 万美元的最低点,然后才开始逐渐回升。

表 2.7　1939 ~ 1968 年年均外国直接投资(百万美元)

年份	全部	新增投资	利润和公司内部项目再投资
1939	22.3	13.6	8.6
1940	9.3	9.5	− 0.2
1941	16.3	13.5	2.7
1942	34.4	16.0	18.0
1943	8.9	7.8	1.1
1944	39.9	21.1	18.8
1945	46.0	22.4	23.6
1946	11.5	8.4	3.1
1947	37.3	16.3	21.0
1948	33.3	39.7	− 6.4
1949	30.4	15.2	15.2
1950	72.4	38.0	34.4
1951	120.6	49.6	71.0
1952	68.2	36.5	31.7
1953	41.8	37.2	4.6
1954	93.2	77.8	15.4

1955	105.4	84.9	20.4
1956	126.4	83.3	43.1
1957	131.6	101.0	30.6
1958	100.3	62.8	37.4
1959	81.2	65.6	15.6
1960	78.4	62.5	16.0
1961	119.3	81.8	37.4
1962	126.5	74.9	51.6
1963	117.5	76.9	40.5
1964	161.9	95.1	66.9
1965	213.9	120.1	93.8
1966	109.1	109.1	–
1967	88.6	88.6	–
1968	115.1	115.1	–

资料来源：Banco de mexico, S. A. in Harry K. Wright, *Foreign Enterprise in Mexico*, *Law and Policies*. p. 74.

　　卡马乔的外资政策促进了墨西哥的工业化，纺织、食品加工、化学、啤酒、水泥工业快速增长，铣铁产量从 1930 年的 99200 吨增长到 1946 年的 240300 吨，同期钢产量从 142200 吨增长到 257900 吨，发电能力扩大了 20%，人均收入从 1940 年的 325 比索跃增为 1945 年的 838 比索[1]。
　　1946 年 12 月米格尔·阿莱曼就任总统（Miguel Aleman, 1946 ~ 1952），他在拉美经委会发展主义理论和政策建议的影响下，进一步高举工业化旗帜，在墨西哥历史上第一次制订了经济发展计划，提出要实现进口替代工业化的目标。为加速工业化进程，公开表示了欢迎外资参与墨西哥经济的发展。这从他对待战时紧急法令的态度可以看出来。1944 年卡马乔政府曾经颁布了一项紧急战时法令，规定要将外国资本限制在

　　[1]　Michael C. meyer, William L. Sherman, Susan M. Deeds (edited), *The Course of Mexican History*. p. 612.

一个与墨西哥资本相比的较小的比例上(即不超过49%的所有权),目的是控制流动资本的短期投资可能对墨西哥经济带来的破坏性影响。法令授权外交部,要求由墨西哥人控制有组织的公司。尽管这条法令在战时紧急状态取消后被作为一项永久法律保留了下来,但阿莱曼政府将它的影响限制到了最小程度,在多数情况下不予实施。

在阿莱曼政府时期,外国直接投资增长率快速增加,特别是在他任期的后段,年增长额超过了6000万美元。到1952年末,尽管1948~1949年发生了比索贬值,整个外国投资额达到72800万美元,比1946年的数字净增15000多万美元。美国私人资本从1950年的40000万美元上升到1952年的55000万美元,占墨西哥当年所有外国直接投资的75%。

比投资量变化更有意义的是外国企业的投资方向与以前有所不同,由于受到日益增长的墨西哥国内市场以及墨西哥政府对在当地发展工业所提供的关税保护所吸引,外国企业越来越投资于墨西哥的加工工业或制造业,而不再大量投向供出口的初级产品、公用设施、政府债券。1940年在矿业、公用设施、交通运输部门的外国直接投资约占整个投资的90%,但此后的新投资越来越多地涌向了工业。1941~1944年投资于制造业的新的外资年均增长为36%,1945~1949年则年均增长59%。到1952年投资于制造业的外资已经占墨西哥外国私人资本的30%。阿莱曼政府实行严格的贸易保护主义政策,甚至敢于在1945年的查普尔特佩克外长会议上顶住西方贸易自由化的压力,拒不拆除其贸易保护主义屏障。由于国家的保护和国家的直接投资,墨西哥的工业增长很快,制造业的年平均增长率达到了8.2%。

到20世纪50年代初,面向国内市场生产的进口替代的简易阶段实际上已经完成,1950年耐用消费品进口占全部进口的比重仅为17.6%,这一数字到1969年减少到12.7%。非耐用消费品的进口替代指数(按附加值和实际条件计算的进口占全部供给的比重)减少了68%,从1939年的0.22下降到1950年的0.07。从整个制成品部门看,进口占全部供给的比重减少了28%,即进口替代指数从1940年的0.45减少到1950

年的 0. 31。① 在进口替代简易阶段中高度获利的投资潜力已经越来越少。

(二)耐用消费品的进口替代阶段(1955～1970)

1955 年是墨西哥经济发展进程的一个转折点。在朝鲜战争结束后,短暂的战争刺激引起的对墨西哥传统出口产品的需求也随之衰落,同时,进口替代简易阶段已经进入尾声,加上新任总统鲁伊斯·科蒂内斯(Adolfo Ruiz Cortines,1952 - 1958)上台伊始对待外国直接投资不友好的态度,1954 年墨西哥经历了一次严重的经济衰退,新增外国直接投资大量减少,国际收支的压力迫使比索贬值50%,从 8. 65 比索兑换 1 美元贬值为 12. 50 比索兑换 1 美元,通货膨胀也很严重。来自出口部门和国内部门的准确信息表明必须转变发展战略。

墨西哥制定政策的精英们决定在这一时刻实施耐用消费品进口代替的战略,这一战略的目的是拓宽当地生产的范围,包括耐用消费品、特别是汽车,建立当地的资本品和中间产品制造业,因为此前资本品和中间产品的进口导致大量资本外流,引起国际收支方面的不平衡。耐用消费品进口替代的投资要求更为成熟的技术和资本密集型的产业,这就使跨国公司而非当地资本成为工业化的主角。这个时候,美国的跨国公司极力在拉美制造业部门寻找投资的机会,墨西哥的较大的耐用消费品市场对它们有很强的吸引力,同时,美国艾森豪威尔政府鼓励美国私人资本在这一地区投资,呼吁拉美国家领导人保证给美国公司提供有利的投资环境,这种呼吁得到了墨西哥赞成发展的官员们的青睐②。

发展战略的转变和对墨西哥长期的国际收支困难、通货膨胀和公共部门岁入短缺的担心,使政府不再与外资保持距离,而是采取措施积极吸引外国资本。为了鼓励制造业的投资,国家对机器和设备的进口给予补

---

① Rene Villarreal,The Policy of Import - Substituting inDustrialization,1929 - 1975. in Jose Luis Reyna, Richad S. Weinert(edit). *Authoritarianism in Mexico*. p. 71.

② ［美］加里·杰里菲等编:《制造奇迹——拉美与东亚工业化道路比较》,俞新天等译,上海远东出版社 1996 年版,第 424 页。

贴,这些激励措施与高关税壁垒和制成品进口的数量控制一起,为制造业提供了一种超级保护。这样,当地对工业发展感兴趣的精英与许多对全球扩张感兴趣的跨国公司找到了共同点。直接投资陡然增长了,从 1955年到 1958 年,外国直接投资年均流入量为 11500 万美元,而相比之下,在科蒂内斯六年任期的前三年,即 1952～1954 年的年均流入量仅为 7000万。① 到 1958 年末累计外国直接投资额达到了 116910 万美元,比 1952年增加了近38%。新增投资主要进入了制造业,1957 年占整个投资的34%,同时投入商业的外资占 18%,二者合起来超过了 50%,而 1940 年仅仅为 6%。美国的旅游者在墨西哥的大城市又看到了他们所熟悉的诸如通用汽车公司、陶氏化学(Dow Chemicals)、百事可乐(Pepsicola)、可口可乐、高露洁(Colgate)、美年华(Goodyear)、约翰迪尔(John Deere)、福特、宝洁公司(Proctor and Gamble)、西尔斯罗巴克(Sears Roebuck)以及其它跨国公司的广告,而这些公司在 20 年前并不敢来墨西哥投资,现在墨西哥的经济难以分类,有的观察家认为它是国家主义的,有人则认为它是社会主义的,其他人则认为它是自由企业,实际上它是包含这三种类型的混合经济,从发展的角度看,它是有效的②。

同期,墨西哥政府在国家的公共投资中也增加了对外国信贷的依赖。1955～1958 年公共部门的净外国贷款年均增加量超过了 6000 万美元,1957 年超过了 7500 万美元,1958 年超过了 10000 万美元。在 1950～1959 年来自这一渠道的资本占整个公共部门投资的14%,占非中央机构和国家企业投资的 30%。③

20 世纪 50 年代外资流入的快速增长和本国投资增长率的下降带来

① Gary Gereffi and Peter Evans:Transnational Corporations, Dependent Development, and State Policy in the Semiperiphery:A Comparison of Brazil and Mexico, in James L. dietz and James H. Street (edited):*Latin America's Economic Development, Institutionalist and Structuralist Perspectives.* Lynne Rienner Publishers, Boulder and London 1987. p. 185.

② Michael C. meyer, William L. Sherman, Susan M. Deeds (edited), *The Course of Mexican History.* p. 20.

③ Harry K. Wright, *Foreign Enterprise in Mexico, Law and Policies.* p. 79.

的是外国投资作用的相对上升,在 1939~1950 年,外国投资在墨西哥每年的总投资中仅占 8%,而到 20 世纪 50 年代外国资本占到了 12%。这种情况带来了对外资限制的新的压力。一小部分年轻的具有民族主义精神的墨西哥工业家以"全国工业转型协会"(CANACINTRA 或 CNIT)作为他们的主要代言人,宣传反对外国直接投资的主张,他们指出,这种投资的效果是造成墨西哥本国的"去资本化",由于外国企业每年以利润形式汇出大量的资本从而增加了墨西哥的国际收支问题。一些墨西哥的经济学家也开始关心外国直接投资和贷款对国际收支所带来的长期效果,认为除非改变 20 世纪 40 年代装配和加工经营中的投资模式,大量地使用本国生产的中间产品以刺激进口替代,否则工业发展速度会下降。

鲁伊斯·克蒂内斯政府对这种呼声的回应是鼓励外国直接投资与墨西哥资本"合资经营",为了刺激墨西哥工业的"一体化"(即由国内制造中间产品和零部件,用以替代进口),政府在 1955 年重新修订了 1939 年为吸引外资投资工业而制定的税收优惠法律,规定这项法律仅仅适用于那些 60% 以上的零部件由国内生产的企业。但这项法律似乎并未能限制潜在的外国直接投资,外国企业继续为墨西哥的政治经济稳定、关税保护和获利前景而吸引。

洛佩斯·马特奥斯(Adolfo Lopez Mateos,1958~1964)上台后表现出了比较明显的民族主义倾向,尽管在 20 世纪 50 年代末出现了经济停滞和私人投资率下降的情况,新总统依然开始减少外国私人投资在某些部门的参与。在政府的授意之下,在墨西哥电话系统中的外国投资被削减,仅留少数股份,石油化学工业和其他制造业公司被变成墨西哥人占多数股份。更为重要的是,1960 年 4 月 26 日政府静悄悄地以 6500 万美元购买下了"美洲和外国电力公司"的财产,几个月之后,政府又以 7800 万美元从比利时索菲纳公司和一些持股人手中购买了"墨西哥电灯和电力公司"的控制权,从而实现了电力工业的国有化。这样,在外国人居支配地位的 4 个传统领域(铁路、矿业、石油、公用设施)中,只剩下了矿业,其90% 的股权在外国公司的手里。洛佩斯·马特奥斯没有迟疑,1961 年 2

月5日,当局颁布了新的矿业法,宣布不再向外国人或本国资本不占多数的墨西哥公司发放新的矿业经营特许权,现存的特许权除非为墨西哥人或墨西哥控制的公司所有,否则在20年之内作废。[①] 同时,政府鼓励外国人向制造业投资,并要求其接受在与墨西哥人合资中占少数股权的地位。在这方面墨西哥政府没有用明确的法律条文给予具体的规定,主要是依靠进口许可证和税收政策的杠杆来加以引导。通常情况下,与墨西哥人的合资企业更容易获得进口许可证和税收优惠。政府还通过限制发放进口许可证,鼓励那些严重依赖进口的工厂转向由国内生产中间产品,典型的如汽车装配工业。洛佩斯·马特奥斯还是自卡德纳斯总统以后分配土地最多者,到他任期结束时,大约有4000万英亩的土地被分配给了村社,是墨西哥革命以来历届总统所分配土地的1/3。[②]

洛佩斯·马特奥斯上台初期的一些措施被许多企业家视为不友好的行为,与20世纪60年代初的经济停滞结合在一起,导致了1959和1960年外国直接投资的急剧下降。但是,洛佩斯·马特奥斯政府在1961年和1962年迅速做出了积极的反应,在对国内企业家的一系列重要讲话中表明政府对私人企业的尊重和支持,对边境地区和墨西哥城以外地区的制造业以及制成品的出口提供税收和其他优惠条件,并公布了一份有600种工业产品的名单,表明政府急于鼓励私人投资生产。政府的努力恢复了企业界的信心,随着国内私人企业投资的增加,外国直接投资也出现了显著的上升。如表2.7所示,1961～1964年4年间新的外国投资年均13000万美元以上,1964年达到了16200万美元。经济增长率的恢复也是一个重要的促进因素,1962～1964年均经济增长超过了5.4%,1964年GNP甚至达到了10%。为了支持公共部门的大规模投资,政府在这一时期也大量地依赖外国公共贷款,大约将近1/4的外国信贷被用于扩大电力生产,其他主要用于国家控制的制造业、石油、水利工程、铁路、农

---

① Harry K. Wright, *Foreign Enterprise in Mexico*, *Law and Policies*. p. 83.
② Harry K. Wright, *Foreign Enterprise in Mexico*, *Law and Policies*. p. 85.

业、石油化工和高速公路。

　　1964年12月1日古斯塔沃·迪亚斯·奥尔达斯就任新总统(Gusta-
vo Diaz Ordaz,1964~1970),他认为有必要纠正上届政府过高的公共投
资率,但是私人企业家们仍然对经济发展保持着充足的信心,国家的经济
仍然呈上升趋势。新政府继续奉行有选择地鼓励外国投资和增加对某些
关键部门的国家参与的政策。奥尔达斯上台之初在不同场合多次表示:
欢迎外国投资补充国内投资,但必须是在与墨西哥资本合资中处于少数
股权的地位。外国投资者由此得到的印象是官方政策没有发生太大的变
化。因此,1965年外国直接投资跃升到20000万美元,到该年年底外国
直接投资累计17.5亿美元。但奥尔达斯任期内的两个举措令外国投资
者刮目相看。一是,奥尔达斯责成国家工商部清理外资计划,要求新的外
资计划必须与墨西哥人分享,并且是墨西哥人占多数股权。如在1965年
1月1日至1967年4月15日国家工商部批准的新的外资计划中,4/5是
墨西哥人占多数股权,外国人占多数股权的仅仅为1/5。[①]在总统1966
年9月1日对议会的第二个年度报告中,外国直接投资的重要性被降低,
被置于政府间贷款、银行证券之后的第三位。同时要求加强中间产品的
进口替代,拒绝提高基本消费品的价格。二是,对硫磺业实行了墨西哥
化。硫磺开采是当时仍然处于外国人控制之下的唯一重要的矿业活动。
1964年墨西哥的硫磺生产仅次于美国居世界第二位,硫磺产品的出口在
墨西哥出口种居第六位。1965年4月墨西哥政府开始限制外国公司的
开采,理由是外国公司浪费矿产资源、未能充分开采,墨西哥政府想在本
国发展利用硫磺资源的化肥厂。墨西哥政府还提出如果能够允许墨西哥
人购买多数股权的话,政府将增加出口配额,减少价格控制和利润税收。
结果,1967年6月30日墨西哥以4950万美元的价格买下了泛美硫磺公
司在墨西哥的阿苏弗莱拉泛美子公司(Azufrera Panamericana)66%的股
权。奥尔达斯政府的政策最初对外国直接投资产生了负面影响,国外的

---

①　Harry K. Wright, *Foreign Enterprise in Mexico, Law and Policies.* p. 87.

报纸报道墨西哥投资环境比以前缺少了吸引力,1966 年外国直接投资下降到 10900 万美元,1967 年再降到 8860 万美元,但 1968 年开始回升,达到了 11510 万美元,到 1970 年上升到了 20000 万美元。同年,跨国公司占墨西哥全部生产的 9.8%,占工业生产的 27.6%,在化学、电力设备、机械等部门最具活力。① 在公共借贷方面,迪亚斯·奥达斯政府在执政的前两年比较谨慎,由 1964 年的 36000 万美元减少到 1965 年的 80 万美元,1966 年也仅为 9660 万美元,但随后实行了以长期信贷取代短期和中期信贷、以及信贷来源多样化的政策,在国际金融市场上发行了 4 笔政府公债,总额为 7750 万美元。因此,墨西哥的信贷资金 1967 年上升为 26800 万美元,1968 年为 22700 万美元。② 但是到奥尔达斯后期,进口替代战略积累的问题开始暴露,包括经济上国际收支逆差加大、财政赤字增多,工农业部门之间发展不平衡,社会分配不均、两极分化严重,政治制度的僵化等等,1968 年墨西哥城爆发了大规模反对社会不公正的学生运动,随后,制造业增长率下降了三分之一,农业增长率几乎下降了一半。

　　在整个耐用消费品进口替代阶段,墨西哥经济取得了为期 10 余年的稳定高速增长的突出成就,年均增长率达到 7.1%,其中工业部门的年均增长率达到 8.6%。被誉为"墨西哥奇迹"。

表 2.8　1960 ~ 1970 年墨西哥国内生产总值的增长(百万比索)

年	时价	增加%	1960 年价格	增加%	年均增长率
1960	150511		150511		
1961	163265	8.5	157931	4.9	61 ~ 65 年
1962	176030	7.8	165310	4.7	7.2
1963	195983	11.3	178516	8.0	
1964	231370	18.1	199390	11.7	

---

① Bernardo Sepulveda and Antonio Chumacero, *La Invercion Extranjera en Mexico*. Mexico, Fondo de Cultura Economica, 1973. Table1.

② Harry K. Wright, *Foreign Enterprise in Mexico*, *Law and Policies*. p.92.

1965	252028	8.9	212320	6.5	
1966	280090	11.1	227037	6.9	66～70 年
1967	306317	9.4	241272	6.4	6.9
1968	339145	10.7	260901	8.1	
1969	374900	10.5	277400	6.3	
1970	418700	11.7	296600	6.9	

资料来源：Banco de Meixo S. A. Annual Report，1975. in Remy Montavon，*The Role of Multinational Companies in Latin America*，*A Case Study in Mexico. Praeger*，New York，1980. p. 18.

（三）多样化出口推动阶段（1971～1982）

20 世纪 60 年代后期的种种迹象表明，耐用消费品进口替代工业化并不能解决墨西哥与外部世界不平衡的经济关系问题，长期的国际收支赤字变得越来越多，通货膨胀也日益严重，需要新的变革。同时，由于跨国公司在发达国家的利润率降低和对在发展中国家制造业获取利润的信心越来越大，使它们在推动制造业出口方面与东道国合作成为可能。这种出口推动与初级产品出口阶段的出口导向增长不同，增加多样化而不是某一单一产品或少量产品的数量扩大是其最关键的特征，而制成品的出口在这一阶段有特别突出的地位。在 1965～1972 年之间，墨西哥制成品出口的比重增加了一倍。同时，初级产品的出口也增长了，并实现了多样化，尽管其只占总出口的一小部分份额。[①] 多样化出口推动阶段赋予了墨西哥在跨国公司全球战略中"半边缘"的地位，墨西哥不再被简单地看作获取利润的国内市场，相反，它被当作跨国公司全球战略中的一个部分来对待。跨国公司在墨西哥的子公司所发挥的作用，就像在"中心"的分公司一样。但同时它们的命运更彻底地受到母公司计划的支配，因为来自墨西哥的大多数跨国公司制成品的出口是在子公司合作单位之间的"公司内部"买卖的。（见表 2.9）这些分公司销售的市场现在很少受墨

---

① 这一阶段耐用消费品的进口替代仍在进行，因此也被称作"混合战略阶段"。

西哥潜在的政治控制,而更多的是出于单个的跨国公司的管理控制之下。

表2.9 在墨西哥的美国跨国公司的制成品出口销售(百万美元)

	本地销售(1)	出口总额(2)	子公司间的销售(3)	出口占当地销售的%(2)/(1)	公司间销售占出口的%(3)/(2)
1960	413	5.4	3.0	1.3	56
1966	1164	22.2	16.6	1.9	75
1972	2689	137.1	112.7	5.1	82

资料来源:Richard S. Newfarmer and Willard F. Mueller, *Multinational Corporations in Brazil and Mexico: Structural Sources of Economic and Noneconomic Power*, Washington, 1975. pp. 181 – 186.

当然,多样化出口推动也是以一种复杂的形式为特征的,并非其所有的部分都是出口推动的一部分。在开始的时候,耐用消费品、特别是资本品的替代努力仍在继续,在这方面,资本主义世界经济结构的变化也影响了直接投资的特点,美国居支配地位的倾向现在发生了转变,日本和欧洲的直接投资逐渐增加,到20世纪70年代末,墨西哥已经出现了外国直接投资来源的多样化。同时,外国直接投资和信贷资本的重要性也发生了转换,原因在于1973年之后欧洲美元资金的充斥和墨西哥试图解决国际收支问题。

1970年上台的新总统路易斯·埃切维利亚·阿尔瓦雷斯(Luis Echeverria Alvarez,1970~1976)民众主义色彩很浓,被称作"当代的卡德纳斯"。为了扭转日益恶化的国内经济形势,也为了获得民众的支持,以恢复在1968年"特洛特拉尔科惨案"后政府权威丧失的合法性,提出了"分享发展"的战略,强调改善收入分配,扩大公共部门的投入,减少对外资的依赖。他对重新调整与外资的关系给予了极大的关注。1972年底政府颁布了针对外资的《技术转让和专利、商标法》,1973年2月又颁布了《促进墨西哥投资和外国投资管理法》,这是墨西哥历史上第一部外资法,对外国直接投资的政策作了一系列具体的规定。该法律的初衷是限制外国直接投资在墨西哥的扩大,但由于以美国为首的国际垄断资本的反对,国内与跨国公司关系密切的私人大财团的反对,国际经济形势的恶

化,限制外资的法律实际上很难实施,政府对外资的限制越来越松,绕过
法律的例外不断出现。埃切维利亚多次谴责外资的弊病,但在他的任期
内,外国直接投资仍然在增加。1970 年外国直接投资累计额为 28.22 亿
美元,到 1975 年达到了 45.80 亿美元,年均增长率接近 10%,是除科蒂
内斯总统任期外资增长最快的时代。[1] 其中,美国在墨西哥的直接投资
从 1970 年的 17.86 亿美元增加到 1974 年的 28.25 亿美元,增长了 58%,
年均增长率为 14.5%。1976 年因出现经济危机,外国直接投资有所减
少。[2] 特别是外国直接投资占墨西哥国内生产总值的比重急剧下降(见
表 2.10)。同时,由于埃切维利亚政府税收改革计划的失败,其改善收入
分配、扩大公共部门的投资只能依靠举借外债,1970 年埃切维利亚上台
时,墨西哥的外债只有 45 亿美元,1974 年达到 99 亿美元,1975 年为 144
亿美元,1976 年则高达 196 亿美元,比 1970 年增加了 4 倍。虽然成倍增
长的公共投资保持了可观的经济发展速度,使 1970 年至 1975 年国内生
产总值的平均增长率达到了 5.7%,但同时也使政府的财政赤字急剧上
升,6 年间增长了近 8 倍。而此时期墨西哥的对外贸易不但不能创汇,反
而带来日益严重的逆差,贸易赤字以每年 27% 的增长率逐年增长。[3] 埃
切维利亚执政末期,经济形势再度恶化,埃切维利亚别无选择,只得求助
于美联储和美国财政部,从那里得到了一笔 6 亿美元的贷款以支撑墨西
哥比索的价值。同时,于 1976 年 10 月以获得 9.65 亿美元的支持为条件
与国际货币基金组织签署了一项为期三年的紧缩开支、稳定发展协议,把
墨西哥经济的发展置于国际资本的监督之下,墨西哥为了获得国外的援
助不得不喝下这杯苦酒。[4]

---

① 冯秀文:《70 年代墨西哥外资政策剖析》,《世界历史》1998 年第 1 期,第 51—52 页。

② Remy Montavon, The Role of Multinational Companies in Latin America, A Case Study in Mexico. Praeger, New York, 1980. p. 20.

③ 曾昭耀:《墨西哥的三次现代化浪潮》,载中国科学院中国现代化研究中心主编:《科学与现代化》(文集),第 4 辑(2004 年 12 月)。

④ Daniel Levy and Gabriel Szekely: Mexico, Paradoxes of Stability and Change, Westview Press, 1983. p. 152.

表2.10 外国直接投资(FDI)占墨西哥国内生产总值(GDP)的比重(百万美元)

年	GDP	FDI	FDIᵃ	FDI/GDP(%)
1910	1242	1451	4986	117
1926	1974	1700	3327	86
1940	1491	449	1023	30
1946	5538	575	862	10
1950	4747	566	706	12
1958	10286	1170	1170	11
1960	12471	1081	1046	9
1966	22157	1938	1701	9
1970	33496	2822	2087	8
1975	79064	5017	2699	6
1980	186332	8459	3205	5
1981	238964	10160	3517	4

注释:a = 1958 年美元

资料来源:David P. Glass. the Politics of Economic Dependence:the Case of Mexico,Berkeley. 1984. In Van R. whiting, JR: *The Political Economy of Foreign Investment in Mexico*, *Nationalism*, *Liberalism and Constrains On Choice*. The Johns Hopkins University Press,Baltimore And London. 1992. p. 31.

1976 年洛佩斯·波蒂略就任墨西哥总统(Jose Lopez Portillo,1976~1982),他上台后,一方面继续进行政治和社会改革以保持国内稳定,另一方面根据与国际货币基金组织签署的协议对经济进行全面调整:紧缩开支、减少赤字、抑制通货膨胀,同时鼓励私人投资,刺激外贸出口,提高经济效益。在这一政策下,墨西哥的经济危机一度得到缓解。1977 年财政赤字从上年占国内产值的 12.1% 降为 8.8%,通货膨胀率从 45% 降为 21%,出口增长 33%,进口减少 2.4%。[①] 但是,1978 年墨西哥的石油勘探取得重大进展,发现了储量极为丰富的特大油田,已经探明的石油储量

① 冯秀文:《70 年代墨西哥外资政策剖析》,《世界历史》1998 年第 1 期,第 52 页。

达400亿桶,比1976年增加了5倍。墨西哥政府因此对未来充满了信心,放弃了原来行之有效的紧缩政策,制定了以石油工业为中心的发展规划。为此,一方面灵活解释外资法,放宽对外国私人直接投资的股份限制,在某些急需发展的部门,外资股份可以超过51%以上,有些企业可以全部由外资经营。这种激励政策促进了外资的进入,到1980年外国直接投资总额达到84.6亿美元,其中美国投资占69%。同时,日本和欧洲国家的直接投资迅速增加,日本在墨西哥外国直接投资中所占的比重从1970年的0.8%上升到1980年的5.9%,从第10位跃居第3位,同期,西德从3.4%上升到8%,次于美国居第二位,瑞士、英国、西班牙等国家的投资也有所增加。[①] 另一方面,政府实行"负债发展"的战略,墨西哥的外债1976年为196亿美元,1977年为292亿美元,1978年为262亿美元,1979年为280亿美元,1980年到猛增到573亿美元,1981年又上升到782亿美元,1982年达到了860.19亿美元,占当年国民生产总值的52.5%。这样,虽然墨西哥的经济在1977~1981年4年的年均增长率超过了8%,但随着中长期债务的到期和短期债务的增加,1982年的还本付息额到达了156.84亿美元,占当年出口收入的56.8%。大大超过了国际社会公认的借债警戒线。[②] 20世纪80年代初,国际石油市场日趋饱和,油价开始下跌,1981年墨西哥因油价跌落减少收入数十亿美元,1982年损失过百亿。更严重的是,石油价格波动使投资者对墨西哥经济发展的信心动摇,私人资本纷纷抽逃。发达国家为避免油价下滑损害本国经济,采取提高利息、回笼货币的保护主义政策,又使国际信贷的利率上升。1982年8月,墨西哥不得不宣布发生债务支付危机,墨西哥由此陷于了债务危机的深渊。

　　总之,迪亚斯时期政治专制和经济自由的统治模式导致外国直接投资在墨西哥经济中居于主导地位,外资在为墨西哥早期现代化做出贡献

---

① 张文阁等:《墨西哥经济》,社会科学文献出版社1986年版,第227页。
② 张宝宇等:《拉丁美洲外债简论》,社会科学文献出版社1993年版,第214页。

的同时也产生了很多致命问题。1910年革命是一个转折点,墨西哥开始限制外资,大萧条和两次世界大战期间,外国直接投资有所下降,但整个来看,墨西哥仍然是吸引外资的大国。在1940年至1955年墨西哥非耐用消费品进口替代工业化阶段,墨西哥政府调整了对待外资的态度,重新建立国际资信,在传统的经济基础部门限制外资进入的同时,积极引导外国直接投资进入制造业,跨国公司为占领墨西哥国内市场积极参与到墨西哥耐用消费品进口替代的工业化中。到1955至1970年耐用消费品的进口替代阶段,跨国公司以其独有的技术和资本优势成为这一阶段工业化的主角,但这种工业化并不能实现墨西哥工业化的初衷,反而带来了制造业的非民族化、国际收支赤字、财富分配不均等问题。1970至1982年的进口替代多样化出口推动阶段,墨西哥政府一方面推动出口多样化,解决国际收支逆差,另一方面加强了对跨国公司的限制,投资来源国家多元化,同时加强了对外间接投资的利用,在此期间,外国直接投资的数量被外国贷款的数量超过。由于墨西哥对外资利用的不当,最终陷于难以自拔的债务深渊,导致墨西哥经济出现了80年代"失去的十年"。

小 结

　　跨国公司起源于17世纪和18世纪,但现代跨国公司应该说形成于19世纪六七十年代,第二次世界大战之后,真正意义上的跨国公司才得以面世,随着世界经济格局发生的深刻变化,跨国公司越来越成为世界经济的行为主体。拉丁美洲与外资的关系源远流长,从独立后到第一次世界大战爆发,拉美经历了三次外国资本涌入的高潮,英、法、德、意等欧洲列强和美国的资本先后进入了拉美国家。从二战后到20世纪80年代初,跨国公司在拉美投资的规模在迅速加大,英国作为最大投资来源国的地位被美国取代,到60年代末西欧和日本的跨国公司先后加入了竞争行列;但投资地域主要集中在阿根廷、巴西、墨西哥、委内瑞拉等少数国家,投资部门从农矿业和公用设施转向制造业;投资方式日趋多样化,经营管理方式更加国际化。虽然外国直接投资在迪亚斯时期就大量进入墨西哥,但当时主要分布在采掘业和公用设施部门,它们促进了墨西哥的早期现代化,但也成为引发墨西哥革命的重要原因之一。1929 年世界经济大危机和卡德纳斯改革,最终终止了初级产品出口发展模式,开启了墨西哥的进口替代工业化阶段。在进口替代工业化简易阶段,特别是进口替代工业化的耐用消费品替代阶段,跨国公司大量进入墨西哥的工业部门,成为引领墨西哥制造业发展的主角,墨西哥经济出现了长期的高速增长,被誉为"墨西哥奇迹",但墨西哥政府也发现了"奇迹"背后的一系列问题。在进口替代工业化的多样化出口推动阶段,墨西哥政府一方面积极引导跨国公司推动出口,另一方面偏向借债发展,结果在内外各种因素的交叉作用之下,1982 年墨西哥陷入了灾难性的债务危机。

第三章 跨国公司与墨西哥经济发展的困境

如前一章所述,随着墨西哥进口替代工业化进程的开始,跨国公司纷纷进入墨西哥,特别是在耐用消费品进口替代阶段,跨国公司越来越成为工业化的主角,对促成墨西哥"经济奇迹"有着重要的作用。如 1969 年在墨西哥制造业中的投资占美国对墨总投资的 67.9%。1966 年美国跨国公司子公司占墨西哥全部制造业生产的 10.1%,支付的税收占墨西哥政府税收收入的 11.8%(1957 年为 16.9%),美国子公司的出口占墨西哥全部出口的 37.8%。[①] 但是,墨西哥"经济奇迹"的背后潜在着很多的问题,到 20 世纪 60 年代末墨西哥经济已经面临一种困境。本章主要论述跨国公司给墨西哥经济发展带来的问题,其中包括墨西哥制造业的非民族化、国际收支逆差、地区发展不平衡、收入分配不平衡等,探讨跨国公司与墨西哥经济困境之间的关系。

第一节 制造业的"非民族化"

"非民族化"(denationalization)也可翻译为"非本地化"、"非墨西哥化"或"去本地化"、"去墨西哥化",是讲在墨西哥经济中跨国公司与当地

---

① Herbert K. May and Jose Antonio Fernandez – Arena, *Impact of Foreign Investment in Mexico*. Washington, D. C. National Chamber Foundation Published Jointly With the Council of the Americas. 1971. pp. 29 – 31.

资本的关系问题。支持跨国公司的观点认为跨国公司是东道国当地资本的一种补充,而相反的观点认为跨国公司是对当地企业的一种威胁。从墨西哥20世纪60年代初到70年代初的情况看,跨国公司进入墨西哥后与当地制造业企业形成竞争之势,并倾向于将当地企业排挤出最有活力的经济领域,这种对当地资本的取代就导致了墨西哥经济的非民族化和将经济的决策中心转移到了跨国公司的母国。

表3.1 一部分制造业中以产值和增值计算的外资份额(%)

	外资的产值份额		GDP(增值)中的外资份额	
	1962	1970	1962	1970
食品	4.9	8.6	3.4	6.1
饮料	10.4	19.0	8.4	15.4
烟草	65.0	79.7	64.7	84.6
化学产品	58.4	67.2	57.8	72.5
电力机械	58.3	79.7	43.4	62.6
交通	42.6	49.1	33.3	35.5
所有制造业	19.6	27.6	17.6	22.7

资料来源:Bernardo Sepulveda and Antonio Chumacero, La Inversion Extranjero en Mexico, Fondo De Cultura Economica, 1973, Appendix, Table15 and 17. In Van R. whiting, JR: *The Political Economy of Foreign Investment in Mexico, Nationalism, Liberalism and Constrains On Choice.* p.81.

表3.1说明,在整个20世纪60年代,跨国公司在墨西哥制造业中的相应份额在不断增加,以产值计算的外资份额由1962年的19.6上升到1970年的27.6%。另据美国学者詹金斯的资料,1970年外国企业在墨西哥整个工业中所占的份额达到了35%。[①] 当然,日益增加的非民族化至少有两种不同的解释。如果跨国公司的增长能有助于在当地资本不能

---

① Rhys Jenkins, Learning from the Gang: Are There Lessons for Latin America from East Asia? *Bulletin of Latin American Research*, Vol. 10, No. 1. (1991). p.49.

进入的新兴工业部门发挥先驱企业的作用,那么非民族化可以被看作一种对扩大劳动的国际分工付出的代价和在这方面减少了依附。从另一方面看,如果跨国公司集中于当地企业以前曾经经营过的工业部门,那么,这种非民族化的影响就是负面的。后一种情况主要是通过跨国公司的并购行为实现的。

当跨国公司在墨西哥建立子公司的时候,墨西哥政府希望它们为墨西哥经济带来新的资本、技术和技能。如政府宣布的文件中所指出的,外国投资受到欢迎确切地说是因为其弥补了现存民族资本的不足。当跨国公司不是"从头做起"建立新的子公司,而是并购原先存在的墨西哥企业的时候,上述期望就受到了质疑。并购对跨国公司的好处是很明显的:它能够建立在现有生产能力、知识、当地市场经验以及已知的和被接受的产品的基础上。但从民族经济的角度看,当新资本是取代而不是补充了现有国内投资的时候,新资本的好处就被极大地减少了。再有,在当地企业是成功的情况下,新的外国主人带来的技术贡献和管理经验很可能是次要的。兼并现存企业并没有减少工业的集中,而是趋于增加这种集中,并给予新的跨国公司子公司在工业中的一个头领地位。一个通过并购建立的子公司将当地的经验、得到训练的工人和已有的客户与母公司的技术、管理和金融资源结合了起来。于是,外国公司在墨西哥开始经营的时候,就具有了对保留在工业中的其他民族企业构成威胁的优势。

在 20 世纪 70 年代初,跨国公司进入墨西哥市场的速度和通过并购进入的可能性在日益增加。哈佛大学跨国公司项目中关于美国和非美国母公司在墨西哥的子公司的资料说明,在墨西哥的子公司从第二次世界大战之前就开始稳定地增加。在 1975 年被美国母公司报告的这 322 个子公司中,其大多数是在 1953 年之后形成的。在 1971 年考察的 96 个非美国公司中,据报告它们在墨西哥的子公司的 60% 是在 1965 年以后建立的(见表 3.2)。

表 3.2　1922～1975 年进入墨西哥的外国企业的百分比(%)

进入年代	1975 年统计的美国分公司(N=322)	1971 年统计的非美国分公司(N=96)
1922 年之前	–	1
1923～1928	2	1
1929～1934	2	0
1935～1940	3	1
1941～1946	4	1
1947～1952	5	8
1953～1958	11	13
1959～1964	17	15
1965～1970	29	60
1971～1975	27	–
全部	100	100

资料来源：Harvard Multinational Enterprise Project. In Van R. whiting, JR: *The Political Economy of Foreign Investment in Mexico, Nationalism, Liberalism and Constrains On Choice.* p. 83.

　　如表 3.3 中所表明的,在 317 个被报告的美国制造业子公司中,50%新建的,30% 是直接并购的,18% 是通过另外的子公司并购的。这后一数字大概反映了这样的事实,即奥尔达斯政府采取的不鼓励外国企业并购现有公司大部分股权的非正式的政策,促使它们不得不通过其他已经在墨西哥建立的公司进行并购。在 87 个被报告的非美国母公司的制造业子公司中,62% 是新建的,其比重比美国略高。但不管哪种情况,总的来说,有越来越多的外国企业进入墨西哥,并且大约 40% 左右是通过直接或间接并购建立的。

表 3.3　制造业中的外国子公司进入墨西哥的途径
(哈佛对跨国公司母公司的抽样)

	1975 年全部美国子公司样本(N=317)	1971 年全部非美国子公司样本(N=87)
新建	50%	62%
子公司的合并或破产	2%	3%
直接并购	30%	14%
间接并购	18%	21%
全部	100%	100%

资料来源：Harvard Multinational Enterprise Project. In Van R. whiting, JR: *The Political Economy of Foreign Investment in Mexico, Nationalism, Liberalism and Constrains On Choice.* p. 84.

　　上述资料并没有直接表明跨国公司并购的速度随着时间的推移而增加,但有其他的资料的确肯定了这种趋势。由纽法默(Newfarmer)和米勒(Mueller)为美国众议院外交关系委员会下属的跨国公司委员会所作的一项重要的研究提供了这方面所需要的证据(见表3.4)。在其取样的294个墨西哥子公司中,43%是并购的而非新建的,这种情况与前述哈佛大学的研究资料大体一致。但当将1966~1973年孤立起来看的时候,并购子公司的份额上升到67%,那一时期在食品、化学、交通设备部门建立的所有子公司的2/3或3/4是并购的。总之,跨国公司在20世纪60年代中期后加快了它们在墨西哥制造业投资的步伐,并越来越可能通过并购现有墨西哥企业的方式达到这一目的。

表3.4　墨西哥子公司的建立方式:并购而非新建的百分比

	参议院样本	
	全部(N=294)	1966~1973(N=109)
食品	43	77
化学	37	68
电力机械	28	33
交通	44	75
所有制造业	43	67

资料来源:Richard S. Newfarmer and Willard F. Mueller, *Multinational Corporations in Brazil and Mexico:Structural Sources of Economic and Noneconomic Powe*. pp. 187 – 188 .

　　跨国公司在墨西哥制造业中投资步伐加快的结果之一是跨国公司子公司在墨西哥最大企业中的数目增多了。根据纽法默和米勒的研究,到1972年,在墨西哥500家最大企业中,161家是跨国公司的子公司(32%),257家是民族资本(51%),82家是国有企业(16%)(见表3.5)外国集团中美国占支配地位,161家外国企业中有106家是美国公司,7/10的最大的外国公司是美国公司。由于最大的100个和200个企业控制着该集团的大量资产,因此在上层梯队中的所有权结构特别重要。外国公司(主要是美国公司)控制了100个最大企业中的33%,200个最大企业中的35%。在最大的100家企业中国家所有权也特别重要,控制了30%的企业,大多数国有企业主要是在金融、石油、电力设施、矿业,只有一小部分在制造业。

表3.5 1972年墨西哥最大的500家非金融企业的所有权配置

规模分类	外国全部		墨西哥					
			私人		国家		全部	
	数量	百分比	数量	百分比	数量	百分比	数量	百分比
最大50	10	20	19	38	21	42	40	80
50~100	23	46	18	35	9	18	27	54
101~200	35	35	52	52	13	13	65	65
201~300	34	34	57	57	9	9	66	66
301~400	27	27	48	48	25	25	73	73
401~500	32	32	63	63	5	5	68	8
总计	161	32	257	51	82	16	339	68

资料来源:Richard S. Newfarmer and Willard F. Mueller, *Multinational Corporations in Brazil and Mexico: Structural Sources of Economic and Noneconomic Power.* p. 53.

在制造业中,跨国公司占最大企业的比例相当大,美国的企业是先锋(见表3.6)1972年在最大的300家工业企业中,1/2是由外国控制的,而其中的2/3又是美国支配的。在最大的100家工业企业中,61家为外国所有,27家为墨西哥私人所有,12家为墨西哥国有。(100家最大企业占所有300家企业资产的3/4以上)。在最大规模企业类型中外国企业占优势,在300家企业中占50%,这强调了它们在最大企业中的重要位置。

墨西哥私人拥有的企业在300家大企业中的第三层次中占重要地位,控制了整个国家企业数目的54%。国有企业在制造业中比它们在整个经济中的重要性要小,尽管这种状况正在随着联邦机构为达到"墨西哥化"的目标而在被改善。在1972年,国有企业仅仅控制了300家最大制造业企业的9%和300家最大非金融企业的17%。

表3.6　1972年墨西哥300家最大的制造业企业中所有权的配置

规模分类	外国			墨西哥		
	美国	其他国家	全部	私人	国家	全部
1～100	39	22	61	27	12	39
101～200	31	16	46	43	11	54
201～300	27	16	43	54	3	57
总计	97	53	150	124	26	150
百分比	32	18	50	41	9	50
平均规模	142.3	115.2	132.8	98.9	235.4	122.6

资料来源：Richard S. Newfarmer and Willard F. Mueller, *Multinational Corporations in Brazil and Mexico*：*Structural Sources of Economic and Noneconomic Power.* p. 54.

　　从每个工业部门分析,这些最大企业所控制的资产揭示了一种外国企业比例略高的情况(见表3.7)。外国公司控制了52%的资产(注册资本),而民族资本控制了32%,国家控制了16%。在18个工业类型中的11个工业类型中,外国企业控制了1/2以上的资本,它们的控制在非电力机械(95%)、交通(79%)、化工(68%)、电力机械(60%)中特别突出。在其他部门(烟草、橡胶、工具和"其他")也很高,但由于抽样数量少而意义不大。外国控制在矿业和造纸业也很显著,但外国企业不占支配地位。总之,就像在其他发展中国家那样,技术和资本密集型部门是由跨国公司引导的。(所谓技术和资本密集型部门主要是指橡胶、化工、基础金属、金属加工、非电力机械、电力机械、运输车辆等。)

　　在最大的外国公司中美国企业控制的资产最多(接近70%),平均起来算,美国的墨西哥子公司比非美国跨国公司几乎大1/3,比民族资本的公司大1/2。它们在主要工业(化工、交通、电力机械)部门中居于首位。在主要的工业中,只有在非电力机械中是非美国的企业比美国的跨国公司更为重要。

　　墨西哥私人控制的企业只是在18类工业中的4类(纺织、食品、非金属矿产制造、皮革)占有优势。这些工业是技术尚不够先进和更具有竞争性的部门。尽管顶端的300家制造商中的41%的企业为墨西哥私人所拥有,但它们仅仅持有这一集团全部资产的32%。当国家拥有的企业被加到墨西哥企业整体的时候,两类附加的工业(初级金属生产、印刷和出版)可被指望为墨西哥的领导企业。国有企业的活动被分散到许多工业部门中,在墨西哥经济中,特别是在基本工业和基础设施领域,国家企业是一种抵消跨国公司经济力量的选择。

表3.7 1972年墨西哥最大的300家制造业企业在每个工业部门中的资产配置

工业	全部	资产百分比(%)					
		外 国			墨西哥		
		美国	其他	全部	私人	国家	全部
矿业	20	38	6	44	17	39	56
食品	50	20	6	26	67	7	74
烟草	5	34	66	100	0	0	0
纺织品	18	0	5	5	73	22	95
木材	2	39	61	100	0	0	0
造纸	15	22	20	51	39	10	49
印刷	3	38	0	38	30	32	62
化工	48	54	14	68	12	20	32
橡胶	3	100	0	100	0	0	0
皮革	1	0	0	0	100	0	100
石料、玻璃、陶土	26	9	23	32	66	2	68
基础金属	27	31	10	41	35	24	59
金属加工	17	48	8	56	33	11	44
非电力机械	14	35	58	95	5	0	5
电力机械	25	35	25	60	24	16	40
交通	18	70	9	79	8	13	21
工具	7	65	35	100	0	0	0
其他	1	100	0	100	0	0	0
全部制造业	300	36	16	52	32	16	48

资料来源:Richard S. Newfarmer and Willard F. Mueller, *Multinational Corporations in Brazil and Mexico: Structural Sources of Economic and Noneconomic Power.* p. 55.

除了在最大企业中的支柱地位外,跨国公司在墨西哥经济中地位加强的另一个层面可以从其对GDP的贡献中发现。

跨国公司对 GDP 的贡献一般通过估价它们的附加值(即除去劳动后的生产投入成本与销售价值之间的差额)来衡量。按照 1970 年墨西哥银行和财政部的资料,跨国公司生产了制造业附加值中的 22.7%,其中美国公司的部分大约为 18%(基于美国投资份额的估计)。从部门格局看,在特定的工业中,外国附加值的份额很不平衡,有些工业低,而另一些工业则高。如 1970 年跨国公司在烟草工业生产中的附加值占 1/2 以上(84.6%),在化工中占 72.5%,橡胶占 64.5%,电力机械占 62.6%。而在金属加工和运输车辆中生产了 30% 以上,在纺织、服装、木材、皮革中占的比重最少(见表 3.8)。

表 3.8 1962 年和 1970 年美国和其他外国跨国公司在制造业 GDP(附加值)中的份额(%)

工业	所有跨国公司		估计的美国跨国公司	
	1962	1970	1962	1970
食品	3.4	6.1	3.2	5.6
饮料	8.4	15.4	8.1	12.4
烟草	64.7	84.6	64.7	58.7
纺织业	5.3	4.3	3.1	3.9
服装	1.2	1.1	1.2	1.0
木材产品	0.7	4.4	0	1.0
造纸	22.0	28.8	21.9	28.4
印刷和出版	3.9	8.0	3.3	6.1
皮革	0.2	1.5	0.2	1.5
橡胶	61.8	64.5	61.8	64.5
化工	57.8	72.5	46.5	52.8
非金属矿产	20.1	20.9	9.4	9.8
基础金属	19.1	25.2	11.8	17.0
金属加工	18.0	34.0	17.0	28.6
非电力机械	19.2	30.8	16.0	25.2
电力机械	43.4	62.6	36.8	48.3
运输	33.3	35.5	31.3	25.1
其他	10.9	23.9	17.5	22.3
全部制造业	17.6	22.7	14.6	17.8

资料来源:Richard S. Newfarmer and Willard F. Mueller, *Multinational Corporations in Brazil and Mexico: Structural Sources of Economic and Noneconomic Power*. p. 56.

　　根据上述资料,我们可以看出,在全部制造业中,跨国公司生产的附加值份额从1962年的17.6%上升到1970年的22.7%。被估计的美国份额从14.6%上升到17.8%。这说明在工业中的外国企业比它们的民族资本的对手增长得更快,而且非美国跨国公司比美国公司增长的略快一些。一些特定部门向外国所有权的转变相当显著。烟草业上升了20个百分点,大多数是进入了新的非美国的外资企业。在造纸行业,外国所有权从22%上升到28.8%,显然是通过美国的增长。在化学工业中,从57.8%上升到72.5%。在金属加工中的外国份额几乎增长了1倍。在电力机械中,增长了1/2。在18个工业行业中的14个行业里,外国份额至少增长了2个百分点。只有纺织业的纪录显著下降,同时在服装生产、非金属矿业制造部门中,当地企业能与整个增长的速度同步。在被估计的美国公司的份额中,18个制造业部门中有12个部门是增长的,有两个部门中(交通运输和烟草制造)是下降的,这种下降是由于其他外国跨国公司的增长损害了美国的地位(大约因德国大众和英国美洲烟草公司活动的增加而引起)。在其他部门,美国的份额仍然大致保持着稳定。

　　另一个衡量跨国公司在墨西哥经济中作用的指标是他们在整个生产价值中的比重。一个公司的生产价值等于其商品和劳务的全部销售收入加上来自二级经营以及其他来源的延期销售和收入。从一般意义上来说,这可以简单地叫做"销售"。按照这种衡量法,跨国公司在墨西哥经济中的份额从1962年的近20%上升到1970年的近28%(见表3.9)。在这种衡量法中出现的格局与3.8表中跨国公司附加值中出现的模式是平行的。除了在与按照附加价值衡量法由跨国公司支配的同样的4个工业部门(烟草、橡胶、化工、电力机械)中产生1/2以上的销售外,跨国公司还在非电力工业中生产了1/2以上的销售。类似的是,它们在与按照附加值衡量法衡量的同样的几个工业部门中(服装、纺织、木材、皮革)生产了最少的生产价值。当非常小的企业被排除考虑后,全部销售中的外国份额显著地提高。更重要的是,外国份额正在增长,从1962年的37.5%上升到1970年的44.7%。

表3.9 1962～1972年在墨西哥工业中跨国公司生产(销售)价值的份额(%)

工业	所有企业		拥有10人以上雇工的企业	
	1962	1970	1962	1970
食品	4.9	8.6	18.8	26.5
饮料	10.4	19.0	16.8	26.3
烟草	65.0	79.4	77.7	84.0
纺织	4.7	6.8	5.8	7.1
服装	1.7	2.0	5.2	4.0
木材产品	1.3	7.2	4.4	15.9
造纸	22.4	27.4	31.3	32.9
印刷和出版	6.1	11.7	18.8	24.5
皮革	0.2	1.7	0.8	4.6
橡胶	76.7	84.2	100.0	100.0
化工	58.4	67.2	80.0	77.8
非金属矿产	24.4	26.6	56.5	54.2
基础金属	17.7	25.2	20.0	27.6
金属加工	20.6	37.0	42.6	67.6
非电力机械	44.9	62.0	100.0	100.0
电力机械	59.3	79.3	100.0	100.0
运输	42.6	49.1	100.0	100.0
其他	17.6	29.5	44.8	60.5
全部制造业	19.6	27.6	37.5	44.7

资料来源:Richard S. Newfarmer and Willard F. Mueller, *Multinational Corporations in Brazil and Mexico:Structural Sources of Economic and Noneconomic Power.* p. 57.

产品的市场结构是衡量跨国公司生产集中的又一个标准。跨国公司子公司生产的产品可能仅仅是由少数几个企业生产的。垄断(集中的销售市场)通常被用来衡量特定产品集中的水平,在工业划分中,这种情况通常由与每类产品类型相应的4位数字的编码来表明。工业组织的研究通常通过计算最前位的4个企业的销售额占那一类部门所有产品销售额的百分比来衡量市场的集中程度。这些资料在墨西哥并不存在。但法齐贝尔和塔拉格的一项基于 1970 年的调查,①分析了在 238 个 4 位数编码产品类型中每个的前 4 大工厂的生产集中程度。由于在前 4 大工厂中有几个工厂属于同一家公司,因此这一衡量低估了实际的集中程度。尽管如此,这项研究还是提供了关于集中的最可利用的说明,充分地肯定了外国所有权和高度集中的相互关系。这项研究揭示了,跨国公司的子公司在 2/3 的 4 位数编码产品类型中至少拥有 4 个最大工厂中的 1 个,在 10% 的 4 位数编码产品类型中拥有全部前 4 个最大工厂。

纽法默和米勒认为,在墨西哥的例子中,衡量跨国公司的市场集中程度的资料只能来自工厂,使用一个"4 个工厂的集中率",可以为墨西哥的产品市场结构提供一个很好的指示器。因此,他们从销售的角度对法齐贝尔的资料做了如下新的诠释。

工业被分成 230 个可以被全部囊括的工业部门(与美国的 SIC4 位数工业编码类似),在其中的 114 个工业部门中,1970 年 4 个最大的工厂生产 50% 或更多的销售额(见表 3.10)。在 46 个工业部门中,领头的 4 大工厂生产 75% 或更多的销售额。114 个高度集中的工业部门中的前 4 大工厂占所有制造业销售的 40% 和制造业就业的 23%。而那些其前 4 个最大工厂占 25% ~ 50% 的工业部门占 35% 的制造业销售额。非常集中的工业部门包括烟草、石油化工、基础金属、橡胶、运输、非金属矿产。最不集中部门是印刷和出版、木材产品、皮革、纺织等。

表 3.10 1970 年墨西哥的销售集中

	每个工业部门中 4 个最大工厂占销售额的百分比				
	75% 以上	50% ~75%	25% ~50%	低于 25%	全部
工业数目	46	68	79	37	230
制造业销售份额	10.5	29.5	35.3	24.7	100
就业份额	5.9	17.3	35.4	41.5	100

资料来源:Richard S. Newfarmer and Willard F. Mueller, *Multinational Corporations in Brazil and Mexico:Structural Sources of Economic and Noneconomic Power.* p.60.

---

① Fernando Fajnzylber y Trinidad Martinez Tarrago: *Las Empresas Transnacionales*, *Expansion A Nivel Mundial y Proyeccion en La Industria Mexicana.* Fondo de Cultura Economica. Mexico. 1976.

　　跨国公司经常拥有一个工业部门中的某些或所有的领先工厂。那些至少4个领先工厂之一属于一个跨国公司的工业部门,加总起来占工业生产的79%(见表3.11)在耐用消费品工业中,96%的生产来自于4个领先工厂之一或以上属于跨国公司的工业部门。在另一方面,在非耐用品消费工业中,领头企业很少是跨国公司,这个领域从进口替代工业化早期就更多的为墨西哥人所拥有。

表3.11　1970年在顶级4大工厂中跨国公司工厂的数目

	在顶级4大工厂中跨国公司工厂的数目					
	4	3	2	1	0	全部
工业部门数目	23	42	43	42	80	230
制造业生产的百分比	18	21	16	24	21	100
一般消费品	19	13	13	25	30	100
中间产品	15	18	17	31	19	100
耐用消费品	21	48	20	7	4	100
资本设备	16	33	26	4	16	100

资料来源:Richard S. Newfarmer and Willard F. *Mueller*, *Multinational Corporations in Brazil and Mexico*: *Structural Sources of Economic and Noneconomic Power*. p. 61.

　　对跨国公司与工业集中关系的估价揭示了一个强大的趋势,即最集中的工业是由外国公司支配的。就整个制造业来说,61%的跨国公司生产是在顶级4大工厂占市场销售额一半或更大比重的这样的市场上销售的,另一方面,墨西哥人的制造业企业,仅销售这些工业部门的29%的工业产品(见表3.12)。跨国公司和集中的工业部门的联系在耐用消费品生产中得到最强有力的证明。这种联系可以用另一种方式看待,在高度集中的工业(4大工厂集中率在75%以上)部门中所有制成品的销售,跨国公司生产了 71% , 墨西哥的企业生产了 29%[①]。

表 3.12 1970 年按市场集中程度划分的跨国公司和墨西哥企业的生产份额

	4 大工厂生产的工业部门				
	75% 以上	50%~75%	25%~50%	低于 25%	全部
所有制造业					
跨国公司	21.2	39.1	30.1	9.1	100
墨西哥企业	4.7	24.1	38.1	33.1	100
全部	10.6	29.6	35.3	24.7	100
一般消费品					
跨国公司	22.0	31.5	24.9	21.5	100
墨西哥企业	2.8	15.1	38.2	43.9	100
全部	8.5	20.1	34.2	37.2	100
中间产品					
跨国公司	20.9	46.9	29.2	3.0	100
墨西哥企业	5.0	34.2	32.8	28.0	100
全部	10.0	38.3	31.0	20.5	100
耐用消费品					
跨国公司	25.9	48.1	25.4	0.6	100
墨西哥企业	12.3	32.2	34.5	20.6	100
全部	20.7	42.1	28.9	8.3	100
资本设备					
跨国公司	11.1	26.0	58.3	4.5	100
墨西哥企业	7.0	15.0	65.4	12.6	100
全部	8.4	18.9	62.9	9.7	100

资料来源：Richard S. Newfarmer and Willard F. Mueller, *Multinational Corporations in Brazil and Mexico：Structural Sources of Economic and Noneconomic Power*. p. 61.

---

① Richard S. Newfarmer and Willard F. Mueller, *Multinational Corporations in brazil and mexico：structural sources of economic and noneconomic power*, Washington, 1975. p. 61.

这样看,墨西哥的产品市场十分集中。这些资料揭示了市场集中的程度在工厂层次上的累加比在美国的企业层次上的累加更大。墨西哥制造业生产的大多数(3/4以上)来自于一个或一个以上的领先工厂属于跨国公司的工业部门。最终,跨国公司在各类市场的出现与它们的全面集中之间有着高度的一致性。跨国公司一般拥有一定的市场力量,至少从墨西哥的情况看是如此,而市场力量伴随着非民族化,尽管墨西哥政府有新的政策,跨国公司行使这种经济力量的潜力在20世纪70年代初则越来越明显。

总之,通过上述研究我们知道,20世纪50年代中期以后跨国公司进入墨西哥的速度加快,20世纪60年代中期以后到70年代初,大约40%以上的跨国公司是通过直接或间接并购的方式进入的。根据纽法默和米勒的研究,我们可以看到,在墨西哥最大的企业中,外国跨国公司子公司有着重要的意义。在制造业中,最大300家企业中的一半是跨国公司的子公司,100家顶级公司(占最大300家企业资产的2/3以上)中的61家主要为美国所控制。在最大300家企业的全部注册资本中,外国投资者就控制了52%。它们对领先企业所有权的支配地位在烟草、橡胶、机械、交通运输业中特别显著。民族资本在大企业中拥有大量资产的是在纺织业、食品、非金属矿产。国有企业在矿业、基础金属生产、纺织业中发挥着重要的补充作用。在私人部门,美国的跨国公司子公司的规模平均比它们的民族资本的竞争者大50%,比非美国的外国竞争对手大30%。在最大的制造业公司中,跨国公司明显地居于最强大的位置,其中美国公司居支配地位。

跨国公司在总体经济中的参与程度也是巨大的,如前所述,它们在附加值和销售额中占很大比重。从附加值衡量,美国和其他外国公司生产了制造业GDP中的23%(美国的份额估计为18%),它们的地位在烟草、化工、橡胶、电力机械特别突出,它们生产了这些工业附加值的50%或更多。重要的是,从1962年开始,附加值的外国份额大量增加,跨国公司在几乎所有的工业中都大量赢利。从销售来衡量,跨国公司参与墨西哥制造业的程度也很高,并且在上升。在1962年跨国公司生产了近20%的销售额,这个数字在1970年增长到近28%。如果将很小的企业放在一边。跨国公司生产了那些拥有10人或10人以上雇工的企业的44.7%的产出。在18个制造业工业部门中,跨国公司的销售份额在1962～1970年间几乎都提高了,在大多数情况下提高的数量很大。

墨西哥的商品市场通常也十分集中,跨国公司在最垄断的部门发挥了支配作用。那些前4大工厂占50%以上销售额的工业部门占所有制造业销售额的40%。跨国公司在4个最大工厂占50%以上销售额的市场上出卖了61%的产品。跨国公司生产了高度集中的工业部门(4大工厂集中率高于75%)中的所有制成品销售的几乎3/4。

因此,从各方面衡量,墨西哥在20世纪60年代发生了大量的工业非民族化,这趋势到20世纪70年代初正方兴未艾。跨国公司通过其对重要工业、领先的企业、大量的国内市场份额的控制,对墨西哥经济产生了重要的影响,它们的行为对墨西哥经济的表现非常关键。

第二节 国际收支逆差

进口替代工业化战略的目的不仅是要在这个国家建立一个基础工业体系,而且也要减少对国外商品的进口。这个战略在某些方面取得了成功。埃切维利亚政府开始时,在一份由国家发展银行和拉美经委会准备的工业政策研究中,对20世纪50年代初和60年代末进出口结构的比较表明,消费品的进口已经从整个商品进口的19%下降到12%,中间产品的进口(包括燃料)从52%下降到45%。在出口方面,半制成品和制成品在整个出口中的比重从1950～1952年的32%上升到1967～1969年的 41%。①

但是,墨西哥的国际收支形势却日益恶化。1950 年以来,国际收支仅有一年是顺差。另外,当国际收支差额与墨西哥的支付能力(即出口和进口的差额除以整个出口)比较的时候,这一比率呈现出一种波动的但却稳定下降的趋势。这种情形的出现,一部分原因在于进口替代工业化进程的特定性质,即随着生产的扩张,对进口的中间产品和机器的需求也随之扩大,但出口却没有扩大。在 1950～1952 年资本品占进口的29%,到 1967～1969 年则上升到了 43%②。外汇流出的另一方面的原因是外国投资的利润汇出,包括利润返还和专利、商标、诀窍等费用的支付。从 1945 年到 1960 年,外国投资的利润汇出占墨西哥整个流出外汇的6%。但在 20 世纪 60 年代这一份额上升到 8%,到 1969 年达到 9%。尽管外国投资曾经有助于墨西哥的工业化,但这种贡献的成本似乎是在上升。

在通常公布的有关墨西哥经济数字的基础上,很难知道跨国公司汇往国外的资金中有多少是作为利润和有多少是作为其他支付汇出的。但是,一份 1971 年的研究使用了来自墨西哥银行和世界银行的资料,将1960～1969 年的国外支付分开了。这些资料表明,对利息、专利费、技术援助和其他支付开支的增长速度比利润汇出的增长速度更快。十年中前者为 13.1%,而利润汇出为 3.5%。更准确地说,当墨西哥的国际收支在20 世纪 60 年代后半期恶化的时候,前者的年增长速度为 18%。原因也许是由于政府促进技术援助的税收优惠政策的鼓励,直到 1970 年,墨西哥对技术援助以 20% 的浮动率课税,而对专利和商标的提成支付则以42% 的浮动率课税,对利润的税收也同样如此。因此,膨胀的数字最可能来自技术援助支付。后来的一项研究肯定了这种情况,从 1960 到 1970

① NAFINSA (National FinancieramS. A.) and CEPAL, *La Politica Industrial en El Desarrollo Economico de Mexico*, Mexico, 1971. p. 93.

② NAFINSA (National FinancieramS. A.) and CEPAL, *La Politica Industrial en El Desarrollo Economico de Mexico*. p. 93.

年,技术援助支付从 2440 万美元增长到 8550 万美元(15.4%);对许可证的支付从 1870 万美元增长到 4020 万美元(8%)。①

　　到 20 世纪 70 年代中期,当法齐贝尔(Fajnzylber)和塔拉格(Martinez Tarrago)的研究成果出版后,才有了比较充实的资料证明跨国公司对国际收支具有纯粹的负面影响。以下引用的是他们有关跨国公司与对外部门关系的资料,这些资料揭示了跨国公司在进口和出口方面的表现,它们对贸易收支的影响,最终是它们对国际收支的影响。

　　在表 3.13 中,根据进口规模将进口公司划分为不同的组别,从中可见,当 70.5% 的墨西哥公司每年进口少于 50 万比索的时候,在跨国公司中,这一类的企业仅为 21.3%。在进口在 50 万至 1000 万比索的国内公司为 27.3% 的时候,跨国公司的这类企业为 59.8%,而在进口高于 1000 万比索的公司中,墨西哥公司只占 2.2%,而跨国公司占 18.9%。总之,跨国公司的进口规模比墨西哥国内企业要大的多。

表 3.13　1970 年按每个公司进口价值划分的跨国公司和墨西哥公司的进口

进口价值(万比索)	按进口价值配置的公司数目		
	全部公司(%)	跨国公司(%)	墨西哥公司(%)
低于 50 万	66.0	21.3	70.5
50 万 ~ 1000 万	30.3	59.8	27.3
高于 1000 万	3.7	18.9	2.2
全部	100.0	100.0	100.0
公司数目	9164	841	8323

资料来源:Fernando Fajnzylber y Trinidad Martinez Tarrago:*Las Empresas Transnacionales*,*Expansion A Nivel Mundial y Proyeccion en La Industria Mexicana*. Mexico,Fondo de Cultura Economica,1976. p.287.

　　从工业部门的进口数量看,1970 年墨西哥全部进口额为 2366600 万美元,其中跨国公司的进口额为 662900 万美元,跨过公司进口占全部进口的 28%。从跨国公司进口的部门结构看,车辆和运输设备部门占到

---

① 　Miguel Wionczek,Gererdo M. Bueno and Jorge Eduardo Navarrete,*La Transferencia Internacional de Tecnologia*:*El Caso de Mexico. Mexico*,Fondo de Cultura Economica. 1974. p.70.

27%,其次是化学工业,占17%,而制药和化妆高于基础金属,接近于非电力机械部门(见表3.14)。按照法齐贝尔的计算,整个墨西哥工业的(中间产品)的进口系数是5.1%,而跨国公司(全部进口)的进口系数是11.9%。[①] 可以肯定地说,跨国公司的进口系数大大高于墨西哥私人公司的进口系数。

表3.14 制造业跨国公司进口的部门结构

部门	1970	1971	1972	1973
食品	2.5	2.9	2.8	2.4
饮料	0.8	1.3	0.8	0.9
烟草	0.5	0.4	0.3	0.1
纺织	1.5	1.7	1.2	1.3
服装鞋帽	0.2	0.2	0.1	0.1
木材产品	–	–	–	–
家具	–	–	–	–
造纸	2.9	2.5	2.0	2.4
印刷和出版	0.8	1.5	1.9	–
皮革	0.1	0.1	–	–
橡胶	3.3	3.3	2.2	3.1
化工	15.6	17.6	17.8	16.7
制药与化妆	7.7	9.0	8.1	8.9
石油产品	0.7	0.8	0.6	0.3
非金属矿产	1.2	1.2	1.8	1.7
基础金属	4.4	2.7	2.6	3.0
金属加工	6.0	4.8	4.8	6.7
非电力机械	9.2	10.0	9.7	9.8
电力机械	10.9	9.4	11.3	12.3
车辆和运输设备	26.5	26.6	28.3	26.6
其他	4.4	4.0	3.6	3.9
全部	100.0	100.0	100.0	100.0
进口价值(百万美元)	663	665	778	942

资料来源:Fernando Fajnzylber y Trinidad Martinez Tarrago:*Las Empresas Transnacionales*,*Expansion A Nivel Mundial y Proyeccion en La Industria Mexicana*. p. 289.

---

① Fernando Fajnzylber y Trinidad Martinez Tarrago:*Las Empresas Transnacionales*,*Expansion A Nivel Mundial y Proyeccion en La Industria Mexicana*. p. 290.

表 3.15 说明,除了化学和机械外,在每个部门中,前 5 个最大的跨国公司的进口均超过了整个部门进口的一半以上。这种情况反映了跨国公司集中程度的提高。

表 3.15　5 个最大的跨国公司占跨国公司在各部门全部进口的比重

部门	1970	1971	1972	1973
食品	58.5	62.1	64.2	61.8
饮料	92.4	92.9	93.0	88.3
烟草	99.6	99.7	95.0	99.9
纺织	57.5	53.3	64.7	53.0
服装鞋帽	89.8	95.2	93.6	95.2
木材产品[1]	–	100.0	100.0	100.0
家具[2]	100.0	100.0	100.0	100.0
造纸	87.2	81.5	87.8	98.7
印刷和出版	71.4	80.7	86.8	76.8
皮革[3]	100.0	100.0	100.0	100.0
橡胶	86.7	85.0	85.3	75.8
化工	45.7	49.8	46.6	37
制药与化妆	35.1	41.7	45.6	44.1
石油产品	96.4	96.2	95.0	94.3
非金属矿产	70.3	73.8	76.3	67.7
基础金属	88.6	79.0	89.3	82.7
金属加工	52.5	52.7	53.6	45.8
非电力机械	48.1	50.6	47.6	41.5
电力机械	34.1	39.0	47.1	45.4
车辆和运输设备	86.9	86.7	85.3	84.3
其他	64.0	76.5	74.5	72.6

注释:1,2 个公司;2,1 个公司;3,3 个公司。

资料来源:Fernando Fajnzylber y Trinidad Martinez Tarrago:*Las Empresas Transnacionales*, *Expansion A Nivel Mundial y Proyeccion en La Industria Mexicana*. p.293.

从出口方面看,表 3.16 说明,74% 的墨西哥企业年出口低于 50 万比索,也就是说月出口低于 4000 美元,而跨国公司的这个数字为 65%。在两种类型中,都是大公司承担了主要的出口比重,如在墨西哥公司中,5%(153 个公司)的公司产生了全部出口的 76%,而 10%(63 个公司)的跨国公司承担了全部出口的 88%。

表 3.16　1970 年跨国公司和墨西哥公司的出口规模

公司出口规模（比索）	公司数目和出口价值					
	全部公司数目%	出口价值	墨西哥的公司%		跨国公司%	
			公司数目	出口价值	公司数目	出口价值
5 万以下	44.2	0.2	45.9	0.2	35.4	0.1
5 万至 50 万	28.1	1.8	27.8	2.1	29.7	1.0
50 万至 200 万	12.7	4.2	12.7	5.2	12.7	2.0
200 万至 1 千万	9.5	14.2	8.9	16.6	12.7	9.2
1 千万以上	5.5	79.6	4.7	75.9	9.5	87.9
总计	100.0	100.0	100.0	100.0	100.0	100.0
公司数目	3885		3256		629	

资料来源:Fernando Fajnzylber y Trinidad Martinez Tarrago:*Las Empresas Transnacionales*, *Expansion A Nivel Mundial y Proyeccion en La Industria Mexicana*. p.300.

具体到制造业的出口看,表 3.17 说明,1970 年跨国公司占全部工业出口的 37%,这一比重与跨国公司参与工业生产的比重大体一致。这也意味着工业部门跨国公司的全球出口系数与墨西哥公司类似。也就是说,从出口资料看,两类企业没有太大的区别,实际表现很相似。推动出口的政策并没有对跨国公司给予特殊照顾(保护)。按照法齐贝尔的计算,整个工业的出口系数为 2.6%,跨国公司的出口系数为 2.8%,墨西哥公司的出口系数为 2.5%。[1]

---

[1] Fernando Fajnzylber y Trinidad Martinez Tarrago:*Las Empresas Transnacionales*, *Expansion A Nivel Mundial y Proyeccion en La Industria Mexicana*. p.302.

表 3.17　与跨国公司制造业出口相关的出口(百万美元)

	1970	1971	1972	1973
跨国公司	149.5	158.6	275.5	346.9
全部工业	402.3	488.6	629.5	1027.8
跨国公司/全部工业	37.2	32.5	34.2	33.8

资料来源:Fernando Fajnzylber y Trinidad Martinez Tarrago:Las Empresas Transnacionales, Expansion A Nivel Mundial y Proyeccion en La Industria Mexicana. p. 300.

就跨国公司出口中不同工业部门的比重而言,表 3.18 说明,食品、化学和运输设备加在一起几乎占到整个出口的 60%,与进口相比,略有不同,特别是运输设备的出口,从 1970 年的 15% 上升到 1973 年的 32%,这种增长不是推动出口的一般政策的功劳,而是由于专门针对这一特殊部门的工业政策所致。

表 3.18　跨国公司制造业出口的部门结构

部门	1970	1971	1972	1973
食品	13.6	14.5	9.1	7.0
饮料	1.8	2.3	1.8	1.7
烟草	2.5	3.3	3.5	4.2
纺织	0.2	0.1	1.1	2.8
服装鞋帽	0.3	0.4	0.3	0.2
木材产品	—	—	—	—
家具	—	—	—	—
造纸	0.7	0.7	1.2	0.6
印刷和出版	5.7	3.7	6.0	0.1
皮革	—	—	—	—
橡胶	1.1	1.1	2.2	1.1
化工	23.0	25.1	22.3	20.0
制药与化妆	9.3	10.8	8.8	8.6

石油产品	1.0	1.0	0.7	0.4
非金属矿产	1.6	1.2	3.6	1.0
基础金属	5.9	8.3	8.8	2.3
金属加工	2.6	4.4	2.9	4.1
非电力机械	4.4	3.6	3.2	3.7
电力机械	9.6	5.1	5.7	6.3
车辆和运输设备	15.2	10.7	14.9	32.4
其他	1.5	3.5	4.2	3.1
全部	100.0	100.0	100.0	100.0
出口价值(百万美元)	155	166	225	347

资料来源：*Fernando Fajnzylber y Trinidad Martinez Tarrago：Las Empresas Transnacionales, Expansion A Nivel Mundial y Proyeccion en La Industria Mexicana.* p.301.

跨国公司的集中程度在出口表现上也得到反映,表3.19 说明,除了金属加工部门外,5 个最大跨国公司的出口占所有各工业部门跨国公司出口的70% 以上。

表3.19 5 个最大的跨国公司占跨国公司在各部门全部出口的比重

部门	1970	1971	1972	1973
食品	77.6	85.2	78.3	72.0
饮料	99.6	98.1	98.0	96.9
烟草	99.9	99.9	99.9	99.8
纺织	94.1	92.5	97.9	91.4
服装鞋帽	99.8	99.7	99.6	99.9
造纸	90.4	97.9	97.3	89.7
印刷和出版	77.7	79.2	87.8	84.7
皮革	100.0	100.0	100.0	100.0
橡胶	96.5	93.0	97.0	90.4
化工	74.5	71.1	72.1	76.0
制药与化妆	74.7	76.0	80.1	74.9

非金属矿产	89.8	97.9	97.3	88.8
基础金属	98.8	98.5	98.2	98,4
金属加工	60.7	58.3	54.5	56.9
非电力机械	70.9	64.7	51.4	71.1
电力机械	78.2	56.1	57.6	54.0
车辆和运输设备	98.8	95.7	92.6	97.3
其他	80.5	89.1	90.0	89.6

资料来源:Fernando Fajnzylber y Trinidad Martinez Tarrago: Las Empresas Transnacionales, Expansion A Nivel Mundial y Proyeccion en La Industria Mexicana. p.306.

   如前所述,跨国公司的进口系数高,而出口系数则与东道国公司相似。同时,就跨国公司本身而言,它们的进口系数大于它们的出口系数。表3.20表明,1970年跨国公司的全球进口系数为11.9%,出口系数为2.8%,这种关系在具体的工业部门中差异更大,如橡胶和橡胶制品(13.8%与0.9%),化学工业(13.7%与4.4%),金属制品(20.6%与2.1%),非电力机械(28.8%与3.2%),电力机械(16.1%与3.3%),运输设备(23.1%与3.0%),其它制造业(33.8%与3.6%)。

表3.20   1970年跨国公司进口和出口系数

部门	进口系数	出口系数
食品	2.5	3.1
饮料	1.8	1.0
纺织	5.7	0.2
服装鞋帽	2.5	1.1
造纸	9.9	0.5
印刷	16.1	25.7
橡胶和橡胶制品	13.8	0.9
化学	13.7	4.4
非金属矿产	5.8	1.8

基础金属	3.3	1.0
金属加工	20.6	2.1
非电力机械	28.8	3.2
电力机械	16.1	3.3
运输设备	23.1	3.0
其他制造业	33.8	3.6
全部	11.9	2.8

资料来源：Fernando Fajnzylber y Trinidad Martinez Tarrago：*Las Empresas Transnacionales*，*Expansion A Nivel Mundial y Proyeccion en La Industria Mexicana*. p. 309.

　　跨国公司在进口和出口方面的不平衡,其结果自然就是贸易赤字。表3.21 说明,1970 年至 1973 年工业中跨国公司的贸易赤字大约在 50000 万至 60000 万美元之间,它们分别占这些年整个国家全部贸易赤字的47.4% ,54.9% ,51.2% 和 33.9% 。1973 年跨国公司贸易赤字比重的降低是因为墨西哥食品和燃料进口的增加以及跨国公司汽车出口的增长。

表3.21　跨国公司与墨西哥国家的贸易收支(百万美元)

	1970	1971	1972	1973
跨国公司				
出口	154.8	165.7	225.1	346.9
进口	662.9	664.7	777.8	942.1
赤字	−508.1	−499.0	−552.7	−595.2
墨西哥国家				
出口	1295.0	1386.9	1672.4	2084.0
进口	2366.6	2295.1	2751.2	3840.1
赤字	−1071.6	−908.2	−1078.8	−1756.1
跨国公司赤字/国家赤字	47.4%	54.9%	51.2%	33.9%

资料来源：Fernando Fajnzylber y Trinidad Martinez Tarrago：*Las Empresas Transnacionales*，*Expansion A Nivel Mundial y Proyeccion en La Industria Mexicana*. p. 307.

除了贸易逆差外,跨国公司影响国际收支的另一个因素是与直接投资有关的各种费用的汇出。表3.22说明,每年新的直接投资与收益汇出、利息、提成和其他支出的关系。从中可以看到,每年的收益汇出、利息、提成和其他支出加在一起,大于新增直接投资的数目,从而形成净资金外流。在1950~1955年,累计的净外流资金为1200万美元,1956~1960年达到了23200万美元,1961~1965年为22600万美元;1966~1970年为72400万美元,1971~1972年提高到了2000万美元。也就是说,1966~1970年累计的净外流资金超过了以前15年的净外流资金。1971年和1972年两年的净外流资金比1950~1965累计的数字仅仅少10%。这些净外流资金均与制造业跨国公司的直接投资有关系。

表3.22 与全部直接投资相关的资金流出(百万美元)

	直接投资(1)	收益汇出(2)	利息、提成和其他支付(3)	(1) - (2 + 3)
1950 - 1955	367.2	268.1	110.7	- 11.5
1956 ~ 1960	290.4	280.6	241.5	- 231.8
1961 ~ 1965	530.1	355.1	401.2	- 226.2
1966 ~ 1970	628.5	560.8	792.0	- 724.3
1971 ~ 1972	401.1	308.0	513.2	- 420.2
全部	2217.3	1772.6	2058.6	- 1614.0

资料来源:Fernando Fajnzylber y Trinidad Martinez Tarrago:*Las Empresas Transnacionales*,*Expansion A Nivel Mundial y Proyeccion en La Industria Mexicana.* p.314.

表3.23则从贸易逆差和各种费用的汇出两个方面综合说明了跨国公司对国际收支的影响。在1970年,跨国公司的赤字为76000万美元,是整个墨西哥赤字94600万美元的80.3%,而1973年跨国公司的赤字为102010万美元,是墨西哥全部赤字133150万美元的76.6%。在1971和1972年,跨国公司的赤字超过了整个墨西哥国家的赤字,也就是说,在这两年中,墨西哥的经济如果排除了工业部门跨国公司的赤字就会出现

盈余。总之,工业部门跨国公司所产生的流动账目赤字平均起来几乎等同于墨西哥国家流动账目全部赤字的规模。可见,跨国公司对墨西哥国际收支的影响之大。

表3.23 工业部门的跨国公司对墨西哥国际收支流动账目的影响(百万美元)

	1970	1971	1972	1973
(1)工业跨国公司贸易收支	-508.1	-499.0	-552.7	-595.2
(2)拥有外国直接投资的工业企业的服务(股息、利息、提成)	-251.4	-279.6	-337.6	-424.9
(3)=(1)-(2)对流动账目的影响	-759.5	-778.6	-890.5	-1020.1
(4)墨西哥流动账目的余额	-945.9	-726.4	-789.3	-1331.5

资料来源:*Fernando Fajnzylber y Trinidad Martinez Tarrago*:*Las Empresas Transnacionales*, *Expansion A Nivel Mundial y Proyeccion en La Industria Mexicana*. p.315.

具体考察各个工业部门贸易收支、资本收入与服务支出的区别,可以看出,除了个别部门外,大多数部门都有很大的外部赤字,负的贸易余额占全部赤字的比重很高,极端的例子是汽车部门,贸易赤字达到了15200万美元,制造业总计,1970年跨国公司的贸易赤字为50800万美元,金融赤字(直接投资和服务费)为14200万美元,也就是说,贸易赤字占整个赤字的78%。(见表3.24)。

表3.24 1970年各工业部门的跨国公司对国际收支的影响(千美元)

部门	贸易余额	资本与服务余额	国际收支余额
食品	1734	3260	7634
饮料	-2324	-11450	-13774
烟草	602	-1162	-560
纺织	-10418	-4023	-14441
服装鞋帽	-587	-846	-1433
木材产品	28	498	526

家具	－204	1834	1630
造纸	－18270	－2601	－20871
印刷和出版	3268	－	3268
皮革	－655	－	－655
橡胶	－23706	－6788	－30494
化工	－104623	－54167	－158890
石油产品	－3267	－3757	－7024
非金属矿产	－5739	－8405	－14144
基础金属	－20047	－11864	－31911
金属加工	－35651	－9919	－45570
非电力机械	－54079	－11391	－65470
电力机械	－57525	－20647	－78172
车辆和运输设备	－152172	－10036	－162208
其他	－27065	14620	－12445
全部	－507717	－141416	－649133

资料来源：Fernando Fajnzylber y Trinidad Martinez Tarrago：*Las Empresas Transnacionales*，*Expansion A Nivel Mundial y Proyeccion en La Industria Mexicana*. p. 316.

　　跨国公司影响国际收支的重要手段是利用"转移价格"(又称"划拨价格")，这是跨国公司根据其全球战略目标，在公司内部销售商品和劳务的价格，它是一种非市场价格，不受市场一般供求关系的影响，是跨国公司借以获取最大利润的一种手段。通过转移价格所要"转移"的实际对象是产品与劳务的成本和公司的利润收入。例如，当子公司所在国实行外汇管制和征收较高的国内税时，母公司就会提高供给子公司的机器设备、原料和劳务的价格，造成子公司生产成本提高、盈利减少的虚假现象，从而减少纳税。这实际上是子公司的盈利以"转移价格"的形式转移到了母公司。类似的方法还有：通过过高或过低地规定子公司折旧费以转移产品价值；通过专利出口、技术和咨询服务、管理、租赁商标等劳务费用，影响子公司的成本和利润；通过提供贷款和规定利息的高低，影响产品的成本费用;通过向子公司收取较高或较低的运输、装卸、保险费用,影响子公司的成本;在母公司和子公司之间人为地制造呆帐、损失赔偿等以转移资金,等等。

就墨西哥的具体情况看,这种情况显然是存在的。墨西哥跨国公司的进口商品主要来自母公司所在国家,如1972年日本的跨国公司从母国进口占整个进口的83.4%,德国占81%,美国占74%,法国占42%,英国占54%,意大利占35%,瑞典占67%,瑞士占54%。但比较起来,进口来源国主要是美国,来自美国的进口占全部跨国公司进口的61.6%,占墨西哥整个国家进口的60.4%。[1] 这主要是因为美国的跨国公司在墨西哥占主导地位。与这种情况联系在一起的是跨国公司内部贸易的特点。表3.25 中表明,1972年墨西哥跨国公司的内部贸易额为60000万美元,如果假定的高于正常收费的价值在20%,那么以这种方式转移出去的资金为12010万美元,如果这个数字在50%,那么转移出去的资金就提高到了30040万美元,也就是说,仅仅将收费标准提高到超出实际收费水平就可以大量的转移资金。这一年的收益汇出为13600万美元。

表3.25 1972年企业内部贸易和收益汇出(百万美元)

	估计的"企业内部"贸易			不同假定的高于收费的价值				收益汇出
	对母公司	对其他子公司	全部	20%	30%	40%	50%	
美国	445.2	44.0	489.2	97.8	146.8	195.6	244.6	123.8
日本	13.2	0.3	13.5	2.7	4.1	5.4	6.8	1.7
德国	65.9	4.3	70.2	14.0	22.0	28.1	36.0	0.6
法国	2.3	0.9	3.2	0.6	1.0	1.3	1.6	2.6
英国	0.3	1.9	2.2	0.4	0.7	0.9	1.1	2.7
意大利	3.5	1.8	5.3	1.1	1.5	2.1	2.7	2.2

---

[1] Fernando Fajnzylber y Trinidad Martinez Tarrago: *Las Empresas Transnacionales*, *Expansion A Nivel Mundial y Proyeccion en La Industria Mexicana*. p. 295 – 296

瑞典	5.7	0.8	6.5	1.3	2.0	2.6	3.3	0.7
瑞士	8.6	2.0	10.6	2.1	3.2	4.2	5.3	1.7
全部	544.7	56.0	600.7	120.1	180.2	240.3	300.4	136.0

资料来源:Fernando Fajnzylber y Trinidad Martinez Tarrago:*Las Empresas Transnacionales*,*Expansion A Nivel Mundial y Proyeccion en La Industria Mexicana*. p. 298.

从上述法齐贝尔(Fajnzylber)和塔拉格(Martinez Tarrago)提供的资料及其分析中,我们可以得出结论,即跨国公司对国际收支的影响是负面的,它利用"转移价格"的手段,从贸易和与直接投资相关的各种费用的汇出两个方面影响了国际收支,加重了国际收支的逆差,迫使墨西哥政府不得不采取措施应对这种问题。

第三节 工业发展的地区不平衡

与外国投资相关的是墨西哥工业趋于在主要城市地区特别是在墨西哥城的集中。工业化主要集中在3个地区,即墨西哥城、蒙特雷(Monterrey)、瓜达拉哈拉(Guadalajara),移民和人口增长引起了人口在城市地区的日益增加。墨西哥城的人口增长速度几乎两倍于全国的其他城市,墨西哥城的大都市地区在1950年占全国人口的14%,1960年占17%%,1970年占20%(包括联邦区和附近墨西哥州的社区)。1950年已经有30%的工业工人位于首都,到1965年增加到将近36%。对工业化政策意义重大的是,联邦区和墨西哥州在整个工业生产中的比重已经从1950年的1/3上升到1965年的53%。该国的第二大工业城市是蒙特雷,当以蒙特雷为首府的新莱昂州、联邦区和墨西哥州被加在一起的时候,这3个实体的民族工业生产的份额就从1950年的49%增长到1965年的64%。

同时,不仅最穷的州,就是中间发展水平的州也在民族工业生产中失去了其相对的份额。哈利斯科(Jalisco)、维拉克鲁斯(Veracruz)、奇华华

(Chihuahua)、科阿维拉(Coahuila)从1950年占全部民族工业生产份额的
28%下降到1965年的18%,该国的其他州在1965年仅占18%。[1] 在后
来的10年中,集中程度进一步加强,到1975年工业生产中2/3的增加值
发生在墨西哥城和蒙特雷大都市地区。随着工业化的进行,该国最大和
最富裕地区的增长是以其他地区为代价的。在国家缺少鼓励民族和外资
企业分散化的有效政策的情况下,地区集中的进程仍将继续。

　　墨西哥金融公司(NAFINSA)和拉美经委会(ECLA)致力于墨西哥的
经济发展和工业化政策的研究,在他们的联合研究中记载了墨西哥在战
后工业化中发生的地区不平衡状况。那些分析强调大的消费市场、熟练
劳工、技术援助、交通和通讯设施等的吸引力。商业执行官需要比较方便
地靠近政府政策的制定者。全国第二大制造业实体蒙特雷的企业通常在
墨西哥城留有办事机构,蒙特雷的执行官经常是每星期在那里呆一天或
更长的时间。墨西哥金融公司(NAFINSA)和拉美经委会的研究表明,问
题趋于自我强化:"工业集中增加了人口集中,并趋于以日益增长的规模
吸引基础设施和服务,后者翻过来又加强了集中的节奏。"[2]

　　从地理分布上看在墨西哥的外国投资者更为集中。根据1967年的
美国商业部的一份研究,1967年在墨西哥的837个美国公司子公司中,
645个(77%)在联邦区和相邻的墨西哥州,另外79个在蒙特雷和新莱昂
州,只有113个(13.5%)在其他州。[3] 跨国公司显然强化了墨西哥工业
布局的地区集中程度。因此,非集中化成为后来墨西哥政府规范跨国公
司所追求的目标之一。

---

　　[1]　NAFINSA (National FinancieramS. A.) and CEPAL, La Politica Industrial en El Desarrollo
Economico de Mexico, p. 232.

　　[2]　NAFINSA (National FinancieramS. A.) and CEPAL, *La Politica Industrial en El Desarrollo
Economico de Mexico*, p. 232.

　　[3]　Van R. whiting, JR: *The Political Economy of Foreign Investment in Mexico, Nationalism, Liber-
alism and Constrains On Choice*. The Johns Hopkins University Press, Baltimore And London. 1992. p.
90.

第四节　收入分配的不平等

　　伴随进口替代工业化和人口的增长,墨西哥经历了一个迅速的城市化过程,从 1940 年开始,墨西哥的人口增长加快,人口数量由 1940 年的 2000 万上升到 1960 年的 3600 万,1970 年达到 4800 多万,1980 年达到了 7000 万。到 60 年代后半期,墨西哥成为世界上人口增长率最高的国家之一,年增长率约为 3.6%。[①] 城市人口的数量也由 1940 年占总人口的 35.1%,上升到 1970 年的 58.7%,其中墨西哥城的人口由 1930 年的 100 万增加到 1970 年的 910 万,占全国人口的 20% 以上。但是,墨西哥的工业只能吸收新增劳动力的 10% ~ 15%,因而无论在城市还是农村都存在大量的失业人口。这一时期,贫富差距和城乡差距仍在继续扩大,基尼系数在 1950 年就高达 0.50,到 60 年代末升高到 0.567[②]。1960 年的一项关于社会边缘性的调查表明了城乡之间的差距,墨西哥农村人口中文盲率占 52%,而在城市中相应的比率为 24%,在农村中有 51% 的人口吃不到面包、牛奶、鸡蛋,在城市中只有 13%。[③] 在 20 世纪 70 年代占人口 40% 的下层民众从相对条件看比 20 世纪 50 年代更贫困了,其中受损害最大的是最贫困的 20%。而处于顶端 10% 的份额仍然保持不变,占国民收入的 40%(尽管在精英内部,顶端的 5% 占墨西哥国民收入的份额从 30% 下降到 26%)。[④] 按照一位美国经济学家的计算,1968 年墨西哥的收入分配情况是,最上层的一组(A 组),为全部人口的 10%,占国民收入

---

　　①　莱斯利·贝瑟尔主编:《剑桥拉丁美洲史》第七卷,江时学等译,经济管理出版社 1996 年版,第 99—100 页。

　　②　迈克尔·P. 托达罗:《经济发展与第三世界》,印金强等译,中国经济出版社 1992 年版,第 127 页。

　　③　Pablo Gonzalez Casanova, *Democracy in Mexico*, Oxford University Press, 1970. pp. 72 – 73.

　　④　Van R. whiting, JR: *The Political Economy of Foreign Investment in Mexico, Nationalism, Liberalism and Constrains On Choice.* p. 33.

的37%;第二组(B组)为全部人口的40%,占国民收入的37%;第三组
(C组)为全部人口的40%,占国民收入的22%;最后一组(D组),为全
部人口的10%,占国民收入的4%。尽管所有社会阶层的的实际收入都
有所增长,但穷人的收入慢于中间阶层,不少观察家说,半数的墨西哥家
庭不是享有生活,而仅仅是维持生存。[①] 总之,城乡差距和贫富差距在拉
大的总趋势是明显的。

外国投资对墨西哥的收入分配究竟产生了怎样的影响? 从外国公司
付给墨西哥工人和职员的工资和薪水看,外国企业似乎鼓励了我们所观
察到的收入分配的总趋势,即上层30% ~40%人口收入的增加。1976 年
为联合国国际劳工署提供的一项研究有助于说明这个问题,这项研究是
由政府提供的企业资料,在254 家墨西哥的外国公司子公司中的232885
个工人中,人均年收入是4414.80 美元,其中大多数人(72.8%)工人年
均收入超过了2200 美元,与此比较,同期占所有城市家庭(不是个人)
52.6%的家庭拥有的收入低于2000 美元。外国企业中的大多数工人显
然属于墨西哥收入分配中的上层范围。国际劳工署的研究也发现,作为
一个控制集团,30 个国内公司中的20280 名工人具有类似的特征。工人
的人均收入非常类似,每个工人平均为4324.50 美元。但在企业内部,收
入分配有很大的差异。在国内和外国人拥有的企业中,收入分配有企业
内的区别(见表3.26)

尽管有人均收入方面的类似,外国子公司中工人收入的差距更大,最
高的每年4400 美元,最低的每年750 美元,外国企业中的工人大约1/4
处在上层收入水平,与此对照,国内企业仅是1/5;外企中1/4 以上的工
人(27.2%)处在下层水平,国内企业则只有8.8%。制造业企业接近于
所有外企的平均水平,少数采矿企业中上层收入水平的工人更多
(52.9%),下层收入水平者更少(9.7%)。商业表现了相反的趋势,

---

① Remy Montavon, *The Role of Multinational Companies in Latin America*, *A Case Study in Mexico*. Praeger, New York, 1980. pp. 10 – 11.

19.5％ 的工人属于上层收入者,35.8％ 属于下层收入者。[1] 总的来说,在大企业中的工人,不管是本国的还是外国的,其平均工资比大多数墨西哥人挣得更高。但分开来看,与国内企业相比,外资企业有更多的高付酬精英和更多的低付酬工人。相比之下,国内企业大概使用更多的半熟练劳工。研究清楚地表明,即使忽略消费方面的影响,外资企业比国内企业对收入分配的不平等产生了更大的影响。

表 3.26　1973 年在 30 个本地企业和 254 个跨国公司企业中的收入分配

（百分比和美元）

本地企业							
750～2200 美元/工人		2201～4400 美元/工人		4400 美元以上/工人		全部/％	
工人	收入	工人	收入	工人	收入	工人	收入
8.8	3.9	69.7	53.9	21.5	42.2	100	100

跨国公司企业							
750～2200 美元/工人		2201～4400 美元/工人		4400 美元以上/工人		全部/％	
工人	收入	工人	收入	工人	收入	工人	收入
27.2	11.9	44.9	35.5	27.9	52.6	100	100

资料来源:Victor M. Bernal Sahagun,El Impacto de Las Enpresas Multinacionales en El Empleo y Los Ingresos,Editorial Nuestro Tiempo,1976,pp. 126～133。In Van R. whiting,JR:*The Political Economy of Foreign Investment in Mexico*,*Nationalism*,*Liberalism and Constrains on Choice*. The Johns Hopkins University Press,Baltimore And London. 1992. p. 35.

　　外国资本的进入还从另一个方面影响了墨西哥工人的生活水平,即墨西哥政府为了为外国资本创造有利的投资环境,长期抑制工人工资的增长。卡德纳斯政府时期隆巴尔多·托莱达诺(Lombardo Toledano)领导的墨西哥工人联合会(CTM)的崛起,曾经强烈地侵扰了企业管理和威胁到了资本的流动。为了安抚企业,阿莱曼政府彻底修改国家与劳工的关

---

　　① 　Van R. whiting,JR:*The Political Economy of Foreign Investment in Mexico*,*Nationalism*,*Liberalism and Constrains On Choice*. p. 34.

系,由原来旨在改善工人的生活水平转变为旨在保证劳工的和平相处。他将工人联合会的劳工领袖换成了保守听话的唐菲德尔·贝拉斯克斯(Don Fidel Velazquez),另一方面降低工人工资,禁止工人罢工,1948 年工人工资达到了新低,同时政府改变了 1931 年的劳工法律,增加了对未被批准的罢工的惩罚。最高法院甚至规定,在合同有效期间所有的罢工都是非法的。1948 年政府仲裁忽然从一个相对中立的立场转向一种一致地庇护企业的立场。当一个蒙特雷企业削减 50% 的工资的时候,阿莱曼的劳工部长支持它们的决定,当 1949 年福特汽车公司无端解雇 400 名工人的时候,政府并没有提出反对意见。上百万份绝望工人的署名申请涌进总统的办公室,但阿莱曼都置之不理。当独立的劳工部门形成对某个企业威胁的时候,企业有时也会暂时提高工人工资,一旦这种威胁消退,新增加的好处也随之消失。这样,在 20 世纪 60 年代末,工业工人的实际工资仍然低于 1940 年工人的工资水平,尽管工人的生产率几乎提高了两倍。[1] 战后墨西哥政府的确为外国资本和本国资本提供了一个有利的商业环境,劳动成本一直很低,同时,政府为了使耐用消费品市场扩大,有意采取了向富人和中产阶级倾斜的分配政策,这更就加重了收入分配上的两极分化。

关于跨国公司对不平等的影响,美国学者里查德·韦纳特谈到:"跨国公司资本密集型工业的特征创造了一个富裕的经济阶层和一支付酬很高的技工精英。外国技术和产品扭曲了消费者的偏好,使他们转向外国公司雇佣的精英所消费的奢侈品。如各种分析所指出的,由外国资本刺激起来的工业化,既创造了不平等,又变得越来越依赖于不平等,由此为它的继续创造了强烈的政治需求,……。"[2]应该说,韦纳特的评论是中肯的,是符合墨西哥实际情况的。

---

① Michael D. Meyer and William H. Beezley (Edited): *The Oxford History of Mexico*, Oxford University Press. p. 584.

② Richard S. weinert: The State and Foreign Capital, In Jose Luis Reyna and Richard S. Weinert (edited): *The Authoritarianism in Mexico*. ISHI, Inc, USA. 1977. p. 110.

小　结

　　20世纪60年代末,墨西哥的经济发展已经面临一种困境,主要体现在墨西哥制造业的非民族化、国际收支逆差、地区发展不平衡和收入分配不平衡方面。从制造业的非民族化看,从1940年到1970年,外国投资占墨西哥制造业部门的全部投资从7%上升到74%,主要的飞跃发生在1955～1960年,从35%上升到56%[①],1970年外国企业在墨西哥整个工业中所占的份额达到了35%,有越来越多的外国企业进入墨西哥,并且大约40%左右是通过直接或间接并购建立的。跨国公司占制造业最大企业的比例相当大,1972年在最大的300家工业企业中,1/2是由外国控制的。它们的控制在非电力机械(95%)、交通(79%)、化工(68%)、电力机械(60%)中特别突出。在其他部门(烟草、橡胶、工具和"其他")也很高。跨国公司生产了制造业附加值中的22.7%,在有些部门达到了60%以上。在全部制造业销售中的外国份额从1962年的37.5%上升到1970年的44.7%。跨国公司甚至有垄断市场之嫌,在墨西哥4位数编码的产品类型(行业)中,其前4个企业中至少有一个企业属于跨国公司的行业占2/3,前4个企业全部属于跨国公司的行业占10%。种种迹象表明墨西哥的经济主权受到了威胁。在国际收支方面,跨国公司的进口系数远远高于它们的出口系数,1970年跨国公司的全球进口系数为11.9%,出口系数为2.8%,这种在进口和出口方面的不平衡导致的结果自然就是贸易赤字,1970年跨国公司占整个国家全部贸易赤字的47.4%,再加上跨国公司各种费用的汇出和利用转移价格避税,跨国公司成为造成墨西哥国际收支逆差的重要根源。在地区发展方面,跨国公司的

---

　　① 　Bernardo Sepulveda and Antonio Chumacero, *La Invercion Extranjera en Mexico*. Mexico, Fondo de Cultura Economica, 1973. Table1.

企业主要集中墨西哥城、蒙特雷、瓜达拉哈拉,工业生产中 2/3 的增加值发生在墨西哥城和蒙特雷大都市地区,其他地区被边缘化;在收入分配方面,为迎合跨国公司的进入,降低跨国公司的生产成本,也为了创建耐用消费品市场,墨西哥政府实行了压低工人工资和向富人倾斜的分配政策,墨西哥的基尼系数从 1950 年的 0.50 上升到 20 世纪 60 年代末的 0.567,本来随着经济发展水平的提高,贫富收入差距应该逐渐缩小,但在墨西哥并没有发生这样的情况。总之,很多事实表明,跨国公司与墨西哥经济发展的困境之间有着直接的关系。

第四章 跨国公司与墨西哥政府的外资政策

　　鉴于制造业所有权的非民族化和国际收支逆差等问题,20 世纪 70 年代初,墨西哥对外资实行了更加严格的限制政策,包括扩大墨西哥化和增加对跨国公司经营的控制,这在 1973 年《促进本国投资和规范外国投资法》中得到了集中体现,这部外资法并非产生于一朝一夕,而是有深厚的历史积淀。本章着重对墨西哥革命以来,特别是墨西哥进口替代工业化时期政府外资政策进行了回顾,认为墨西哥革命之后,革命民族主义盛行,政府对外资采取了收紧的政策,特别是对石油和一些公用设施部门的外资实行了国有化。从 20 世纪 30 年代末到 20 世纪 40 年代初,墨西哥的进口替代工业化进程开始后,政府开始调整外资政策,放松对外资的限制,受墨西哥日益增长的国内市场的吸引和政府进口替代政策的刺激,外国资本开始进入制造业领域,特别是到 20 世纪 50 年代中期墨西哥进入耐用消费品进口替代阶段后,在结构主义思潮的推动下,进入制造业的外国直接投资被认为有助于经济结构的激进性变革,有助于加强国家的自主性,因此被大量引进,但同时政府没有忘记巩固墨西哥革命的成果,在完成对采掘业和公用设施的国有化后,对制造业也提出了"墨西哥化"(Mexicanization)①的要求,尽管当时并未严格实行。20 世纪 60 年代末和 70 年代初,随着跨国公司带来问题的日益突出和依附理论的盛行,迫使墨西哥转向多样化出口战略与耐用消费品高级进口替代战略相结合的

---

① 即要求外国公司与墨西哥公司合资,其中墨西哥民族资本占多数股份。

"混合战略",政府的外资政策再次收紧,先后出台了相关的法律,但这种政策的转变并没有达到预期目的,1982 年债务危机发生之后,墨西哥的外资政策转向了新自由主义。

第一节 1917 年宪法和石油国有化

如在第二章中所述,在波菲里奥时期,墨西哥对欧洲和美国的投资者有很强的吸引力。经济繁荣,矿业出口领先,发展战略是将外资吸引到这个部门。关键的立法是 1884 年矿业法和 1901 年的石油法,两个法律都给予土地所有者(通常是外国人)地下矿产权,即使在革命的早期阶段,比较温和的领导人也认为有必要屈从于外国企业。在弗朗西斯科·马德罗最初的革命纲领"圣路易斯波托西计划"中,承诺尊重所有的外国经济持有权,他提到:"……,在 1910 年 10 月 20 日之前迪亚斯政府对外国政府或外国企业所签订的协定将受到尊重。"[①]但是,随着革命的深入,革命的目标越来越明确,那就是反帝反封建,实行土地改革和减轻外国人对墨西哥经济的控制。

1917 年宪法为墨西哥的外资政策特别是为国家干预经济提供了意识形态和政治上的理由。宪法第 27 条申明墨西哥境内一切矿产资源归国家所有,私人只能通过租让合同取得对规定范围内矿藏和资源的开采权,租让合同首先给予墨西哥公民,外国人利用矿藏资源要受到墨西哥法律的严格限制。"在沿国境线以内 100 公里和沿海岸线以内 50 公里之地带,外国人在任何条件下皆不能获得土地和水源之直接所有权。"欲取得租让权的外国人应向墨西哥外交部表示,"同意涉及上述财产关系时把他们作为墨西哥人来对待,且不为涉及此等财产之事而求其本国政府之

---

① Paul E. Sigmund (Edited), *Models of Political Change in Latin America*, Praeger Publishers, New York, 1970. p. 6.

保护,否则,应将其已获得之财产收归国有,以示惩罚。"①这最后一段话实际上包含了以阿根廷博士卡洛斯·卡尔沃命名的所谓"卡尔沃条款",即主权国家有权免除其他国家的任何干涉;凡在拉美国家拥有财产的外国公民或侨民,如对所在国政府提出赔偿要求,应诉诸所在国的法庭,不得谋求本国政府外交或其他方式的干涉。这一条款通过使在东道国的所有外国人像东道国国民一样服从同一法律而反对任何外国人对收取债务和保护财产的干涉,因为那种所谓依据国际法的干涉在墨西哥历史上曾经造成尴尬的局面(1846年的美墨战争和1862年的欧洲干涉),第27条中这一条款的目的在于避免类似情况在未来发生。

第27条还宣布"国家领土范围内的土地和水源为国家所固有,国家过去和现在都有权将其所有权转让给个人,成为私有财产。除非因公共福利并经补偿,不得剥夺私产。"②新宪法在承认产权的私有性的同时,宣布私有财产必须隶属于公共福利之下,更偏重于强调它的社会性使用,这表现在:国家有权将土地和水源"转让"给私人占有和使用;有权为了公共利益"剥夺"私产,同时给予补偿;有权"限制"和"调整"私产和自然资源的使用情况;有权"分割大地产,发展小土地所有制,建立新的农村居民点,奖励农业"等等。第27条进一步规定了土地改革的原则和步骤,申明要收回迪亚斯统治时期出卖给外国人的土地,剥夺教会和股份公司的土地,把大地产分配给村社,转让给中小农户使用和经营。

1917年宪法充分体现了墨西哥革命所追求的国家控制资源和土地改革的两个目标,宪法中确定财产权的条款和赋予国家地下和矿产资源的支配权的条款,为后来墨西哥广泛的土地改革和国家没收外国石油公司、控制基础工业奠定了合法的基础。

在1917年之后的20年中,墨西哥政府和外国投资者就自然资源(特

---

① *1917 Constitution of Mexico*, From Wikipedia, the free encyclopediahttp://en. wikipedia. org/wiki/1917_Constitution_of_Mexico.

② *1917 Constitution of Mexico*, From Wikipedia, the free encyclopedia. http://en. wikipedia. org/wiki/1917_Constitution_of_Mexico.

别是石油)的所有权和经营权以及重要的服务设施(特别是电力)展开了斗争。外国石油公司对它们的投资安全性抱有法律上的担心。作为美国承认奥布雷贡政府的条件,美墨代表在 1923 年签署了布卡雷利协定(Bucareli Accords),①这一非正式的协定承认那些在 1917 年之前正当地得到他们的石油利益的外国所有人的权利。卡列斯总统则通过实施 1925 年石油法和 1926 年矿业法改变了墨西哥的立场,前者承认外国人现存的石油权利仅仅保留 50 年,后者重新确认了资源的国家所有权。出于同样的民族主义气节,1926 年的电力法确立了政府对电力公司的规范和控制权②。但由于美国大使德怀特·莫罗(Dwight Morrow)的斡旋,1925 年石油法在 1927 年得到修正,所谓“卡列斯—莫罗协定”重新确认了 1917 年 5 月 1 日前外国人得到的石油权利的永久性。

20 世纪 30 年代是墨西哥实现 1917 年宪法中所包含的大部分民族主义成分的 10 年。1931 年的劳工法规是没收石油公司的前奏,其中规定除了经理外,外国公司所有雇工的 90% 必须是墨西哥人,政府可以直接干预劳工纠纷。当然,在接管石油公司之前已经有了 1936 年的没收法案和 1937 年的铁路国有化。另外,这 10 年还见证了在由外国资本支配的基础设施领域的两项立法,即 1938 年电力工业法扩大了政府的规范权限,将现存的租让期限制为 50 年,并制定了一项政策,禁止对外国公司再有新的租让;1939 年的交通法则为墨西哥公司保留了交通设施。20 世纪 30 年代显然是墨西哥民族主义的高潮时期。

20 世纪 30 年代的环境有利于墨西哥实行石油国有化。从内部看,由于 1929 年创建了官方党(国民革命党)和 1931 年的劳工法规,墨西哥政府的体制能力得到了改善;1934 年墨西哥国有石油公司得以创建;1934 年卡德纳斯在竞选演说中指出,卡列斯—莫拉协定将不再构成政府政策的基础,他上台以后又宣称要采纳国有化法律;他的劳工政策是将所

---

① 以签署协议的墨西哥城布卡雷利街 85 号命名。

② Dale Story:Industry,*The State*,*And Public Policy in Mexico*,University of Texas,Austin. 1986. p. 50.

有的工会纳入官方党的体制之内。1935年所有的石油工人成立了墨西哥共和国石油工人组织(STPRM),1936年这一组织又加入了墨西哥劳工联盟(CTM)。由于墨西哥立法要求外国公司雇用和训练墨西哥人,这时已经有了一批墨西哥自己的石油技术人员。这样,在政府的支持之下,墨西哥石油工人开始了要求增加工资的斗争。如在第二章中所提到的,当与石油公司的谈判破裂后,卡德纳斯毅然决然地宣布实行石油国有化。在欠发达国家实行矿产国有化,这是史无前例的第一次。卡德纳斯之所以敢于采取这一步骤,除了内部有墨西哥政府的官方党体制和工人、农民的支持外,与有利的外部环境也分不开。1933年上台的美国罗斯福政府实行"睦邻政策",他派往墨西哥的大使是他的一个密友约瑟夫斯·丹尼尔斯(Josephus Daniels)。他的新政府不再像以前的政府那样积极支持在墨西哥的美国商业利益的诉求,因此在早期谈判中出现的武装干涉的威胁现在消失了。另外,第二次世界大战的逼近和法西斯国家的扩张使得美国联合邻国共同抵御轴心国的威胁成为明智选择。国际形势的变化限制了美国政府施加压力的能力。而委内瑞拉新油田的发现和在历史上长期形成的墨西哥弱势形象导致石油公司在谈判中的态度僵化,拒绝妥让步,结果,矛盾激化,最终促成了墨西哥的石油国有化。在随后的土改中,政府还征收了外国公司侵占的大片农业用地。

美国政府内部在对待墨西哥征收石油公司和土地的问题上分裂为两派,温和派以总统罗斯福和驻墨西哥大使丹尼尔斯为首,批评石油公司的态度僵化,同情墨西哥人的要求;强硬派以国务卿科德尔·赫尔(Cordell Hull)为首,坚持国务院长期奉行的捍卫美国财产权的立场。但随着美国被卷入第二次世界大战,由于担心美国的不妥协态度会促使墨西哥向轴心国家靠拢或变成亲法西斯的国家,为了发展西半球的团结和军事合作,以抵御外部攻击,美国国务院最终放弃了对石油公司抵制活动的支持。美国没有像英国那样与墨西哥断绝外交关系,而是将外交关注点放在获得充足的补偿上。1941年12月双方达成一个总协议,墨西哥在14年内将支付征收美国公司的农业土地费4000万美元,同时,美国给予墨西哥同等数目的"稳定比索"的贷款,另外,美国每年购买墨西哥白银价值2500万美元。进出口银行还安排了一项3000万美元道路建设贷款,军事援助项目也随之启动。根据美国商业部的资料,1938年美国石油公司投资的账面价值为6900万美元,而美国石油公司要求赔偿的价值为26200万美元。1942年双边专家委员会达成协议,对石油公司的最后补偿为3000万美元,分5年还清。1947年墨西哥与英国也达成类似的协定,补偿英国石油公司本息共约13000万美元,分15年还清。[①]

1941年美墨总协议和1942年石油公司的补偿协定扭转了美墨关系。在这种外交安排中,美国希望加强与墨西哥的密切合作,以保证西半球的安全,墨西哥则希望从美国获得公共和私人资本,以利于经济发展。从这个案例中我们可以看到,在美国政策的制定中,战略利益和经济利益是交织在一起的。在第一次世界大战和战后,美国曾坚定支持它的石油公司,这是因为它的战略利益要求一个有保障的石油供给。但在第二次世界大战期间,石油公司的利益为美国更大的战略利益所超越,美国政府承认墨西哥有权实行国有化,仅仅支持石油公司索取补偿。

墨西哥的石油国有化引起了其他拉美国家的连锁反应。玻利维亚、古巴、哥伦比亚、巴西、厄瓜多尔、智利、乌拉圭等国家都先后宣布了限制或禁止外国公司对本国矿产资源或石油开发的法令。

墨西哥石油国有化之后,进一步加快了对基础工业部门的控制。1958年墨西哥政府对外国拥有的电话公司实行了国有化。1960年政府先后购买下了"美洲和外国电力公司"和"墨西哥电灯和电力公司"的控制权,从而实现了电力工业的国有化。这样,在外国人居支配地位的4个传统领域(铁路、矿业、石油、公用设施)中,只剩下了矿业,其90%的股权在外国公司的手里。1961年2月墨西哥政府颁布了新矿业法,其中提到,当联邦当局认为公私合营矿业公司可行时,将会建立新的由国家占多

---

① Paul E. Sigmund: *Multinationals in Latin America*, *The Politics of Nationalization*. A twentieth Centry Fund Study, The University of Wisconsin Press, 1980. p. 67.

数股份的公司。新的矿场将仅限于租让给墨西哥公民或主要为墨西哥人所拥有的公司。现存的外国人拥有的矿业公司将被允许继续经营20年，但50%的税收减免将仅仅适用于墨西哥人占多数股份的公司，以鼓励矿业公司中的墨西哥化。1967年6月政府通过严肃的谈判和有效的技巧，买下了泛美硫磺公司在墨西哥的阿苏弗莱拉泛美子公司(Azufrera Pana-mericana)66%的股权。1972年又买下了其余几个公司的股权，从而实现了对硫磺公司的控制。到20世纪70年代中期，墨西哥化了的公司承担了99%的矿业生产，墨西哥已经相应地扩大了它对铁矿、铜、铅、锌和硫磺的冶炼、加工和销售。在1975年通过的新矿业法中，保留了磷酸盐和硫磺的国家所有权，将铁矿和煤矿交给国家和私人混合公司开采，国家管理的权力扩大到了化肥、钢铁和能源工业。

第二节　鼓励跨国公司进入制造业和"墨西哥化"

在将跨国公司从矿业和基础工业部门排除的同时，墨西哥政府积极鼓励和引导外国资本向制造业投资。卡德纳斯曾公开地表示，他希望外国资本投资于诸如制造业这样的领域，在1939年末，墨西哥立法机构就通过了一项法律，给在特定工业领域的外国投资以保障。1941年卡马乔政府通过了《制造业法》，这是墨西哥"第一部工业促进法律，其中特别宣布进口替代作为一个目标。"[1]该法对投资工业的私人资本提供免税和优先进口所需设备和原料的优惠条件，法律规定："对新工业在销售、利润、手续费、进口机械和国内不能生产的原料及出口上免税5年。"[2]卡马乔政府还安排了与美、英等国的一系列谈判，妥善解决债务赔偿事宜，为战后初期墨西哥与外资之间的关系奠定了合作的基调。从外国投资者的观

---

①　Dale Story：*Industry，The State，And Public Policy in Mexico*. p. 199.

②　Otto Granados Roldan，*Mexico，Setenta y Cinco Anos de Revolucion，Desarrollo Economico* 1. Fondo de Cultura Economica，1988. pp. 36 - 37.

点看,在卡马乔执政的 6 年中,唯一不利的政策就是 1944 年 6 月 27 日颁布的紧急法令,该法令要求那些想兼并墨西哥任一企业或想取得墨西哥一定财产权的外国投资者必须得墨西哥外交部的批准。根据该法令,如果一个外国人试图投资于被法律禁止参与的经济部门,外交部有权否决。外交部还有根据情况做出否决、承认、带条件的允许等自由处理的权力。如果外国人要得到墨西哥企业的产权,那么他必须是墨西哥的永久居民或有移民地位。外交部有权要求,墨西哥公司的多数股权为墨西哥国民持有,公司的多数领导人也必须是墨西哥人。[①] 这些民族主义的条件逐渐以"墨西哥化"而闻名。按照哈里·怀特(Harry K. Wright)的解释,这项法令之所以出台是因为墨西哥政府担心第二次世界大战期间涌入墨西哥的外国资本将被用来替代墨西哥现存的投资或垄断该国经济部门,由于这些资本在墨西哥没有长久的经济和社会利益的纽带,如果战后突然撤回母国将导致对墨西哥经济的严重损害。为了阻止这种情况的发生,将过多的资本引导到新的和稳定的企业中,以利于墨西哥经济的长久发展,总统便根据 1942 年法律得到的非常时期的立法权颁布了这项法令。[②] 尽管总统的非常权力在 1945 年被取消了,但由此产生的保证国家干预经济的行政法令却以具有法律效力的形式被保留了下来。

在缺少其他具体工业立法的情况下,1944 年法令也就成为长期规范外资的基本立法。不久,政府公布了第一批要求新企业中墨西哥所有权占多数的工业领域的名单,它们包括广播、电影业、国内航空、城市和高速公路运输、渔业公司、碳酸饮料企业、出版和广告业等。从 1948 年到 1953 年,这一最初的名单又扩大到了国际航空业、碳酸饮料和非碳酸饮料的生产、销售和分配,香水、工业糖浆、航运、橡胶业,到 1960 年又增加了一个瓶装果汁业。很难说被包括进来的行业都具有基础经济的重要性,尽管有些限制明显地与国家安全和公共福利有关系,但一些重要的工

---

① Harry K. Wright, *Foreign Enterprise in Mexico*, *Law and Policies*, The Univeisity of North Caro-lina Press, Chapel Hill, 1971. p. 103.

② Harry K. Wright, *Foreign Enterprise in Mexico*, *Law and Policies*. pp. 102 – 103.

业并未被包括进来,因此,这些工业也就不受该法令的影响。更何况直到1960年,这项法令并没有得到认真的实行。

为了鼓励外国投资,1942年墨西哥通过了一项关于专利、商标和特许证的法律,对外国专利、商标提供了保护。这项立法的大部分与1833年保护工业产权的《巴黎条约》中的国际标准是一致的,墨西哥遵守其中的规定。专利保护为期15年,如果该专利未能在工业上运用于墨西哥,就减少到12年;依照同样的条件,工业设计保护分别为期10年或7年;为专利建立了新标准,按照巴黎条约接受外国专利的优先权。最著名的限制是免除化学产品的专利,但化学工艺可以取得专利。商标受法律的保护为期10年,对更新没有限制。广告词被授予为期10年的一次性保护。如果商标在五年内没有使用,商标保护可以因此而取消。① 专利和商标都要在工商部(最早是国家经济部)的办事处注册。但掌管它们的使用的许可证则没有完全控制。通过政府行为,工商部要求将合同的注册作为商标使用的证据,但这种做法被1959年提交给墨西哥高等法院的一个案例所推翻,于是,为使用商标的私人合同在这时并未得到规范。

米格尔·阿莱曼总统(1946~1952)是战后时期推动工业化最积极的总统。他在任内对工业化采取的最重要的措施是1948年的行政自由处置法令,即允许行政部门决定符合进口和出口许可证的所有产品;1950年的总统经济权力法,其中最重要的是建立起了国家对价格的控制。对外国投资者,阿莱曼继承和扩大了他前任总统的政策,他在1947年建立了一个由6个部和总统的代表组成的跨部投资委员会,该委员会不定期地开会,在其发挥作用期间,批准了由外交部采取的措施,扩大了要求新企业墨西哥化的工业名单,制成品进口受到限制,外国投资受到鼓励,对进口商的规范客观上促进了外国投资者的生产。

鲁伊斯·科蒂内斯政府(1952~1958)对工业化政策最重要的贡献

---

① Van R. whiting, JR: *The Political Economy of Foreign Investment in Mexico, Nationalism, Liberalism and Constrains on Choice.* The Johns Hopkins University Press, Baltimore and London. 1992. p. 72.

是实施"新建和必需工业发展法",该法在1954年末通过,实施了20多年。这项法律依赖激励而非限制的原则,作为对新建或必需工业投资的一种鼓励方式。新建和必需工业应该满足工业和农业的需要或供给食品、衣服和住房。新建和必需工业还被划分为"基础的"、"半基础的"、"第二级的"等类型,每类都有不同的规定和解除时间。针对这些工业的从法规到法律非常详细具体的一揽子措施,其目的不在于改变企业的所有权,而在于规范它们的经营活动或行为。外国人拥有的企业如果其生产满足了相应的要求就是完全合格的。规范管理的主要目的之一是增加在这个国家装配的商品中的"本地内容",进口原料超过40%的工业将被排除在享受优惠者之外(第6条)①。激励之所以是强有力的,不仅因为有资金支持,而且这些企业将会得到生产设备和原料的有利供给。免除进口机器和中间产品税收的方法被广泛地使用。具有讽刺意味的是,进口替代将逐渐意味着用一种新的进口替代原来的进口,即以原料和中间产品的进口替代了工业品的进口。1954年之后,墨西哥进入了耐用消费品的进口替代阶段。

就在这个时候,一些民族资本反对吸引外国投资,要求对外国资本实行严格控制的呼声日渐增高。其实,这种声音早在20世纪40年代后期就有了。第二次世界大战期间由于获得传统进口品的困难,刺激了众多中小制造业活动的产生,其中大多数是民族资本。战争结束后,出于一种对来自国外竞争威胁的共同担心,这些中小企业家组成了一个有凝聚力的团体,以"全国工业转型协会"(CANACINTRA)作为他们的代言人,在20世纪50年代初发动了一场有力的宣传运动,要求政府增加对经济的干预,扩大对国内工业的保护,打击各种形式的外国直接投资。他们将墨西哥存在的主要问题(即缺乏资本)归咎为"殖民主义"投资造成的"去资本化"的影响,以及"没有计划地"引进新的外国投资。即使是墨西哥人

---

① Van R. whiting, JR: *The Political Economy of Foreign Investment in Mexico, Nationalism, Liberalism and Constrains on Choice*. p. 73.

与外国资本合资的企业,也被认为是有害的。他们敦促政府进行严格的控制。通过使用美国"经济帝国主义"的政策和诸如"委托"、"垄断"和"国际资本"这样的术语,诉诸于墨西哥人对外国人,特别是北美人潜在的愤恨。① 这个时候,大多数政府经济学家尽管仍坚定地致力于快速的工业化,但逐渐越来越多地关注着外国投资,倾向于认为外资对经济的负面影响已经超过了其对工业化进程所做的贡献。他们的许多观点似乎是对全国工业转型协会的感情诉诸做出了肯定的回应。

这些来自民族资本的重要部分和经济技术人员的观点不能不影响到制定官方政策的人。不管影响的程度如何,墨西哥政府对外国资本的态度在洛佩斯·马特奥斯总统任期(1958~1964)开始显著地转变。越来越明显的是,外国资本无限制地进入由国外控制的墨西哥工业和商业活动将不再以完全友善的目光被看待。当然,政府仍然感到,外国工业投资是一个资本和技术的重要资源,政府发言人小心翼翼地避免触犯或不过分地恐吓有希望的外国投资者。但主要强调的是"墨西哥化",即新的外国投资者应该与墨西哥资本家形成合资,应该符合要求地在新的投资活动中占据少数股份的地位。

官方政策的变化伴随着一种国内私人资本部门类似态度的变化。国内大的商业利益也感到诸如西尔斯(Sears)、罗巴克(Roebuck)等公司可怕的外国竞争的影响,开始冷却它们早期对外资所采取的欢迎态度。到20世纪50年代中后期,"商业和工业协会联盟"(CONCANACO)的发言人公开表示反对在商业活动中有更多的外国直接投资。由"商业和工业协会联盟"所代表的那些大工业家们,随着他们金融和技术资源的增长,使他们对自己承担工业部门私人投资任务的能力更加自信,更加急于分享由进入墨西哥市场的外国公司所承担的新项目,在它们拥护开放政策时也变得更加谨慎了。同时,代表中小企业利益的"全国工业转型协会"在其反对外国企业时也变得少言寡语了,因为它的许多成员成长为更大

---

① Harry K. Wright, *Foreign Enterprise in Mexico, Law and Policies.* p. 153.

的和更好的企业,拥有有利的机会与外国公司合资。作为这些态度上转变的一个结果,两个工业集团之间的差异趋于消失,共识逐渐形成。如果外国投资对国内投资发挥一种"补充"的作用,如果外国公司在与墨西哥投资者合资中接受一种少数股权的地位,后者从而不再受外国控制的话,那么外国投资对墨西哥经济发展将是一个有益的帮助。

　　马特奥斯政府政策的收紧在外交部和内务部的态度变化中得到了反映,这是两个直接管理外资进入的政府部门。外交部开始更加仔细地审查外国企业要求建立新公司和并购现有公司的申请,出于外交部自身的主动性或其他制定政策机构的主动性,扩大了要求墨西哥资本占多数的企业活动的名单,诸如食品包装、化肥、杀虫剂和基本化学产品的制造被包括了进来。负责控制外国人员入境的内务部,对外国管理和技术人员签证的发放也越来越严。另外,墨西哥化政策的实施也偶然地出现在了工商业部。因为工商业部的自由处置权往往决定着一个工业企业的成功与失败。通过它对进口许可的控制,它可能阻止了重要的机器、设备和原料的进口,可能否决了对制造业企业的进口保护,并允许了经常以比墨西哥产品更低价格销售的外国竞争性产品的进入。通过劝诱和影响,它可能间接地阻止原料的进口,因为批准这种原料进口不需要提高进口关税。它也许发挥它的影响以阻止给予那些有资格得到帮助的企业的关税减免和出口补助。鉴于工商业部这种决定工业生死的权力,许多外国公司往往非常认真地对待在墨西哥新建的工业设施,希望得到某种先期的保证,如它们将会得到很好的待遇,必要的进口不会被阻止,在有些情况下它们将得到法律规定的税收优惠等等。这样,就开始发展出了一种向工商业部提交投资计划或制造业计划的非正式的行为。①

　　这种提交制造业计划的行为最初开始于少数的几个工业部门,包括汽车、汽车零部件、办公室设备、拖拉机等,政府决定在这些工业中强制增加国内生产的中间产品和零部件。政府法令要求汽车工业公司提交计

---

① 　Harry K. Wright, *Foreign Enterprise in Mexico*, *Law and Policies*. p. 156.

划,其中它们的产品至少有 60% 的内容将是在墨西哥当地生产的。在其他政府希望实行"一体化"①的工业部门中,工商业部也要求其提供可以被接受的计划。工商业部试图通过对进口的控制来影响这种行为的实施,如果工业公司不能提供令人满意的一体化计划,那么它们就被告知将不被允许进口并将被清除出市场。开始,工商业部拒绝向未来投资者提供任何类型正式的或有约束力的保证,但它愿意出具一个非正式的公文,表明合格企业将会得到善待。后来,工商业部越来越多地使用这种批准程序强制未来的外国投资者与墨西哥投资者合资,并指出,如果这个项目完全是外国人拥有的话,那么就不会轻易地得到必要的进口许可和其他政府给予的好处②。但在大多数情况下,并没有投资计划非得经过这种批准程序的硬性要求。不少外国公司除了需要来自外交部的一项准许外,无需其他任何政府批文仍可在这个国家建立新企业。对那些不依赖进口的公司来说,情况更是如此。再者,这种行为仅仅扩大到制造业企业,对外国资本无限制地进入国内商业经营则很少或几乎没有控制。

在马特奥斯任期内,政府扩大了国家对包括石油和电力在内的能源工业的所有权。上届政府末期曾根据宪法 27 条批准了一项规定,即将国家对石油的控制扩大到了初级石油化工产品,从而扩大了国有"墨西哥石油公司"(PEMEX)的权力,实际上授予国有企业更大的征收权力。1959 年马特奥斯利用 27 条的修正案延续了这种做法,将在所有与石油有关区域的采矿业留给了国家。这项石化工业法被描述为"对墨西哥化政策做出详细立法的最早努力。"③如前所述,马特奥斯政府在 1960 年购买了"墨西哥电灯和动力公司"以及"美洲和外国电力公司",这两家公司是墨西哥主要的电力生产者。像石油一样,对工业生产和国内消费来说,电力是发展的关键。当时国家与外国公司之间产生了一系列价格冲突,

---

① 即由墨西哥本国制造中间产品和零部件,用以替代进口(第二章中曾提到)。

② Harry K. Wright, *Foreign Enterprise in Mexico*, *Law and Policies*. p. 157.

③ Business International Corporation, *Investment Strategies in Mexico*: *How to Deal With Mexicanization*, New York, Business International Corporation, Business Week. Various Issues, 1979. p. 11.

因为国家希望降低使用价格以促进工业化,而公司则希望提高价格,不仅为了利润而且为了扩大其满足需求的能力。最终,政府对电力工业实行了国有化,联邦电力委员会成为继"墨西哥石油公司"之后的第二大国有企业。这是马特奥斯任内的一项大举措,被当作一个重要的历史事件来庆祝,庆祝的标语中写到:"1917 年—土地,1938 年—石油,1960 年—电力"。①

　　马特奥斯政府还通过 1961 年新矿业法增加了国家对矿业的控制。1930 年矿业法曾留出一部分区域作为"国家矿业储备"服从于特殊规定,并授权总统宣布什么样的土地可以被包括在法律之中。1961 年新矿业法则规定了墨西哥矿业的墨西哥化,要求墨西哥人占多数所有权。对墨西哥人所有权的要求在早先只是一种非正式的行为,这次要求每个新矿业企业至少 51% 为墨西哥人所有,而对"国家矿业储备"的开发则必须是 66% 为墨西哥人所有。② 这项法律是不可追溯的,对现存的企业给予自法律实行之日起 25 年的宽限期,对那些自愿墨西哥化的企业给予税收减免。结果,大多数企业发现作为少数股份持有者比掌握多数所有权更加获利。在马特奥斯政府领导下,森林和不动产所有权也受到进一步的限制。

　　在制造业中,1962 年的汽车工业法令开始了汽车工业中间产品生产的墨西哥化进程。由于汽车和零部件构成了墨西哥进口订单的重要部分,当时大约为 11%,并且由于汽车工业的前向和后向联系广泛,因此汽车工业就成了墨西哥化的首选。1962 年 8 月颁布的汽车工业法令要求汽车生产的本地成分至少要占 60%,并将汽车零部件生产留给国内企业,限制有能力的外国企业生产。但其他来自国家发展银行(NAFINSA)的建议和为某些技术官僚支持的限制,如对企业数量的严格限制、要求所

　　① 　Van R. whiting, JR: *The Political Economy of Foreign Investment in Mexico, Nationalism, Liberalism and Constrains On Choice.* p. 75.

　　② 　Van R. whiting, JR: *The Political Economy of Foreign Investment in Mexico, Nationalism, Liberalism and Constrains On Choice.* p. 75.

有权的墨西哥化、对品种变化和生产差异的限制等等,并没有被国家采用。

从20世纪50年代末到60年代初,马特奥斯政府的一系列措施不仅扩大了墨西哥国家所有权,而且强化了墨西哥化的政策。

继任的迪亚斯·奥尔达斯政府(1964~1970)在外国投资领域一方面对外资更加开放,在一些领域欢迎外国投资,另一方面则在许多领域继续对外资的限制。新总统的一些行为表明他喜欢新的外国投资。在前任总统时期外交部所扩大的墨西哥化行业的名单(如化肥、杀虫剂、基本化学产品、食品等)被终止了。他还废止了一项规定,即当墨西哥公司投资于受限制的工业时,必须排除外国人,以避免拥有公司却没有合法依据的外国人在受限制领域内进行的投资。作为取消这项规定的一个结果,墨西哥出现了一股新的投资浪潮,其中食品生产占主要地位。

奥尔达斯还是客户工业计划的积极推动者。自1942年墨西哥劳工在以"墨美季节工人计划"的保护下合法地进入美国,但1964年美国政府单方面终止了这一协议。为了给大量滞留在北部边境的劳工寻找就业出路,奥尔达斯政府借鉴波多黎各的经验,于1965年5月颁布了《北部边境工业计划》,允许从事装配生产(如纺织品、塑料、电子)的美国企业根据美国关税法令806.30和807.00条款的内容,从美国出口配件到墨西哥,在墨西哥出口加工区经过加工之后,将制成品再进口到美国,只需缴纳附加值的关税。在墨西哥方面,对进口配件不收关税,企业完全不受墨西哥化的法规制约,可以完全为外资所有,只要墨西哥的劳动力被利用和最终产品能够出口。这种经营"以客户工业计划"(Maquiladora Program)著称。

但是,奥尔达斯所采取的其它措施则与经济民族主义更为一致。他继续奉行前任政府的政策,推动国家对自然资源和公用设施的控制,并保证国家对银行和保险业的控制。如前所述,奥尔达斯政府通过购买外国公司的多数股权实现了对硫磺工业的墨西哥化。1965年,奥尔达斯听说几家外国大银行正在商谈购买墨西哥银行的控股份额,于是,政府宣布了一系列法令,禁止任何形式的外国资本参与墨西哥银行、保险公司、债券公司或投资公司。总统清楚地表明,这样做不仅是为了保护墨西哥工业,因为它可能失去在政府宏观管理之下从墨西哥银行优先得到的金融帮助,在更广泛意义上也是为了扩大对金融业的控制。①

在奥尔达斯任期内,外资新建或扩大现有企业规模要向工商业部提交投资计划的行为已经成为一种相当正式的、制度化的程序。这种程序为政府提供了实施和加强限制外资的政策手段。在这一程序之下,未来的投资者要向工商业部提出要求其制造业计划得到批准的书面申请,其中必须详细描述诸如在土地、工厂、机器、设备、劳工工资等方面的投资数量,开始和完成项目的时间表,表明墨西哥项目和进口项目之间生产成本配置的成本核算以及价格研究。在大多数情况下,一项计划最终获得批准要花费 3~6 个月的时间。

通常,工商业部批准一项制造业计划的前提是其要满足一些特定的条件,如外国所有权所占的比重,墨西哥方面的生产成本和价格的比重。这些条件有时是灵活的,是可以谈判的。外国所有权的比重在很大程度上可以参照同一工业中现存公司的所有权。如果申请人试图进入的活动领域已经有一个或更多的公司存在,并且其墨西哥所有权居多数,那么他的公司也必须是墨西哥所有权占多数。如果未来的投资者试图进入的领域已经有一个完全为外资拥有的公司,或者他试图创建一个全新的工业,那么工商业部在批准对外资的控制方面就倾向于更宽松。如果申请者能够说服工商业部认识到其原来要求的墨西哥人参与比重是不可行的话,那么这个比重经常会被减少。在不少情况下,特别是在一个新的工业将要建立的地方,工商业部授权一个全额外资公司经营,条件是它的一部分股权份额必须在一个规定的时期(通常两年)出卖给墨西哥人,在未出卖之前,这部分股权份额通常被要求以信托形式放在一家墨西哥银行。②

① Van R. whiting, JR: *The Political Economy of Foreign Investment in Mexico, Nationalism, Liberalism and Constrains On Choice.* p. 77.

② Harry K. Wright, *Foreign Enterprise in Mexico, Law and Policies.* pp. 158 – 159.

　　但是,并不是所有企业都感到有必要向工商业部提交它们的计划,因为外交部和工商业部在处理外国投资的问题上有时并不一致。一个未来的制造业设备投资者通常从外交部得到一份组建完全为外资所有的墨西哥公司的许可证是没有困难的,但如果他将他的制造业计划递交给工商业部,那么他通常被要求与墨西哥人合资,有时会被告知,它的墨西哥伙伴必须占多数股份。1967 年这种情况得到了纠正,总统将外交部单独决定外国投资的权力分割出一部分,交给了工商业部。

　　到 1967 年 10 月,外交部悄悄地披露提交给它的申请将被转给工商业部,由后者决定是否实行外国所有权比例的限制。这意味着外交部将受到工商业部观点的左右,并根据工商业部建议的条件调整它批准的许可证。这样,工商业部作为政府主要的外国投资决策机构的地位被相应地加强,所有新的外国投资将受到它的审查。这是一个合乎逻辑的变化,因为工商业部可能具有更合适的专家,由于它负责对控制进口许可证和对为获得进口许可证而提交的生产计划进行评估,因此早已涉足外国投资的法规。

　　尽管在奥尔达斯任期开始之时,他为外国企业进入某些制造业部门开了绿灯,但在任期结束之时,他封闭了在其他方面外国企业可以占多数所有权的道路。1970 年 6 月通过的法令,要求新建的钢铁、水泥、玻璃、化肥、纤维素、铝等公司至少拥有 51% 的墨西哥所有权和控制权。[①]

　　总得看,墨西哥革命之后,在民族主义思潮的激励下,政府对采掘业和公用设施逐步实行了国有化,同时,为了推动国家工业化,对制造业的跨国公司采取了鼓励和引导的政策,尽管在民族资本推动下出台了一些"墨西哥化"的政策,但涉及的部门并不多,也不全是重要部门,具体执行起来比较宽松。但是,当跨国公司进入所带来的问题变得日益突出的时候,墨西哥政府的外资政策在 20 世纪 70 年代初又发生了新的变化。

---

　　① Van R. whiting, JR: *The Political Economy of Foreign Investment in Mexico, Nationalism, Liberalism and Constrains on Choice.* p. 78.

第三节 埃切维利亚政府的外资政策

1973年2月16日墨西哥议会批准了《促进本国投资和规范外国投资法》,这一法律在3月发表于《官方日报》,并于1973年5月9日付诸实施。这是墨西哥第一部比较系统和全面的针对外资的法律,该法律汇集了现有墨西哥工业中的所有权规定,并将墨西哥人占多数所有权的规则推广到整个制造业部门。就在该法被批准的两个多月之前,墨西哥议会刚刚批准了《技术转让和使用开发专利及商标注册法》,加强了国家对技术转移的监督和管理。为什么墨西哥在这样短的时期内连续出台针对跨国公司投资的法律规定? 这与20世纪60年代末和70年代初墨西哥国内外形势的变化密不可分。

一、1973年外资法的出台

20世纪60年代后期和70年代初期是整个拉美地区经济民族主义高涨的年代,其中重要原因之一是人们越来越认识到跨国公司有损于东道国整个社会资本积累的形成,也就是说,跨国公司的利益与东道国经济发展的目标产生了矛盾。这种矛盾在拉美国家的一个共同的表现是国际收支危机。而这样的危机通常伴随着拉美国家寻求国际货币基金组织的支持,后者反过来要求拉美政府承诺一种国际货币基金组织所设计的"稳定"政策,但这种稳定政策经常导致拉美国家因中断资本积累进程而提高发展成本,特别是在进口替代战略下进行的资本积累,因为其严重依赖原料和中间产品的进口,一旦减少或停止进口,整个资本积累过程就要受到严重损害。人们越来越注意到,跨国公司是形成国际收支危机的根源,当伴随吸引外资政策而出现资本流入高峰时期过后,实际流入的外资越来越少,相反,流出的资本却越来越多。原因之一是跨国公司的利润、技术提成费等的汇出逐渐超过了它的新的资本流入;二是跨国公司的制造业具有大量的贸易逆差,它们在很大程度上依赖进口投入,而它们的产出却几乎全部面向东道国市场。如第三章所述,墨西哥的情况正是如此。就整个地区看,美国制造业企业的利润、利息、分成、技术提成费等超过了新的资本流入,1966～1969年年均超出额为2400万美元,1970～1973年达到10250万美元。[①] 对外国资本日益增加的依赖也造成了一种情形,即地区出口收入中越来越多的部分被用来服务于外国资本。面对这种情况,许多国家政府寻求新的解决方案,一方面更加强调工业品出口,采取了一些旨在强迫跨国公司改善出口表现的特别措施,另一方面,开始关注对因跨国公司利润和技术提成费而引起的国际收支逆差问题,根据跨国公司对技术收费价格的评估而实行的注册制度就是这种关注的一种反映。[②]

依附论思潮的出现也对经济民族主义起到了推波助澜的作用。到20世纪60年代末,发展主义作为一种意识形态在拉美大多数人口中已经失去了信誉,依附理论成为时尚。尽管不是大多数依附论者的意图,但依附理论可以被解释为一种诉诸于民族主义情绪反对跨国公司掠夺行为的理论。不少政权为了寻求合法性而诉诸于强烈的民族主义,制定更为严格地控制跨国公司的政策。最典型的事例就是秘鲁的贝拉斯科政权、智利的阿连德政权和阿根廷的庇隆主义政权。

1970年安第斯条约组织国家为了更好地利用和限制外资,通过了《对待外资、商标、专利、许可证和租让费的共同条例》,即第24号决议,主要内容包括:(1)外国投资必须先经过有关国家准许,并进行注册;(2)禁止新的外资进入公用事业、商业银行、保险、国内运输、报刊、商业电台和电视等部门,已经在上述部门进行投资的外国企业,必须在三年内至少把80%的股份出售给本国投资者;(3)从1971年7月1日起,外国企业

---

① Rhys Jenkins: *Transnational Corporations and Iindustrial Transformation in Latin American*, The Macmilan Press Lid, 1984. p. 187.

② UNCTAD, *Legislation and Regulation on Technology Transfer: Empirical Analysis of Their Effects in Selected Countries*. Geneva: TD/B/C6/55. p. 5.

必须在限期内(一般为 15 年)将 51% 的股份卖给所在国投资者;(4)外国投资者每年汇出的利润不得超过外国投资额的 14%,每年的利润再投资不得低于利润额的 5%;(5)外国企业只能取得所在国的短期(一年内)贷款,不允许取得中长期国内贷款。① 该条例从 1971 年 7 月起正式实施,对包括墨西哥在内的其他拉美国家产生了强烈的影响。

就墨西哥国内而言,1970 年埃切维利亚当选为墨西哥新总统。如前所述,到 20 世纪 60 年代末,墨西哥进口替代模式的有效性越来越成为问题。农业生产的增长率从 20 世纪 40 年代以来都超过了人口的增长率,并在维持工业化战略过程中曾发挥过重要的作用,但到 20 世纪 60 年代中期下降到低于人口增长率。由于进口替代工业化所需的原料和中间产品等依赖于进口,而政府的过度保护政策使工业部门越来越缺乏竞争力,产品的高成本和高价格不仅制约了制成品的出口,而且也妨碍了初级产品的出口,国际收支恶化加速,失业状况加剧,贫富差距拉大,新增人口的大部分被边缘化,社会矛盾加大。城市周边的占地运动和农村游击队活动的增加便是对这种发展模式的一种民众反应。1968 年爆发的学生运动"从根本上震撼了现存制度","在国家大厦之上打开了一个难以弥合的裂隙",造成了墨西哥政权的"合法性危机"。墨西哥社会正在经受着战后前所未有的考验②。

在这时,在墨西哥的各种社会组织和国家机构各部门中提出了三种不同的战略选择,第一种是新自由主义的选择,为最大的经济集团所支持,它们拥护削弱国家在经济中的作用,推动制成品出口和吸引新的外国资本。第二种选择是技术官僚的合理化,为国家机构中的一部分人所提出,他们强调需要由国家保持一种长期的发展战略,以反对来自部分特殊资本的压力。这一战略的中心内容是一种旨在增加税收、减少奢侈消费和刺激投资的财政改革。他们提出工业化应该按照比较利益的原则更加

① 徐世澄等:《秘鲁经济》,社会科学文献出版社 1987 年版,第 207—208 页。
② 韩琦、杜娟:《墨西哥埃切维利亚政府化解社会危机的对策与启示》,《历史教学问题》2007 年第 4 期。

集中,应该对外国资本制定一套统一的政策,包括采用明确的标准,其中最重要的技术贡献标准。第三种选择是"新卡德纳斯主义"战略,在导向上更加民族主义,得到了中小资本的支持。他们认为国家应该重建国内生产体系,通过推动劳动密集型技术、公共工程、土地再分配和(通过一种累进税收制度的)收入再分配来吸收失业者。应该对外国资本实行更加严格的控制,以保证生产体系保留在国家的控制之下。[①] 有意义的是,所有三种选择都涉及到政府对外资政策的某些变革。甚至新自由主义选择也认识到需要用墨西哥化的政策阻止外国资本与本国资本之间过快的失衡,另外的两种选择拥护建立标准,更加严格地评估外国投资的影响。

到埃切维利亚1970年就职总统的时候,一种支持对新进外资加强管理的全国共识正在增长,尽管在应该采取何种管理形式问题上仍有不同的意见。诸如像巴勃罗·贡萨雷斯·卡萨诺瓦(Pablo Gonzalez Casanova)这样的墨西哥国立自治大学的教授,丹尼尔·科西奥·比列加斯(Daniel Cosio Villegas)这样的墨西哥学院的创建者都呼吁增加对外国投资的管理。在由里卡多·辛塔做的一项对墨西哥企业家的调查中,被调查对象的95%以上与外国企业有着某种关系,但几乎全部支持对外国投资做出限制。其中47%的人认为这些限制应该是广泛的,应该将外国投资活动限制在可以被接受的程度。[②] 随着外资并购的增加,越来越多的墨西哥企业家逐渐认识到,这样的并购不仅是不合时宜的,而且应该受到政府的限制。此前,一位著名的墨西哥律师何塞·路易斯·西凯罗斯(Jose Luis Siqueiros)作为一份法律杂志上发表了一篇文章,其中呼吁制定一部规范外国投资的新法律。他批评现存的法规汇编主要是基于1944年的紧急法令,西凯罗斯指出:"目前的立法有许多过时的、不一致的甚至不符合宪法的成分。以一部针对外国投资的新法律,那些不一致的和不准确的

---

① Rhys Jenkins: *Transnational Corporations and Iindustrial Transformation in Latin American.* pp. 189–190.

② Ricardo Cinta G, *El Empresario Industrial y El Desarrollo Economico de Mexico.* Unpublished Survey Results of Joint Project of CEPAL (ECLA) and el Colegio de Mexico. 1972.

政府政策将会得到纠正,将会保持法律要求的系统性和统一性,并精简其内容。更重要的是将会实现法律的一个重要原则:司法安全。"①埃切维利亚在他 12 月 1 日的就职演说中强调了墨西哥政府在实践中已经建立起来的信念,即外国投资应该补充而不是取代民族资本。他还批评了那些将他们的企业出卖给外国人的墨西哥企业家,建议他们将企业转移给那些愿意经营的墨西哥企业家。埃切维利亚上台后提出了"分享发展"的新战略,调整与外国资本的关系是他新战略的重要内容之一。

在埃切维利亚执政的前两年,他和他的部长们与私人部门(包括外国的私人部门)不断地交换意见。私人部门对政府增加国有企业的预算、实行价格控制、对奢侈品增税、废除对 50% 的广告支出税的减免,增加对技术援助费的税收等政策颇有微词。"私人雇主协会"(COP-ARMEX)的主席罗伯托·瓜哈尔多·苏亚雷斯(Roberto Guajardo Suarez)担心这样的政策会导致私人投资下降,建议埃切维利亚政府的部长们应该倾听企业组织的意见,开展一场公开的"鼓励本国和外国投资"的运动。埃切维利亚批评苏亚雷斯缺乏民族主义情感。为了澄清总统的指责,1971 年 2 月"私人雇主协会"发行了一本小册子,其中内容有:肯定外国投资的必要性,但所建议的公共政策是保证外国投资成为本国资本的补充,避免通过外国并购导致工业的"去墨西哥化";"限制和反对那些有损主权、经济、政治和货币稳定、国际收支、以及该国经济和社会的一般发展的外国投资"。② 尽管国内私人企业与国家之间的冲突因增税问题而不断升温,但在管理外国投资问题上,本国企业团体一般是支持国家的。

到 1972 年下半年,政府加强规范外国投资的意图变得越来越清楚,同时,外国企业对这件事情的关心也随之加强。这在美国大使与墨西哥工商业部助理秘书之间的对话中得到了很好的反映。1972 年 10 月在阿

---

① Van R. whiting, JR: *The Political Economy of Foreign Investment in Mexico, Nationalism, Liberalism and Constrains On Choice.* p. 92.

② COPARMEX, *Franco Dialogo Entre Gobierno y Empresarios.* Mexico City: Confederacion Patronal de La Repubulica Mexicana. 1971. pp. 77 – 87.

卡普尔科(Acapulco)召开的美墨双边企业家委员会会议上,美国大使罗伯特 H.麦克布赖德(Robert H. Mcbride)询问墨西哥工商业部助理秘书何塞·坎皮洛·赛恩斯(Jose Campillo Sainz)游戏规则是否发生了变化。他说:

> 由于工作关系,我经常与美墨双边的企业家代表接触。允许我坦率地讲,我已经注意到一种并非令人吃惊但令人担忧的态度。许多人不再能确定外国投资是否还需要,游戏规则是否发生了变化,这不仅涉及到新的投资而且关系到已经建立起来的企业。我希望这一委员会以其与美墨双边商业界打交道的丰富知识和经验,能帮助澄清我们两个姊妹国家之间经济活动中的这一重要话题。①

赛恩斯回答:"是的,先生,我们正在改变游戏规则"。他所谈的主题是墨西哥化:"就如我在美国管理协会的一次谈话中所讲过的,我们想让墨西哥人成为外国资本的伙伴,而不是雇工,成为合作者和朋友而不是仆从"。② 赛恩斯结合将于 1972 年 12 月送交议会审批的新法律文本,专门谈到墨西哥提出的对外国投资的管理。他对墨西哥关于外国投资的政策作了一种全面的辩护。他的评论清楚地说明了墨西哥国家经济干预的哲学和管理外国投资的变位偏好(Metaprefrence),这种哲学也许冠之以一种意识形态更合适,其根源于卡德纳斯和 1917 年宪法,提出国家必须干预不平等的经济关系并站在弱者一方。他在阿卡普尔科企业家会议上对美国大使讲到:

> 现在没有人再争论那些维护最低工资、最长工作日和社会

---

① ANDAE(Asociacion Nacional de Abogados de Empresas):Inversion Extranjeras y Transferencia de Tecnologia en Mexico. Editorial Tecnos. 1973. in Van R. whiting, JR:*The Political Economy of Foreign Investment in Mexico*,*Nationalism*,*Liberalism and Constrains on Choice*. p.97.

② ANDAE(Asociacion Nacional de Abogados de Empresas):Inversion Extranjeras y Transferencia de Tecnologia en Mexico. Editorial Tecnos. 1973. in Van R. whiting, JR:*The Political Economy of Foreign Investment in Mexico*,*Nationalism*,*Liberalism and Constrains on Choice*. p.97.

安全体系的原则的合法性了。因为我们已经确认了规范强者和弱者之间关系的必要性,以便使在他们之间建立平等的和正义的关系成为法律,这一原则作为在你我各自国家国内政治中不容置疑的社会正义原则是适用的,在国际关系中也是适用的。①

在墨西哥的工业化进程中,墨西哥私人部门是弱势的,跨国公司是强势的,国家的干预可以调整其平衡。

二、1973 外资法的内容分析

《促进本国投资和管理外国投资法》②规定,墨西哥建立国家外国投资委员会,这是一个由政府各部组成的专门审查外国投资项目的委员会。参加该委员会的有内政部长、外交部长、财政和公共信贷部长、国有资产部长、工商业部长、劳动和社会保障部长以及总统府秘书长。每位部长可指定一名副部长作为替补者。委员会每月召开一次会议,设立一名执行秘书协助工作,执行秘书由总统直接任命(见第 11 条)。委员会的职权主要是为解释有关外国投资的各种法规和条例制订原则和标准,评估外国私人、外国公司、其他外国机构、和外国资本占多数的墨西哥公司的投资申请。(第 12 条)评估时要根据外资是否作为本国投资的补充、是否有利于扩大出口、就业、人员培训、落后地区的开发、技术贡献等项原则(第 13 条)。

法律还规定建立注册制度,设立"国家外国投资注册局",隶属于工商业部,并受国家外国投资委员会执行秘书领导。(第 23 条、24 条)注册时要将所有外国投资者的名字、他们投资的数量、经营协议以及要求法律

---

① ANDAE(Asociacion Nacional de Abogados de Empresas) : Inversion Extranjeras y Transferencia de Tecnologia en Mexico. Editorial Tecnos. 1973. in Van R. whiting, JR : *The Political Economy of Foreign Investment in Mexico* , *Nationalism* , *Liberalism and Constrains on Choice*. pp. 97 – 98.

② 以下提到的法律条文均见:" Law to Promote Mexican Investment and to Regulate Foreign Investment" in Commerce and Industrial Development Ministry : *Legal Framework For Direct Foreign Investment in Mexico* , National Chamber of Commerce of Mexico City. 1990. pp. 15 – 31.

例外的申请和委员会的决定都记录在案。

法律对外资的投资领域做了明确的划分,规定:第一,在那些对国家安全和社会经济生活具有战略意义的部门,如石油、石油化学、电力、铁路、电报、无线电通信、核能开发、铀矿开采等部门只允许国家经营,禁止外资进入;第二,在广播、电视、公路运输、民航、海运、煤气供应、森林开发等部门,只允许墨西哥人或百分之百的墨西哥公司经营,外资亦不能涉足;第三,在信贷、保险、金融机构、制造业、矿业的某些部门、石油化工的副产品部门外资可以进入,但与墨西哥资本的比例被限制在34%、40%,最多不得超过49%,且不能以任何资格拥有企业的决定权(第4条、5条)。

该法律通过将对外国人所有权的规定延伸到所有工业而扩大了过去政策的范围。只有通过申请和与国家外资委员会谈判才有可能让外国私人或企业获得墨西哥企业的大多数所有权。法律的确准许例外,在第13条中为委员会作出决定提供了17条方针。尽管如此,法律强调了20世纪60年代人们关注的外国人对墨西哥公司并购的问题,规定凡并购某个企业25%以上的资本和49%以上的固定资产都需要得到国家外资委员会的批准(第8条)。从而将任何对墨西哥公司多数股权的外国并购置于国家的控制之下。

法律还规定,外国人、外国公司和与外国合资的墨西哥公司不能在边境线100公里内和海滩50公里内购买土地和水域的产权。外国公司不得购买土地和水域的产权,也不能获得开发水域的特权。但也有例外,即外国自然人如果事先获得外交部的准许、并签署了宪法第27条第4段第1款所述协议,则可购买上述财产的 产权(第7条)。

除了确定例外的17条方针外,一个主要的法律漏洞就是自动批准现存外国投资目前水平的所有权。法律仅适用于新的投资。这一祖父条款严重地削弱了法律效力,[①]所有在法律生效期之前存在的外国人占多数股份的企业都被允许继续存在,只要外资和本国资本的比例保持不变,就可以增加它们的资本。另外,外国人拥有的低于49%股份的企业的活动未被置于委员会的权威之下,不需要获得批准,仅仅被要求注册。

法律中的墨西哥化的条款受到墨西哥工业政策激励结构的强化。要享有税收和进口激励所提供的好处,就得有外国投资注册的注册证。法律规定,逃避注册要受到处罚。墨西哥的大多数文件被要求公证,没有注册证明的文件,其公证要冒风险。尽管如此,在实施中仍存在法律漏洞。在墨西哥,公司中的股份长期是匿名持票人的股份,尽管有人提议所有股份都应该是记名的,以便确定外国投资者的身份,但由于墨西哥私人部门的反对,这一提法未被采纳。只有外国人拥有的股份被要求注册,并且实行实名制,法律规定,"未经国家外国投资委员会批准,外国人不能购买非记名证券,经批准由外国人购买的非记名证券应转换成记名证券。"(第25条)这样就留下了外国人通过借用墨西哥人的名字逃避注册的漏洞。尽管重要外国投资者利用借用名逃避墨西哥化要求的证据尚不多,但有资料表明,这样的非法安排仍是存在的。

国家外国投资委员会的设计减少了在实施法律和政策过程中的腐败问题。一种论点认为,外资委员会由7位成员组成,每月召开一次会议,法定参加的人数至少是4位部长或部长助理。这样一个团体比单独一位部长更能避免腐败。正如一位工商业部的技术官僚所言,"以如此众多的投资决定掌握在一位部长手中,对任何人来讲也是一个难以抵制的诱惑"。[②]外国投资委员会和外国投资注册处在成立初期获得了较好的名声。但是,这里的腐败问题就像在墨西哥的其他地方一样,是一种瘟疫。

---

① 祖父条款(Grandfather Clause)是一种法律适用规则,即立法变化以后,旧法适用于既成事实,新法适用于未来情形。这种规则的目的是减少法律制定和执行过程中的政治阻碍,是一种务实的折衷手段。

② Van R. whiting, JR: *The Political Economy of Foreign Investment in Mexico , Nationalism , Liberalism and Constrains on Choice*. p. 100

有些官员抱怨,一些代表外国投资者的律师比公司本身的办事员更容易提出不正当的要求,有人甚至说,这是律师提供的主要服务。腐败扩大到了司法程序中。

　　该法律与安第斯条约组织国家的第 24 项决议相比,二者都强调了对外国所有权的限制,但墨西哥法律没有建立使外国资本"逐渐消失"的条款,没有对外国企业利润汇出和利润再投资额度的限制,也没有对外国企业取得本地贷款的限制。也就是说,在对待外国直接投资的态度上,墨西哥还没有达到安第斯组织国家那样的"敌对"程度,而是仍然保持在"谨慎欢迎"的框架之下。① 从墨西哥外资政策的历史看,1973 年法律可以说是墨西哥 1944 年紧急法令颁布以来的一系列法令法规的集大成者,是将现存零散的法律法规汇集到一个新的系统的框架之下,是官方对外资政策更为详细、具体和明确的阐述,其重点放在外国所有权的墨西哥化方面,在本法实行的同时,以前颁布的一些专门法和条例仍继续运行,该法规定:"如果存在某个特定活动部门的法规和条例,外国投资则应该遵守这些法规和条例所确定的比例和条件"(第 5 条),但"与本法相抵触的一切法规和条例将被废止。"

　　在埃切维利亚领导下实施的其他主要的外国投资立法还包括 1972 年 12 月 28 日颁布的《技术转让和使用开发专利及商标注册法》和 1976 年 2 月 10 日颁布的《技术发明和商标法》。技术转让法要求对技术合同实行注册,它通过一种新近创立的技术转让注册体制来检查所有新合同。该法律的目的是:(1)技术转让合同的条件必须与东道国社会经济发展的目标一致,必须保证墨西哥国家的独立;(2)加强技术购买者谈判的力量,确保有利的合同条件;(3)让墨西哥工业家更加意识到在鼓励技术发展的国家中需要一种快速的技术传播和吸收;(4)为了更好地弄清国家的工业和技术发展条件,建立一种官方的注册体制,以便使合同条件和技

---

① Jose I. Casar, An Evaluation of Mexico's Policy on Foreign Direct Investment, In Riordan Roett (edited): *Mexico and The United States: Managing the Relationship*, Westview Press, 1988. p. 43.

术转让中的问题可以更容易地确定。① 制在特许证和合同中支付过多的
技术提成费,并取消任何被认为有悖于墨西哥利益的合同。② 1976 年 2
月颁布的技术发明和商标法是对 1973 年外资法的补充,也是对 1942 年
专利、商标和许可证法中法律条款的超越。新法律对发明专利、工业设计
和外国商标的使用做出了新规定。例如,新法律对所有发明或专利的保
护由原来的 15 年改为 10 年;新法律排除了给予与健康、农业生产、环境
保护、原子能有关的发明专利的特许权,这样,化学、制药、饮料、化肥、杀
虫剂、除草剂等的制造都不能获得专利;对商标的保护由原来的 10 年改
为 5 年,当一项商标权为外国人所有或已经在国外注册,它必须与一项墨
西哥商标权结合起来,这样,墨西哥商标和外国商标在产品上都要见
到。③ 新法律除了限制专利使用的年限和范围,要求外国商标必须与新
的墨西哥商标相结合之外,还建立了打击非法使用专利和商标的新标准
和新规范。

三、1973 年外资法的影响

　　尽管 1973 年的外资法相对比较宽松,它对外资的管理也不无局限
性,包括祖父条款和产生腐败的可能性,但是,这是墨西哥对外资管理从
不规范走向规范的开始,它的颁布填补了墨西哥长期以来一直没有一部
完整可依的外资法的空白。现在所有的外国投资都必须到国家外资注册
局对他们的活动和所有权结构进行详细的注册。占多数股权的企业,新
建立的企业、新的生产线、在占多数股权企业中的股份转移都需要得到国
家外资委员会的批准。

　　但是,外资法出台后遭到了以美国为首的国际垄断资本的反对,他们

---

　　① Remy Montavon, *The Role of Multinational Companies in Latin America*, *A Case Study in Mexico. Praeger*, New York, 1980. pp. 15 – 16.

　　② Dale Story: *Industry*, *The State*, *And Public Policy in Mexico*. p. 52.

　　③ Remy Montavon, *The Role of Multinational Companies in Latin America*, *A Case Study in Mexico*. pp. 16 – 17.

大肆宣扬"墨西哥改变了外资政策","民族主义重新抬头了",甚至威胁要减少投资、撤回资金等等,使埃切维利亚政府陡然感到巨大的压力。同时,长期以来仰仗外国资本发展起来的墨西哥大财团与跨国公司之间已经形成了一种"你中有我,我中有你"的共存关系,也对埃切维利亚的外资政策表示了不满。

尽管如此,有资料表明跨国公司很快适应了新的法律规定。到1975年底国家外资注册局登记了4083个含有外资的企业,其中2105个在制造业部门,代表了75%的在墨西哥的外国直接投资,在剩下的1933个企业中,919个从事贸易,771个在服务业部门,其余则分布在各个行业。只有少数外国企业为了获得多数所有权的控制而援引例外条款,在外资法生效以后创建的345个新的合资企业中,338个遵循了法律规定而没有要求实施例外条款①。只有在外国投资者能够证明他的投资将给东道国带来重要经济利益的情况下,外资委员会才会批准他持有多数所有权。只是在极少的情况下,外资委员会拒绝批准或实行了严格的限制,因为这些企业涉及到国内贸易、不动产或广告业。对技术转让合同的注册,到1976年3月底已经有5087个合同,其中605个案例被拒绝注册,理由大致为,价格与进口技术的价值不符或价格超出了国际同类技术的平均价格;合同过于冗长,限制了生产规模,或选择了墨西哥之外的司法依据。②在注册之前,所有的合同都要进行经济、技术和法律分析,以确定外国技术的购买条件是否符合购买者和国家经济利益。在1973至1976年间,大量的合同是在经过谈判之后才提交给国家技术转让注册委员会批准的。

究竟应该怎样评估1973年外资法对外国投资的影响?美国学者范

---

① Remy Montavon, *The Role of Multinational Companies in Latin America*, *A Case Study in Mexico*. p. 15.

② Remy Montavon, *The Role of Multinational Companies in Latin America*, *A Case Study in Mexico*. p. 16.

·R. 惠廷(Van R. Whiting)提出了这样几个观点[①]：首先,外国投资继续流向墨西哥,尽管流量大小有变化;第二,外资企业占多数所有权者减少,占少数所有权者增多;第三,美国作为外资主要来源的情况减弱;第四,外国投资继续是就业的重要来源;第五,在墨西哥发展目标中虽然取得了一些成果,但在改善国际收支平衡的主要目标上却进步有限。到1986年之前,外资企业在外部账户上的记录一直是负的。范·R. 惠廷还提供了如下数据论证他的观点:

表4.1　外国直接投资累计价值(百万美元,时价)

年代	新投资	变化(%)	累积投资	变化(%)
1973	287.3	51.3	4359.5	7.1
1974	362.2	26.1	4721.7	8.3
1975	295.0	−18.6	5016.7	6.2
1976	299.1	1.4	5315.8	6.0
1977	327.1	9.4	5642.9	6.2
1978	383.3	17.2	6026.2	6.8
1979	810.0	111.3	6836.2	13.4
1980	1622.6	100.3	8458.8	23.7
1981	1701.1	4.8	10159.9	20.1
1982	626.5	−63.2	10786.4	6.2
1983	683.7	9.1	11470.1	6.3
1984	1442.2	110.9	12899.9	12.5
1985	1871.0	29.7	14628.9	13.4
1986	2420.9	29.4	17049.8	16.5
1987	3877.2	60.1	20927.0	22.7
1988	1943.3	–	22870.3	–

资料来源：Direccion Genernal de Inversiones Extranjeras y Transferencia de Tecnologia, Anuario Estadistico, Mexico City, 1989. In Van R. Whiting, JR: *The Political Economy of Foreign Investment in Mexico, Nationalism, Liberalism and Constrains On Choice.* p. 102.

---

① Van R. Whiting, JR: *The Political Economy of Foreign Investment in Mexico, Nationalism, Liberalism and Constrains On Choice.* pp. 101–105.

　　表 4.1 说明,墨西哥规范外资的首要的和最显著的结果是与反对者的预期相反,外资的流入并没有被阻止。从 1971 到 1987 年,每年都有直接投资的资本流入墨西哥。新投资的增长速度偶尔也会放慢,但累积外资每年都以 6% ~23% 的速度在增加。1973 年外资法通过后的每一年,累积外国投资以比 1971 和 1972 年更快速度在增加。有两个突出的倾向,一是 1979 年之后增长的速度比 20 世纪 70 年代更快;二是在重要的贬值年份(1976 和 1982 年),增长的速度已经放慢,但资料表明,外国直接投资并没有受到墨西哥管制的阻挡。

表 4.2　在国家外国投资注册局注册的墨西哥企业

(按部门和外国所有权百分比,1988)

部门	企业的数量	24.9% 以下	25% ~49%	49.01% ~100%	在所有企业中占百分比
农业	40	2	18	20	0.5
矿业	307	22	267	18	3.7
制造业	4443	325	2078	2040	53.4
商业	1595	140	771	684	19.2
服务业	1931	220	1093	618	23.9
全部	8316	709	4227	3380	100
在全部企业中所占比重		8.5	50.8	40.7	100

资料来源:Direccion Genernel de Inversiones Extranjeras y Transferencia de Tecnologia, Anuario Estadistico, Mexico City, 1989. In Van R. Whiting, JR: *The Political Economy of Foreign Investment in Mexico*, *Nationalism*, *Liberalism and Constrains on Choice*. p. 103.

　　表 4.2 说明,外国投资管理的第二个重要结果是,越来越多的进入墨西哥的投资都是以少数股权的形式进入的。如前所述,在实行规范之前,大多数外国投资者是多数股权或独资,到 1988 年,8316 个拥有外资的企业中仅有 40.7% 拥有超过 49% 的外国资本。一半以上(50.8%)的企业外资股份在 25% ~49% 之间;剩余的 8.5% 持有不足于它们的企业 1/4 的外国资本。墨西哥化显然影响了大多数外国投资者。

表 4.3 1973~1990 年累积的外国直接投资的来源(按国家占%)

	1973	1978	1983	1987	1990
美国	76.6	69.8	66.3	65.5	63.0
西德	4.2	7.3	8.5	6.9	6.3
日本	1.5	4.8	6.3	5.6	5.0
瑞士	3.9	5.5	5.1	4.4	4.5
西班牙	0.4	1.4	3.1	2.9	2.6
英国	4.1	3.6	3.1	4.7	6.7
法国	1.3	1.3	2.0	2.8	2.9
瑞典	1.7	1.5	1.5	1.4	1.3
加拿大	2.2	1.8	1.4	1.4	1.4
荷兰和比利时	1.2	1.8	1.0	1.0	1.0
意大利	1.6	0.6	0.3	0.2	0.2
其他	1.3	0.5	0.9	3.2	5.1
全部	100	100	100	100	100

资料来源:Direccion Genernal de Inversiones Extranjeras y Transferencia de Tecnologia,Anuario Esta-distico,Mexico City, 1989. In Van R. Whiting, JR:*The Political Economy of Foreign Investment in Mexico*,*Nationalism*,*Liberalism and Constrains on Choice*. p. 104.

表 4.3 说明,在 1973~1975 年的 15 年间,外国投资来源日趋多样化,美国的外资支配地位在急剧下降。1973 年美国公司持有在墨西哥外国投资储备的 76.6%,到 1987 年则下降到 65.5%。而增长比较快的是日本、西班牙和西德。

表 4.4 就业,有外资的企业按部门划分(1986)

	全部		拥有外资的企业		
部门	企业	工人	企业	工人	部门参与(%)
农业	25449	200275	19	653	0.33
矿业	1094	45701	111	9298	20.35

制造业	89087	2574034	1441	506596	19.68
建筑业	14683	150535	43	4212	2.80
贸易	144548	1345833	492	43411	3.23
交通通讯	20791	412746	53	43083	10.44
其他服务	78358	1058104	1057	148348	14.02
小合计	374010	5787228	3216	755601	13.05
其他没有外资参与的活动	49790	435388	–	–	–
合计	423800	62222716	3216	755601	12.14

资料来源：Direccion Genernal de Inversiones Extranjeras y Transferencia de Tecnologia, Anuario Esta-distico, Mexico City, 1989. In Van R. Whiting, JR: *The Political Economy of Foreign Investment in Mexico, Nationalism, Liberalism and Constrains on Choice.* p. 104.

　　表 4.4 说明,尽管外国投资就整体来说趋于资本密集化,但它在墨西哥经济中提供了重要的就业机会。从在墨西哥社会安全署注册的企业样本中看,拥有某种程度外国投资的企业在 1986 年占 620 万就业登记的将近 12%。由于这一数量与国家外资注册局的报告不相符,很难知道在墨西哥全部就业中的比例是否也是这样高,但至少对一组工业企业来说,产生就业的外国份额是在增长的。对这种现象的可能解释是,债务危机以来墨西哥总的投资停滞而外国投资却快速增加,特别是出口导向生产和更为劳动密集型工业部门的增加。

表 4.5　拥有外资的企业的外汇经营(百万美元)

	1978～1982年累计	1983	1984	1985	1986	1987	1983～1987年累计
经常账户	– 22564	– 968	– 954	– 1943	– 133	1110	– 2888
贸易平衡	– 13249	225	236	– 915	896	1886	2328
出口	6453	1673	2780	3430	5520	6829	20232
进口	– 19702	– 1448	– 2544	– 4345	– 4624	– 4943	– 17904
旅游收入	433	98	117	103	108	136	562
债券业	2140	474	670	735	919	1116	3914

其他	-11898	-1765	-1977	-1866	-2056	-2028	-9692
利润汇出	-2236	-184	-241	-386	-335	-385	-1531
专利税等	-1917	-235	-265	-273	-356	-303	-1432
利息	-3724	-1149	-1256	-975	-778	-678	-4836
利润再投资	-4021	-197	-215	-232	587	-662	-1893
资本账户	9420	537	490	574	2116	3504	7221
外国投资	9420	537	490	574	2116	3504	7221
新投资	4010	70	543	270	1307	2386	4576
再投资	4021	197	215	232	587	662	1893
公司之间账户	845	193	-368	-11	-9	200	5
其他	544	77	100	83	231	256	747
平衡	-13144	-431	-464	-1369	1983	4614	4333

资料来源：Executive Secretariat of The National Commission on Foreign Investment With Datd From The Bank of Mexico and The Ministry of Tourism. In Van R. Whiting, JR; *The Political Economy of Foreign Investment in Mexico, Nationalism, Liberalism and Constrains on Choice.* p.106.

表 4.5 反映了拥有外资的企业发生的全部外汇经营的变化。在 1978～1982 年,外国企业表现出一种净贸易逆差;利润汇出、专利费、利息和利润再投资的负流出;以及国际收支和资本账户的净逆差。这些令人沮丧的结果与 1982 年危机结合在一起,导致了德拉马德里政府和萨利纳斯政府的贸易和投资政策的自由化。到 1986 年贸易平衡扭转为顺差,到 1987 年贸易平衡的顺差足以抵消其他现金的外流并产生一种经常账户的顺差,累计超过了 10 亿美元。同时,资本账户中外国投资的净流入急剧地加快,全部经常账户和资本账户的平衡在 1986 和 1987 年都是顺差。外资管理增加了感觉到的风险和加速了资金流出;自由化加速了投资和改善了资本运行。

范·R.惠廷的五点论证从大趋势看应该是正确的,但表 4.2 截取了 1988 年的数字说明外资企业占多数所有权者减少,占少数所有权者增多;表 4.4 截取 1986 的数字说明外资企业提供了就业机会,并且认为这是 1973 年外资法影响的结果,这种论证方法未免缺乏说服力,因为一是没有1973年到1982年各年的统计数字,不是历史的动态的分析,二是这种评估忽视了埃切维利亚之后两届政府外资政策发生的变化,这些变化对1976年到1988年的外资构成产生了重要的影响。

第四节　1976年至1988年墨西哥政府外资政策的转变

实际上,我们从表4.1中可以看到,墨西哥新的外国直接投资的增长率在1974年之后连续三年下滑,直到1978才比1974的数字略有增长。这说明,埃切维利亚政府的外资政策对跨国公司的直接投资产生了抑制作用。

波蒂略政府扭转了埃切维利亚时期与跨国公司关系紧张的趋势,在他领导下,外国投资者和墨西哥政府之间的再度接近发生了。这种缓和一方面是由于为了使墨西哥经济摆脱困境而需要迎合外国资本的要求,另一方面也是由于在20世纪70年代后期墨西哥发现了储量极为丰富的特大油田,外国投资者愿意接受墨西哥的游戏规则。波蒂略最初曾想改变1973年外资法,但这样做太困难了,作为替代方法,他选择了更为宽松地解释这一法律。1982年2月政府出台了《技术转让和利用开发专利及商标管制注册法及其实施细则》,对1972年的同一法律做出了修正。墨西哥政府变得愿意使"墨西哥化"的要求服从于那些可以接受的外国资本,因为后者能够提供墨西哥得不到的现代技术。[①] 但同时,波蒂略像埃切维利亚一样,仍然是一个国家主义者,他以墨西哥的石油储备为抵押,实行"负债发展"战略,向欧美银行大量举借外债,结果,墨西哥的外债大大超过了外国直接投资。在外资和外债的推动下,波蒂略任期的年均经济增长率达到了6.5%,[②]但是,20世纪80年代初国际经济形势发生了

---

① Dale Story: Industry, *The State, and Public Policy in Mexico*. p. 53.

② Michael C. Meyer and William H. Beezley (Edited): *The Oxford History of Mexico*, Oxford University Press. 2000. p. 612.

逆转,当国际石油价格下跌、墨西哥比索贬值、债务剧增,国际利率提高,经济衰退、资本大量外逃的时候,波蒂略政府在 1982 年毅然决然地对国内私人银行实行了国有化,这一行为从经济意义上是加强了国家的力量,然而,经济颓势并没有扭转,而是更进一步加深了。在他的任期即将结束时,"波迪略发现自己所处的境遇很像埃切维利亚 1976 年的情况,事实上更加糟糕。"①

米格尔·德拉马德里（Miguel de La Madrid Hurtado, 1982～1988）是第一个拥有硕士学位并毕业于美国（哈佛大学）的墨西哥总统,他不相信国家导向的经济战略会解决墨西哥的问题。他的外国投资政策变得更具有弹性。1984 年,政府颁布了《1984 年外国投资准则》,对 1973 年外资法做了修改,规定在某些部门允许外国资本占 100% 的股份,条件是:能促进积极的外汇平衡,生产有竞争性的进出口商品,有利于国家科学和技术的发展,促进墨西哥向国际社会迈进,涉及大笔投资,创造就业机会,促进工业向一定地区分散等。《准则》列举的可接受 100% 外国直接投资的优先行业包括:非电动机械设备的生产、电动机械装置、电子设备仪器及交通材料、金属机械、化工工业、其他制造业,以及先进技术服务和医疗工业等。1983 年德拉马德里政府颁布了新的汽车条例,允许外国资本在墨西哥汽车工业中的股份占较大的比重,1983 年 6 月向法国私人公司出售两个国有汽车公司,墨西哥汽车车辆公司（VAM）和雷诺（Renault）。这两个企业在几年前被国家墨西哥化,但在全面重组汽车工业的过程中又被墨西哥政府再度私有化。② 根据国际和国内经济形势的变化,德拉马德里政府修改了有关客户工业的法律,在 1983 和 1985 年先后允许客户工业企业可将其 20%、50% 的产品在国内市场销售,在内地也可建立客户工业。1986 年政府开始实施债务与股权的互换。另外,德拉马德里政府还实行贸易自由化,逐步取消进口许可证和减少关税,1986 年 7 月墨西

---

① Michael C. meyer, William L. Sherman, Susan M. Deeds（edited）, *The Course of Mexican History*, Oxford University Press, 2003. p. 656.

② Dale Story: *Industry, The State, And Public Policy in Mexico*. p. 53.

哥正式加入了关税和贸易总协定。为创造自由竞争的微观企业环境,从 1983 年开始实行国有企业私有化,被私有化的企业达 743 家,使国有企业从 1155 家减少到 412 家。[①] 从表 4.1 可见,墨西哥新增外国直接投资在 1981 年达到 17 亿美元之后,连续三年下滑,直到 1985 年才出现了新的增长。德拉马德里政府的政策产生了一定效果。到卡洛斯·萨利纳斯总统任期(Carlos Salinas de Gortari,1988～1994),墨西哥的外资政策进一步倾向于新自由主义。

正是由于这些政策变化,才使 20 世纪 80 年代中期以后外国直接投资进入的速度加快,大量的新投资也促进就业的增加。

小 结

在 1917 年墨西哥革命之后,墨西哥政府的外资政策经历了紧——松——紧——松的周期性变化。墨西哥革命胜利之后,政府对外资采取了收紧的政策,对石油和部分公用设施部门实行了国有化,这种政策的出台和成功与墨西哥当时的民族主义盛行、国际局势紧张以及美国战略重点的变化相一致;1940 年后墨西哥对跨国公司进入制造业采取了相对自由的开放政策,这与墨西哥本身的工业化战略和发达国家特别是美国垄断资本的扩张相一致;20 世纪 60 年代末和 70 年代初墨西哥政府对跨国公司采取了限制与管理的政策,这与跨国公司给当地经济发展带来的问题和拉美国家经济民族主义情绪的高涨相一致;20 世纪 70 年代后期,特别是 80 年代债务危机之后,墨西哥对外国直接投资采取积极引进的政策,这与墨西哥试图摆脱债务危机以及国际机构和美国推行新自由主义,为其跨国公司扩张开辟道路相一致。墨西哥的外资政策服务于墨西哥的经济发展战略,而经济发展战略则受国际国内一系列因素的制约。

---

① 徐世澄:《墨西哥政治经济改革及模式转换》,世界知识出版社 2004 年版,第 46 页。

第五章 跨国公司与墨西哥的经济发展战略

　　跨国公司及其直接投资对东道国家经济发展的影响不仅取决于跨国公司本身追逐利润的目的和东道国家对跨国公司实行的外资政策,而且取决于东道国的经济发展战略,①在不同的发展战略之下,跨国公司会产生不同的影响。本章的论点是,从宏观资源配置效率的角度看,跨国公司没有促使墨西哥当地资源比较优势得到充分利用;从微观资源配置效率看,跨国公司没有促使当地企业的成长,尽管跨国公司的进入促进了墨西哥制造业的结构效率,但这种促进是通过跨国公司进入制造业的"现代"部门来实现的,而对整个行业的技术进步率和"传统"部门则没有影响;从产业关联效应的角度看,跨国公司产业链条的主要部分在国外,关键技术也在国外,结果带来当地就业不足、外汇短缺等问题;尽管在墨西哥的北部边境地区曾出现了一种旨在利用非熟练劳动力的"客户工业",但与东亚新兴工业化国家(地区)的出口加工区在性质上有所区别,不宜高估。而跨国公司作用的上述局限性与墨西哥的经济发展战略有直接关系。从墨西哥和东亚新兴工业化国家(地区)的比较中可以看到,经济发展战略是一国经济发展的关键因素,经济发展战略的性质规定了跨国公司的作用,当然,跨国公司也会反作用于经济发展战略。

---

　　① 经济发展战略是发展中国家为使经济由落后变为先进所拟定的长期性、全局性、根本性的目标和对策,在一定时期具有相对稳定性。

第一节 跨国公司与墨西哥经济
发展中的资源配置效率

资源配置是指资源在不同使用者和使用途径之间的分配。经济学的基本原理表明,实现资源配置最大化的必要条件是任何资源的边际收益在所有不同使用用途中都相等,那么,在其他条件不变时,一国比较廉价的比较优势资源会被更多地利用。因此,在现实中,越是能促使一国资源比较优势利用的经济活动,越是会使一国的资源在不同途径中的边际收益相趋近,从而使整个的资源配置效率得到改善。同时,经济学原理还表明,能够达到帕累托最优资源配置是最有效率的资源配置,在现实中,越是能增进竞争、使实际的市场结构接近完全竞争的经济活动,越是能促使资源配置接近帕累托最优,反之则相反。由此,我们可以得出两条关于跨国公司对东道国资源配置效率影响的判断,即促使当地资源比较优势充分利用的外国直接投资活动具有提高当地资源配置效率的积极作用,反之则反是;促使东道国当地企业成长,从而弱化当地市场的垄断或寡占、增强竞争的外国直接投资也具有提高当地资源配置效率的积极作用,反之则反是。前一种因利用当地资源比较优势而带来的资源配置效率的提高,我们可称之为宏观资源配置效率;后一种因促进市场竞争程度提高而带来的资源配置效率的提高,我们可称之为微观资源配置效率。[①]

发展经济学家一般认为,发展中国家的资源优势在劳动力。瑞典经济学家赫克歇尔和俄林提出的要素禀赋学说指出,在假定商品和要素需求不变以及各国生产的物质条件相同的情况下,如果两国生产要素的供给不一致,它们的相对价格就不相同,生产要素的组合比例和商品的相对

---

① 参柴瑜:《外国直接投资对拉美和东亚新兴工业化国家和地区经济发展影响的比较研究》(南开大学博士论文),1996 年,第 27 页。

价格也就不同。对劳动力丰富而资本缺少的发展中国家,劳动力要素的价格必然便宜,它们就能够便宜地生产需要使用大量这类廉价要素的商品,从而在劳动密集型产品的生产上拥有成本和价格的相对优势。因此,发展中国家应集中力量生产并出口劳动密集型产品,同时进口资本密集型产品。对资本丰富而劳动力匮乏的发达国家来说,由于在资本密集型的产品生产上享有成本和价格的相对优势,故应该集中力量生产并出口资本密集型产品。① 总之,每个国家将出口那些在生产中密集地使用本国相对丰饶的生产要素的产品,同时进口那些在生产中密集地使用了本国相对稀缺的生产要素的商品,利用国际贸易的转换机制,发挥自己在某些生产要素上的优势和充裕力量,缓解自己在某些生产要素上的劣势和匮乏状况,形成贸易的比较优势,分享国际分工的利益。有效地配置和充分地利用本国资源可以更好地促进经济发展。

有学者认为,比较拉美和东亚新兴工业化国家和地区的经济发展战略,可以发现,拉美和东亚在工业化初期都实行了非耐用消费品的工业化,着重发挥了非熟练劳动力资源的比较优势,但在实施这种战略的后期出现了国内市场饱和以及不少非熟练劳动力尚未得到充分利用的局面。面对这种困境,东亚和拉美的发展战略出现了分道扬镳。东亚很快转向初级出口导向工业化,指望继续利用其自身廉价的劳动力优势,通过积极引进外国资本和技术,推动纺织、服装、电子等劳动密集型制成品的出口,结果经济获得迅速发展。而拉美却进入了第二阶段的进口替代工业化,即耐用消费品、资本品和中间产品的进口替代阶段,结果导致了国际收支恶化、二元经济结构、贫富分化等问题,经济发展的绩效远不如东亚②。造成这种状况的重要原因之一是拉美国家的经济发展战略未能充分利用当地的非熟练劳动力的比较优势,而其中跨国公司对东道国的资源配置产生了重要的影响。墨西哥正是拉美案例的典型代表。

---

① 陶文达主编:《发展经济学》(修订本),四川人民出版社 2000 年版,第 240 页。

② [美]加里·杰里菲等编:《制造奇迹——拉美与东亚工业化道路比较》,俞新天等译,上海远东出版社 1996 年版,第 232 页;第 428—433 页。

　　在进口替代工业化的第一阶段,即非耐用消费品进口替代阶段,墨西哥曾经比较好地发挥了当地非熟练劳动力资源的比较优势,制造业主要集中在食品、饮料、纺织、服装、木材、皮革制品等工业,这些工业主要为当地资本所控制。跨国公司在这一时期只是涉足新的、增长迅速的工业部门,如汽车装配业、烟草工业、制药业等,在非耐用消费品生产方面的介入较少。跨国公司与东道国整个产业的整合程度很有限,如美国的汽车制造商在墨西哥组建装配工厂,它们看中的是东道国的市场,往往只是把整个生产过程的最后阶段移植到东道国,以便绕过关税限制和节约运输成本。虽然跨国公司有把东道国比较优势利用的趋势转向资本密集型的愿望和努力,但这种影响还是很有限的。

　　20世纪50年代中期以后,墨西哥进口替代工业化进入了第二阶段,即耐用消费品进口替代阶段。跨国公司的进入与这一战略紧密相连。墨西哥工业化政策的首要目标是解决国际收支问题,因此通过扩大本国产品,包括耐用消费品、中间产品和资本品的进口替代来保证经济增长。为此,积极吸引外国直接投资。政府对机械和设备进口实行补贴,以鼓励投资于制造业。这种刺激加上关税壁垒、严格控制制成品进口的高度的保护主义,维护了本国资本和为国内市场生产的跨国公司的利益。在这种环境下,本国制造业上升,制成品进口占总消费的比例下降,外国投资增加,制造业日益为跨国公司所控制,特别是汽车、电器设备、化学品、重型机械等新兴的工业部门。在1970年最大的500家工业公司中,跨国公司控制了非电力机械资本的87%,电力机械的82%,橡胶的80%,交通设备的70%,化学产品的57%。[1] 更有甚者。1970年跨国公司在整个工业销售中橡胶占85%;电力机械79%;化学产品占68%;非电力机械占

---

① Fernando Fajnzylber y Trinidad Martinez Tarrago: *Las Empresas Transnacionales, Expansion A Nivel Mundial y Proyeccion en La Industria Mexicana*. Fondo de Cultura Economica. Mexico. 1976. pp. 389 – 390.

62%;交通设备占50%。①

跨国公司趋于垄断市场。在20世纪70年代,墨西哥230个工业部门中,40%是垄断性的,其中每个部门中的4个最大的工厂控制了至少50%的市场。跨国公司在这些垄断性部门中的地位特别明显,60%的外国企业集中在由4家领头企业控制了50%的市场这样的工业中。47%的工业部门(占全部工业产出的55%)中,其最大的4家工厂中至少有两家是跨国公司的,在10%的工业(占全部工业生产的18%)中,其最大的公司都是跨国公司。② 在被调查的183家美国制造业公司中,47%的公司控制着它们主要产品市场25%的市场份额,这183家中的44家公司(近1/4)控制了50%的市场份额。③ 即使外国投资者也自认为处于本行业的支配地位,在对墨西哥的239家美国企业进行的一项调查中,81%自认为是他们市场上的领导者。④ 他们最经常援引的理由是他们企业优越的产品质量和在技术诀窍方面的地位。但跨国公司在墨西哥市场上的这种主宰地位很大程度上并不是依靠它的产品质量和技术诀窍,而是依靠并购,是依靠取代当地企业的成长而不是鼓励当地企业的成长取得的。

跨国公司的就业创造效应也有限。据詹金斯的资料,1973年跨国公司在墨西哥的雇员人数为402000,占制造业人数的16%,占整个经济人口的3.1%。而跨国公司1970年在墨西哥制造业产出中所占份额为34.9%,⑤因此,跨国公司在墨西哥制造业就业中所占的份额远远低于它在产出中所占份额,而跨国公司就业占全国经济人口的比重更是微不足

① Richard S. Newfarmer and Willard F. Mueller, *Multinational Corporations in Brazil and Mexico*: *Structural Sources of Economic and Noneconomic Power*, Washington. 1975, p. 75.

② Dale Story: *Industry*, *The State*, *And Public Policy in Mexico*, University of Texas, Austin. 1986. p. 66.

③ Richard S. Newfarmer and Willard F. Mueller, *Multinational Corporations in Brazil and Mexico*: *Structural Sources of Economic and Noneconomic Power*. pp. 83 – 84.

④ Harry J. Robinson and Timothy G. Smith, *El Impacto de La Inversion Privada Extranjera en La Economia Mexicana*, Menlo park, Cal: Stanford Research Institute. 1976. p. 246.

⑤ Rhys Jenkins: *Transnational Corporations and Industrial Transformation in Latin American*, The Macmilan Press Lid, 1984, p. 165. 32.

道的。但从跨国公司对墨西哥工业就业的动态影响看,与其他拉美国家相比较,跨国公司在墨西哥雇佣人员的数目增长较快,如在 1965 ~ 1970年间,墨西哥整个工业的就业年均增长率为 3.4%,其中跨国公司的就业年均增长率为 12.1%,本国企业的就业年均增长率仅为 1.5%。[1] 并且,同一时期,墨西哥制造业总就业增长的 60% 都来自外国企业。[2] 但有一点需要说明的是,跨国公司就业的增加在一定程度上是来自并购当地企业的结果,这些被并购的企业是盈利的,[3]由此而增加的跨国公司的就业不能算跨国公司的净增就业。如果考虑到这一因素的话,20 世纪 60 年代墨西哥跨国公司的就业增长率就得减少 1/2。[4]

单纯考察跨国公司本身的就业多少,这样的视野未免过于狭窄,实际上,除了跨国公司并购因素外,还需要考虑一些其他因素。如前所述,跨国公司在墨西哥的经营仅仅是资本国际化的一个组成部分,这种资本的国际化对就业的影响是双重的和矛盾的,一方面,它引起的市场扩大倾向于增加对劳动力的需求,但另一方面,它带来的新生产技术的使用又倾向于减少每单位产出所需要的劳动力。在实际部门中,争取全面就业则需要依赖于产出增加和(提高劳动生产率和资本密集使用意义上的)"现代化"之间的平衡。资本国际化的两个方面有助于说明跨国公司在墨西哥增加就业的原因,一是通过复制国际消费模式使东道国高收入群体消费多样化,从而导致由跨国公司支配的产业的产出快速增长,对劳动力需求增加;二是原来那些资本/劳动比率低或生产率低的传统工业为了与跨国

① Fernando Fajnzylber y Trinidad Martinez Tarrago: *Las Empresas Transnacionales*, *Expansion A Nivel Mundial y Proyeccion en La Industria Mexicana*. p.275.

② Bernardo Sepulveda y Antonio Chumacero, *La Inversion Extranjera en Mexico*, Mexico City, Fondo de Cultura Economia, 1973. pp.186 – 188, Cuadro 18.

③ 从 1946 ~ 1972 年被兼并的当地企业并不全是失败的企业,在接管之前的一年,74% 的被兼并企业是盈利的,其中 1/2 的企业税前盈利在 9% 或 9% 以上。见 Richard S. Weinert : The State and Foreign Capital, In Jose Luis Reyna and Richard S. Weinert(edited) : *The Authoritarianism in Mexico*. ISHI, Inc, USA. 1977. p.117.

④ Rhys Jenkins: *Transnational Corporations and Industrial Transformation in Latin American*. p.166.

公司竞争,正在经历一种快速的现代化,从而就业增长速度放慢,反衬出跨国公司就业增长速度的加快。

尽管如此,从跨国公司在经济中所处的主导地位和在制造业中所占的份额相比,尤其是从全国新增就业人口的数量相比,它的就业创造贡献仍是很小的。在 1950 ~ 1970 年间墨西哥的人口增长率为 3.45%,整个人口从 1960 年的 3490 万增加到 1970 年的 4820 万,而劳动年龄人口从 1960 年的 1125 万增加到 1970 年的 1300 万。同期城市人口从 1770 万(占整个人口的 50.7%)增加到 2830 万(占整个人口的 58.7%)。但是,墨西哥的工业只能吸收新增劳动力的 10% ~ 15%,因而无论在城市还是农村都存在大量的失业人口。据统计,1960 年的失业人口为 182000 人,是劳动年龄人口的 1.6%,到 1970 年失业人口上升到 485000 人,占劳动年龄人口的 3.75%,当然,该数字不包括隐形失业者,特别是农村和服务业部门的失业者。① 这种失业现象的加剧固然同"人口爆炸"有关,但与工业中的技术进步和中小企业被大企业兼并以及其本身的"现代化"不无关系。

墨西哥从进口替代的第一阶段向第二阶段的转变,是由于第一阶段的工业生产主要面向国内市场,工业发展依靠农业部门的外汇支持,结果随着工业进口的增加导致了日益严重的国际收支的问题。在这个时候,墨西哥非熟练劳动力资源的比较优势尚没有得到充分利用,如果能够像东亚国家那样转型为面向出口的工业化,那么它的劳动力资源的优势也就可以得到充分利用。但是,墨西哥第二阶段的工业化是资本密集型和技术密集型的工业化,跨国公司成为这种工业化的主角,并确立了它们在制造业中的主导地位。同时,第二阶段的工业化也是内向型的工业化,生产仍然面向国内市场,而跨国公司的进入也正是因为看好了墨西哥的国内市场,它们的绝大部分产品在东道国销售,满足当地的需求,只有很小

---

① Remy Montavon, *The Role of Multinational Companies in Latin America, A Case Study in Mexico.* pp. 9 - 10.

一部分出口。1970 年在墨西哥的跨国公司(外国股份大于 15%的企业)中,其出口额仅占在当地销售额的 2.8%。[①]　人们发现,跨国公司母公司和子公司之间签订的"技术转让"合同都订有"限制性条款",常常禁止子公司出口当地制造的产品。"这方面的禁止在很大程度上促成了东道国工业体系的无效率,并且阻碍了当地生产达到国际水平。"[②]因此,跨国公司的进入不但无助于充分有效地利用墨西哥的非熟练劳动力,而且放大了墨西哥第二阶段工业化战略比较劣势的影响,使墨西哥的资源配置越来越资本密集化了。

　　20 世纪 60 年代末和 70 年代初,墨西哥进入了多样化出口战略支持的高级进口替代战略阶段。因为到 20 世纪 60 年代后期,第二阶段进口替代战略带来的问题越来越明显,工业化需要进口大规模的设备、原料、和中间产品,而利润、利息、技术提成费却带来资金的大量外流,导致了外债增加和国际收支的危机。同时高成本和对工业的高度保护与广大民众的低水平收入结合在一起,限制了国内消费品市场的扩大。另外,大量农村移民涌入城市和工业部门就业机会的供不应求造成了严重的社会问题。1968 年学生运动威胁到了墨西哥政治的稳定和工业化进程的继续。在这种情况下,墨西哥政府试图通过出口多样化战略提高生产效率、平衡国际收支、创造新的就业机会来加强工业化进程,但在这一战略中,出口推动仅仅是手段,核心仍然是耐用消费品的进口替代,汽车、制药、计算机行业仍然是进一步保护的对象,是更深层次的进口替代,这种"混合战略"持续到 20 世纪 80 年代中期。在这一时期,跨国公司进入的行业主要是它们以前主宰的行业,如运输设备、化学工业、非电力和电力机械等,一般是技术上更为先进的部门,由于它们的出口主要发生在拉美国家之间,因此,它们进入的目的是为了实现地区内部的专业化生产,使它们的子公

---

　　①　Rhys Jenkins: *Transnational Corporations and Industrial Transformation in Latin American.* p. 116.

　　②　莫依泽·依科尼科夫:《关于第三世界工业化的三个错误观点》,沈国华译,《经济学译丛》1988 年第 6 期。

司扩大生产规模,同时能在受保护的市场中出卖它们的产品。但是,这并不一定能带来东道国发展战略中想达到的目标。

地区内出口对增加就业帮助不大,因为地区内部的出口倾向于集中在更加资本密集型的工业部门,以资本密集型和技术密集型出口为纽带,与向发达国家出口劳动密集型产品不同,这种出口产生的就业机会很少,实际上这种出口是进口替代战略在地区范围内的扩大,出口的产品多数是资本密集型产品。

地区内出口对解决国际收支问题的作用也有限,因为地区内出口经常要由相应的进口作直接地补偿,拉美自由贸易协会(LAFTA)的互补协定规定,一个公司从一个拉美国家出口某种产品必须相应地进口同等价值的另一种产品。即使不考虑这一条,也有理由相信,地区内出口比出口到世界其他地方有更多的进口内容。[1]

地区内出口同样无助于实现降低产品价格的目标,拉美区域一体化协定的主要受益者是跨国公司。有一项对拉美自由贸易协会的 6 个互补协定的详细研究表明,跨国公司占办公室设备贸易的 97%,电子管贸易的 100%,电子和电力通讯产品贸易的 87% 以上。该研究的结论是,这些协定的主要受益者是参与协定的公司本身,它们能够设计专门的生产线,赢得较长的生产周期,增加生产能力,降低产品成本。但是为这些公司所经营的垄断性的市场结构却阻止了任何降低价格的可能性。在某种情况下,这样的垄断地位反而被加强了,如在一项办公室设备和电子管的贸易协定中,一个公司可以占有 60% 以上的贸易[2]。因此,有理由相信,互补协定的机制被企业用来限制了竞争。

墨西哥外国企业出口占全部出口的份额从 1970 年的 38.5% 上升到了 1977 年的 42.4%,但对跨国公司出口表现的进一步分析表明,它们的

---

① Rhys Jenkins: *Transnational Corporations and Industrial Transformation in Latin American.* p. 122.

② Rhys Jenkins: *Transnational Corporations and Industrial Transformation in Latin American.* p. 123.

大量销售仍然是面向国内市场,出口只占其全部产出的一小部分,在20世纪70年代中期之前,这一比率在10%以下。① 与其他主要拉美国家相比较,墨西哥的地区内部贸易额相对较小,大约占制成品出口额的1/3。②

　　在本书的开头,我们曾根据经济学原理提出了个基本判断,即促使当地资源比较优势充分利用的外国直接投资活动具有提高当地资源配置效率的积极作用,反之则反是;促使东道国当地企业成长,从而弱化当地市场的垄断或寡占、增强竞争的外国直接投资也具有提高当地资源配置效率的积极作用,反之则反是。从上述墨西哥三个阶段经济发展战略的演变与跨国公司的关系考察,我们可以看到:

　　第一,外国企业及其直接投资活动只是顺应了墨西哥经济发展战略所确定的资源比较优势的利用方向,它们不会使这种方向发生逆转,但是,有时它们会使这种方向产生一种放大效应。在非耐用消费品进口替代阶段,外国企业是作为当地非熟练劳动力的使用者而置身于墨西哥的,但当时介入的数量有限。到了耐用消费品进口替代阶段,跨国公司作为资本密集和技术密集产品的生产者,成为进口替代工业化的主角,并左右了墨西哥制造业的发展。到多样化出口推动的"混合战略"阶段,跨国公司成为这种战略的重要推动力量。在后两个阶段,跨国公司对墨西哥发展战略起到了一种放大作用。

　　第二,跨国公司对墨西哥经济发展中的资源配置效率的影响大多是负面的。有不少学者认为,跨国公司的进入,既带来了资源(技术、管理、市场营销网络等),填补了当地资源不足,又直接利用了当地资源(劳动力、原材料等),因而,外国直接投资对东道国的经济发展是有益的。如果说这一论点适合东亚国家的话,那么它并不完全适合墨西哥,因为上述研究说明,当墨西哥从进口替代工业化第一阶段向第二阶段转型的时候,

① Rhys Jenkins: *Transnational Corporations and Industrial Transformation in Latin American.* p. 115.

② Rhys Jenkins: *Transnational Corporations and Industrial Transformation in Latin American.* p. 118.

它的非熟练劳动力资源并没有得到充分的利用,但第二阶段工业化却没有继续利用当地非熟练劳动力的资源优势,而是利用了当地的熟练劳动力、资本、技术不足的资源劣势,跨国公司的进入凸显了这些当地资源的不足,它们通过大量进口来弥补,由此,跨国公司"放大"了墨西哥进口替代战略的负面影响,无论在第二阶段还是在"混合战略阶段",跨国公司对促使当地非熟练劳动力的利用和促进当地企业的成长、消除当地市场的垄断基本上没有起到正面影响作用。一方面,通过"放大"墨西哥资源比较优势的偏离程度,从而恶化了墨西哥宏观资源配置的效率,另一方面,通过在墨西哥主要产业、主要市场形成寡占地位而扭曲了资源的微观配置,从而也恶化了微观资源配置效率。

第二节 跨国公司与墨西哥的客户工业

当墨西哥进口替代工业化进入第二阶段后,在墨西哥的北部边境地区出现了一种旨在利用非熟练劳动力的工业类型,即客户工业。国内有关人士曾对墨西哥客户工业予以很高的评价,认为它是墨西哥经济发展的重要支柱[1]。但实际上,在1985年之前,客户工业对墨西哥整个经济发展的贡献并不大,客户工业的发展也没有达到初建时的预期目标。

客户工业(maquiladora)的西班牙语原意为旧时农民把粮食送到磨坊加工成面粉,是指一种加工工业。后来该词被用来专指墨西哥的出口加工工业,即免税临时进口设备、原材料、零配件、包装材料等生产资料,在墨西哥加工组装后用于再出口的工业。墨西哥客户工业起始于60年代中期。这首先是由于1964年美国单方面终止了在1942年墨美两国政府签订的"季节劳工计划",造成墨西哥北部边境地区滞留了20万名失业劳工,这些劳工急需一种新的安置渠道,否则会产生治安、非法移民、走私

---

① 周小妹:《墨西哥经济发展的重要支柱——客户工业》,《瞭望》1993年第12期。

等严重的社会问题,而波多黎各出口加工厂的模式给了墨西哥以启发,那里 10 年前开始的"拔靴带生产"吸引了美国的投资者;①其次,美国关税法中的 806.30 和 807.00 两项条款为客户工业的建立开了绿灯。按照这两个条款,利用美国制造的元部件在国外组装或进一步加工的产品再进口到美国的时候,免除海关关税或只征收增值税。806.30 条款规定,"只对在美国以外加工的成本或价值"征收关税,807.00 条款规定,要从进口产品的总价值中扣除国内生产的元部件的价值,只对差额部分征收关税②。前一条款主要适用于金属产品,后一条款主要适用于其他任何到境外组装的美国产品。这两项条款刺激了客户工业的投资者,推动美国公司将传统的劳动密集型生产工序转移到劳动力成本低廉、运输费用少的墨西哥北部边境地区。而"工业国家的技术进步允许某些工业的生产程序分离,使得密集利用非熟练劳动力生产阶段转移到劳动成本低的国家成为可能。"③这种生产工序转移到墨西哥边境地区以后,可以达到降低生产成本和改造美国国内生产结构的双重目的。第三,北部边境自由区的发展为客户工业区奠定了基础。为了促进北部边境地区的经济发展,早在 1933 年 11 月墨西哥政府就颁布了新的海关法,把蒂华纳和恩赛纳达开辟为自由港,1939 年又成立了下加利福尼亚州自由贸易区,并扩展至索诺拉州。从 1948 年开始,北方的奇瓦瓦州、科阿韦拉州、新莱昂州、以及阿瓜普雷塔、诺加莱斯、华雷斯等城市先后被纳入自由区。同时,墨西哥政府还将距墨美边境线 20 公里以内的整个边境地区划为开放程度略小的边境区。自由区和边境区都属于贸易型的经济特区,到 20 世纪 60 年代,北方地区已经形成了以自由区、边境区为主要形式的经济特区

---

① Sidney Weintraub (edited):*Industrial Strategy and Planning in Mexico and The United States*, Westview Press, Boulder and London,1986. p. 239.

② Julius Rivera and Paul Wershub Goodman,. *System – Environment Adaptations In A U. S. – Mexico Border Metropolis*. Studies in Comparative International Development, Summer1981, Vol. 16 Issue 2. p. 30.

③ Sidney Weintraub (edited):*Industrial Strategy and Planning in Mexico and The United States*, Westview Press, Boulder and London,1986. p. 198.

体系。这里长期形成的贸易渠道和基础设施有利于客户工业的建立。[①]
第四,墨西哥进口替代工业化的内在矛盾带来了国际收支危机,累计赤字
已经高达 25 亿美元,[②]急需增加外汇收入来补偿外债。于是,奥尔达斯
政府决定利用美国关税法中的条款与北方邻国的一些公司进行合作生
产。但这种边境出口加工工业与一般的外国直接投资有很大的区别,后
者是通过以水平方式建立与母公司联系在一起的子公司,目的在于利用
东道国受保护的国内市场,这种直接投资由于其技术和市场的优势而在
东道国工业中往往处于垄断地位。而被出口加工业所吸引的外国直接投
资,其所建立的分支企业,目的是降低工资成本以便保持母公司在国内或
国际市场上的地位,这种投资是一种母子关系的垂直生产类型,其中子公
司在国外进口原料并基本上面向出口。[③]

　　1965 年墨西哥政府开始实行"边境工业化计划",其目的是创造新的
就业途径、赚取外汇、训练工人并逐渐地将边境地区与墨西哥经济的其他
部分融为一体。为此,先批准了 12 家美国公司在北部边境地区开业生
产。1966 年 6 月又正式宣布允许外国公司在墨西哥北部边境 20 公里范
围内建立客户工厂,并规定客户工厂的外资股份不得超过 49%,工厂的
产品必须出口,以避免与本国产品争夺国内市场。1972 年 10 月 31 日,
墨西哥政府在新公布的海关法中,对有关客户工业的条例作了修改,允许
客户工业在沿海和内地建厂,特别鼓励在工业不发达、劳动力过剩的地区
建厂,外国资本的股权不受限制,可达 100%,在批准手续、征税、移民、进
口等方面提供方便条件,对使用当地生产的原料和零部件的客户工厂更
给予优惠。1976 年 12 月,波蒂略政府对上述条例又作了新的修正,进一
步提出"必须在全国范围内促进客户工业的发展",并建立了部际委员

---

　　① 董国辉:《墨西哥发展客户工业的历史根源》,《世界近现代史研究》(第 1 辑),中国社会
科学出版社 2004 年版,第 239—240 页。

　　② Manuel Martinez del Campo: Ventajas e Inconvenientes de La Actividad Maquiladora en
Mexico, In *Comercio Exterior*, Vol. 33, Mexico, Febrero de 1983. p. 147.

　　③ Sidney Weintraub (edited): *Industrial Strategy and Planning in Mexico and The United States.*
p. 198.

会,负责协调和促进客户工业的发展①。

　　1965～1968年间,在邻近美国边境地区出现了一些小型客户加工企业。1968年,美国全国广播公司RCA决定在墨西哥边境城市华雷斯建彩电变压器厂,占地面积11150平方米,大量投资并自己设计建筑厂房,雇佣墨方工人1200人。此举在美国一些大企业中引起了连锁反应。美国通用电器、通用仪器、喜万年(Sylvania),美洲(America),医院设备供应公司(Hospital Supply Corp),安培(Ampex),艾伦·布拉德利(Allen Bradley),AMF保龄球公司(AMF Corporation),全球联盟(Globe Union)等接踵而至。到1974年墨西哥的客户工业发展达到了一个小高潮,客户工厂数由1965年的12家发展到1974年的455家,同期雇用工人数从3087名增加到75977名。1974年墨西哥从客户工业中所得收人达39.46亿比索,其中工人和职员的工资及福利收人达24.34亿比索,占客户工业收人总数的61.7%②。但从1974年10月到1975年4月,受美国经济衰退和萧条的影响,能源和劳务费用增加,生产成本提高,客户工业陷于停滞和紧缩阶段,新建计划被取消,约30家工厂关闭,大批工人被解雇,许多工厂减少了一半的劳动力。直到1979年工厂数目才有了新的增加,到1981年,工厂数目达到605家,就业人数也达到了13万人。(见表5.1)

表5.1　墨西哥客户工厂的发展

年份	工厂总数	职工人数	平均每厂职工人数
1965	12	3000	250.0
1969	152	17000	111.8
1970	120	20327	169.4
1971	209	20000	95.7
1972	339	48060	141.8
1973	257	64330	250.3
1974	455	75977	167.0

---

① 1976年12月26日颁布的《墨西哥海关法》中"关于发展墨西哥客户工业的条例",拉美所编:《拉美资料》1985年第8期。

② 王耀媛:《墨西哥的客户工业》,《世界经济》1980年第5期。

1975	454	67213	148.0
1976	448	74496	166.3
1977	443	78433	177.0
1978	457	90704	198.5
1979	540	111365	206.2
1980	620	119546	192.8
1981	605	130973	216.5

资料来源：Manuel Martinez del Campo：Ventajas e Inconvenientes de La Actividad Maquiladora en Mexico, In *Comercio Exterior*, Vol. 33, Mexico, Febrero de 1983. p. 148.

　　不少研究表明,一直到20世纪80年代中期,客户工业的发展比较缓慢,对墨西哥整个经济的带动和促进并不大。

　　首先,虽然客户工业对边境地区的严重失业起到了一定的缓解作用,但并没有真正解决失业问题。到1981年客户工业中的就业人口已经达到了13万人,但是,不能认为出口加工区的这种就业增加就一定会意味着边境地区或整个国家失业水平的相应降低。之所以这样说,一个主要原因是在出口加工区的大多数劳动力是妇女,尤其是在电器电子和成衣业两个部门中更是如此。平均起来看,全部劳工中3/4以上是妇女,而在主要部门中,女工的比例为80%以上。[1] 因为女工通常被认为,心灵手巧、有耐心、工作认真、参加工会组织的意识差、比较驯服、工资也比男劳动力低,有很大的生产潜力。这些来到出口加工区的工人,大多数没有以前的工作经历。一项对边境地区300名女工的抽样调查表明,3/4没有以前的工作经历,或仅有以前在别的出口加工厂工作的经历。在205个以前没有工作经历的工人和监工的抽样调查中,只有3%具有以前寻找工作而未果的经历,44%没有那样做,其余的人还在上学或不到工作的年龄。[2] 显然,这些来到出口加工区的就业者,因为大部分人没有以前寻找

---

　　[1]　R. Pearson：*Women Workers in Mexico's Border Industries*. Mimeo. 1979. p. 12.

　　[2]　W. Konig. *Towards an Evaluation of International Subcontracting Activities in Developing Countries：Interim Report Upon Completion of Field Work on Maquiladoras` In Mexico*. Mexico City：United Nations Economic Commission for Latin America,1975. table5 and Table7.

工作的经历,因此也就未被划为失业者一类,甚至不属于经济活动人口。但是,那些被出口加工厂辞退的工人一般不会轻易地回到老家,而是加入到了寻找工作的人群中,因此登记的失业水平在某种程度上反而会增加。另一份关于边境工业化计划实施 5 年之后的资料表明,当时创造的全部就业只有 2 万人,而在同时,北方边境地区的公开失业近 9 万人,隐性失业估计在 20 万到 34 万之间。[①] 由上可见,尽管 20 世纪 70 年代边境的客户工业解决了一部分人的就业问题,但由于寻找工作的妇女的增加和从其它地方到来的移民的增多,并未降低边境地区的男性失业和总的失业水平。

其次,客户工业对工人的技术训练、管理人员的水平和能力的提高贡献并不大。由于客户工业主要是加工和装配工厂,工人所进行的生产只是整个生产过程的一个环节或其中的几道工序,因此,这样的技术训练往往很不完全,也不系统。换句话说,这样的生产过程是一种伴随劳动过程分解的技术分解过程,工人们所从事的生产类型一般是不需要什么技术训练的简单劳动,即使被给予某种技术训练,这些训练也是高度专业化的,仅仅在特定工序和工厂能用得上,在别的地方几乎用不上。结果,先进技术的关键部分仍掌握在国外母公司的手里。

第三,客户工业出口创汇的作用被明显夸大。客户工业的好处之一在于它能赚取外汇。从 1979 年到 1981 年,其赚取外汇的数量每年都超过 6 亿美元,占墨西哥全部出口收入的 10% 以上,或制成品出口收入的 1/4。[②] 但是,有资料表明,官方通常用来估计客户工业的国际收支的资料,在一定程度上高估了它们的真实贡献。由于计算标准不同,来源于美方的统计和来源于墨方的统计是有差异的。一种基于在墨西哥经营的企业提供的直接成本的资料,给出了一个比较低的估计数字,即 1978 年全

① Rhys Jenkins:*Transnational Corporations and Iindustrial Transformation in Latin American.* p. 134.

② Manuel Martinez del Campo:Ventajas e Inconvenientes de La Actividad Maquiladora en Mexico,In *Comercio Exterior*,Vol. 33,Mexico,Febrero de 1983. p. 148.

部外汇收入在 44000 万美元左右,而不是 70000 多万美元,这个数字仅相当于全部出口的 6.5% 和制造业出口的 15%。[1] 即使如此,仍然在一定程度上高估了这些企业对整个国际收支的影响。因为客户工业的主要成本项目是劳动力成本,大约占全部成本的 60%。工人们拿到他们的外汇工资后,大多过境到美国一侧的城镇采购,粗略的估计表明,大约有 60%的工资花销在美国,[2]这将减少全部外汇贡献的 1/3 以上。另外,当地成本剩余的 40% 也构成了某种间接的进口。因此,客户工业对外汇的贡献大大少于墨西哥官方统计资料的数字。

第四,客户工业中的工人待遇状况较差。客户工业雇佣的工人多数是女工,她们的劳动时间长、待遇差,雇主每过一段时间就要择优汰劣,致使客户工厂工人的合法权益得不到应有的保护。在 1975 年 3 月关于客户工业发展的一场专题讨论会上,客户工厂的代表向墨西哥政府提出:客户工厂有权解雇"不能胜任"的工人,并不给任何补偿;可以根据企业的需要增减职工人数,决定工作周和工作日的时间,对新工人的试用期限从30 天延长到 90 天。鉴于当时客户工业受美国经济萧条影响而处于紧缩阶段,墨西哥政府对客户工业主的要求做出了让步。在大多数客户工业企业中工人对工作的满意率比较低。如瑟雷斯·威尔在 1980 年对北部边境地区客户工业企业中的工人进行了详细的调查,其中 839 名工人认为他们的工作和任务非常糟糕,超过 30% 的人认为雇主对墨西哥雇佣工人没有一丝尊重,68% 的人认为他的工作就象被雇主在压榨一样,[3]有学者在 1981 年对在马塔摩洛斯地区客户工业企业中上班的男性职工(其中包括 7 个美国白人管理人员、17 个墨西哥的管理人员和 31 个被雇佣的

① Rhys Jenkins:*Transnational Corporations and Iindustrial Transformation in Latin American*. p. 135.

② ECLA,*La Exportaciones de Manufacturas En Mexico y La Politica de Promocion*,Mexico City:CEPAL/MEX/76/10/Rev. 1. 1976. p72 . 1976 年比索贬值之后,这一比例减少。

③ Mitchell A. Seligon and Edward J. Williams:*Maquiladoras and Migration:Workers in the Mexico – United States Border Industrialization Program*. Austin:Austin University of Texas Press,1981. p. 12.

钟点工人)进行了一项调查,结果显示,他们都表达了对工作的不满。[1]
在 1983 年的一份调查中,有 497 名妇女被问到其对工作是否满意以及工
作状况如何? 工人们大多不喜欢他们的工作,只有 1/6 的人认为可以忍
受。而一半的人认为非常糟糕,超过 10% 的人抱怨他们的管理人员。[2]
有些工业缺少劳动保护,如电子工业需要长时间的一丝不苟的工作,因缺
少必要的劳动保护措施,对女工视力造成很大损害。正如一个工人所说,
"这一工作唯一的不利是我们的视力在开始的时候是正常的,等到离开
的时候都带上了眼镜"。[3] 由此造成那些不能继续从事这项工作的工人
被不断地换掉。

　　第五,客户工业的性质使其对墨西哥经济一体化的贡献也非常有限。
边境工业化计划通过免税进口和人员的自由流动等因素,更多地推动了
该地区与美国经济的一体化。但与墨西哥经济的一体化则进展迟缓。因
为客户工业所利用的原料、设备和零配件等大多是从国外进口,在经过加
工之后又返销美国等地,整个加工过程与墨西哥国内其他经济部门的联
系不密切。尽管墨西哥政府曾试图鼓励客户工业利用当地的投入品,但
其实际利用率却很低。只有 1976 年达到了 3% ,在 1975～1980 年间墨
西哥的原料和供给大约在 1.5% 左右。[4] 造成这种状况的主要原因是墨
西哥的产品质量差、交货不准时、生产能力不足,而最重要的是生产成本
高。国内企业家与客户工业做生意或建立自己的组装厂的动机并不强
烈,这与客户工业为外国人服务的形象也有关系,有些人认为从事这种生

　　① 　Antonio N. Zavaleta:*A Study of the Unique Affecting"Quality of Work Life"*in the Bicultural Environment at RIMIR,S. A. de C. V. Matamoros,Tamaulipas. Brownsville:United States – Mexico Border Research Associates Press,1981. p. 16.

　　② 　G. William Lucker & Adolfo J. Alvarez:Controlling Maquiladoras Turnover Through Personnel Selection. *Southwest Journal of Business and Economies* I(Summer)Press,1984. pp. 11 – 18.

　　③ 　NACLA. US Runaway Shops on The Mexican Border,*Latin America and Empire Report*,Vol. 9. No,5. 1975. p. 18.

　　④ 　C. Daniel Dillman:Assembly Industries in Mexico:Contexts of Development. *Journal of Interamerican Studies and World Affairs*,Vol. 25,No. 1 (Feb. ,1983). pp. 47 – 48.

意是不光彩的。由于边境工业化计划依赖于进口投入品,结果阻止了与墨西哥经济的后向关联效应,从而也就不能很好地起到加强边境地区与内地经济一体化的作用。20世纪70年代,台湾、韩国、新加坡通过组装工业升级到了工业化自我加强的阶段,但墨西哥则未能达到这个阶段。

因此,有学者将东亚出口加工区与1985年之前墨西哥的客户工业混为一谈是不恰当的。尽管在一开始二者都是为了吸引外资作为劳动密集型出口飞地建立的,但二者之间的差异很快就使它们走上了不同道路。首先,墨西哥客户工业主要的经济目的是为了给北方边境地区失业劳工提供就业机会,而东亚出口加工区的主要目的是为维持整个经济发展而创造外汇,当20世纪50年代末美国宣布不再为台湾和韩国提供大量官方援助的时候,它们没有其他可以赚取外汇的资源,除了推动制成品出口外别无选择,而墨西哥则不受这种外汇限制,它拥有矿产、石油和农业资源出口换汇,用以支撑进口替代工业化;对墨西哥客户工业来说,资本的来源和产品出口的市场几乎全部是美国,而东亚出口加工区在这两个方面更加多样化,除了美国以外还与日本有关系。这两方面的差异决定了二者发展轨迹的不同,墨西哥客户工业作为低工资飞地几乎没有通过原料投入和销售与墨西哥经济的其余部分发生联系,在世界经济中仅仅发挥了一个出口加工作用。而东亚出口加工区在多种压力之下摆脱了出口加工的角色,成为"订单接收者",即靠本地企业生产制成消费品,由贸易公司或零售网络销往国外市场。到1980年香港、台湾、新加坡占第三世界向发达国家出口的消费制成品的3/4。[①] 当地企业与本国经济有着很强的后向联系,为了不受美国进口配额的限制,这些企业不断将产品升级换代,结果导致了更高水平的生产力和国际竞争力。可见,1985年之前墨西哥客户工业的特点是产生就业和外汇、很少利用当地原料、与整个国家工业结构的其他部分几乎没有联系的"出口飞地",这是一种"旧"的客

---

① Donald B. Keesing. Linking Up to Distant Market: South to North Exports of Manufactured Consumer Goods. *American Economic Review*. 73. 1983. pp. 338－339.

户工业,①与1985年之后"新"的客户工业有所区别,不宜高估。

第三节 跨国公司与墨西哥经济发展中的结构效率

结构效率(Structural Efficiency)是指一个产业或行业中的整体生产效率。由于对一个产业生产效率的衡量,不论采取什么标准,最终都由该产业的技术或技艺(Technique)构成来体现,如体现为按劳动生产率区别的"最佳技艺"、"最差技艺"、"平均技艺",因此,结构效率也称作一个产业的技术构成或技术效率(Technical Efficiency)。将这一概念引入跨国公司的研究,不仅可以反映跨国公司对东道国生产效率或技术效率水平的影响效果,而且还能够揭示跨国公司实现这种影响的方法或机制。

1986年瑞典经济学家马格努斯·布洛姆斯特罗姆(Magnus Blomström)首先使用结构效率的概念,用它来分析外国直接投资对墨西哥工业结构生产效率的影响。在此之前,有三项计量经济学的研究成果论述了外国直接投资对东道国技术效率的影响,它们分别是:1974年卡维斯(Caves)就1966年外国直接投资对澳大利亚制造业溢出效应的统计分析;②1979年格洛伯曼(Globerman)就1972年外国直接投资对加拿大制造业的实证分析;③1983年布洛姆斯特罗姆和帕森(Persson)就1970

---

① 美国学者加里杰里菲认为,80年代中期以后出现了新一波的客户工业发展,特别是日本人投资于技术复杂的汽车和电子装配,雇佣技术熟练的男性工人,出口高质量的产品,通过加强技术转让和工人训练帮助墨西哥提高发展水平,融入全球经济。而此前的客户工业是一种"旧"形式的出口加工业。见 Gary Gereffi. Mexico's Old and New Maquiladora Industries: Contrasting Approaches to North American Integration. in Gerardo Otero (edited): *Neoliberalism Revisited*. Westview Press Inc. 1996. pp. 87 – 88.

② R. E. Caves, "Multinational Firms, Competition, and Productivity in Host Country Markets", *Economics*, Vol. 41, (may 1974). pp. 176 – 193.

③ S. Globerman, "Foreign Direct Investment and 'Spillover' Efficiency Benefits in Canadian Manufacturing Industries", *Canadian Journal of Economics*, Vol. 12. (February 1979). pp. 42 – 56.

年外国直接投资对墨西哥制造工业的经验分析。[1] 这些研究都表明跨国公司的进入对当地产业存在技术溢出的正效应。布洛姆斯特罗姆和帕森通过选取墨西哥1970年215个制造业行业横截面数据,将企业类型分为国有企业、国内私营企业和外国企业,以劳动生产率作为技术水平评价指标,并选用行业资本密集度及劳动力绩效作为影响特征变量,得出了存在正溢出效应结论。[2] 但是,这些研究都没有进一步分析溢出效应的性质,也没有揭示外国直接投资通过什么样的机制对当地产业产生了溢出效应。而布洛姆斯特罗姆1986年的研究则考察了墨西哥制造业内部的企业相对表现是否因跨国公司的进入而发生系统地变化。同时分析了外国直接投资进入是怎样影响东道国工业的技术结构的。[3] 在此,我们想通过借用布洛姆斯特罗姆研究成果,说明跨国公司对墨西哥制造业影响的局限性。

　　衡量产业内结构效率的指标有绝对指标和相对指标两种。绝对指标是以下两个方面内容的加权平均,一方面,产业内技术最低水平与最高水平之间的差距,即"技术极差"的大小,极差越小,结构效率越高。另一方面,产业内所有企业的技术等级的分布密度,集中在高级技术层的企业越多越好。除此之外,还有一个相对指标,即在行业中技艺先进与落后并存的前提下,如果该行业所有的企业都使用目前的最佳技艺,在既定的资源投入下,整个行业的生产可能增加产出量,或者在同样的产出时,会节约资源的投入量。

　　影响一个产业结构效率的因素通常有4个方面,即(1)技术进步率。

　　① M . Blomström and H. Persson, "Foreign Investment and Spillover Efficiency in An Underdevelopment Economy: Evidence from the Mexican Manufacturing Industry", *World Development*, Vol. 11, (June)1983. pp. 493 – 501.

　　② 这里提到的"溢出效应"即"技术溢出效应",是指跨国公司在实现技术的当地化过程中通过技术的非自愿扩散,促进了当地技术和生产力的提高,而跨国公司又无法获取全部的收益,它是经济外在性的一种表现。

　　③ Magnus Blomstrom: Foreign Investment and Productive Efficiency: The Case of Mexico. *The Journal of Industrial Economics*, Vol. 35, No. 1. (September) 1986. pp. 97 – 110.

一种快速的技术进步可能会增加产业内最佳企业和一般企业之间的极差,因为即使更高效率的技术出现,从纯经济的观点看,许多企业使用旧的资本设备继续生产仍然是有效率的。但是,如果新技术导致了一种产业结构的快速升级,那么结构效率就会增加。(2)竞争压力。一般而言,不管是国内的还是国际的,竞争越大,结构效率就会越高,因此,集中(垄断)程度和保护率被认为是影响技术结构的重要因素。(3)市场的增长。快速增长的市场需求会加大工业结构内的极差,因为需求增加意味着使用旧设备的企业可以苟延残喘,而投资于新技术的企业可以大量进入。相反,市场需求的下降则会缩减这种极差,提高结构效率。斯特罗姆奎斯特(Stromqvist)1983 年的研究表明,当需求下降的时候,越来越多的投资去改造旧工厂,而新技术的投资份额会下降。市场增长率与产业内极差之间有一种正相关的关系存在。① 同样,在这个问题上商业周期也很重要,在繁荣时期更多的企业能够生存,而在萧条的时期,许多企业就破产了。(4)所有权结构。所有权结构影响着一个行业内工厂或企业的相对经营状况。跨国公司通常被认为代表先进的技术,因此可能对结构效率产生重要的影响。

　　除了所有权因素外,跨国公司对东道国结构效率的影响还取决于它拥有某种具有"公共产品"性质的知识资产,如产品、加工技术、管理技能等。不同的垄断优势对东道国结构效率的影响是不一样的。首先,如果跨国公司的优势是拥有自有技术(Proprietary Technology),这种技术被转移到了东道国的分支机构,则东道国工业中的技术效率有望受到跨国公司进入的影响。如果这种技术"滴漏"得很快,东道国则可以通过这一渠道得到一种溢出的好处。如果东道国缺乏技术意识,则跨国公司将会刺激东道国企业技术意识的觉醒。其次,如果跨国公司的优势来源于拥有现代管理技能,则在东道国分支机构内部有望发生通过职业培训带来的

---

① U. S Tromqvist, *Profit Structure and Patterns of Investment*, SIND. 1983:1 (Liber Forlog, Stockholm) In Magnus Blomstrom (1986). p. 99.

结构变化。当在子公司中被培训的当地管理人员进入国内其他企业后，就会改变当地企业的管理规则，提高经营管理水平，从而提高企业的效率。这种溢出效应在管理人才短缺的发展中国家是非常重要的。再次，跨国公司还可能凭借自己的垄断优势对企业采取某种具体的行为。如通过降价策略将东道国竞争者驱逐出局，或者以十分优惠的条件购买东道国企业。这些行为也能够影响东道国产业的结构效率。

为了说明跨国公司在墨西哥制造业中的特征，考察它们对生产效率和结构变化所施加的影响，布洛姆斯特罗姆利用了 1970 年和 1975 年墨西哥制造业的统计数字，以及一些没有发表的资料作补充，对 145 个被列入 4 位数编码的工业部门进行了实证分析。他的研究分为两步，第一步分析随着跨国公司子公司在工业中的出现，效率变化是否发生了偏差，即一个跨国公司对技术结构是否有任何独立的影响。第二，分析跨国公司对结构变化的影响，即外国直接投资进入以什么样的方式影响了效率的偏差。

一、跨国公司与技术结构

首先，布洛姆斯特罗姆根据前面提到的影响生产效率的因素建立了一个横截面模型（Cross – Section Model），这个模型将 1975 年的边界效率偏差与各种解释性变量联系了起来。

$$e = f(\Delta y^+, H, MG, FS)$$

e 是每个行业中用劳动生产率来衡量的效率指数，它的计算是，先算出每个 4 位数编码行业中的效率边界，是指人均增加值最高的企业组，用 y^+ 来表示；然后，通过一个行业的总增加值与总劳动人数之比来计算该行业的平均结构效率，用 $\bar{y}$ 表示；这样。每个行业（i）的效率指数（e）可以表示为：$e_i = \dfrac{\bar{y}_i}{y_i^+}$，这种效率指数越是接近 1，实际的产出与潜在的产出就越相等。

$\triangle y^+$ 是技术进步率。技术进步可以通过观察两个时期之间最佳技艺的变化来进行研究。技术进步率越快，边界效率的变动也越快。布洛姆斯特罗姆利用了 1970 年和 1975 年两个年份之间每个行业中最佳企业劳动生产率的相对变化作为技术进步率的替代。

H 是赫芬德指数（Herfindahl Index），表示一个行业的集中程度，计算公式是 $H = \sum_{i=1}^{n} \left(\frac{x_i}{X} \right)^2$，其中 x_i 表示 n 个企业中的雇员数，X 表示该行业中的总雇员数。

MG 是市场增长，用不同时点上该行业内总就业人数的变化来表示。

FS 是外国所有权份额。一个企业如果有至少 15% 的所有权份额为外国拥有，就被认定为"外国的"。

布洛姆斯特罗姆使用的统计方法是通常的最小二乘回归分析。他选择了两种计算形式，一是线性分析，二是对数线性分析，来自用于前者的分析结果在表 1 的方程式（1）和（2）中，而来自后者的分析结果在方程式（3）和（4）中。不同的模型建构并没有影响独立变量的效率，但对数线性分析的估计提供了某种比较低的 R2 值。（见表 5.2）

表 5.2　结构效率决定因素的回归分析结果：145 个行业（1970～1975 年）

方程	常数项 t	$\triangle y^+$	H	MG	FS	R^2
(1) *	0.6359 (0.0344)	− 0.0716 (0.0142)	0.2333 (0.0672)	− −	0.1820 (0.0569)	0.2889
(2) *	0.6396 (0.0388)	− 0.0714 (0.0143)	0.2341 (0.0675)	− 0.0044 (0.0211)	0.1866 (0.0612)	0.2891
(3) #	− 0.1572 (0.0581)	− 0.2221 (0.0427)	0.1201 (0.0528)	− −	0.0650 (0.0181)	0.2724
(4) #	− 0.1853 (0.0612)	− 0.2293 (0.0429)	0.1182 (0.0527)	− 0.0801 (0.0569)	0.0566 (0.0190)	0.2530

括弧中的数字表示标准差
＊线性分析
#对数线性分析

按照在方差正态分布的假设下，$\triangle y^+$ 变量的影响通常是负的，并在

0.01 的显著水平上区别于零。于是,看上去一种快速的技术进步增加了效率边界和行业平均之间的极差。

赫芬德指数也成为一种重要的解释性变量,但具有正的影响。卡尔松(Carlsson)在 1972 年用 4 企业集中率指标发现了同样的结果。他对此做出的解释是,在像瑞典这样的小的开放的经济中,集中率反映了经济的规模和专业化程度,而不是最大企业的市场力量。[①] 由于墨西哥是一个欠发达的比较小却高度保护的经济,卡尔松的解释也许对墨西哥同样有效。但是,由于模型中的赫芬德指数是基于按企业规模分组的资料,这样一种集中率也许能更好地说明经济规模而不是一个企业的市场力量。

市场增长变量(MG)似乎发挥了一种并不重要的影响。由于它跟任何其他独立的变量并不具有高度的关联性,因此,结论是市场增长对结构效率没有任何影响。

外国股权变量(FS)对结构效率具有正的影响。在所有回归分析中,外国股权表现为在 0.01 水平之上重要的正系数。这一结果说明,跨国公司对结构具有一种正的独立的影响,于是,为外国企业支配的行业在一定意义上趋于比其他企业更加有效。另外,来自布洛姆斯特罗姆和帕森 1983 年的研究也表明,墨西哥企业的技术效率与外国企业的介入正相关。这说明,外国股权对效率指数 e 的影响并不完全局限于跨国公司内部。

以上各种变量对效率指数的影响情况就是布洛姆斯特罗姆对跨国公司进入一个行业后,效率偏离随之发生系统变化的分析。

二、跨国公司和结构变化

接下来,布洛姆斯特罗姆要分析的是跨国公司对结构变化的影响,即外国直接投资进入以什么样的方式影响了效率的偏差。为此,需要将

---

① B. Carlsson, The Measurement of Efficiency in Production: An Application to Swedish Manufacturing Industries 1968. *Swedish Journal of Economics*, 74 (December). pp. 468 – 485.

1970 年和 1975 年间份结构变化的不同方面与这 5 年期间外国资本参与的变化联系起来。

为了理解眼前的问题,可以参看图 1,每个行业中的企业按照它们效率价值减少的顺序被安排,每个长方形中的台阶表示一个"企业"。纵坐标表示生产效率,横坐标表示(累积的)就业份额。

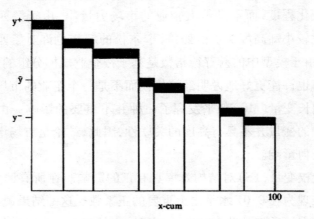

图 5.1 在一个行业中效率配置的形状和范围

问题是,结构的哪一部分受到跨国公司的影响? 是技术进步率与外国参与的变化相关吗? 为弄清这一点,布洛姆斯特罗姆测试了这两方面的相互关联:一是 1970 年和 1975 年之间每个行业最佳企业中劳动生产率的相对变化($\triangle y^+$),二是这一时期跨国公司参与的变化(即 FS(1975)－FS(1970) = $\triangle$FS)。统计结果表明,二者的相关系并不显著,因此,跨国公司进入对墨西哥不同行业的技术效率边界没有影响。

同时,布洛姆斯特罗姆也研究了另一组关系,即 1970 年和 1975 年之间每个行业中最差企业劳动生产率的变化($\triangle y^-$)(即图 1 中尾部的相对变化)和这一时期跨国公司参与的变化。结果,二者之间也不存在相互关系。这似乎表明,外国资本进入没有"踢出"一个行业中最差效率企业的具体倾向,因为如果有这种倾向的话,外资进入将导致更高的生产率的增加。

　　最后一项测试是,跨国公司参与的变化($\triangle$FS)是否与行业平均($\bar{y}$,定义为1975年的与1970年的$\bar{y}$的比率)中的相对生产率变化相互关联。结果是,二者之间的相互关联系数为0.16,因此,我们不能拒绝这一变量在0.05的显著水平上区别于零的假设。

　　至此得出的结果似乎并非完全一致。在平均行业更接近于效率边界的意义上,外资支配的行业倾向于比其他行业更加有效。同时,外资进入的结果与效率边界和"尾部"的变化都没有关系。对这种"不一致"的解释可以从墨西哥二元生产结构中得到答案。

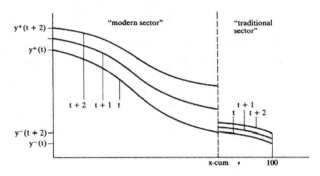

图5.2　在t和t+2时期内作为外资进入欠发达
经济的一个结果的结构变化的说明

　　在每个4位数编码的工业行业中,大多数工业产出是由少数大企业用"现代"技术生产出来的。其它的产出是由大量的小企业用各种不同的技术生产出来的。在这种经济中,市场是被严重分割的。那些生产高级产品的大的、资本密集型的(现代)企业通常并不直接地与那些生产低级产品的小的、欠资本密集型的(传统)企业竞争,尽管按照统计分类这些企业属于同一行业。

　　外国企业自然地进入了"现代"部门,由于在几乎所有行业中的"尾部"等同于"传统"的部门,①外国企业进入似乎是增加了"现代"部门的结构效率,而使"传统"部门的企业保持旧貌。这个观点可以通过图形2来得到说明(见图2),这就是说,外国企业进入增加了生产结构中的二元特征。

总之,布洛姆斯特罗姆的实证研究表明:(1)跨国公司的进入与墨西哥制造业的结构效率有着正相关关系。在平均企业逐渐接近于最佳行为企业意义上,外国企业支配的行业倾向于比其他行业更有效率。工业结构的生产效率也被发现与赫芬德指数有着正相关的关系,但同技术进步率有负相关的关系,而市场增长的变化对结构效率没有任何重要的影响。(2)与跨国公司进入相关的结构变化仅仅是现代部门。外资进入与技术效率边界的变化以及最差效率企业的劳动生产率变化并没有关系。但是,与工业平均中的生产率变化有正相关关系。这一发现可能说明了外资企业进入了"现代"部门,增加了现代部门的结构效率,但却保留了传统部门的旧貌。也就是说,外资企业的进入增加了东道国的二元生产结构。(3)最重要的溢出效应来源于由外国企业引导的竞争压力,这迫使国内企业采取更有效的生产方法。②

在布洛姆斯特罗姆的研究结论中,最重要的一点就是他揭示了跨国公司影响墨西哥结构效率的方法或机制。尽管跨国公司的进入促进了墨西哥制造业的结构效率,但这种促进是通过跨国公司进入制造业的"现代"部门来实现的,而对整个行业的技术进步率($\triangle y +$)和最差效率的

---

① 在145个4位数编码的制造业行业中,135个行业中的最小企业组同时也是该行业中的最无效率的企业。

② 布洛姆斯特罗姆和帕森在1983年的研究中就指出了这一点(见 M. Blomström and H. Persson, "Foreign Investment and Spillover Efficiency in An Underdevelopment Economy: Evidence from the Mexican Manufacturing Industry", *World Development*, Vol. 11, (june)1983. p. 494);在他和沃尔夫1989年的研究中,进一步指出,"在相对停滞的行业中,跨国公司的出现所带来的竞争压力更大。在快速增长的行业,无效的当地企业可以继续生存而不需要改善它们的生产率,但在增长慢的行业,无效的当地企业会被跨国公司取而代之。"见 M. Blomström and E. Wolff, "*Multinational Corporations and Productivity Convergence in Mexico*", Working paper series, No. 3141. National Breau of Economic Research, 1050, Massachusetts Avenue, Cambridge MA 02138, October 1989. p. 8.

"传统"部门则没有影响。布洛姆斯特罗姆揭示的这种影响机制实际上是跨国公司对东道国结构效率影响方式的一种,即直接方式,它主要是通过大量高技术高效率的外国企业的进入来实现的。这些资本/技术密集型的外国企业能提高当地产业中的技术水平,扩大最佳企业和最差企业之间的极差。同时,由于这种类型的外国直接投资流入量的增多,从而使当地高层次技术的企业分布密度加大。这两个方面都会使东道国产业的结构效率提高。一项对 20 世纪 60 年代中期至 80 年代中期墨西哥和美国制造业生产率的比较研究表明,这期间墨西哥与美国之间的生产率鸿沟变小了,这主要是由于跨国公司进入的结果,在那些跨国公司占比重大的行业中,墨西哥制造业生产率的增长速度及其与美国的趋同速度更高。由于 1965～1970 年是外国直接投资进入墨西哥较多的时期,因此,也是墨西哥生产率增长较快和追赶效果最大的时期,"墨西哥与美国之间的生产率趋同也许部分地或全部地由于外国投资的直接影响。"①这种直接方式的不利之处是,当跨国公司的持续进入越过补充当地资源不足的限度时,会发生与当地企业之间的竞争,进而并购当地企业,建立起自己的寡占地位;当外国直接投资减少时,当地产业的结构效率的提高也会随之放慢,形成对外国直接投资的依赖。因此,这种直接方式不利于东道国的自主发展。跨国公司影响东道国结构效率的另一种方式是间接方式,即通过引导带动大量当地企业生产效率或技术水平不断升级换代而实现的,一方面,通过最初的劳动密集型产业的直接投资、采取合资形式、加强人力资源培训等,使当地企业由小到大、由弱变强,逐渐达到与外国企业竞争抗衡的程度;另一方面,抑制外国企业在当地市场形成垄断或寡占地位,促进当地企业的市场竞争能力,最终使东道国实现经济上的自主发展。这后一种方式是东亚新兴工业化国家或地区采取的方式,是一种相对成功的方式。墨西哥没有采用后一种方式,是它经济自主发展能力不

---

① M. Blomström and E. Wolff, "*Multinational Corporations and Productivity Convergence in Mexico*". pp. 11 – 13.

足的重要原因。

第四节 跨国公司与墨西哥产业间的关联效应

产业关联是指产业之间以各种投入品和产出品为连接纽带的技术经济关系,它包括各个产业之间广泛存在的复杂的、密切的技术经济关系和专业协作关系。产业关联理论最初是由美国经济学家里昂惕夫(Wassily W. Leontief)提出来的(1936年)。20世纪四五十年代,美国经济学家罗斯托(Walt W. Rostow)和赫尔希曼(Albert O. Hirschman)将产业关联的概念引入发展经济学,进一步发展了这一概念。罗斯托在《经济增长的阶段》中认为,具有产业关联效应的主导部门由低级到高级的变化基本反映了经济发展阶段变化的相应序列。[①]在《经济发展战略》一书中,赫尔希曼首次提出了前向关联和后向关联的概念。后向关联效应是指"每一非初级经济活动将导致通过国内生产,提供其所需投入的意图";前向关联效应是指"任何在性质上并非唯一满足最终需要的活动,将导致利用其产品作为某种新生产活动投入的意图"。前者是一种投入供应或衍生需求关系,后者是一种产品利用关系。[②] 换句话说,后向关联是指某一部门与向它提供投入的部门之间的联系,前向联系是指某一部门与吸收它的产出(购买其产品)的部门之间的联系。在赫尔希曼看来,不同产业在经济发展过程中所体现出来的后向联系和前向联系的大小是不同的,由此决定了投资于这些产业将会产生效率差异。如果将有限的资本首先投向前后向联系效应大的行业,将会对整体经济的增长产生巨大的带动作用,而如果将有限的投资投向前后向联系小的部门,对整体经济增长的带动

---

① W. W. 罗斯托:《经济增长的阶段——非共产党宣言》,郭熙保等译,中国社会科学出版社2001年版。

② 艾伯特·赫尔希曼:《经济发展战略》,潘照东等译,经济科学出版社1991年版,第90页(这本书的英文版最早出版于1958年)。

作用较小,从而产生对相对短缺的投资的无效使用。因此,不同部门的首先发展将会产生完全不同的结果,而选择主导产业的标准是不同部门前后向联系的大小。

按照工业化的阶段论,发展资本/技术密集型工业是工业化深化的标志,拉美进口替代工业化的第二阶段,发展的是耐用消费品工业,属于资本/技术密集型工业,这应该是工业化进步的象征,但却受到一些学者的批评,因为这种工业化产生了三个问题,一是劳动力就业不足;二是外汇紧缺;三是两极分化。为什么会是这样呢? 在发达国家的早期发展中为什么没有出现这种情况呢? 问题的焦点是资本密集型的工业化是跨国公司主导的工业化,这种工业化生产链条的关键部分为外国控制。从工业化产业链条(产业链条分高端、中端和末端)的始端看,资本品、中间产品、甚至某些原料的生产都在国外,关键技术也在国外。跨国公司仅仅将终端产品的生产移植到东道国,这样的工业化所产生的联系效应自然大大地减少。跨国公司往往不顾东道国的实际,将发达国家的模式移植到东道国,由于发展中的东道国并没有经历发达国家早期工业化的历程,从起步直接进入一个高级阶段,中间的成长过程太短,因此,在物质资本、人力资本等方面的落后局面一时难以改变,只得依赖发达国家。

墨西哥的汽车工业就很能说明问题。这一行业是墨西哥第二阶段进口替代工业化的主导产业,是跨国公司投资的重点。本来,汽车工业是一个产业关联程度高的行业,它的后向联系效应能够带动钢铁、橡胶、有色金属、玻璃、机械制造和加工、电子、冶金、化工、能源开采和加工等相关产业的发展,它的前向联系能够促进公路基础设施、交通运输、备用零部件销售、汽车销售与服务、加油站、汽车维修、金融服务等行业的发展。它对国民经济的发展具有巨大的拉动作用,在发达国家,汽车工业每增值1美元,会给上游产业带来0.65美元的增值,给下游产业带来2.63美元的增值。① 如美国 1977 年汽车工业产值占整个制造业的 25% 左右,汽车工业每年消耗原材料约占全国钢材的 21%、可锻铁 41.7%、铜及其合金 8.3%、铝 10%、铅 54.7%、锌 32.5%、镍 11.2%、天然橡胶 71.7%、人造橡胶 63.9%、玻璃 75% 和棉花 2.2%。② 有资料表明,每 6 个或 7 个工作的美国人中就有一个在制造、销售或维修汽车。汽车交易占到美国所有零售业的 28.5%③。可见,汽车工业在美国经济中具有举足轻重的地位。墨西哥政府选择将汽车工业作为第二阶段进口替代工业化的主导产业,就是考虑到了的它的产业关联效应。但是,根据道格拉斯·贝内特和肯尼斯·夏普(Douglas C. Bennett and Kenneth E. sharpe)的研究,到 20 世纪 60 年代初,墨西哥汽车工业的情况是:(1)在汽车产品的设计、生产技术和主要零部件的供应等方面,都依赖于美国、西欧和日本等发达国家。所有在墨西哥销售的汽车都是根据发达国家的经济和地理环境设计的,汽车产品的设计在很大程度上受到广告的影响,十分重视产品的差异化。但对市场规模狭小和资源稀缺的墨西哥来说,高度的产品差异化和车型的频繁变化并没有多大的现实意义。(2)有限的工业化。在墨西哥销售的 1/2 以上的汽车是来自墨西哥人所拥有的企业,但是没有任何一辆汽车称得上是墨西哥制造的。在当时的条件下,外国公司(福特和通用)不愿意从简单的进口零部件组装转向更广泛的在当地制造,因为进口零部件或整车意味着在母国工厂生产周期的延长,集中化的生产可以从零部件制造的规模经济中得到好处。而国内厂商即使愿意转向当地制造,却没有这种能力,那些为它们提供设计、技术和零部件的跨国公司,不会发放让它们进行国内制造的许可证。它们无力与那些其全部零部件都依赖进口的企业进行成功的竞争。在发达国家,汽车制造业是工业增长的主导产业,对其他许多行业能够起到刺激和带动作用,同时也是产生就业的

---

① 李连友、韩冰:《关于用汽车消费带动我国经济增长的几点思考》,《中央财经大学学报》2003 年第 8 期。

② 过启渊、周洪林:《美国汽车工业的发展》,《世界经济文汇》1983 年第 3 期。

③ 理查德 A. 赖特:"美国汽车工业第一个百年发展",《机械》,胡萍译,2007 年增刊。

一个重要来源(大约在 10% 左右)。但是,在墨西哥,汽车工业从没有表现出这样的功能,问题的根源在外部,在于跨国公司全球竞争战略的安排。(3)对大众的排斥。汽车在发达国家市场上是一个大众消费的项目,到墨西哥却成了一个奢侈性消费项目,只有最富有的 1/5 的人口能够买得起汽车。这样,汽车工业为那些能够买得起汽车的人的城市化提供了方便,而不利于哪些无力购买汽车的穷人。①

因此,我们可以再次看到东亚新兴工业化国家(地区)与墨西哥的区别。在 50 年代的工业化转型中,东亚国家从进口替代工业化的第一阶段转向非耐用消费品的出口,包括纺织业、成衣业、其他轻工业等,这些产业具有较大的联动效应,当地的企业家已经在前一阶段短期的进口替代时期发展了技术能力。同时,由于世界贸易的快速增长,市场广阔,出口导向的外国企业可以与当地出口企业并存,没有挤掉当地的企业。在墨西哥,相比之下,进口替代深化阶段涉及到需要配置一些超出本地企业技术水平的工业,在当地政府政策的导向之下,跨国公司快速地支配了诸如汽车工业这样新兴的增长部门,工业化的新阶段为跨国公司提供了发展的契机,挤占了当地的资源与市场,当地企业家遭到削弱,新的依附发展的工业格局由此形成。

第五节 跨国公司与墨西哥的经济发展战略

在上文中我们多次提到东亚新兴工业化国家(地区)的情况,但缺少系统的介绍和分析。以下试图通过比较墨西哥与东亚新兴工业化国家(地区)经济发展战略的演变,寻找跨国公司在墨西哥所发挥作用的局限性的原因。由于香港和新加坡缺少可比性,这里提到的东亚新兴工业化

---

① Douglas C. Bennett and Kenneth E. sharpe: *Transnational Corporations Versus the State: the Political Economy of the Mexican Auto Industry*, Princeton University Press, 1985. pp. 44 – 45. 关于跨国公司的负面作用在第六章中有更为详细的论述。

国家(地区)主要指韩国和台湾。

从历史上看,东亚新兴工业化国家(地区)从20世纪初到80年代中期也经历了四种发展战略,即(1)初级产品出口战略(台湾地区:1895~1945;韩国:1910~1945);(2)非耐用消费品进口替代战略(台湾地区:1950~1959;韩国:1953~1960);(3)出口导向工业化战略(台湾地区:1960~1972;韩国:1961~1972);(4)第二阶段进口替代与第二阶段出口导向相结合的混合战略(台湾地区和韩国:1973~1980年代)。而墨西哥1930年前是初级产品出口战略,1930年到1955年是非耐用消费品的进口替代战略,1955年到1970年是第二阶段的进口替代战略,1970年到1980年代是促进多样化出口和继续第二阶段进口替代的混合战略。尽管都经历了四种战略,但在战略转换的时间上,两地不同,东亚进口替代工业化战略稍晚于墨西哥,在战略内容上,前两个阶段基本相似,第三阶段分道扬镳,第四阶段又有所趋同。因此,我们将重点对东亚和墨西哥第三、第四阶段的发展战略作一比较分析。

在20世纪60年代初东亚国家(地区)转向出口导向工业化战略一方面是由于本地市场狭小,非耐用消费品的进口替代工业化已经走到尽头,而转向耐用消费品的进口替代将需要大量外汇。东亚资源贫乏,没有墨西哥那样的矿产和农产品出口优势,前一阶段的外汇来源主要依靠美国援助,[①]而这个时候美国宣布了削减美援的意向。同时,美援官员鼓吹一种获取外汇的替代办法,即提高出口的作用,对私人资本尤其是外国直接投资采取更加开放的政策。另一方面,东亚具备出口导向工业化的几个基本条件,即大量的非熟练劳工、适度的技术、相对少量的资本和进入国外市场的能力。就技术和市场而言,跨国公司起到了重要的作用,它们通过投资于出口加工区和与国际零售网络建立转包关系而解决了这方面的难题。此时的世界经济形势有利于东亚制成品的出口,1960~1973年是

---

① 美国援助占50年代台湾总投资的40%,韩国总投资的80%。参加里·杰里菲等编:《制造奇迹——拉美与东亚工业化道路比较》,俞新天等译,上海远东出版社1996年版,第83页。

世界贸易发展最快的时期,出口年均增长率几乎达到 9%,发达国家就业率相对较高,通货膨胀率相对较低,国际货币体系稳定,是经济增长的"黄金时期",为东亚出口提供了广阔的市场。东亚国家(地区)选择的发展战略也顺应了这种良好的国际环境。

韩国政府和台湾当局都是比较强有力的集权体制,它们用刺激和控制两手结合的办法来与外资打交道。韩国政府在 1960 年颁布的吸引外资法规定了吸引外国贷款的程序和保证,对外国直接投资虽然也提供税收优惠,但对贷款比对外国直接投资更加优惠,因为贷款较易控制。韩国喜欢借外债,而不喜欢外国直接投资,即使接受外国直接投资,它也宁可要合资而不喜欢外国独自的子公司,因此外国直接投资在韩国引进外资类型中一直占较低的比例(见表 5.3)。这一时期外国直接投资的进入和外国技术的获得主要是通过"交钥匙工程"实现的,通常还伴有外国提供的信贷支持。台湾当局更愿意让外国直接投资参与经济,1965 年在高雄建立了第一个出口加工区。在实施出口导向工业化战略中,东亚国家(地区)除了采取各种措施吸引外国直接投资,如减少进口控制、建立保税工厂、提供出口补贴、退税、培训当地劳工、提供基础设施建设服务等,另一方面还有意识地提高储蓄利率①,间接地限制当地消费,尤其是差别性非耐用消费品和耐用消费品的消费,缩减当地市场规模,限制寻找市场型外国直接投资的进入。政府(当局)鼓励外国直接投资进入具有当地比较优势的劳动密集型行业,如纺织品、服饰、电子电器产品、层压板、塑料(台湾)、假发(韩国)、中间产品(化学制品、石油、纸张和钢产品)。另外,当局还利用权力有意识地保护本地企业的利益。实施这一战略的主要经济力量是当地的民族私人企业和国有企业,跨国公司只是服务于本国企业成长的工具,在韩国,任何破坏和限制当地企业发展的企图和行为

---

① 国(地区)内储蓄占国内生产总值的比重,韩国从 1956—1960 年的 4.2% 提高到了 1966—1970 年的 17.4%;台湾地区同期内从 9.1% 提高到了 23.8%。见巴巴拉斯托林斯:"外国资本在经济发展中的作用",载于加里·杰里菲等编:《制造奇迹——拉美与东亚工业化道路比较》,俞新天等译,上海远东出版社 1996 年版,第 78 页。

都是绝对不允许的。它通过用于投资的低息贷款培育了私人大企业,而台湾则依靠财政刺激促进了中小企业的发展。在实施出口导向工业化战略期间,韩国和台湾的经济业绩都是相当地出色,年均增长率为10%,物价基本稳定[①]。台湾在1963~1972年间年均出口增长率达到了28%[②]。

表5.3　三国(地区)长期净外国资本类型(1961~1986)

时期	双边	多边	私人银行	外国直接投资
韩 国				
1961~1965	84.0	1.8	12.6	1.6
1966~1970	39.7	1.7	55.1	3.5
1971~1975	34.9	14.9	38.7	11.5
1976~1980	18.1	16.3	60.4	5.2
1981~1982	19.6	18.0	59.3	3.1
1983~1986	6.0	14.6	67.6	11.8
台湾地区				
1961~1965	77.8	0.5	8.9	12.8
1966~1970	23.7	11.1	39.4	25.8
1971~1975	35.6	16.2	40.2	18.0
1976~1980	37.9	-3.3	47.2	18.2
1981~1982	19.1	-3.2	61.3	22.8
1983~1986	-42.9	-3.6	-97.3	43.8
墨西哥				
1961~1965	7.3	14.3	36.4	42.0
1966~1970	7.4	16.7	24.1	41.8
1971~1975	3.0	8.1	66.1	22.8
1976~1980	1.7	5.5	72.6	20.2
1981~1982	4.1	7.3	70.2	18.3
1983~1986	11.9	24.7	33.1	30.2

资料来源:加里·杰里菲等编:《制造奇迹——拉美与东亚工业化道路比较》,俞新天等译,上海远东出版社1996年版,第68页。

---

① 郑敦仁:《政治体制与发展战略:韩国和台湾地区》,载于加里·杰里菲等编:《制造奇迹——拉美与东亚工业化道路比较》,俞新天等译,上海远东出版社1996年版,第180页。
② 世界银行:《东亚奇迹:经济增长与公共政策》,中国财政经济出版社1993年版,第92页。

　　但是,世界经济从 1973 年开始进入困难阶段,东亚国家(地区)的发展战略随之出现了新的转折。从外部看,1973 年到 1980 年世界贸易的年均增长率下跌到 4.5%,东亚制成品出口一是遇到了发达国家强硬的贸易保护主义,二是遇到了工资更低的其他发展中国家的竞争。从内部看,经济发展已经达到了一个拐点,调整工业结构既是必需的,也是可能的。第一,国内对工业投入的需求量极大,足以支撑资本货和中间成品的规模经济生产;第二,替代进口品能疏通已经存在的供应"瓶颈";第三,国防因素迫使韩国和台湾重视重工业,尤其是钢铁和重型机械。第四,发达国家在造船业方面正失去竞争力,并放弃了导致污染的工业部门。[①]

　　在上述因素促使下,韩国和台湾在 1973 年发起了重化工业化运动,这实际上是以重化工业战略支持的高级出口导向战略,是一种混合战略。韩国工业化重点是钢铁、石化、有色金属、造船、电子和机械 6 个具有战略意义的产业。选择前 3 个部门是为了巩固其在工业原料方面的自给自足,后 3 个部门是意欲将其发展为技术密集型的出口产业。政府对上述部门再度加以保护,投入大量财力,并制定了优惠的税收和金融政策,以吸引私人企业参与这个过程,但这个计划十分依赖外国资本和技术。韩国仍然特别倾向于利用外国贷款而不是外国直接投资,结果它欠银行的长期债务从 1970 年的不足 2 亿美元增加到 1982 年的 97 亿美元。[②] 20世纪 70 年代后期,外国直接投资开始大量进入。1983 年韩国制造业中的外国跨国公司项目有 794 个,外国直接投资总额约达 11.2 亿美元,这些投资绝大部分都属于韩国发展战略优先支持的部门,并且绝大部分属于合资企业。1980 年合资企业占全部外国直接投资的 78%。从部门分布看,1968 年化纤、化肥和石油产品三大行业集中了外国直接投资的74.4%,到 1980 年外国直接投资的部门分布已经多元化,化学工业占

　　① 郑敦仁:《政治体制与发展战略:韩国和台湾地区》,载于加里·杰里菲等编:《制造奇迹——拉美与东亚工业化道路比较》,俞新天等译,上海远东出版社 1996 年版,第 183 页。
　　② 巴巴拉·斯托林斯:《外国资本在经济发展中的作用》,载于加里·杰里菲等编:《制造奇迹——拉美与东亚工业化道路比较》,俞新天等译,上海远东出版社 1996 年版,第 87 页。

20.1%,广义机器工业占16.7%,电子工业占12.2%,化纤、化肥、石油精炼业等原来外国直接投资集中的行业的份额下降到11.3%。另外,服务业上升到25.9%。① 外资企业在韩国制成品出口扩张中发挥了重要的作用,从1974年到1980年代中期,它们占韩国制造业出口的比重在22%~29%之间。80年代,韩国经济持续增长,韩国政府的战略至少获得了部分成功。台湾地区在1973年选择了一项巩固产业和促进新出口为目标的战略,一方面重点发展重化工业,以增加为出口产业提供原料和中间产品的能力,一方面加强基础设施建设,新上的"十大建设项目"中有七项是基础设施,包括电气化铁路、环岛高速公路、机场、港口和核电站。20世纪80年代初,面对其他发展中国家劳动密集型产业和发达国家高技术产业迅速发展的双重压力,政府再次调整发展战略,将经济重心放在高技术产业上,包括信息、生物工程、电子和光纤、机械和精密仪器、以及环保技术等产业。1985年上马了14个重要的基础设施项目,其中包括扩大能源、通讯和交通网络、开发水源和国家科技园区等。② 为此政府采取了经济全面自由化和国际化的政策,包括取消外汇管制等,外国直接投资则伴随当局战略的调整,纷纷转向新的重点产业,特别是转向了利用熟练劳动力的资本和技术密集型的产业上。对促进台湾地区的经济增长和制造业出口发挥了良好的作用。(经济增长和制造业出口情况见表5.4、5.5)由于跨国公司对东亚国家(地区)经济参与程度相对不高,也由于当地政府(当局)限制外国企业与当地企业的直接竞争,因此,1987年韩国最大10家公司中没有跨国公司,其中9家是私有的国内联合大企业,另外1家是国有企业,台湾10家最大公司中有6家是当地私人资本,4家是公有企业。相比之下,墨西哥有4家跨国公司,2家当地私人资本,4家

---

① Bohn – Young Koo, Foreign Investment and Economic Performance in Korea. In Sanjaya Lall (edited) *Transnational Corporations and Economic Development*, *United Nations*, New York. 1993. pp. 295 – 296.

② 世界银行:《东亚奇迹:经济增长与公共政策》,中国财政经济出版社1993年版,第92页。

国有公司。① 外国直接投资在东亚实际上是促进了当地企业的成长。

表5.4 三国(地区)实际国内生产总值年增长率比较(1955~1987)

年份	韩国	台湾地区	墨西哥
1955~1965	5.1	8.1	9.7
1965~1980	9.5	9.8	6.5
1980~1987	8.6	7.5	0.5
1965~1987	9.2	9.0	4.6

资料来源:加里·杰里菲等编:《制造奇迹——拉美与东亚工业化道路比较》,俞新天等译,上海远东出版社1996年版,第11页。

表5.5 三国(地区)制造业出口增长比较(1955~1987)

年份	韩国		台湾地区		墨西哥	
	百万美元	占总出口(%)	百万美元	占总出口(%)	百万美元	占总出口(%)
1955	3	16	13	10	76	12
1960	5	14	53	32	92	12
1965	104	59	207	46	170	15
1970	641	77	1165	79	392	33
1975	4147	82	4441	84	931	31
1980	15722	90	17990	91	2234	15
1987	43579	92	50290	94	9774	47

资料来源:加里·杰里菲等编:《制造奇迹——拉美与东亚工业化道路比较》,俞新天等译,上海远东出版社1996年版,第15页。

由东亚国家(地区)上述经济发展战略的演变,我们可以将其与墨西哥作一简单比较。如前所述,从战略内容看上,两地在前两个阶段基本相似,从第三阶段开始分道扬镳。这一阶段两地的差异最显著。墨西哥实

---

① 加里·杰里菲:《大企业与当地政府》,载加里·杰里菲等编:《制造奇迹——拉美与东亚工业化道路比较》,俞新天等译,上海远东出版社1996年版,第102—103页。

行的是耐用消费品的进口替代战略,并配合以较为宽松的外国直接投资政策和保护主义的贸易政策,面向当地市场的跨国公司大量进入,它们属于资本和技术密集型企业,倾向于使用熟练劳动力,偏离了利用当地非熟练劳动力的方向,同时,跨国公司在墨西哥主要产业部门和重要的产品市场上逐渐确立了自己的寡占地位,通过技术垄断使当地企业边缘化,使之越来越依附于外国企业。这样就导致了墨西哥宏观资源配置效率和微观资源配置效率的恶化。进一步的结果是,工业的"非民族化";产业、经济、城乡二元结构;市场萎缩,经济缺乏内在拉动力;国家的关税和配额制度是为了保护当地的幼稚工业,而受益最多的却是跨国公司,大量进口原料、中间产品和资本品,导致国际收支逆差加大。

表5.6　三国(地区)收入分配情况比较(吉尼系数)

	1953	1960	1970	1980
台湾地区	0.56	0.44(1959)	0.29	0.29(1978)
韩国	-		0.37	0.38(1976)
墨西哥	-	0.54	0.58	0.50(1977)

资料来源:加里·杰里菲等编:《制造奇迹——拉美与东亚工业化道路比较》,俞新天等译,上海远东出版社1996年版,第245页。

　　东亚国家(地区)实行的是非耐用消费品的出口导向战略,并配合以较为宽松的外国直接投资政策。跨国公司发挥其国际市场营销方面的优势,集中于出口加工业区,充分利用当地的非熟练劳动力,引导当地企业走进国际市场,促进了宏观资源配置效率的提高。由于面向国外市场,在当地市场不与本地企业竞争,本地企业有了发展的机会,从而促进了微观资源配置的效率。同时由于劳动密集型技术容易模仿和吸收,当地企业在激烈的国际竞争中不得不提高自身的效率水平,效仿跨国公司的技术和管理模式,并且越来越多地进入国际市场,先是个别企业最终是整个行业结构效率的提高。这是与进口替代战略最关键的区别,前者是以农矿资源的出口补贴进口替代所需要的外汇,而这种战略开发了当地最丰富的人力资源,人力资源是可再生的、可不断提高其素质的。这样经济发展就形成了内在的自我支持能力,在宏观和微观两方面资源效率不断优化的过程中,经济逐步走向自立。进一步的结果是,随着非熟练劳动力越来越多的就业,分配趋于平均化,二元结构逐渐消除;本地企业的成长逐渐将跨国公司排除或使其转向高新技术领域;整个经济开始步入良性循环。

第四阶段的发展战略从表面上看有点类似,两地都是"混合战略",但在基本方向上,墨西哥仍然是继续耐用消费品和中间投入品的进口替代,只不过用多样化出口,特别是资本密集型产品出口对原来的战略加以补充,东亚则仍然是出口导向战略的继续,但以重化工业战略支持,使原来的非耐用消费品出口升级为耐用消费品的出口。墨西哥的混合战略辅之以较紧的外国直接投资政策和宽松的外债政策,对跨国公司的出口给予政策上的刺激。这种发展面向国内和国外两个市场,与前一阶段不同的是,本阶段增加了跨国公司的出口,外汇的来源不再单纯依靠农矿产品的出口,跨国公司资本密集型产品的出口成为另一个外汇来源,提高了经济发展的自我支持能力,但是,这种自我支持能力是外在的,是给予跨国公司的,不是给予东道国内部的,这种支持能力的提高不会对东道国企业的技术和管理做出较大贡献,相反,有时会加强对当地企业的侵蚀。进一步的结果是,国际收支不平衡、工农业部门发展不平衡、国内财政不平衡的结构性矛盾更加突出,社会经济中的两极分化、二元结构加深。债务危机后的新自由主义政策,包括债权换股权、国有企业私有化等,都加强了跨国公司的规模和实力,墨西哥本身的结构性矛盾并没有随之解决。

东亚的混合战略是重化工业化战略支持的资本密集型产品出口战略,配合以较紧的外国直接投资政策和宽松的外债政策。这种发展仍然是面向国内和国外两个市场,在内在支持力方面,劳动密集型产品继续出口,同时,劳动密集型产业已经到海外进行直接投资,这两方面为重化工业的进口替代奠定了基础。因此,当重化工业的进口替代开始后,发展迅速,很快达到了出口创汇的程度,进一步壮大了当地工业的自我支持能力。在外在支持力方面,虽然跨国公司具有资本和技术方面的优势,但东亚更多地选择了国外贷款,遏制了跨国公司这种优势的充分发挥。这样,相对于外在支持力,自我支持力在东亚一直迅速增长,对外在支持力具有制约性,这两种支持力同时对当地的技术、管理水平升级其到了积极的作用,使经济形成良性循环,经济自立性越来越强,并逐步迈入发达国家行列[①]。

小　结

上述研究告诉我们,从宏观资源配置效率的角度看,跨国公司没有促使墨西哥当地资源比较优势得到充分利用;从微观资源配置效率看,跨国公司没有促使当地企业的成长和增强其竞争力,尽管跨国公司的进入促进了墨西哥制造业的结构效率,但这种促进是通过跨国公司进入制造业的"现代"部门来实现的,而对整个行业的技术进步率和"传统"部门则没有影响;从产业关联效应的角度看,跨国公司产业链条的主要部分在国外,关键技术也在国外,结果带来当地就业不足、外汇短缺等问题;尽管在墨西哥的北部边境地区曾出现了一种旨在利用非熟练劳动力的"客户工业",但与东亚新兴工业化国家(地区)的出口加工区在性质上有所区别,不宜高估。而跨国公司作用的上述局限性与墨西哥的经济发展战略有直接关系。通过与东亚新兴工业化国家(地区)的比较研究,我们发现,东亚国家(地区)的跨国公司相对地顺应了当地资源比较优势的变化,从而促进了当地宏观资源配置的效率,跨国公司通过技术管理方面的"榜样示范效应"和辅助作用也促进了当地企业的成长和行业结构效率的提高。而两地跨国公司作用的上述区别与两地的第三、第四阶段经济发展

---

① 柴瑜:《外国直接投资对拉美和东亚新兴工业化国家和地区经济发展影响的比较研究》(南开大学博士论文),1996年,第129页。

战略关系密切。在一定意义上,跨国公司的活动是在东道国经济发展战略所确定的框架下进行的,如果东道国政府能够选择顺应当地资源比较优势、促进当地企业成长的战略,并配以相应正确的政策,跨国公司就会放大这种战略的效果,反之反是。因此,经济发展战略的确定是一国经济发展的关键因素,经济发展战略的性质在一定意义上规定了跨国公司的作用。当然,一国选择这样而不是那样的经济发展战略,其背后还有着一系列更为复杂的原因。

第六章 跨国公司与墨西哥的汽车工业

　　本章的论点是,汽车工业是跨国公司与墨西哥国家关系一个典型缩影。跨国公司看好的是墨西哥的国内市场,墨西哥国家看好的是跨国公司的汽车生产技术和它的国际市场网络。在墨西哥汽车工业的发展中,跨国公司既促进了墨西哥汽车工业的发展,使其发展成为世界第十大汽车生产国,另一方面为了谋取自身的利益,给墨西哥工业化进程带来了多方面的扭曲。墨西哥国家为了使跨国公司为墨西哥的国家利益服务,与跨国公司展开了长期的博弈,在不同的时期通过不同内容的汽车工业法令,规范和引导跨国公司的行为,在博弈中,有时则是墨西哥国家取得了胜利,有时是跨国公司占了上风。实践表明,墨西哥国家在博弈中的成功,不仅取决于双方的力量对比,还取决于国际形势的制约,墨西哥的法令取得成效的时候,往往既是墨方手中握有王牌,同时又是顺应了国际条件的变化、使谈判双方感到共同利益大于分歧的时候。

第一节 墨西哥汽车工业的发展

　　到 20 世纪 80 年代初,墨西哥的汽车工业经历了三个发展阶段。1962 年之前,是墨西哥汽车工业的进口组装阶段,1962 年迈入了进口替代的阶段,到 20 世纪 70 年代初又进入了"出口推动"阶段。

　　第一阶段是墨西哥汽车工业的初始阶段,也被称作"前工业化阶段"。这一阶段的特点是汽车生产以装配业为主,零部件主要从国外进口,产量有限,几乎全部在当地市场销售。1925 年,美国福特汽车公司利用墨西哥国内和平的恢复、政府关税的削减、比较低的劳动力和运输成本,在墨西哥城建立了第一家装配厂,标志着墨西哥汽车工业的诞生。美国通用汽车公司在 1937 年,即石油国有化的前夕,也在墨西哥城建立了类似的装配企业。这两个企业从一开始就完全是外资拥有的分支机构,到 1958 年,它们的汽车占在墨西哥销售的全部汽车的一半以上。当时还有另外的 10 个装配企业构成了该行业的其余部分,它们全部或大多数为墨西哥人所有,其中最重要的是"墨西哥汽车制造"(Fabrica Auto - Mex),是由加斯东·阿斯卡拉加(Gaston Azcarraga)在 1938 年创建的,其通过克莱斯勒公司的许可证装配汽车。该企业开始时完全为阿斯卡拉加家族拥有,到 1959 年克莱斯勒购买了它的 1/3 的股票,到 1960 年它占墨西哥市场销售额的 1/4[①]。

在 20 世纪 50 年代的大部分时间,政府的关税和进口配额实际上阻止了对墨西哥的汽车进口,只进口供组装汽车用的零配件。到 20 世纪 50 年代末,墨西哥的市场仍旧为美国三大汽车公司所支配,但欧洲开始出口一些小型汽车,墨西哥政府允许进口组装的欧洲小汽车,为的是帮助那些更小的、更廉价的汽车建立一种市场地位,以便能够对美国制造形成挑战。从销售的角度看,1960 年墨西哥的汽车市场如同任何其他国家一样,很现代化,墨西哥消费者至少可以选择 44 种品牌和 117 种车型,但这些消费者仅仅是全国人口中的一小部分,是占全国人口的 15% 或 20% 的上层和中上层阶级。从生产和工业增长的角度看,墨西哥的汽车工业也表现出一种"二元特性"。在墨西哥销售的大多数汽车是"墨西哥制造",是由 12 个企业生产的,其中只有两个是外国人拥有的。但这些汽车仅仅是在墨西哥组装的,其零部件是其他地方生产的。一位企业的经理不无

---

① Douglas C. Bennett and Kenneth E. Sharpe: *Transnational Corporations Versus the S tate*: *the Political Economy of the Mexican Auto Industry*, Princeton University Press, 1985. p. 51.

夸张地对此说道:"除了轮胎中的空气外,我们进口所有的东西。"[1]虽然大多数企业为墨西哥人所有,但它们都不得不依赖于跨国公司提供原件和组装、销售、服务方面的技术帮助。

20世纪50年代中期,德国大众汽车公司在进入美国市场的同时,也开始了在拉美市场上与美国的竞争。比较欧洲未来销售增长的有限机会,该公司看中了在开放的美洲市场上销售小汽车。于是,它不是通过价格竞争和新产品在欧洲市场上寻找更大的份额,而是到国外开辟新的市场。雷诺(Renault)、菲亚特(Fiat)、梅塞斯德(Mercedes)和其他一些公司也紧随其后。对拉美市场的这些新的进入者来说,它们喜欢的战略是供给零部件在当地组装,而不是在当地直接生产。因为出口零部件或整车意味着在母国工厂生产周期的延长,集中化的生产可以从零部件制造的规模经济中得到好处,并向它们在世界各地的市场提供更多的新车型。而在拉美国家当地制造则会丧失这些优势,并且由于这些市场相对狭小,它们要付出更多的生产成本,从而使它们在与对手的进口汽车竞争中处于不利地位。但是,对跨国公司不合理的事情,对拉美国家也许是合理的。当拉美市场成为世界汽车工业重要的竞争场所后,拉美国家政府开始控制跨国公司的进入,要求它们在当地从事直接生产,否则就会受到被挤出当地市场的威胁。1956年,巴西政府实行了最小当地内容的要求之后,[2]有11家跨国公司开始了在巴西国内的生产。阿根廷在两年之后也这样做了。这两国的经验得到了墨西哥政府计划者的仔细研究。

第二阶段是墨西哥汽车工业的进口替代阶段,墨西哥开始了面向国内市场销售的本地汽车制造。到1960年,墨西哥已经处于第二阶段的开始时期,这时,世界汽车工业的结构和竞争为墨西哥汽车的国内制造提供

①　Douglas C. Bennett and Kenneth E. Sharpe: *Transnational Corporations Versus the State: the Political Economy of the Mexican Auto Industry.* p. 54.

②　所谓"当地内容"即要求最终产品中的一定比例附加值必须是在当地生产的,亦即国产化比例。Theodore Moran , Multinational Corporations and Third World Investment. In Michael Novak and Michael P. Jackson (edited): *Latin America: Dependency or Interdependence?* American Enterprise Institute For Public Policy Research, Washington, D. C. 1985. p. 19.

了机会。1960 年,福特、通用和克莱斯勒三大公司支配了拉美的汽车销售,它们在墨西哥各占市场销售的 25%。欧洲公司在拉美销售汽车也将近十年了,德国大众和雷诺各占墨西哥市场的 5%。当时的日本制造在拉美实际上还不出名。一个称作雷奥(Reo)的在蒙特雷的小装配商开始将丰田(Toyota)汽车引进墨西哥市场。在 20 世纪 50 年代的后半期,墨西哥的汽车品牌数量和车型不断增加,随着欧洲公司对美国公司的挑战,出现了"去集中化"的现象。墨西哥的汽车工业由 12 个装配商组成,其中 10 个是墨西哥人拥有的,但都通过购买零部件和技术合同而与跨国公司的汽车企业发生密切的联系。仅有的国内部件制造主要是为配件市场服务的。欧、美、日汽车制造商在墨西哥和拉美市场上形成的竞争态势为墨西哥政府利用其发展本国汽车工业提供了方便。

另一方面,墨西哥进口替代工业化战略的深化也要求建立自己的汽车制造业。朝鲜战争之后,贸易条件的恶化迫使墨西哥政府寻求改善国际收支的出路,由于汽车工业在墨西哥进口总额中占很大的比重(1950年为 13%),墨西哥政府开始考虑对汽车工业的进口替代。同时,鉴于汽车工业的规模和广泛的联系效应,墨西哥政府希望通过建立自己的汽车工业而提高国内工业技术水平和创造更多的就业机会。另外,拉美大国之间也存在着竞争,它们都想在本地区扩大影响力。巴西和阿根廷两国在 20 世纪 50 年代中期就开始发展自己的汽车工业,这既为墨西哥树立了榜样,也给墨西哥增加了压力,正如当时的墨西哥工商部长劳尔·萨利纳斯·洛萨诺后来所说的,"如果我们当时没有全面发展工业,那么我们就会被迫与人家就那些我们不生产的产品(包括汽车在内)的进口事宜进行谈判"[1]。可见,墨西哥决定发展汽车工业的理由之一是经济民族主义思想的推动。

在跨国汽车公司的战略中,墨西哥虽是一个越来越重要的市场,却不

---

① Rhys Jenkins: *Transnational Corporations and The Latin American Automobile Industry*. University of Pittsburgh Press 1987. p. 56.

是一个汽车制造的场所。但墨西哥政府并不这样认为,它于 1962 年颁布
了"汽车工业法",要求墨西哥的汽车制造和装配业使用本国零部件的比
例必须达到 60%。次年又制订了第 104 号免税法,向汽车工业中的厂家
提供包括减免进口税在内的一系列刺激性优惠。这些法规促进了汽车产
量迅速增长(见表 7.1)。1962 年,那些汽车组装厂共雇佣工人 9000 人,
而 4 年之后,随着这些企业都接受了汽车工业法的条件,终端企业雇佣的
工人增长到 19000 人。同期,投资价值由 15 亿多比索(当时汇率为 12.5
比索兑换 1 美元)增加到 45 亿多比索。这些数字仅是不足 1/2 的汽车工
业终端企业的数字,在该行业的其他部分,如汽车零部件制造,全部投资
从 1962 年的 20 亿比索增加到 1966 年的 56 亿比索,同期,工人从 29000
增加到 52000 人;零部件制造的价值几乎增长了 3 倍,从 13 亿比索增长
到 38 亿比索。[①] 从 1962 年起,墨西哥汽车工业逐渐分成两部分,一是以
外资为主的汽车主体工业,即汽车制造和装配工业;二是以本国资本为主
的汽车辅助工业,即汽车零部件工业。

表 7.1　　1960～1970 年墨西哥汽车工业的增长

	汽车数量[a]	就业数量	工资和薪金的 价值(百万比索)	投入价值 (百万比索)	生产价值 (百万比索)
1960	54742	7072	186	1356	1781
1961	61636	7724	220	1436	1923
1962	64082	9021	239	1654	2118
1963	75581	10504	308	2009	2730
1964	93323	13547	421	3108	2756
1965	102508	16800	542	3977	4026
1966	113605	19067	709	4651	4920
1967	119253	21530	815	4905	5461

---

　　① 　Douglas C. Bennett and Kenneth E. Sharpe:*Transnational Corporations Versus the State*:*the Po-litical Economy of the Mexican Auto Industry*. pp. 114 – 115.

1968	145466	21994	959	5248	6557
1969	163596	22303	1056	5692	7463
1970	187953	23825	1174	6282	8581

注释:表中的数字只包括那些最终被批准进行国内制造的公司:福特、通用、墨西哥汽车制造、国家柴油汽车公司(DINA)、国际哈维斯特、尼桑、墨西哥汽车车辆公司(VAM)、德国大众。

a,1960～1965年是销售量,1966～1970年是生产量

资料来源:AMIA,La Industria Automotriz de Mexicoen Cifras,1972.转引自 Douglas C. Bennett and Kenneth E. Sharpe:*Transnational Corporations Versus the State*:*the Political Economy of the Mexican Auto Industry*,Princeton University Press,1985. p.115.

第三阶段是墨西哥汽车工业的出口推动阶段,墨西哥开始向发达国家或发展中国家出口汽车或零部件。促成这种战略转变的国内原因是,首先,继续大量进口给国际收支带来了很大的负担。尽管1962年法令要求汽车制造必须使用60%的国产零部件,但是仍有40%需要进口,20世纪60年代末和70年代初,每生产一辆汽车需要1000多美元的进口投入。除了这种贸易逆差外,汽车工业中以专利费和利润汇出为主要形式的资本外流也增加了国际收支的逆差。其次,国产零部件的要求和其他保护主义措施使汽车工业的劳动生产率难以提高。大多数企业的生产成本和价格都大大高于国际水平。由于市场规模的扩大跟不上汽车发展速度,面向国内市场的汽车生产逐渐失去活力。再次,由于汽车销售量下降、库存积压、劳动生产率难以提高、大部分企业中劳资关系紧张等因素,汽车工业在20世纪70年代初出现了利润率下降的局面。而推动汽车出口则被认为是补偿进口、解决生产低效和提高利润率的可供选择的新方案。同时,1973年石油价格的成倍上涨和1974～1975年的世界经济萧条引发了世界汽车工业一些重要变化,加强了跨国公司推动其发展中国家子公司出口的兴趣。石油价格上涨鼓励了节能型汽车的制造,日本成为这方面的先锋。市场的相互渗透日益加强,本田(Honda)和尼桑(Nissan)继德国大众之后在美国建立工厂,雷诺与美国汽车公司签订了长期

的生产合同,通用同意在加利福尼亚装配丰田汽车①。在这种愈演愈烈的竞争环境中,美国和欧洲跨国公司被迫对新一代汽车进行大量投资,为了降低劳动成本,拉美和亚洲就成为新一代汽车工厂的首选地。在世界各地生产零部件,在靠近销售市场的地方组装也成为流行的生产方式。

1969 年,墨西哥成为拉美第一个汽车工业转向出口推动的国家,为了减轻国际收支的困境和提高本国汽车的制造能力,墨西哥政府选择了推动出口的道路,要求所有汽车生产企业以扩大出口来满足日益增长的进口需求。1971 年,政府公布了以提供出口补贴为主要内容的"退税证"。1972 年又颁布法令,除继续强调扩大出口外,要求出口收入的40% 必须由民族资本占所有权中 60% 以上的合资企业创造,以保证本国资本能享受到鼓励出口政策的好处。1977 年,政府又重新确定零部件国产化比例的计算方法和使用外汇的规定。根据该法令,汽车制造商有权在扩大出口或提高国产化比例之间作出选择。② 作为对墨西哥政府的反应,通用、福特、克莱斯勒、德国大众都对向美国总装厂提供零部件的工厂进行了新的投资。

20 世纪 70 年代墨西哥的汽车工业又有了新的发展。在 70 年代初,墨西哥的汽车工业开始巩固,但增长速度有所下降,1971 年为 11.4%,1972 年为 9%。1972 年法令之后,墨西哥的汽车工业出现了前所未有的高速增长,1973 年增长 24.3%,1974 年为 22.9%,但因受世界经济萧条的影响,1975 年开始下降,仅增长 1.6%,接着 1976 年下降为负 8.9%。从 1976 年底到 1977 年,墨西哥可支配的实际收入没有增长,经济总需求减少,汽车工业也许是受此影响最大的制造业部门,该年的汽车产量又下降了 13.6%。由于 1977 年衰退周期结束,汽车工业振兴法也开始生效,到 1978 年,汽车制造业的生产恢复特别明显,产量增长 36.8%,在整个制造业总产值中所占比例超过 5%。虽然后两年产量增长速度下降,但

---

① Richard S. Newfarmer (edited), *Profits*, *Progress and Poverty*: *Case Studies of International Industries in Latin America*, University of North Dame Press. 1985. pp. 209 – 210.

② 江时学:《拉丁美洲汽车工业的发展》,《拉丁美洲研究》1989 年第 5 期。

汽车制造业在整个制造业总产值中所占比例不断上升,1981年生产的汽车数量达到最高点,为597118辆,比上年增长近22%,但1982年却出现了空前的大减产,出现了近21%的负增长。(见表7.2)

表7.2 1973～1982年墨西哥汽车产量

年份	总产量	增长率（%）	汽车产量	增长率（%）	卡车、拖拉机、公共汽车等	增长率（%）
1973	285568	24.3	200147	22.8	85476	27.9
1974	350947	22.9	248574	24.2	102565	20.0
1975	356624	1.6	237118	－4.6	119703	16.7
1976	324979	－8.9	212549	－10.4	112604	－5.9
1977	280813	－13.6	187637	－11.7	93176	－17.2
1978	384127	36.8	242519	29.2	141608	52.0
1979	444426	15.7	280049	15.5	164377	16.1
1980	490006	10.3	303056	8.2	186950	13.7
1981	597118	21.9	355497	17.3	241621	29.2
1982	472637	－20.8	300579	－15.5	172058	－29.0

资料来源:Asociacion Mexicana de La Industria Automotriz(AMIA),In *Comercio Exterior*,Vol.34,Num,3,(Marzo de 1983).p.224.

第二节 跨国公司与汽车工业发展中的问题

从墨西哥汽车工业发展的历程看,跨国公司始终发挥了重要的作用,是墨西哥汽车工业发展最重要的动力之一。但是,对于墨西哥来说,跨国汽车公司是一把双刃剑,在推动墨西哥汽车工业发展的同时,也带来了一些问题,并在一定程度上造成了墨西哥经济、政治和社会的扭曲。本内特和夏普在他们的著作里指出了五个方面的扭曲现象,即跨国公司不愿意投资于那些推动工业化和增长的活动;制造不适合的产品和使用不适合的工序;非民族化;改变当地的市场结构;干预当地的政治进程和结构。[①]以下我们根据本内特和夏普的研究和其他有关资料详细地论证一下这几个方面的问题,并同时指出跨国汽车公司对当地国际收支、分配模式等方面的影响。

1. 跨国公司不愿意投资于那些推动工业化和增长的活动。汽车制造业公司活动的整个范围包括生产零部件、组装成品,销售和推向市场,设计、研究和开发等。当一个跨国公司可能在一个发展中国家从事这些活动中的某些部分的时候,很可能不愿意在那里从事全部活动。例如,有人批评这种现象为"截头去尾"的倾向,换言之,它们"并未履行其全部职能,即从最初的必要的科学研究直到销售的各个方面的职能,而这些职能对发展、生产和销售其商品都是必要的,其中一个或更多的职能是由外国总公司来履行的。"因此,研究与开发、部件与服务、特别是比较复杂的东西,可能要从总公司或别处获得。[②] 考虑到一个公司的全球战略,这种局限性对一个企业也许是合理的,但鉴于东道国的发展计划,这样做对东道国也许是不合理的。

跨国公司通常不愿意将研究与开发活动放在发展中国家,因为这样可以延长发展中国家对技术的依赖,支付大量的专利使用费,一个发展中国家往往很难靠自己的力量来完成自主发展所需要的技术发明与诀窍。因此,技术研发活动集中在总公司的情况,直接与发展中国家的利益发生冲突。在墨西哥的案例中,跨国公司在 20 世纪 60 年代初和 60 年代末的汽车工业转型中,都表现出了一种非常的不情愿。在 20 世纪 60 年代初,跨国公司不愿意马上超越简单的组装业而转向汽车制造,因为这需要规

---

① 　Douglas C. Bennett and Kenneth E. Sharpe:*Transnational Corporations Versus the State*:*the Political Economy of the Mexican Auto Industry*. pp. 77 - 79.

② 　联合国秘书处经济社会事务部编:《世界发展中的多国公司》,商务印书馆 1975 年版,第 67 页。

模投资和提高管理水平,而这两方面的资源在墨西哥都是稀缺的,同时,在墨西哥获得必要的原材料和零部件是困难的,要能够得到符合数量和质量的零部件,还必须创建新的零部件工业,而墨西哥的工业基础太薄弱,不足以支持当地的汽车制造。另外,在墨西哥从事汽车制造会丧失母国的经济规模效应。[①] 相对于当地制造而言,组装厂的机械化程度比较低,跨国公司投入的资本成本小,风险也较低。当这种不情愿被墨西哥政府的政策所克服之后,到20世纪60年代末,大多数跨国公司又强烈地反对墨西哥政府硬性规定的出口要求,因为这种转型将迫使它们进行新的不确定的投资,同时要替代母国公司的生产,挤占母国公司的国外市场。

2. 跨国公司制造不适合的产品和使用不适合的工序。如果按照当地标准而不是公司利润和增长来判断的话,那些跨国公司进行的投资可能涉及到引进不适宜的产品或生产工序。跨国公司将把在高工资、劳动稀缺的母国发展起来的技术引进到低工资、劳动充裕的发展中国家,因此使东道国资本与劳动的比例大大提高,即雇佣单位劳动力所需的资本增多,这种资本密集型技术往往减少了当地的就业机会。同时,跨国公司生产的产品也许对发展中国家的环境不适合,换句话说,它们的市场努力也许明显地改变了消费者的口味,破坏了当地的文化。如在墨西哥,跨国公司的汽车公司引进了它们在母国发展的同样的产品和同样的生产工序,这些产品和工序并没有根据当地情况加以改造。在发达国家,汽车工业的增长带来了人们工作和生活模式的巨大转变,通过成为一种大众消费品,小汽车完全改变了人们的日常生活。但在拉美,人们低水平的收入和小汽车的高价格意味着它仍然是一种奢侈品,只有一小部分人口能够买得起。

3. 非民族化。是指跨国公司取代了当地企业家的地位或抢占了当地企业家将要利用的机会。1960年,在墨西哥的12个汽车装配企业中只

---

① Douglas C. Bennett and Kenneth E. Sharpe: *Transnational Corporations Versus the S tate: the Political Economy of the Mexican Auto Industry*, p. 104.

有2个是外国人所有,这两个外国企业控制了1/2的市场,同时,控制其他1/2市场的企业都是国内拥有的企业。几乎没有零部件制造企业。当墨西哥的汽车工业发展进入第二阶段后,工业中的竞争条件急剧地发生了变化,跨国公司和国内企业在新的条件下逐渐去确定自己的位置,一些民族企业因为技术问题而被迫退出生产,跨国公司则积极并购当地的企业,结果,到20世纪70年代初,控制在民族资本手中汽车公司只剩下了两家(DINA 和 VAMSA),它们在市场上已经不占优势。外国控股企业占墨西哥汽车整车制造业总产量的比重达到了84.6%。[1]

4.跨国公司改变当地的市场结构。跨国公司的行为往往不同于东道国的国内企业,因为它们的行为是在国际市场结构的环境中形成的。因此,当它们进入发展中国家市场的时候,它们也许会以转变其他企业行为的方式改造东道国的市场结构,它们会引进它们在母国已经习惯了的同样的垄断竞争模式。在这样的环境下,国内企业也许逐渐变成像跨国公司一样地行事。在20世纪50年代的美国和西欧,汽车工业的竞争战略主要是车型竞争、大规模的广告和消费信贷,通常避免价格竞争。到20世纪60年代中期,随着拉美汽车工业的建立和发展,这种垄断竞争的模式也越来越成为拉美国家的特征。由于汽车消费者局限于少数人口,企业之间的竞争越来越依靠说服现存车主更换旧车,它们的主要方式是不断提供新的车型,20世纪70年代墨西哥小汽车的车型达到37种。介绍新车型作为一种竞争战略往往得到了大规模的广告支持。同时,消费信贷也成为跨国公司扩大市场的重要手段。1968年,墨西哥31%的汽车销售采取了一年以上的分期付款方式,21%～27%的汽车购买(根据车型)获得了3～12个月的消费信贷,实行现金支付的汽车销售只占42%～48%。[2] 到1973年,墨西哥依靠信贷销售占整个新车销售的比例达到45%,在其他拉美国家相应的数字更多,阿根廷为85%,巴西96%,委内

---

① Rhys Jenkins: *Transnational Corporations and The Latin American Automobile Industry*. p.62.

② Rhys Owen Jenkins: *Dependent Industrialization In Latin America*, *The Automotive Industry In Argentina*, *Chile*, *and Mexio*. Praeger Publishers, New York, 1977. p.119.

瑞拉 70%。20 世纪 60 年代以来,拉美国家消费信贷有大量的增长,其中大量被用于汽车销售。[①]

5. 跨国公司干预东道国的政治进程和结构。跨国公司可能与当地精英合作或与民族资产阶级部分结成联盟去阻止政府给予规范的努力。另外,跨国公司可能号召母国政府帮助它们与发展中国家政府进行讨价还价。或者,跨国公司可能通过使用政治权力去修改一个行业的国内或国际市场结构,以此使它们认为有问题的企业的行为更加合理。在墨西哥的案例中,不乏这样的事例,如日本的尼桑公司为了进入墨西哥的市场,游说日本政府向墨西哥政府施加压力。日本政府威胁墨西哥,如果尼桑被排除在外,日本将停止从墨西哥进口棉花,棉花出口当时是墨西哥重要的外汇收入来源,1963 年墨西哥棉花出口创汇 1.96 亿美元,占外汇收入总量的 20% 以上。对棉花出口的征税每年为政府带来 1500 万美元的收入,而墨西哥 70% 的棉花出口到日本。结果,这一威胁奏效。压力同样来自美国政府,美国大使通知墨西哥工商业部部长,说美国国务院将视美国企业的被排除为不祥事件。该部的其他高级官员被告知,这种排除将被视为"不友好的行为"。[②] 美国政府对跨国公司的这种支持性表态,说明汽车政策上升到了两国关系的层面,鉴于当时因古巴问题而出现的两国关系的紧张,墨西哥的部长和总统都得谨慎对待美国官方的表态。

6. 跨国公司加重了国际收支的困境。与采掘业中的跨国公司不同,汽车工业中的跨国公司可以利用多种渠道从发展中国家转移资金。这些渠道不仅包括汇回收入,而且包括零部件的销售、技术援助合同、专利和商标的使用权等。这些复杂的渠道使得准确地估价公司所得变得极度困难。尤其是跨国公司的交易往往是公司内部的交易,在这种情况下使用

---

① Rhys Jenkins: *Transnational Corporations and Iindustrial Transformation in Latin American*, The Macmilan Press Lid, 1984. pp. 60 - 63.

② Douglas C. Bennett; Kenneth E. Sharpe: Agenda Setting and Bargaining Power: The Mexican State Versus Transnational Automobile Corporations, *World Politics*, Vol. 32, No. 1 (Oct., 1979). pp. 80 - 81.

的是"转移价格",如何建立这样一个价格将影响跨国公司各种经营的收入。进口的转移价格越高,跨国公司在母公司实现的收入就会越多,而在东道国子公司得到的收入就会越少。通过操纵这些转移价格,跨国公司可以因投资的需要而将它们的利润转移到汇率控制、税收法律有利的地方。子公司向母公司支付的商标、许可证、技术和管理费等价格也可以被进行类似地安排,以达到全球利润的最大化。虽然没有确凿的案例说明跨国汽车工业使用转移价格,但汽车工业的长期贸易赤字不能不与此有关。20世纪60年代以来,墨西哥政府对汽车工业提出的一系列政策,一个主要目的就是纠正它对国际收支的负面影响,但是,这个问题长期得不到解决,而且有愈演愈烈之势。1960年墨西哥汽车工业贸易赤字为12400万美元,占全国贸易赤字的35.3%,到1981年上升到了21.2亿美元,占全国贸易赤字的51.7%。[1] 表7.3说明了1965~1968年墨西哥与美国汽车贸易的逆差。

表7.3　1965~1980年墨西哥对美国的汽车进出口额(百万美元)

	乘用车		汽车零部件		全部[a]		
	进口	出口	进口	出口	进口	出口	差额
1965	51	C	73	0.1	159	0.1	-159
1966	53	C	77	1	158	1	-157
1967	54	C	79	1	162	1	-161
1978	79	C	91	3	206	3	-203
1969	71	C	103	9	206	9	-197
1970	38	C	129	18	195	18	-188
1971	57	C	137	25	218	26	-192
1972	76	C	151	35	244	35	-209

---

[1] Van R. whiting, JR: *The Political Economy of Foreign Investment in Mexico, Nationalism, Liberalism and Constrains on Choice.* The Johns Hopkins University Press, Baltimore And London. 1992. p. 223.

1973	98	8	209	56	322	76	-246
1974	136	8	258	84	465	119	-346
1975	150	1	346	131	528	136	-392
1976	131	C	337	18	496	18	-478
1977	119	C	338	238	482	240	-242
1978	93	0.1	594	269	750	280	-470
1979	26	0.1	907	321	1056	327	-729
1980	18	C	937	242	1067	245	-822

a 包括卡车、公共汽车和专用车

c 不足一百万

资料来源:The President's Report to The Congress on North American Trade Agreement(feb. 6. 1981)转引自 Douglas C. Bennett and Kenneth E. Sharpe:*Transnational Corporations Versus the State*:*the Political Economy of the Mexican Auto Industry*, Princeton University Press,1985. p. 239.

7.跨国汽车公司强化了东道国不平等的收入分配模式。由于墨西哥在世界经济中的地位和从20世纪40年代以来国家所支持的资本主义增长战略,墨西哥的不平等被长期化了。低公司税收、低收入税、政府对企业的补贴、有限的社会福利、有限的土改项目,工人工资的增长慢于通货膨胀的恶化等等,这些合在一起创造了一种商业环境,这种环境培育了企业利润和再投资,但也加强了不平等的分配模式。跨国汽车公司不仅仅从税收、补贴和低工资劳动力中得到好处,而且,不平等的收入分配模式也为它们提供了一个不断增加的少数富有者的汽车消费族。尽管墨西哥的政治家没有那样地直言,但巴西财政部长马利奥·恩里克·西蒙森(Mario Henrique Simonsen)曾很明确地表达过:"将收入从最富的20%的人转移到最穷的80%的人可能会增加对食品的需求,但会减少对汽车的需求。突然的收入再分配的结果将只会引发食品生产部门的通货膨胀和汽车工业中生产能力的过剩。"[1]到20世纪60年代末,在墨西哥的大城

① 转引自 Douglas C. Bennett and Kenneth E. Sharpe:*Transnational Corporations Versus the State*:*the Political Economy of the Mexican Auto Industry*. pp. 271 - 272.

市地区(墨西哥城、瓜达拉哈拉城、蒙特雷)最富有的14%的家庭和在其他城市地区的最富有的8%的家庭占整个墨西哥85%以上的汽车消费。相反,公共交通占全部交通和通讯开支的比重从20世纪50年代的85%下降到70年代的70%,小汽车与公共汽车的比率急剧上升,墨西哥在1960－1975年从19:1上升到47:1。[①] 汽车所有权的扩大创造了一种对公路基础设施投资的压力,公路建设的公共开支大大增加。于是,墨西哥汽车工业的发展不仅意味着生产汽车的资源配置放在了高收入集团的市场上,而且也要求国家承担大量资金为这些汽车的使用而提供必要的条件。墨西哥政府甚至对私人小汽车所有者提供石油价格补贴。另外,随着富人和有影响力的人群对小汽车需求的增加,对要求国家保留一种充分的公共交通体系的压力也就越来越小。穷人享有的公共交通服务减少了,承受的空气污染和交通拥挤增加了。汽车部门的工业化是围绕着一种不平等的阶级倾斜模式而形成的,现在它正在帮助强化这种不平等!

第三节 墨西哥政府的汽车工业政策

一、1962年汽车工业法令

1958年12月马特奥斯总统上台时,墨西哥汽车工业由11个经营装配厂的企业组成,另外,少数其他几家公司进口组装的汽车。墨西哥的消费者可以从44种品牌和117种车型中做出选择。福特、通用、"墨西哥汽车制造"(Fabricas Auto－Mex)三家公司支配了这一行业。它们占全部汽车销售的3/4,福特和通用是100%的跨国公司的子公司,"墨西哥汽车制造"在1959年将1/3的股份卖给了克莱斯勒公司。其他的装配厂很小,

---

① Rhys Jenkins: *Transnational Corporations and Industrial Transformation in Latin American*. pp. 70－72.

全部为墨西哥人所有,通过外国公司的特许证经营①。鉴于汽车工业多方面的前后向联系效应,墨西哥政府希望通过它创造大量就业机会,节省外汇,解决进口替代"简易阶段"出现的问题,激发经济增长的活力。因为这个时候正是持续将近20年的"墨西哥奇迹"进入困难时期,进口替代"简易阶段"面临耗竭,于是,发展汽车工业就成为墨西哥深化进口替代工业化的重要选择。

在汽车组装业发展的阶段,跨国公司与东道国几乎没有利益冲突,墨西哥组装业进口零部件使得跨国公司母国工厂的生产周期延长,单位生产成本降低。组装业允许国际企业跳过关税壁垒,享受进口配额的好处。另外,在墨西哥国内组装带来了一定的运输成本的节省。所有这些在日益增加的国际汽车业竞争中,对跨国公司都是有利的。但是,当墨西哥政府的政策从关心组装业转移到整车制造业,墨西哥政府与跨国汽车公司的利益一致性就开始变得跟从前不同了。

制定新政策的基础性工作是由"汽车工业计划与发展委员会"来做的。这是1959年成立的一个跨部门技术委员会,由国家发展银行和金融公司(NAFIN)领导,财政部、工商业部、墨西哥银行参加,专门负责制定汽车工业发展计划,最后由工商业部来落实。该委员会经过一段时间的工作后,提出了一系列关于所有权、结构、企业行为的政策建议。

关于工业结构的建议包括:(1)将终端企业(成车生产)的数目限制在3至5个(以阻止因市场零散而引起的低效);(2)将终端企业的活动限制为发动机制造和总装(其他的制造业务将留给供给商或汽车零部件业);(3)建立一个集中的车身制造厂。

关于企业行为的建议包括:(1)在墨西哥生产至少60%(根据直接成本计算)的本地的车辆内容;(2)限制每个企业生产的品牌和车型数目;(3)限制车型变化的频率;(4)某些零部件的标准化。

---

① Douglas C. Bennett; Kenneth E. Sharpe: Agenda Setting and Bargaining Power: The Mexican State Versus Transnational Automobile Corporations, *World Politics*, Vol. 32, No. 1 (Oct. ,1979). p.65.

　　关于企业所有权的建议:(1)终端工业中大多数企业为墨西哥所有;
(2)在供给工业中大多数企业为墨西哥所有。①

　　这些建议的目的是促进墨西哥经济持续增长,而跨国公司认为其中
的某些条款威胁到了它们的公司战略。于是,随着利益冲突的出现,分两
个阶段展开了讨价还价。第一阶段是1962年法令公布之前各企业与政
府之间就法令条文进行的讨论;第二阶段是在法令颁布之后,各企业按照
法令条文提交申请和被批准期间的活动。所有权和企业行为问题是第一
阶段争论的主题,福特、通用、"墨西哥汽车制造"三家公司是主角,因为
只有它们才是在墨西哥投入大量资本的跨国公司企业,市场准入问题在
两个阶段都得到了讨论,结果,所有的企业都要求参加谈判。

　　谈判主要涉及四个问题:首先,60%的当地内容的要求。墨西哥政府
的意图是推动汽车工业从组装到制造,刺激进一步的进口替代。但跨国
公司对当地制造并不热情,因为这意味着要在墨西哥小市场上进行大量
新的投资,牺牲在母国市场的经济规模,并且墨西哥零部件工业太落后,
不足以支撑汽车制造业。但是,令人意外的是这些企业没有完全反对从
事当地生产,原因在于世界汽车业国际竞争的动力。在一个垄断竞争的
环境里,直接投资倾向于符合一种"跟随领头者的防御性投资模式",当
一个企业投资后,其他竞争对手为了保持自己的地位,降低风险,也会进
行同样的投资。由于福特在一次争夺市场的叫价中,表示愿意在从事当
地制造,其他企业担心墨西哥的市场被让给自己的竞争者,也纷纷表示愿
意遵守这一要求。其次,限制企业的数量,这是汽车工业结构的核心问
题。墨西哥政府想避免在阿根廷和巴西出现的外国企业过多进入的错
误,因为那样将造成市场的零碎,生产能力的过剩,产品价格的过高。考
虑到提高生产效率,各企业都不反对限制企业进入的数目,但都担心自己
被排除在外。特别是外国企业担心墨西哥政府会保留本国企业,排除外

　　① Douglas C. Bennett; Kenneth E. Sharpe: Agenda Setting and Bargaining Power: The Mexican State Versus Transnational Automobile Corporations, *World Politics*, Vol. 32, No. 1(Oct., 1979). p. 67.

国企业。因此,进行了大量的游说活动。第三,企业行为问题。诸如零部件的标准化、冻结车型、限制可以接受的品牌和车型的数量等规定,目的是保持经济规模,提高生产效率,但这与美国公司的产品差异化战略发生了冲突。第四,所有权问题。所有企业 50% 以上所有权必须为墨西哥人所拥有的规定,反映了墨西哥国家长期坚持的民族主义方向及其鼓励和保护墨西哥私人投资的愿望。但福特和通用坚持 100% 拥有子公司,并不想墨西哥化。

当 1962 年汽车法令出台的时候,汽车工业计划与发展委员会的政策建议被作了重要的修改。法令保留了 60% 的本地汽车内容和限制终端企业垂直一体化的要求,但没有提到这些企业的墨西哥化;没有提到限制品牌、车型或零部件的标准化;也没有提到限制该行业中终端企业的数量。汽车工业计划与发展委员会的政策建议之所以没有在法令得到充分体现,主要原因是在与墨西哥国家的讨价还价的过程中,跨国公司子公司动员了它们母国政府的政治力量向墨西哥政府施加压力。另一方面,墨西哥政府内部各部门之间的分歧也限制了讨价还价力量的实际操作。首先,在工商业部和财政部之间存在一种部际之间的冲突,1959 年工商业部成立之前,由财政部负责控制进口关税与配额,工商业部成立之后,这一权力转移到了工商业部,财政部反对让权,两部争吵有时很激烈。这种冲突使它们在讨价还价过程中不能相互合作,结果破坏了国家讨价还价的力量。其次,在工商业部内部也存在严重的分歧。部门领导和部长之间意见不同,部门领导从技术角度倾向于实行强硬路线,但部长和副部长从六年任期的政治角度考虑问题,为了下一个任期能够升职,希望尽量减少政治风险,除非有总统的直接支持,一般情况下不愿意与外国公司发生直接冲突。他们更倾向于采取妥协路线,如在限制外资企业数目的原则下,他们倾向于外资来源的多样化。[1]

---

① Douglas C. Bennett; Kenneth E. Sharpe: Agenda Setting and Bargaining Power: The Mexican State Versus Transnational Automobile Corporations, *World Politics*, Vol. 32, No. 1 (Oct. ,1979). p. 85.

　　在经过反复讨论和修改之后,1962 年 8 月 25 日墨西哥政府颁布了第一部汽车工业法令,正式提出了实现国内制造汽车的计划。该法令旨在增加整车和零部件的国内制造,建立完整的国内汽车工业生产体系,以推动经济全面发展。法令规定,在墨西哥从事汽车生产的企业,必须尽快达到 60% 的国产化水平。与巴西 90% 的国产化水平要求相比,墨西哥的要求比较低,因此对跨国公司具有很大的吸引力。法令还规定,禁止汽车制造业的垂直一体化(发动机除外),以保证创建一个独立的汽车零部件制造业。为此汽车制造业必须首先完成两个任务,一是建立生产发动机的设施;二是让零部件制造商愿意和能够为总装企业提供满足其 60% 当地内容的零部件。[①] 墨西哥政府有意识地把从事发动机制造和整车组装的汽车制造业与零部件制造业区分开来,并且坚持民族资本在汽车零部件工业中的主体地位。另外的重要规定是,禁止进口成品车,对装配企业建立生产配额,对国内汽车销售实行价格控制。尽管 1962 年法令没有限制汽车生产企业的数目,但关于必须获得墨西哥政府批准的要求实际上起到了限制生产者数目的效果,18 个申请者仅批准了 10 个,并且保证了民族企业的地位,最初的 10 个企业中有 5 个是 100% 的墨西哥资本。[②]

　　1962 年的法令颁布之后,政府建立了最高限价制度,规定汽车(不包括豪华车型)的价格必须在 4000 美元以下。墨西哥的国内售价允许在一定范围内高于跨国公司在母国的售价,但不得超过规定的幅度。尽管该制度限制了价格的上升,但墨西哥的汽车价格仍然超过了发达国家的平均零售价格。为了提高对汽车的有效需求,政府通过在财政税收等方面的政策,将收入分配向上层和中上阶层倾斜,维持和促进了高度集中的收

　　① Mark Bennett: *Public Policy and Industrial Development*, *The Case of Mexican Auto Parts Industry*. Westview Press, 1986. p. 18.

　　② John P. Tuman and John T. Morris (edited): *Transforming the Latin American Automobile Industry: Unions, Workers, and the Politics of Restructuring*. Armonk, N. Y.: M. E. Sharpe, 1998. p. 116.

入分配模式。另外,政府为了吸引外资,还对汽车工业提供了大量的补贴。结果,从 1962 年到 1972 年,墨西哥的汽车工业得到了较大的发展,吸引的外国直接投资接近 5 亿美元,汽车销售从 65000 辆上升到 236000辆,增长了 3 倍,汽车部门的就业量从 8000 人上升到 30000 人,增长了近4 倍,国产零部件的销售从 1700 万美元上升到 32000 万美元。[①]

二、1969 年汽车出口协议和 1972 年法令

　　1962 年汽车工业法令并不完善。首先,限制汽车企业数量的原则没有得到很好的贯彻,由于大量的企业进入,品牌和车型的增多,市场变得更加零碎,构建合理市场结构的愿望落空。20 世纪 60 年代后期,墨西哥的汽车企业平均年产量大约为 12500 辆,即使到了 1971 年,每个企业的年均产量只有 17570 辆,在墨西哥的汽车价格比原产国高出 30% ~ 65%。[②] 墨西哥政府实行的生产配额制度进一步阻止了市场集中度的提高。政府根据每家公司的市场势力、市场潜力、当地参与的程度、前一年的销售量分配基本配额,汽车企业每年分配到的配额是有限的,只有通过增加出口和提高国产化比率才能换取额外的配额。但是,跨国公司显然具有更加强大的增加配额的能力。政府本来想通过生产配额制度阻止外国企业的垄断以保护民族企业的市场份额,但结果却成为墨西哥市场结构长期不合理的原因之一。

　　其次,墨西哥本国终端企业处于不利的竞争地位,出现了非民族化倾向。由于进口零部件成本高、获得足够的融资困难和缺少先进的技术能力,一些墨西哥企业并不能很快地转型为有竞争力的汽车制造企业。即使受到政府的保护,墨西哥民族汽车企业的市场份额业也下降得很快,从1963 年的 38.3% 下降到 1973 年的 14% ,到 1973 年,民族汽车企业只剩

---

　　① John P. Tuman and John T. Morris (edited):*Transforming the Latin American Automobile Industry ： Unions , Workers , and the Politics of Restructuring.* p. 116.

　　② Rhys Owen Jenkins:*Dependent Industrialization In Latin America , The Automotive Industry In Argentina , Chile , and Mexio.* p. 204.

下了两个国有企业(Vehiculos Automotores Mexicanos, Diesel Nacional)以及生产很少商用车的蒙特雷拖车公司(Trailers de Monterrey)。[①] 民族资本最终受到了跨国公司竞争优势的排挤。

再次,进口成本提高,国际收支没有得到改善。根据当地制造 60% 的直接生产成本的要求,1962 年法令带来了单位车辆进口价值的急剧下降,在 1965～1966 年汽车工业零部件进口订单绝对地下降了,但是,随着汽车销售量的增长,应该进口的 40% 的内容开始推动进口额的上涨,到 1968 年又接近了 1964 年的水平,达到 26.17 亿比索。1962 年汽车产品进口占整个商品进口的 12.6%,1967 年一度下降到 9.7%,但到 1968 年这一数字再次上升到 10.1%,并在继续增加。[②] 实行汽车工业的进口替代政策,为的是减少该行业的进口份额,但实际情形不仅没有改善,反而有恶化的趋势。

针对上述问题,1968 年到 1969 年墨西哥政府的有关机构和汽车企业酝酿了两个计划,第一个计划提出将现有的 4 个墨西哥控股或全资的汽车企业(VAM,FANASA,DINA,Auto – Mex)合并为一个墨西哥民族企业,并有克莱斯勒公司参股。该计划试图通过削减企业数目而使市场结构合理化,并通过创建一个墨西哥拥有多数股份(包括公共和私人所有权)的企业扭转外国所有权扩大的趋势,提高国产化水平,进一步深化汽车工业的进口替代,减少国际收支的逆差。第二个计划提出,通过要求企业以出口不断增加对它们汽车进口内容的补偿来推动出口。通过将汽车销售推向国际市场而促进汽车工业的发展,通过出口赚取外汇而减轻国际收支的压力。该计划基本不触动原有的市场结构,也不关心加强墨西哥企业所有权问题。虽然这两个计划都是为了提高汽车工业的效率和改善国际收支,但途径不同,前者通过重组市场结构和清理进口替代的障碍

---

① Rhys Owen Jenkins: *Dependent Industrialization In Latin America*, *The Automotive Industry In Argentina*, *Chile*, *and Mexio*. p. 150.

② Douglas C. Bennett and Kenneth E. Sharpe: *Transnational Corporations Versus the State*: *the Political Economy of the Mexican Auto Industry*. pp. 151 – 152.

来实现,后者通过促使墨西哥企业参与激烈的国际竞争来实现。

最先出笼的是第一个计划,是由墨西哥汽车制造的老板加斯东·阿斯卡拉加(Gaston Azcarraga)和克莱斯勒公司提出的,并得到了墨西哥财政部的支持。就在合并计划被认真考虑了 18 个月快要被批准的时候,第二个计划出笼了,它是墨西哥工商业部提出来的,并得到了福特公司的响应。工商业部相信,只要福特公司同意这一方案,其他公司也会同意,否则它们就有被挤出墨西哥市场的危险。果然,在出口计划经过修改之后,福特接受了它,并希望其取代合并计划。因为出口计划将允许保留传统的市场和生产战略(诸如增加品牌和经常更换车型),并将使墨西哥的经营与全球生产组织融为一体。

1969 年夏末,两个汽车政策的不同建议摆在了总统的面前,它们赋予了汽车工业非常不同的发展道路的概念,墨西哥所有权的重要性和市场结构的重组在这两条道路中的分量是很不一样的。奥尔达斯总统最终选择了出口计划。原因可能是多方面的,但最重要的恐怕是出口计划承诺减轻国际收支压力和扩大生产能力,同时又不会发生很多的政治纠纷。主要的国家技术官僚拥护出口计划,墨西哥银行总裁和在奥尔达斯上台后进入政府的其他技术官僚也都倾向于强调出口,这个时候(20 世纪 60年代中期)发展经济学中新古典主义的复兴恰好在墨西哥政策制定者中间找到了知音。① 而合并计划遭到了墨西哥汽车车辆公司(VAM)和国家柴油汽车公司(DINA)的强烈反对,克莱斯勒也未能就新合并企业的股权安排与墨西哥政府达成协议。这样,合并计划在讨价还价过程中失败了。

根据 1969 年奥尔达斯总统批准的出口协定,每个终端企业必须用出口补偿一种稳定上升的零部件进口比率。这些出口的 60% 可以是终端企业本身制造的产品,其他的 40% 必须是它们的供给商的产品。② 这样,

---

① Douglas C. Bennett and Kenneth E. Sharpe:*Transnational Corporations Versus the State*:*the Political Economy of the Mexican Auto Industry*. p. 156.

② Douglas C. Bennett and Kenneth E. Sharpe:*Transnational Corporations Versus the State*:*the Political Economy of the Mexican Auto Industry*. p. 175.

就将出口的责任交给了跨国公司的终端企业,它们将不得不使产品适合于出口,并解决市场出路问题,否则,将面对出局的前景。1969年出口协定标志着墨西哥的汽车工业政策从进口替代转向促进出口。

1970年埃切维利亚总统上台后,仍然任命吉列尔莫·贝克尔(Guill-ermo Becker)为工商业部长,在上届政府的后期他就已经在这个职位上了。从政策的连续性考虑,也从出口导向的汽车工业政策被认为能够赚取外汇补偿进口、创造就业机会和进一步推动工业化考虑,新政府选择了继续推动1969年协议,并1972年10月24日以法令的形式,充实了这一政策。新法令的主要内容包括:首先,它肯定了1968年协议,将每个总装企业的生产配额(即在国内市场的份额)与出口表现联系起来;其次,提高了进口补偿水平,总装企业的汽车出口必须补偿进口价值。1973年这一补偿水平是30%,1976年就上升到了60%。第三,要求汽车中所包含的由墨西哥供给者制造的零部件要等同于进口价值。这后两项要求(进口补偿和国内零部件内容)使得提高出口的水平很困难,因为国内来源的零部件的成本更高。相反地,没有国内内容的出口将不一定改善部门收支平衡。第四,1972年法令提供了对国内销售的刺激,继续试图通过将总装企业的品牌数目和车型限制在三、四种,以使汽车工业合理化到更好地适合国内市场。[1] 另外,创建了汽车工业部际委员会,加强对汽车工业发展的领导。1972年法令主要想解决汽车工业中面临的国际收支赤字问题,以及跨国公司支配的终端(总装)工业与民族企业支配的零部件工业之间的矛盾。但是,并不成功。

三、1977年汽车工业法令

1969协定和1972年法令并没有扭转汽车工业的贸易赤字,作为1974~1975年世界经济萧条的结果,硬性出口的要求被大多数企业打了

---

[1]　John P. Tuman and John T. Morris (edited): *Transforming the Latin American automobile industry: unions, workers, and the politics of restructuring.* p. 117.

折扣,它们不能完成出口的要求。同时,非民族化在继续,市场拥挤和无效的现象仍然存在,国际收支继续恶化。此外,国际企业垄断性地控制了出口市场,它们的出口大多是企业内部贸易,是国际化企业全球一体化生产的一个组成部分。作为对这些问题的回应,墨西哥工商业部的官员开始考虑修改政策,但他们没有充分认清世界汽车工业发生的变化,他们假定改变现状的最好选择是提高国产化的比重。1976 年 3 月 8 日,由汽车工业部际委员会提出了一项新政策草案,主旨是在不放弃出口推动的前提下,再次强调进口替代,硬性要求本地内容的出口到 1981 年将达到80%,并且按照更加严格的"零部件成本"计算。同时,政府通过零部件标准化和鼓励现存终端企业的合并等手段,尽量保证本地内容比率的提高不影响国内价格。在贸易方面,终端企业必须 100% 地以出口补偿进口。[①] 但这个建议由于一部分政府官员的反对,更主要的是由于埃切维利亚政府末期出现的经济和政治危机而流产。

20 世纪 70 年代前半期,国际汽车工业正在发生新的变化。首先,由于跨国公司母国市场正趋于变饱和,因此,非常容易受到商业周期波动的打击,企业之间的竞争也日益加剧;其次,欠发达国家市场的重要性增加,由于欠发达国家汽车制造业效率太低,因此,成为跨国公司竞相改造的对象;第三,1973 年石油危机迫使跨国公司考虑减少大排量汽车的生产,向节能型小汽车转产,这种转型需要大量新的投资,从而为发展中国家提供了机遇;第四,一些国家的政府为汽车出口提供补贴,诱导跨国公司改变投资战略。作为发达国家市场变化和日益增加的美、欧、日本企业之间强烈竞争的结果,国际企业感兴趣于全球规模的合理化生产,诸如寻求世界范围的经济规模和利用发展中国家的低工资。一些跨国企业希望通过承诺服从出口要求,换取一种当地内容比率的减少,因为后者阻止了全球生产的合理性。总之,这些变化使得国际企业更容易接受下一轮的汽车

---

① Douglas C. Bennett and Kenneth E. Sharpe:*Transnational Corporations Versus the State:the Political Economy of the Mexican Auto Industr.* p. 201.

出口。

　　波蒂略上台之后,为了加强对汽车工业的领导,改组了政府部门。原来的工商业部被分成两个部分,一是成立单独的商业部,二是将工业部与国有资产管理部合并,成立新的国有资产和工业发展部(Secretaria de Patrimonio y Fomento Industrial or SEPAFIN),除了税收减免、补贴和其他财政激励措施仍保留在财政和公共信贷部之外,国有资产和工业发展部现在控制了所有工业发展的政策工具。这种改组使得汽车工业政策得到了更好的协调。1977 年 10 月 18 日,政府颁布了一个新的汽车工业法令。与1976 年草案不同,没有突出强调进口替代,而是从进口替代和汽车零部件工业墨西哥化的方向进一步转向强调出口。

　　新法令的主要内容如下:(1)终端企业在未来的五年之内必须逐步消除国际收支赤字,不仅要用出口补偿它们在墨西哥装配汽车所用的零部件进口,而且还要补偿其他外国支付(如运费、保险费、技术使用费等),以及在国内购买的零部件中的进口成分;(2)出口价值的50%(过去是40%)必须来源于国内的零部件企业(零部件企业继续保持墨西哥资本占60%的所有权不变);(3)鉴于它们寻找出口机会特别困难,对终端工业中的两个墨西哥控股企业(DINA 和 VAM)给予特殊优惠;(4)进口替代不能完全地被放弃,终端企业的国产化要求必须略高于以前政策的规定;(5)规范手段发生了很大变化,价格控制被取消了,更多地强调市场制约而不是直接的指令[①]。

　　与1976 年草案不同,该法令几乎没有经过企业和政府之间的预先讨论。对这一法令的讨价还价发生在它被颁布之后。由于外国企业被国际竞争所迫参与了全球生产的重组,并根据这一战略进行了新的投资,一般说来,它们并不抵制这一轮的出口推动政策。因此,对新政策的最初反应是普遍地拥护。但是,在终端企业中不久又发出了抱怨之声,有些终端企

---

　　① Douglas C. Bennett and Kenneth E. Sharpe: *Transnational Corporations Versus the State: the Political Economy of the Mexican Auto Industry.* pp. 204 - 205.

业试图修改这一法令,为首者是福特公司。在随后的讨价还价中提出了许多问题,但主要的有4点:(1)补偿的程度。终端企业认为,对它们要求的出口水平太高,特别是要求它们补偿从国内购买的零部件中的进口成分,一位经理说:"这个玩笑开得太离谱!"。(2)时间问题。终端企业抱怨新政策要求它们实现出口的时间太快,它们说,增加的出口需要新的投资,这需要花费数年的时间来计划和完成。(3)来源问题。终端企业反对那种要求它们出口价值的一半来源于独立的或墨西哥控股的零部件企业,对这些企业它们没有控制权。(4)对外资企业的歧视。新法令中的一些条款似乎有利于墨西哥控股的企业,DINA 和 VAM 的出口义务较轻,某些活动专门为墨西哥企业所保留,如制造柴油卡车,福特对此特别恼火。[①]

跨国公司在讨价还价中试图减轻或延缓法令条款的实行或者得到某种例外的对待。亨利·福特甚至亲自到墨西哥会见了总统,要求由福特公司制造柴油卡车,但是遭到拒绝。单有福特自己的反对并不能改变法令,只有采取集体行动才能获得墨西哥政府的让步。但是,其他跨国公司却尽量保持一种低姿态。在墨西哥政府内部也没有福特的联盟,这一次政府部门没有发生分裂。但福特在别的地方找到了联盟,这就是美国政府的支持。美国政府出于对贸易、投资和劳动力的关心,认为墨西哥利用政府补贴推动出口是对美国自由贸易体制的挑战;将柴油卡车的制造保留给墨西哥自己的企业是对美国投资者的歧视;并担心墨西哥的新出口政策会夺走美国工人的工作。但这些观点在1977年12月召开的一次由美墨政府官员参加的咨询机构会议上,遭到了墨西哥官方的有力驳斥。同时,12月发生的另一件事情也改变了跨国公司与墨西哥政府之间的谈判,即通用汽车公司宣布开始进行一项新的投资,该投资足以完成政府法令所要求的出口规模。一旦通用采取了行动,其他跨国公司随后也纷纷

① Douglas C. Bennett and Kenneth E. Sharpe:*Transnational Corporations Versus the State*:*the Political Economy of the Mexican Auto Industry.* pp. 211 – 212.

宣布要扩大适应出口的生产能力。结果,福特在改变政策和撤出墨西哥的威胁方面未获成功。通用首先服从了墨西哥的出口政策,作为一种"防御性投资"反应的结果,这一次福特成为一个"跟随者"。国家成功地利用了墨西哥市场作为讨价还价的筹码。

根据本内特和夏普研究,墨西哥在这次讨价还价中的胜利主要是因为跨国公司与墨西哥政府之间的冲突并不严重,它们在出口推动问题上有着共同的利益,仅仅是在实行方式上产生了分歧。对墨西哥国家来说,国家技术官僚知识和经验的增加是讨价还价中成功的关键;其次是政府各部门之间的团结;第三是墨西哥新近发现了大量的石油储藏,意味着将有一个繁荣的经济前景,所有外国企业都不想失去这一市场。对跨国公司来说,它们仍具有资本、技术、管理经验和市场渠道的优势,但这些因素只有在外国企业站在一起的时候才能在谈判中发挥作用。但这种团结一致往往是不可能的。美国政府的支持未能持久,也是由于其政府内部各部门之间发生了分歧。[1]

四、争取汽车工业合理化的 1983 年法令

从1977年到1983年,墨西哥汽车制造业又经历了一个兴衰过程。汽车销售从1977年的28.7万辆增加到1981年的56.1万辆。但随着1982年政治经济危机的出现,销售从1982年的46.2万辆猛然下跌到1983年27.2万辆,1984年只有21.8万辆。[2] 在繁荣高峰的1981年,由于石油收入的推动,墨西哥国内汽车销售为34万多辆,达到了历史最高水平,墨西哥也跻身于世界汽车制造第10大国的行列。但是,国内汽车销售的增加意味着要大量增加零部件的进口,同时减少了可用来出口的零部件的数量;经济萧条使发达国家减少了汽车进口;新建的出口项目需

① Douglas C. Bennett and Kenneth E. Sharpe: *Transnational Corporations Versus the State: the Political Economy of the Mexican Auto Industry*. pp. 224–225.

② Van R. whiting, JR: *The Political Economy of Foreign Investment in Mexico, Nationalism, Liberalism and Constrains on Choice.* p. 221.

要数年的时间才能产生效果。因此,墨西哥的汽车工业产生了巨大的贸易赤字,1981 年占整个墨西哥商业贸易赤字的 58%,[1]产生的外汇赤字达 20 亿美元。[2]

鉴于这种情况,1983 年 9 月德拉马德里政府颁布了一部新的工业汽车法令,这是墨西哥颁布的第四部汽车工业法,该法关注的重点是减少汽车工业的贸易赤字和促进汽车工业结构的合理化。主要内容如下:

首先,法令增加了国产化(当地内容)的要求,从当时的 50% 增加 1986 年的 55%,到 1987 年再增加到 60%。对卡车和公共汽车的国产化要求也增加了。法令试图通过增加国产比率来控制贸易赤字;其次,法令没有放弃出口推动,仍然要求企业以出口补偿进口,或保持一种国际收支赢余,而不仅仅是贸易收支赢余。第三,法令试图通过减少品牌和车型来改善汽车工业结构。1981 年狭小的墨西哥市场被 7 家制造商,19 种品牌和 47 种车型所分割。太多的制造商、品牌和车型的结果就是减少出口和增加进口,因为小批量车型的零部件只能进口,企业不可能以竞争价格在国内生产,因此,减少品牌和车型就使国产化水平的提高成为可能。法令要求汽车企业减少它们所生产的品牌和车型的数量。规定到 1984 年,任何一个企业不许生产 3 个以上的品牌和 7 种以上的车型,到 1985 年分别限制为 2 个品牌和 5 种车型;到 1987 年只能生产 1 个品牌和 5 种车型。如果企业能够证明它的外汇是自给自足的,新车型生产的一半是为了出口的话,那么,这个企业可以增加一个车型。第四,要求 25% 的商用车是"简洁的",没有装饰设备的廉价车型,禁止 V-8 引擎在国内消费,限制奢侈设备的进口。这种规定的目的是反对奢侈消费,减少国内通货膨胀。另外,法令建立了"汽车部门咨询委员会",使装配企业参与到与工业有

①　Douglas C. Bennett and Kenneth E. Sharpe: *Transnational Corporations versus the state: the political economy of the Mexican auto industry.* p. 274.

②　Van R. whiting, JR: *The Political Economy of Foreign Investment in Mexico, Nationalism, Liberalism and Constrains on Choice.* p. 22.

关的决策进程。[①]

　　1983年法令的颁布推动了北部边境地区新的汽车工业中心的兴起。实际上，新工厂的大多数计划和建设在法令颁布之前已经在进行了。法令进一步加强了墨西哥汽车工业中的二元体系，一是在墨西哥城周围的旧工业中心，主要为国内市场生产大量过时的车型；二是北方边境州新兴的现代汽车工业中心，主要面向国外市场，出口美国。到1983年法令颁布的时候，许多新的北方汽车工厂正在建造或已经完成。最引人注目的是，福特在索诺拉（Sonora）的一个工厂投资了5亿美元，生产将近103000辆成车，大多数出口美国市场。通用实现了外汇账户的平衡，将它的生产线从得克萨斯转移到墨西哥。克莱斯勒在1985年2月宣布了将生产线从米却肯转移到墨西哥城的计划。尼桑也着手一项新的投资。[②] 低工资和熟练劳动力，以及软比索，继续的全球一体化生产倾向，使得墨西哥成为一个有吸引力的出口地。1983年法令通过对出口要求，成功地迫使国际汽车工业在它们的全球生产计划中给予墨西哥一个重要的位置。

　　世界范围内工业结构的变动与1982年金融危机结合在一起，推动德拉马德里新政府更坚定地放弃原先工业政策中的进口替代方向，转向了一种贸易和投资的自由体制。在这一轮的讨价还价中，全球竞争导致跨国公司竞争性地服从了墨西哥政策偏好。结果是，从1980年以来汽车出口每年都大量增长，1983年实现了贸易顺差，到1988年贸易顺差已经达到了13.76亿美元，[③]从墨西哥贸易赤字的大户转变为对贸易顺差做出重要贡献的大户。

---

　　① 　Douglas C. Bennett and Kenneth E. Sharpe：*Transnational Corporations Versus the State：the Political Economy of the Mexican Auto Industry*，p. 273 – 274；John P. Tuman and John T. Morris（edited）：*Transforming the Latin American AutomobileIndustry：Unions，Workers，and the Politics of Restructuring.* pp. 118 – 120.

　　② 　Van R. whiting，JR：*The Political Economy of Foreign Investment in Mexico，Nationalism，Liberalism and Constrains on Choice.* p. 223.

　　③ 　Van R. whiting，JR：*The Political Economy of Foreign Investment in Mexico，Nationalism，Liberalism and Constrains on Choice.* p. 223.

小 结

1925 年美国福特汽车公司在墨西哥城建立了第一家装配厂,标志着墨西哥汽车工业的诞生,到 1958 年墨西哥已经有 12 家汽车装配企业,其中 10 家为墨西哥人所有,但这些企业所生产的汽车,其零部件几乎全部从国外进口。1962 年墨西哥政府颁布了"汽车工业法",要求汽车工业 60% 的零部件实现国产化,从此开始了进口替代的过程。此后,墨西哥汽车工业逐渐分成以外资为主的汽车主体工业(汽车总装业)和以本国资本为主的汽车辅助工业(汽车零部件工业)两个部分,墨西哥汽车工业得到了长足的发展,但也越来越为跨国公司所控制,到 20 世纪 70 年代初,外国控股企业占墨西哥汽车整车制造业总产量的比重达到了 84.6%。到 20 世纪 60 年代末和 70 年代初,鉴于汽车工业发生的问题,墨西哥政府又引导汽车工业的生产进入了出口推动阶段。

所谓汽车工业发生的问题主要是与跨国公司有关的一系列扭曲现象,包括墨西哥企业的非民族化;跨国公司不愿意投资于那些推动工业化和增长的活动;制造不适合的产品和使用不适合的工序;改变当地的市场结构;干预当地的政治进程和结构;加重国际收支的困境;强化不平等的收入分配模式等等。

虽然都是为了汽车工业的发展,但墨西哥政府与跨国公司的目标存在分歧,前者是为了促进本国工业化和经济发展,后者是为了企业利益最大化。因此,自从汽车工业建立后,双方随着汽车工业的不断发展进行了阶段性的博弈,墨西哥政府先后颁布了 1962 年汽车工业法令、1969 年汽车出口协议和 1972 年法令、1977 年汽车工业法令、争取汽车工业合理化的 1983 年法令,分别围绕汽车零部件国产化比例、跨国公司在墨西哥企业的数目、跨国公司企业的行为、所有权比例、出口比例等问题,对跨国公司占支配的汽车工业的发展进行了引导和管制,跨国公司或动员母国政府、或利用墨西哥政府内部的矛盾、或与当地大资本结成联盟与东道国政府展开了激烈的讨价还价,在1962年的第一轮谈判中,由于各主要国家的跨国公司争相进入墨西哥,而东道国政府掌握了市场准入的王牌,因此,东道国实现了国产化比例60%的基本谈判目标。在1977年的那一轮谈判中,由于跨国公司为国际竞争所迫参与了全球生产的重组,在出口推动问题上与东道国存有共同的利益,也就是说墨西哥出口推动的目标顺应了国际工业结构改组的趋势,因此,东道国也实现了谈判的基本目标。实践表明两点经验:一是,在与跨国公司的较量中,东道国可以取得成功;二是,东道国在博弈中的成败,既取决于双方力量的对比,又取决于国际环境的制约,墨西哥法令得以颁布并取得成效的时候,往往既是墨方手中握有王牌,同时又是顺应了国际时势的变化、使谈判双方感到共同利益大于分歧的时候。

第七章 跨国公司与墨西哥的制药业

墨西哥的制药业是国际化程度最高、跨国公司涉足最深的行业。本章选择制药业作为剖析对象,说明跨国公司在支配墨西哥的制药业之后,利用各种公司内部经营战略,赚取了大量利润,特别是通过对技术研发的控制,加强了墨西哥对发达国家技术的依赖,当地的传统草药被现代药品取代,下层百姓的健康条件并没有得到相应的改善。墨西哥政府通过颁布有关法律、建立制药部际委员会、建立国营制药企业等措施对跨国公司的行为加强了干预。同时,本章着重选择墨西哥类固醇荷尔蒙业的案例,对跨国公司与东道国的关系做了更加深入阐释,表明这一原来墨西哥占优势地位的制药行业是如何为跨国公司取代,政府又是如何为挽回败局而通过国营企业与跨国公司博弈的。

第一节 跨国公司与墨西哥的制药业

制药业从规模角度看远不如汽车工业,但它是世界上最国际化的产业之一。领先的制药业跨国公司比其他行业具有更多的海外子公司。在20世纪70年代中期,在领先的美国制药业公司中,海外销售占其整个销售量的大约1/3到1/2,在欧洲公司中,该数字大约为1/2以上。①这种高度国际化是制药业的行业特点决定的,首先,该行业研究和开发的成本高,需要世界范围的生产规模和海外扩张来分摊;其次,为了获得世界范围的市场,外国直接投资成为该行业国际化的主要手段;第三,剂量药生产属于劳动密集型生产,当地政府往往会迫使跨国公司通过建立子公司或出售专利由当地生产。有些国家的专利法规定不保护那些当地不生产的进口商品,这也成为跨国公司从事当地生产的动机;最后是资本竞争中的"寡占反应战略"②促进了制药业生产的国际化。

　　如其他主要拉美国家一样,在1930年之前墨西哥的药品几乎完全依赖于进口。1930年以后开始了制药业的进口替代生产,到20世纪40年代,墨西哥已经建立起来几家本国资本拥有的制药公司,如西恩特科斯公司(Syntex)、迪奥西恩斯公司(Diosynth)、格罗斯曼实验室(Laboratorios Grossman)、卡尔诺特科学产品实验室(Laboratorios Carnot Productos Cientificos)、奇诺因药品公司(Chinoin Productos Farmaceuticos)。到20世纪50年代末开始进入新的发展阶段,即由当地从事一些抗生素和其他活性成份的生产,这种发展伴随着跨国公司的直接投资的进入,但随之出现了一些制药公司的"非民族化",如20世纪50年代末和60年代类固醇荷尔蒙业的"非民族化"。作为这种跨国公司扩张的结果,到20世纪70年代中期,35个最大的制药企业中没有一个是本国公司。同时,外国子公司

---

　　①　Rhys Jenkins：*Transnational Corporations and Industrial Transformation in Latin American*,The Macmilan Press Lid,1984. p. 75.

　　②　所谓"寡占反应战略"来源于"寡占反应理论",该理论的提出者尼克博克(Frederick T. Knickerbocker)发现,在一些寡头垄断性工业中,外国直接投资很大程度上取决于竞争者之间相互的行为约束和反应。寡占反应行为是导致战后美国跨国公司对外直接投资的主要原因。所谓寡占反应战略是指每一家大公司对其他大公司的行动都十分敏感,紧盯着竞争对手的行动,一旦竞争对手采取对外直接投资,就紧随其后实行跟进战略,以维护自己的市场份额。寡占反应行为导致跨国公司对外直接投资的成批性。见 Frederick T. Knickerbocker, *Oligpolistic Reaction and Multinational Enterprise*. Boston：Division of Research, Graduate School of Business Adminstration, Harvard University. 1973.

占成品药出口的94%,并控制了药品活性成份生产的99%。[①] 到1980年墨西哥的全部药品销售超过了10亿美元,其中私人部门占75%,公共部门占25%。当地成品药的消费几乎完全由当地生产满足。但是,药品生产所用原料的1/2以上仍然依靠进口,跨国公司占全部销售额的85%和更大比例的出口。[②] 尽管墨西哥是第三世界药品出口的领先者之一,其药品进口的绝对水平大大地超过了其出口,因此,墨西哥制药业的贸易赤字稳定上升,1970年为50100万比索,到1975年上升为103500万比索,年增长率为16%(见表8.1)。

表8.1 1970~1975年墨西哥40个最大制药企业进出口平衡表(比索)

年份	进口	出口	差额
1970	693499865	192790386	− 500709479
1971	810712610	269214617	− 541497993
1972	958697839	283746001	− 674951838
1973	1250473879	403378704	− 847095175
1974	1594124328	514419440	− 1079704888
1975	1491493542	456325335	− 1035168207
年均增长率16%	(1970 − 1975)	17%	19%

资料来源:De Maria y Campos, La Industria Farmaceutica en Mexico. *Comercio Exterior*, 27, No. 8 (August) 1977. p.898.

另一资料也表明了墨西哥制药业发展的类似趋势。到1980年墨西哥制药业市场的特征是外国企业占支配地位的差异性垄断,外国企业控制了生产价值的75%,并在1977~1982年一直保持了这一比例。由于跨国公司之间对墨西哥市场的竞争,导致了市场的过分零散,因此经济集

① Rhys Jenkins:*Transnational Corporations and Industrial Transformation in Latin American.* pp. 82 – 83.

② Richard Newfarmer (edited):*Profits, Progress and Poverty: Case Studies of International Industries in Latin America*, University of Noter Dame Press, 1985. p. 286.

中率仅为 17%。1970~1977 年制药业的产品年增长率为 10%,这种增长也同时伴随着就业的缓慢增加,这种生产快速增长和就业缓慢增长的关系说明制药业的生产率在提高(见表 8.2)。到 1982 年,尽管墨西哥消费的 98.8% 的药品是当地生产的,但从整个制药业看,这一当地生产的比例仅为 43%,也就是说由大量原料和中间产品依赖于进口。[①]

表 8.2　墨西哥制药业的结构和动力特征

商品类型	市场类型	领先者	外企比重	经济集中率	在制造业中的份额%		就业人数		制药业产品年均增长率	
					1979	1980	1970	1980	70－77	77－81
现代非耐用商品	差异性垄断	外国企业	74.9%	17.1%	2.3	1.6	33647	40719	10	5.9

资料来源:Wilson Peres Nunez, *Foreign Direct Investment and Industrial Development in Mexico*, OECD Development Center Paris, 1990. p. 13.

　　在发达国家,战后制药业跨国公司的竞争战略主要依靠两种,即通过技术创新和专利保护而创造的产品差异和推广公司的商标。由于价格长期为当局所控制,因此,价格竞争不是制药业竞争的主要手段。在拉美国家,跨国公司采取了与母国同样的竞争策略,唯一区别在于新产品的上市不是基于本地的研究与开发,而是从母国引进。在 20 世纪 70 年代初,墨西哥制药业引进的产品数目达到 12000 种以上,其中抗生素的种类就达 1600 多种,这种产品的差异性说明了墨西哥市场结构的分散性,企业可以利用这种情况生产模仿性产品以保证在特定市场上的立足点。促进销售是竞争战略的第二种方式,在拉美国家,这方面的花费占整个销售价值的比例有时比发达国家要高,对墨西哥 14 个公司的抽样调查表明其大约占 27%。[②] 促销的主要手段是拜访开处方的医生、医药代表(零销商)和

　　① 　Wilson Peres Nunez, *Foreign Direct Investment And Industrial Development In Mexico*, OECD Development Center Paris, 1990. p. 140.

　　② 　Rhys Jenkins: *Transnational Corporations and industrial Transformation in Latin American*. pp. 86－87.

提供免费样品,但用在介绍性杂志上的开支比较少。由于跨国公司的产品差异战略和促销战略推动了成本的上升,而缺乏价格竞争又导致了价格居高不下,因此,墨西哥等拉美国家的药品一般都很昂贵。

　　制药业在发达国家是利润率最高的行业之一,但在拉美国家情况似乎并非如此,有时跨国公司的利润率甚至比当地企业低,鉴于该行业相对低的生产成本和当地研发支出很少,出现这种情况很令人奇怪。对 23 个美国跨国公司子公司的抽样调查显示,1972 年墨西哥制药业跨国公司子公司的净利润率为 15%,包括专利费的利润率则为 23.8%,[①]可见所公布的低利润率的原因之一是没有包括专利费。另一个重要原因是跨国公司利用"转移价格"掩盖了实际的利润。转移价格是公司内部的贸易价格,跨国公司往往通过进口价格的高估和出口价格的低估来掩盖利润,从而避免多向当地政府纳税,如果是合资企业则可以少分给合伙人利润。拉美国家的制药业一直在很大程度上依赖于原料的进口,1974 年墨西哥40 个领先的制药业公司的全部进口等于它们销售价值的 39%。跨国公司往往高估原料进口价格,在被调查的 12 种产品中,有 11 种产品的价格高估大于 30%,其中的 5 种大于 300%。[②]同时,也经常低估其出口价格,如墨西哥的 6 个生产类固醇荷尔蒙的跨国公司子公司都低估其出口价格,据估计在 20 世纪 70 年代初因低估荷尔蒙出口价格而给墨西哥带来的收入损失每年约为 8000 万美元。有证据表明墨西哥的其他制药业公司也存在出口价格低估的问题。[③] 因此,如果将专利使用费和转移价格的因素也考虑在内的话,墨西哥制药业的利润率远远高于跨国公司全球经营的平均利润水平。

　　制药业跨国公司的技术研究和开发主要集中在母国,如美国公司在

　　① Rhys Jenkins: *Transnational Corporations and industrial Transformation in Latin American.* p. 90.

　　② Rhys Jenkins: *Transnational Corporations and industrial Transformation in Latin American.* p. 92.

　　③ Rhys Jenkins: *Transnational Corporations and industrial Transformation in Latin American.* p. 93.

20世纪70年代初93%的研发开支花费在美国,其余7%花费在西欧。即使在拉美最先进的国家中,当地的研发也非常有限。据估计阿根廷和墨西哥研发开支的平均水平大约为销售额的1.1%。1972年在墨西哥的美国子公司在当地研发方面的开支仅为0.9%。① 因此,业界普遍认为,"尽管墨西哥制药业的质量不低,但其本身却没有任何技术能力。"②制药业技术研究和开发在地理上的集中带来了的不良影响,首先,它加强了墨西哥对发达国家技术的依赖,导致了劳动的国际分工在跨国公司内部的复制,其中领取高薪的白领工作集中在发达国家,而简单劳动则保留在墨西哥,这也是导致跨国公司为补偿在母国的固定成本而通过转移价格转移大量利润的因素之一。其次,导致了研发类型偏向于发达国家的富贵病,而忽视发展中国家的常见病。如一项在墨西哥的研究表明,在城市地区的中上阶层中存在的最严重的疾病类似于世界其他地方的同一阶层的疾病,如癌症、心脏病、脑血管疾病,而农村地区死亡的主要原因仍然是在城市地区已经被消灭了的两种传染病(麻疹和百日咳)以及贫血症、维他命缺乏症和支气管炎③。因为与治疗大众百姓的疾病相比,治疗富贵病更获利,因此是资本积累的逻辑决定了该行业研发的方向。

跨国公司制药业在拉美国家渗透的另一结果是传统的当地草药被发达国家开发的现代药品取代。尽管墨西哥具有丰富的当地草药和一些传统的治疗方法,但由于跨国公司的竞争活动导致了人们对传统草药信心的丧失,一些传统的治疗方法也被遗弃。在农村地区,昂贵的现代药品取代了廉价的、在当地可以获取的草药,但人们的身体健康却并没有得到相应的改善。更重要的不良影响是其重治疗轻防治的倾向,因为农村地区的主要疾病是营养缺乏症和某些传染疾病,这些疾病依靠技术比较简单

---

① Rhys Jenkins: Transnational Corporations and industrial Transformation in Latin American. p. 97.

② Wilson Peres Nunez, *Foreign Direct Investment And Industrial Development In Mexico*, p. 141.

③ M. Campos, La Industria Farmaceutica en Mexico, in F. Fajnzylber (Edited) *Industrializacion e Internacionalizacion en La America Latina*, Vol, 2 (Mexico City: Fondo de Cultura Economica, 1981. pp. 634 – 635.

的预防措施会更加有效,如改善农业和营养条件,改善卫生和供水系统,讲究个人卫生,对蚊子苍蝇的控制等,但是,跨国制药公司的主要兴趣是治疗方法,它们在药品促销方面的开支保证了它们所推行的健康模式的持久化。

作为对跨国公司制药业带来问题的回应,墨西哥政府在 1972 年到 1982 年之间采取了一系列措施来减少跨国公司的负面影响,并增加国家对该行业的控制。这些措施的一个主要方面是建立有关的新法律,包括 1972 年的技术转让法、1973 年的外国投资法和 1976 年的技术发明和商标法。其中 1972 年的技术转让法被认为是最成功的,该法建立了一种技术转让的国家注册,审查所有那些因利用技术和诀窍向墨西哥公司索价的外国公司,如果一项协定被认为在价格、期限、出口限制、购买条件等方面过于苛刻的话,注册就不被批准。大多数被驳回的协定经过重新修订后,其条件会更有利于墨西哥。1973 年的外国投资法要求在所有新建外国企业中,墨西哥资本至少占 51%,但由于"祖父条款"①的缘故,大多数制药业企业到 1977 年仍然全部为外国公司所有。1976 年的技术发明和商标法将外国专利的保护时间从 15 年减少到 10 年,并要求在专利被公布之后的 4 年之内必须被利用,否则将作废或充公。注册商标的时间为 5 年,如果被证明其被使用过的话,可以每 5 年注册一次,如果其未被有效使用或未连续注册的话,就被认为失效或充公。制药业的一个特点是通过专利给予私人企业合法的垄断,通常这种专利的好处(如较高的药品价格)给了外国公司,而所产生的成本(如因进口专利产品而增加的本地企业生产的障碍)留在了东道国。据估计,在 20 世纪 70 年代中期墨西哥跨国制药公司控制了所有专利的 85% ~ 90%。② 因此,削弱外国专利体系是发展中国家捍卫自身利益的重要手段。但是专利商标法引起了跨

---

① "祖父条款"在这里是指在法律公布之前建立的公司不受"墨西哥化"条款的影响,除非它们决定要扩大它们经营的范围。

② De Maria y Campos, La Industria Farmaceutica en Mexico. *Comercio Exterior* 27 , No. 8 (August) 1977 , p. 897.

国公司的激烈反对,到 1982 年该法律的大多数内容没有得到实施。

　　建立制药业部际委员会是加强国家干预的另一措施。根据 1978 年 11 月 17 日的行政法令,由国家 5 个部委(财政部、商业、资产部、工业发展部、农业部)和社会保障研究所(IMSS)、政府雇员社会保障和服务研究所(ISSSTE)的代表组成了一个部际委员会,该委员会公开的目的是为了"推动和规范制药业,以便于它的发展对全国健康问题的解决有所贡献",实际上它是负责制定该行业政策的第一个政府实体。为该委员会所提出并支持的主要政策路线体现在"促进制药业计划"中,该计划的年限为 1980 年至 1983 年,主要目标是:制药业的年产出增长率为 15% ~ 20%,其中出口增长率为 5% ~ 20%;保持当地消费成品药的现有 3% 水平的进口,并限制原料的进口;将墨西哥企业的市场份额从 30% 增加到 50%,将墨西哥资本的当地股权份额从当前的 28% 增加到 51%;将当地投入的份额至少提高到占全部制药业生产成本的 50%;根据产品类型和外国公司持有的股权比例将专利使用费限制在 0.5% ~ 3% 的范围以内;通过公布重要药品清单规范政府部门的采购;将墨西哥购买药品的市场分成三类,即私人的、公共的和社会的,在后两种类型市场中降低药品价格。①

　　建立国有企业是墨西哥加强国家干预的第三项主要措施。1975 年 1 月墨西哥政府创建了一个被称作"墨西哥植物化学产品公司"(Proquivemex)的国有企业,意在通过它来控制类固醇荷尔蒙药业的一种重要原料(杀鱼草)的供给,我们在后文将专门论述该企业的发展。为了推进部际委员会计划的实施,墨西哥政府在 1981 年又宣布建立第二个国有制药业企业(Vitrium),墨西哥政府占该企业 75% 的股份,另外 25% 的股份为瑞士国家制药企业(Kabivitrium)所拥有。新企业将负责基本医药品的生产、进口和销售。它将作为一个药品活性成份进口的交换场所保证以公平价格获得进口原料。同时,该企业也将加强当地研究和技术的开发,减

---

① 　*Diario Official*(Mexico). April 25,1980.

少对外国专利费和技术资助费的支付。其最大的目的之一是通过直接制造和销售来降低消费者的药品价格。这涉及到本地对活性成份的制造。在墨西哥,消费领先的药品(约占该国药品消费的2/3)的生产是基于223种活性成份(Active Ingredients),其中只有80种是本地生产的,该企业安排在1982年或1983年将生产22种新的活性成份。[1]

总之,1930年以后墨西哥的制药业开始得到发展,1950年后跨国公司开始进入该行业,跨国公司既促进了该行业的发展,但也带来了一些问题,面对这种情况,墨西哥政府做出了回应,对规范跨国公司的行为采取了一系列有效措施。为了更加深入地认识跨国公司对墨西哥制药业发展的影响和墨西哥政府对跨国公司挑战的回应,以下我们主要根据加里·杰里菲(Gary Gereffi)的研究以及其他有关资料,对墨西哥类固醇荷尔蒙业的发展作一重点剖析。

第二节　墨西哥类固醇荷尔蒙业的发展

今天人们都知道类固醇荷尔蒙是节育药的重要成分。在20世纪50年代这些荷尔蒙已经被称作"神奇的药",因为其中的可的松(Cortisone)被发现具有减轻风湿性关节炎痛苦症状的消炎功能。由于可的松产生的副作用很小,作为口服避孕药被广泛地使用,类固醇制药业因此得到快速发展。到1975年世界类固醇药的零售量达到30亿美元,在国际药业市场上仅次于抗生素和心理改善药品。

类固醇荷尔蒙业起源于德国,但从20世纪40年代以来,在几乎30年的时间里,墨西哥一直处于世界类固醇荷尔蒙业生产的领先者地位,因为创建于20世纪40年代中期的墨西哥企业西恩特科斯(Syntex)发现了

一种被称作杀鱼草(Barbasco)的当地植物,从这种植物的根茎中可以大规模地生产出各种各样的类固醇。自那以后,类固醇荷尔蒙就成为墨西哥最重要的出口创汇来源之一。1973 年,在所有第三世界和南欧国家的制药业出口价值中,墨西哥位居第二,估计为 4500 万美元,仅次于香港①。在 1975 年,类固醇占墨西哥制药业出口的 60% 以上和化工产品出口的 15%。在化学工业中,类固醇仅次于硫酸的出口价值,位居第二。在前 10 个化学产品出口公司中,有三个类固醇荷尔蒙公司位居其列。在所有工业产品出口项目中,类固醇名列第 10 位。②

墨西哥类固醇荷尔蒙业的成长经历了三个发展阶段。第一阶段是从 1944 到 1955 年,以墨西哥企业西恩特科斯(Syntex)的成立和墨西哥国内类固醇制药业的建立作为开始,结束于西恩特科斯出卖给美国工业公司;第二阶段从 1956 到 1974 年,是跨国公司大举进入和墨西哥类固醇荷尔蒙业"非民族化"时期。在此期间,6 个墨西哥荷尔蒙产品制造企业被 6 个完全为外国人拥有的跨国公司子公司取代或被再取代;第三阶段从 1975 到 1982 年,在此期间,墨西哥政府创建了墨西哥植物化学产品公司(Proquivemex),国家试图通过这一国有企业的经营,重新调整该行业的国际地位,确立一种更加民族主义的新的发展方向。

一、墨西哥类固醇荷尔蒙业的崛起

在 20 世纪 30 年代,3 个欧洲制药公司(德国的谢林公司 Schering A. G.,瑞士的西瓦公司 Ciba 和荷兰的奥尔加农公司 Organon)通过有关的加工专利和交叉许可证协定建立了卡特尔,事实上控制了人工合成的性荷尔蒙的生产和销售。这些企业的加工专利包括了所有从胆固醇中合成性

---

① Banjaya Lall, *Growth of The Pharmaceutical Industry in Developing Countries: problems and Prospects*. Vienna: United Nations Industrial Development Orgnization. (United Nations Publication, Sales No. E. 78. Ⅱ. B. 4) 1978. pp. 43 – 44.

② Gary Gereffi. *The Pharmaceutical Industry and Dependency in the Third World*, Princeton. p. 54.

荷尔蒙的方法,胆固醇是它们利用的原料。它们利用产品和加工专利限制其他企业在世界药业市场上销售性荷尔蒙。由于欧洲人使用的制作工艺过于复杂和浪费,从胆固醇中提取的性荷尔蒙的产量受到限制,价格也十分昂贵,最初为每克100美元。尽管如此,它们的技术垄断使得这三个公司能够支配该类产品的国际市场。

欧洲企业的垄断刺激了美国制药公司的竞争。它们的基本战略是通过寻找更为廉价和更为有效的类固醇荷尔蒙原料来破坏欧洲卡特尔,因为这样不仅可以允许美国人低价销售类固醇和超越提炼胆固醇的技术难关,而且可以将加工新原料的技术形成专利作为抵制欧洲人的壁垒。为此,美国的帕克·戴维斯(Parke - Davis)公司赞助宾夕法尼亚州立大学一位叫拉塞尔·马克(Russell Marker)的化学家对类固醇领域做广泛的研究,马克认为该行业应该突破的是原料瓶颈,它将注意力转向了植物,对一种稀缺的皂素(Sapogenins)植物中的薯蓣皂苷元(Diosgenin)特别感兴趣,经过一系列的试验,到1940年他已经能够证明薯蓣皂苷元可以被转化成为妊娠荷尔蒙黄体酮。随后他组织人马在美国的西南部和墨西哥寻找皂素一类的植物,结果成功地发现一种被墨西哥人称作"黑头"(Cabeza de Negro)的薯蓣科黑色块状根茎中可以得到大量的薯蓣皂苷元,这是一种在墨西哥东南部丛林中野生的藤蔓植物。由于不能说服美国制药公司将工厂迁移到墨西哥,马克就辞退了在宾夕法尼亚的工作,在墨西哥城租了一间实验室开始探索如何提取类固醇的工作。

墨西哥有个叫荷尔蒙实验室(Laboratorios Hormona S. A.)的有限公司,从事包括来源于动物的自然荷尔蒙的药品推销业务,该公司为两个加入墨西哥国籍的欧洲人所有,即来自匈牙利的埃默里克·萨默洛(Emeric Somlo)和来自德国的费德里克·莱曼(Federico Lehmann)博士。1943年马克带了两公斤从薯蓣皂苷元中提炼出来的黄体酮(时价约为16万美元)来到该公司,萨默洛和莱曼立即认识到了马克的研究的重要性,劝说他入伙建立一个专门从事荷尔蒙工业化生产的公司。于是,在墨西哥城成立了一个叫希恩特科斯(Syntes)的新公司。在最初几年,西恩特科斯公司按照马克的独特的加工方法,生产了数公斤黄体酮,这在当时占世界产量的很大比重,因此造成了对世界市场的严重冲击,到1945年黄体酮的价格已经从每克80美元下降到18美元。

但是,马克很快与西恩特科斯公司的两个合伙人发生了分歧,没有将技术留下就离开了公司。公司总裁萨默洛急需一个能够人工合成荷尔蒙并组织大规模生产的人,结果他在1945年找到了一位年轻的匈牙利化学家乔治·罗森克兰茨(George Rosenkranz),此人在瑞士获得了博士学位,他的导师是一位从事类固醇荷尔蒙研究的诺贝尔奖获得者。他本人曾在古巴实验室工作,有着丰富的类固醇荷尔蒙专业背景,知道马克发表的科学成果,并开发了一种不同于马克的化学程序,在1945年他已经能够生产出黄体酮。到1950年,罗森克兰茨作为西恩特克斯公司的科技主任已经能够生产所有四种主要的类固醇荷尔蒙,即黄体酮、雄激素(Androgens)、雌激素(Estrogens)、类皮质激素(Corticoids)。

尽管薯蓣皂苷元被证明是一种生产类固醇荷尔蒙的多用途原料,尽管墨西哥产品的价格继续下降,但是,墨西哥荷尔蒙业仍有很长的路要走。墨西哥所需要的现代化生产条件仍处在起步阶段;未来可利用的"黑头"尚不确定;世界市场对荷尔蒙的需求还不够大;西恩特科斯销售荷尔蒙还来自欧洲卡特尔和美国帕克·戴维斯公司两方面的压力,前者阻止西恩特科斯公司在欧洲销售其产品,认为它的客户是非法的,后者则试图在世界范围保护马克加工专利的同时却不与墨西哥澄清专利,结果在所谓"无力阻止墨西哥侵犯它的专利"的情况下为其他企业生产性荷尔蒙打开了方便之门。另外,由于从胆固醇比从薯蓣皂苷元中提取睾酮(Testosterone)和雌酮(Estrone)更为有效,因此欧洲三大公司在睾酮和雌酮生产方面仍占有很大优势地位。

但是不久之后,有三种因素推动了墨西哥类固醇荷尔蒙业进一步发展。首先是1949年在墨西哥发现了一种名叫杀鱼草(Barbsco)植物,其优点是它产生的薯蓣皂苷元比"黑头"几乎多五倍,并且可以大量种植,取之不竭,从而消除了利用薯蓣皂苷元作为类固醇工业原料的不确定性;

其次,1949 年在美国的梅奥(Mayo)诊所,爱德华·肯德尔(Edward Kendall)和菲利普·亨奇(Philip Hench)发现可的松具有消炎性质,可以很好地减轻风湿性关节炎症状。于是一夜之间可的松成了"神药",伴随着成百万关节炎患者的希望,对这种产品的需求也急剧上升。但当时还不知道它可以从薯蓣皂苷元中提取,在 1950 年其主要的生产者美国默克(Merk and Co)公司是从公牛胆汁提取的,但公牛胆汁既少又贵,显然不能满足众多患者的需要,人们急需寻找新的原料。再次,原料寻找的巨大突破最终由密执安州卡拉马祖的厄普约翰(Upjohn)公司在 1951 年取得,黄体酮成为厄普约翰公司偏爱的中间原料。这种东西原来只是作为性荷尔蒙成品药少量销售的,现在为了满足新的和急剧增长的对可的松的需求,要求西恩特科斯公司作为中间产品成吨地生产。

　　1951 年夏天厄普约翰公司给西恩特科斯公司下了一个价值为 5 百万美元的 10 吨黄体酮的订单,要求其在 12 个月内交货。先前的荷尔蒙生产订单从来没有达到如此大的规模,西恩特科斯公司成立之前,世界上的黄体酮产量每年只有几磅,即使到 1951 年也没有超过 1 吨。原来作为性荷尔蒙的黄体酮,1943 年的价格为每克 1.75 美元,到 1952 年让西恩特科斯把价格降到了每克 0.48 美元,并且是作为厄普约翰公司微生物合成原料使用的。[①] 希恩特科斯公司的国际竞争者不可能以这样一个价格来满足人们对基础类固醇突然爆发的大量需求,欧洲和美国的大多数类固醇制造商被迫放弃它们自己的生产,它们有的使用墨西哥的原料,有的则直接从墨西哥购买成品。

　　新的大众市场是西恩特科斯公司在国际竞争中制胜的转折点,但墨西哥在竞争中的主要优势是薯蓣皂苷元,这种植物的优越性有二:一是,与美国默克公司从胆酸(Bile Acids)中提取可的松相比,薯蓣皂苷元则是既便宜又丰富;二是,与欧洲公司所利用的胆固醇原料相比,薯蓣皂苷元

---

① Gary Gereffi. *The Pharmaceutical Industry and Dependency in the Third World*, Princeton,. p.88.

具有用途多的特点,胆固醇只有两种中间化合物可以转化为商业用途产品,而薯蓣皂苷元可以提取一种被称作妊娠双烯醇酮(16 – Dehydropreg-nenolone)的化合物,化学家利用这种 16 – D 可以生产出 10 多种类固醇药品①。这种原料上的优势使得墨西哥到 20 世纪 50 年代末占到世界类固醇荷尔蒙产量的 80% ~90%②,尽管墨西哥并没有完全压倒它的竞争对手,但世界荷尔蒙生产的中心发生了转移,欧洲的垄断为墨西哥所取代,然而控制该行业的基础却由技术转变为原料。

西恩特科斯公司在竞争中制胜的另一原因是得到了墨西哥政府的保护。在它的要求下,墨西哥政府在 1951 年下令对其他企业出口薯蓣科根茎及其提取物征收出口税,在 1955 年下令对其他企业出口的薯蓣皂苷元和 16 – D 征收出口税。③ 西恩特科斯公司希望通过立法来维护它的垄断地位,但它的目的只是获得了部分的成功。因为那些能够生产比 16 – D 更为先进的中间产品的企业可以避免缴纳出口税,另外还有少量的杀鱼草不断地外流到制造厂商手中。于是,西恩特科斯公司为巩固其在墨西哥的地位,在 1955 年法令颁布两个月之后,写信给墨西哥政府,宣称立法并没有起到期望的效果,由于有些企业有能力生产比 16 – D 更先进的中间品,因此要求政府将征收出口税的范围扩大到妊娠烯醇酮、环氧化物和肟。同时建议政府将荷尔蒙产品的购买者分为"旧客户"和"新客户"两类,旧客户是指那些原来购买西恩特科斯和它在美国的分支机构以及其他当地荷尔蒙制造商的类固醇荷尔蒙产品的制药企业,除非它们先从西恩特科斯、迪奥西恩斯(Diosynth)、普罗特克斯(Protex)公司购买原来数

---

① 它们包括环氧化物(Expoxide)、17 – 羟基衍生物(17 – OH derivatives)、S 化合物(Compound S)、妊娠烯醇酮(Pregnenolone)、黄体酮(Progesterone)、类皮质激素(Corticoids)、肟(Oxime)、二十二碳六烯酸(DHA)、睾酮(Testosterone)、甲基睾酮(Methyltestosterone)、雌二醇(Estradiol)、19 – 去甲基化合物(19 – nor compounds)等等。

② Gary Gereffi, Drug Firms and Dependency in Mexico: The Case of the Steroid Hormone Industry. *International Organization*, Vol. 32, No. 1. (Winter, 1978). p. 247.

③ Gary Gereffi , Drug Firms and Dependency in Mexico: The Case of the Steroid Hormone Industry. *International Organization*, Vol. 32, No. 1. (Winter, 1978). p. 248.

量的产品,否则不允许它们从新建公司购买荷尔蒙。① 如果说前一个建议是为了巩固西恩特科斯公司的地位的话,后一个建议则试图直接破坏在墨西哥新建企业的发展。

西恩特克斯公司的这种做法遭到了来自美国企业和美国政府的反对。在1955年的7月和12月间至少有6家美国制药公司对驻墨西哥美国大使馆美洲事务参赞或直接对墨西哥国家经济部提出强烈抗议,坚决反对任何要求它们在特定公司购买产品的政策。美国的大的买方公司和墨西哥的一小部分供应商是西恩特科斯公司垄断行为的受害者,它们将这个问题提交到了美国政府。

1952年西恩特克斯公司曾经与美国政府签署协议,购买第二次世界大战后被美国政府没收的德国谢林(Schering)公司的几项专利,其中协议的条款中规定,这些专利许可不得构成垄断或卡特尔,或用来限制贸易。由于西恩特克斯公司的行为被认为限制了在墨西哥竞争者的数目和经营,因此1956年7月该公司被以破坏专利的嫌疑送到了美国参议院听证委员会裁决,如果指控确凿的话,该公司面临的制裁将是禁止其类固醇产品出口到美国销售。就在参议院听证会召开之前,西恩特科斯公司被出售给了美国奥格登(Ogden)公司,原公司总裁埃默里克·萨默洛离开了该公司,新经理上任后衷心拥护在谢尔曼法案和其他有关反托拉斯法中所规定的自由企业和自由竞争的传统概念。参议院听证会的结果是让西恩特科斯公司与美国司法部签署了一项协议书,其中写到,该公司不承认限制了贸易,但承诺将来不会这样做。至此,进入墨西哥的门户已经向新的类固醇荷尔蒙生产者开放。

二、跨国公司对墨西哥类固醇荷尔蒙业的控制

在20世纪50年代初,西恩特科斯尽管是墨西哥最大的和最成功的生产者,但并不是唯一的类固醇荷尔蒙生产者。到1955年,在墨西哥类

---

① Gary Gereffi. *The Pharmaceutical Industry and Dependency in the Third World.* p. 92.

固醇荷尔蒙工业中有7个企业,其中只有一个是跨国公司的子公司,即拜萨(Beisa)公司,是美国谢林(Schering)公司在1951年建立的;还有一个国有企业,即法基纳尔实验室(Laboratorios Farquinal),是墨西哥政府在1950年建立的。另外5个分别是西恩特科斯公司(Syntex,1944年)、迪奥西恩斯公司(Diosynth,1947年)、普罗特克斯公司(Protex,1949年)、斯特罗迈斯公司(Steromex,1954年),墨西哥塞阿莱公司(Searle de Mexico,1955年),这后面的5个公司都是墨西哥独立的企业家建立的。但是,1955年后,外国私人公司大举进入到墨西哥的这个行业,它们都是外国制药公司的全资子公司。在外国公司的猛攻之下,墨西哥类固醇荷尔蒙企业被迅速转移到了外国跨国公司的名下,被"非民族化"。

跨国公司进入墨西哥类固醇荷尔蒙企业可以分为两个阶段,第一阶段是从1956年到1961年的美国公司进入阶段,其中包括1956年并购普罗特克斯的"大磨坊公司"(General Mills);1956年并购西恩特科斯的"奥格登公司"(the Ogden Corporation),该公司在1958年被美国的"西恩特科斯公司"(Syntex)再回购;1958年并购墨西哥塞阿莱公司的美国"塞阿莱公司"(G. D. Searle);1959年并购迪奥西恩斯的"美国家乡产品公司"(American Home Products);1961年并购斯特罗迈斯的美国"史密斯·克兰和弗伦奇公司"(Smith Kline & French)。而墨西哥的国有企业法基纳尔实验室在1962年停产。

第二阶段是从1963年到1970年欧洲公司的进入阶段,其中包括1963年并购(原为西恩特科斯公司建立的)自然化学产品有限公司的"德国谢林公司"(Schering A. G. of Germany);1969年对美国家乡产品公司所并购的迪奥西恩斯公司实行再并购的"荷兰奥尔加农公司"(Organon of Holland);1970年对美国史密斯·克兰和弗伦奇公司并购的斯特罗迈斯公司实行再并购的"瑞士西瓦公司"(Ciba of Switzerland),该公司恢复了"斯特罗迈斯公司"的名字。

这样,墨西哥原来的6个独立的民族企业到1963年就都消失了,在它们的基础上建立的是6个跨国公司的子公司,它们存在的唯一理由就是满足它们外国母公司的需求。根据加里·杰里菲的理解,所谓"非民族化",不仅是指一般意义上的当地企业被外国企业所并购,民族资本直接为国际资本所取代,更深刻的含义是由跨国公司直接投资带来的控制模式的转变,即由国家控制模式向国际控制模式的转变。[①] 因为正是这样一种新的控制方式标志着1955年之后墨西哥类固醇荷尔蒙业发生的重要变化,在原来的7个墨西哥企业中,除了拜萨(Beisa)公司外,其余企业都是类固醇中间产品的独立生产者,与购买它们产品的美国和欧洲公司在组织结构上没有联系,它们可以自己决定价格,但是,当这些公司被并购之后,墨西哥销售者和外国购买者之间的利益差异消失了,它们现在处于同一个组织(跨国公司)内。"非民族化"意味着原来由独立的墨西哥生产者控制的决定,诸如产品的种类、规模、价格、客户的选择等,现在必须按照全球需要而不是本国需要来做出决策。

为什么一连串的美国公司在如此之短的时间内接踵进入墨西哥类固醇荷尔蒙企业? 为什么欧洲公司姗姗来迟? 按照加里·杰里菲的解释,美国公司之所以在较短时间内集中进入墨西哥,从外部原因看,可以用"寡占反应理论"来解释。因为在一些寡头垄断性工业中,外国直接投资很大程度上取决于竞争者之间相互的行为约束和反应。每一家大公司对其他大公司的行动都十分敏感,紧盯着竞争对手的行动,一旦竞争对手采取对外直接投资,就会紧随其后实行跟进战略,以维护自己的市场份额。20世纪50年代后期可的松的需求正在上升,口服避孕药在20世纪60年代初也开始增长,该行业的快速增长是不容置疑的,因此带来了跨国公司的成批进入。从内部原因看,在1956年西恩特科斯公司实际上的垄断被打破之前,获得政府准入的困难阻碍了跨国公司在墨西哥建立子公司,同样的原因也使得墨西哥其他独立的私人公司不能得到充分的发展,长期的耽误无疑削弱了它们的金融资源,因此很容易为跨国公司所购买。[②]

---

① Gary Gereffi. *The Pharmaceutical Industry and Dependency in the Third World.* p. 97.

② Gary Gereffi. *The Pharmaceutical Industry and Dependency in the Third World.* pp. 102 – 103.

　　而欧洲公司的姗姗来迟则是因为受到了旧技术的拖累。在 20 世纪
30 年代和 40 年代欧洲人支配世界类固醇荷尔蒙业的时候,他们的原料
是胆固醇和来自动物身上的胆酸。一旦墨西哥的杀鱼草成为新的原料选
择后,已经建立起来的公司面临着两难选择,是在原来低效高成本原料的
基础上改善产出呢? 还是转向利用杀鱼草,彻底改变制作工艺呢? 后者
要花费大量的投资。而美国的制药业公司则不存在这种旧技术投资拖累
的问题,一旦环境改善就可以自由地进入墨西哥。而欧洲公司只能走一
条中间道路,一边在原来加工工艺的基础上提高产出,一边进口大量廉价
的墨西哥类固醇中间产品,然后制成成品药。到欧洲公司投资墨西哥的
时候,它们已经具有了多样化的原料来源和生产线。①

　　至于该阶段墨西哥类固醇荷尔蒙业被跨国公司控制的后果,用加里
·杰里菲的话来说,就是"原来成功的墨西哥企业被取代;墨西哥产品的
价格直线下降;本地重要的技术研究和开发被撤掉。"②

三、墨西哥政府通过创建国营企业确立新发展方向的试图

　　跨国公司控制了墨西哥类固醇荷尔蒙业之后,墨西哥在世界类固醇
荷尔蒙生产中的份额急剧下降,抗议跨国公司剥削为该行业生产原料的
农民的呼声也日益增高。为了扭转这种局面,更好地引导跨国公司为当
地经济发展做出贡献,1975 年 1 月墨西哥政府创建了墨西哥植物化学产
品公司(Proquivemex),负责控制与杀鱼草的采集、加工和销售有关的交
易。墨西哥政府试图借用杀鱼草的主权与跨国公司进行博弈。

　　20 世纪 60 年代中期以后,国际市场对墨西哥杀鱼草的需求不断减
少。在 20 世纪 50 年代末来自墨西哥杀鱼草的薯蓣皂苷元占世界类固醇
生产的 80% ~90% ,到 20 世纪 70 年代初,这一比例下降到 40% ~50% 。

① Gary Gereffi. *The Pharmaceutical Industry and Dependency in the Third World.* p. 104.
② Gary Gereffi, Drug Firms and Dependency in Mexico:The Case of the Steroid Hormone Industry, *International Organization*, Vol. 32, No. 1. (Winter, 1978). p. 260.

更糟糕的是,墨西哥作为一个类固醇原料供给者的衰落速度在加快,从1963年到1968年,世界对类固醇原料的需求增长了近1倍,而墨西哥的薯蓣皂苷元仅增加了33%,从1968年到1973年世界原料需求又增加了50%,而墨西哥的薯蓣皂苷元仅仅增加了10%,从500吨增加到550吨。[1] 形成这种局面的原因,一方面是因为类固醇中间产品的外国购买者为了减少对墨西哥的依赖,做出了寻求替代原料的努力,特别是来自跨国公司母国(美国、德国、法国)的政治上"安全"的原料(豆甾醇、胆酸)急剧增加。另一方面是因为杀鱼草的生长面积急剧减少。越来越多的原来生长野生杀鱼草的土地被开辟为农业和畜牧业用地。在墨西哥的适合杀鱼草生长的760万公顷的土地中80%被转变为它用,只剩下了150万公顷。而从杀鱼草平均产出的薯蓣皂苷元因过早采集由6%下降到4%[2]。这两方面的倾向,即外部对杀鱼草的替代和内部发展潜力的缺乏造成了跨国公司对墨西哥类固醇荷尔蒙业发展前景的悲观预测,它们有意离开墨西哥寻找更好的开发地点。如果是这样的话,墨西哥将失去一个主要的外汇来源,25000农民也将失去重要的生活来源。因此,类固醇荷尔蒙业在政治上引起了政府的高度重视。

墨西哥政府成立墨西哥植物化学产品公司,从农民那里购买"绿色的"杀鱼草,经过一个烘干的过程(其中要丧失80%的重量),然后再以该公司确定的固定价格卖给该行业的6个跨国公司。这样,跨国公司不再与农民有直接的接触。所有的企业都由国营公司从中协调。国家想利用对杀鱼草的垄断规范和引导跨国公司的行为,它对跨国公司提出了三个条件:支付更高的原料收购价格;贡献一定比例的生产能力,为墨西哥植物化学产品公司制造类固醇荷尔蒙成品;或使6个全资的跨国公司"墨西哥化",加进一定比例的当地股份。但是,政府与跨国公司之间的谈判并

---

① Gary Gereffi,Drug Firms and Dependency in Mexico:The Case of the Steroid Hormone Industry,*International Organization*,Vol. 32, No. 1.(Winter, 1978). p.273.

② Gary Gereffi,Drug Firms and Dependency in Mexico:The Case of the Steroid Hormone Industry,*International Organization*,Vol. 32, No. 1.(Winter, 1978). p.275.

不如愿,仅仅是第一条得到了部分地实现。

　　从 1977 年到 1980 年,墨西哥在世界类固醇荷尔蒙业中的地位进一步恶化。墨西哥的薯蓣皂苷元占世界类固醇原料供给的比例由 1963 年的 75%,下降到 1973 年的不足 40%,到 1980 年更下降到 10%。有几个在墨西哥有子公司的跨国公司已经转向使用别的原料,生产不再需要薯蓣皂苷元作原料的产品。结果,6 个跨国公司从墨西哥植物化学产品公司购买的杀鱼草的全部数量从 1977 年的 6800 吨下降到 1978 年的 2800 吨。[①] 墨西哥植物化学产品公司对这种状况的反应就是不惜一些代价增加该行业在墨西哥的垂直一体化,着重从三个方向上发展,即从杀鱼草中提炼的所有薯蓣皂苷元都用于墨西哥;生产类固醇的中间产品,特别是妊娠双烯醇酮(16 - D),氢化可的松(Hydrocortisone),甚至利尿醛固酮(Diuretic Spironolactone);在墨西哥生产发酵的类固醇。这样,跨国公司将在墨西哥的类固醇荷尔蒙业的发展中逐渐被边缘化。但是,实际情况并不不理想,因为在经济方面,墨西哥的整个发展计划在很大程度上依赖于出口形势,但 1975 年之后出口急剧下滑,墨西哥类固醇荷尔蒙的出口从 1975 年的 3.8 亿比索下降到 2.9 亿比索,[②]经济危机延缓了新的国有企业的创建;在政治方面,墨西哥植物化学产品公司没有得到政府高层领导人的支持,如 1975 年墨西哥政府比准跨国公司从中华人民共和国进口薯蓣皂苷元,直接破坏了墨西哥植物化学产品公司有关杀鱼草的价格计划;在技术方面,墨西哥植物化学产品公司缺少自主技术,需要进口大量在类固醇生产和其他国内消费的药品中使用的活性成份,如果真的实行国有化的话,将会发生受外国技术控制的风险。因此,墨西哥植物化学产品公司垂直一体化发展计划并没有取得成功。

①　Gary Gereffi. *The Pharmaceutical Industry and Dependency in the Third World.* p. 152.

②　Gary Gereffi. *The Pharmaceutical Industry and Dependency in the Third World.* p. 153.

第三节 跨国公司与墨西哥类固醇荷尔蒙业的问题

一、"非民族化"与跨国公司的经营战略

　　如前所述,在墨西哥类固醇荷尔蒙业发展的第二阶段,跨国公司大举进入墨西哥,带来的结果是该行业的"非民族化",这种非民族化不仅是原来的墨西哥民族企业为跨国公司所取代,更重要的是原来的国家控制模式为跨国控制模式所取代。这种跨国控制模式的特点是实行公司内部的合作战略,主要目的是降低其全球税收负担,避免竞争。为此,经常利用的手段是通过"转移价格"进行公司内部贸易,在税率高的国家表现出它的利润很少,以便于少纳税。拥有墨西哥子公司的跨国公司广泛地利用了在波多黎各、巴哈马和巴拿马等税收天堂的分支机构。这样有双重好处,一方面,这些地方的公司收入税率很低,于是跨国公司集中在这里的利润越多,它得到利益也越多。通过低价进口和高价出口,同时将当地的加工价格维持在最低水平,就可以获得大量的利润。另一方面,波多黎各还有另外的优势,即在这里加工的任何产品可以免除关税进入到美国。这样,大量的工业利润被集中到跨国公司的母国或税收天堂。

　　西恩特科斯公司在1956年卖给美国的奥格登公司之后,很快就发展成一个真正的全球公司。一方面由于来自美国反托拉斯的压力,墨西哥政府不再愿意给予它更多的特殊优惠,而在该公司工作的外国科学家遇到许多诸如签证、急需药品进口方面的墨西哥官僚拖延。另一方面美国是西恩科特公司最大的市场,美国的食品和药品检验机构规定凡新上市的药品必须有美国临床试验基地,同时在美国加利福尼亚帕罗·阿尔托(Palo Alto)可以吸引和保留高质量的研究人才并利用斯坦福大学的先进设施。这样,1959年帕罗·阿尔托就成为新恩特科斯公司的新的总部,这里是该公司的行政管理、研究和市场经营中心,而巴拿马也是该公司合

法的所在地,因为该国家可以为西恩特科斯提供许多税收优惠;大宗类固醇荷尔蒙中间产品的生产地仍然在墨西哥,而成品药则是由在波多黎各和巴哈马的西恩特科斯公司的工厂生产的,因为这两个地方是免税天堂,于是,西恩特科斯公司最终变成了一个羽翼丰满、名副其实的跨国公司。由于它成功地解决了高水平研发、市场网络建立和创立品牌等方面的困难,因此不再单纯是中间产品的提供者,而是成为多种成品药的生产者。

为了避免竞争,为了保护作为制药公司利润生命线的新产品,跨国公司还利用专利和商标为竞争对手设置了障碍。由于新产品基于新技术,专利和商标为跨国公司对这些新技术的控制提供了方便。在制药业中,跨国公司竭力控制和垄断着技术,从而造成全球技术配置的不平衡。非民族化的结果之一是墨西哥由一个类固醇化学研究的原创生产者变成了消费者。当墨西哥的西恩特科斯总部在1959年决定迁往美国帕罗·阿尔托的时候,西恩特科斯的一位经理是这样描述该公司研究成绩的:"到1959年,大多数关于类固醇的科学研究成果是来自墨西哥的西恩特科斯公司,而不是世界上其他的研究院和工业组织……,在10年的时间里,墨西哥由原来基本上没有基础化学研究的国家变成了世界某化学分支学科的中心之一。"[①]但当西恩特科斯一旦成为以美国为基地的跨国公司后,墨西哥就失去了一个立足于国际工业的关键机会。

不管是进入墨西哥的跨国公司还是墨西哥以外的跨国公司,它们选择的原料战略都是为了减少对墨西哥的依赖,结果是墨西哥产品的价格下降。那些在墨西哥设立子公司的跨国公司通过加强对原料供给的有效控制来减少对墨西哥的依赖;那些没有投资于墨西哥的跨国公司,一方面大量进口墨西哥的中间产品,另一方面为了政治上的"安全",积极开发替代原料,如世界上最大的类固醇中间产品消费者美国厄普约翰(Up-john)公司,在20世纪60年代初转向从豆固醇中提取豆甾醇(Stigmaster-

---

① Carl Djerassi: A Higu Priority? Research Centers in Developing Nations. *Bulletin of The Atomic Scientists.* 26, No. 1(January1968). p. 25.

ol)作为生产类皮质激素(corticoids)的原料。法国的罗塞尔(Roussel)公司和荷兰的奥尔加农(Organon)公司继续改善从胆酸中提取类固醇的技术。而德国的谢林公司则在发展一种新的全面的人工合成技术。这种原料来源多样化的结果是削弱了墨西哥依仗原料形成的在讨价还价谈判中的优势地位,也带来了墨西哥荷尔蒙中间产品价格的直线下降(见表8.3)。

表8.3 类固醇荷尔蒙中间产品价格(美元/克)

	1947	1957	1968
黄体酮	12	0.15	0.08
睾酮	30	0.35	0.18
可的松	200	2.00	0.33
雌酮	100	3.50	0.75

资料来源:Norman Applezweig:The Big Steroid Treasure Hunt. Chemical Week(January 31)1959, p41;Steroid, Chemical Week(May 17)1959, p. 59 转引 Gary Gereffi, Drug Firms and Dependency in Mexico:The Case of the Steroid Hormone Industry, *International Organization*, Vol. 32, No. 1. 6(Winter, 1978). p. 260.

总之,跨国公司通过企业兼并、价格战略、技术垄断、开发替代原料,改变了原来在讨价还价谈判中所处的劣势地位。

二、对墨西哥农民的剥削

1974年10月30日、31日和11月1日的墨西哥《至上报》分别发表了三篇文章,文章批评类固醇荷尔蒙业的跨国公司对农民的剥削。一些在杀鱼草生产区的学生团体认为,农民受到了跨国公司的剥削,因为跨国公司对它们采集的杀鱼草仅仅支付很少的报酬。在此之前它们支付给农民的最高价格是每公斤0.6比索。这一价格大致相当于出产杀鱼草的所有5个州的农民每日的平均收入水平。如1970年采集杀鱼草的5个州的平均日收入为:瓦哈卡14比索;恰帕斯17比索;普埃布拉21比索;塔瓦斯科 27 比索;维拉克鲁斯 28 比索。一个农民每天平均可以采集 50 公斤杀鱼草,如果以每公斤 0.6 比索计算的话,每天的收入就相当于 30 比索,这高于大多数收入比较好的州的平均日收入。[①] 再者,在有些地方,采集杀鱼草是农民的一项补充经济活动,农民的主要经济收入来源于种植传统的农作物,如玉米、豆类、大米、咖啡和水果等。因此,支付给农民比较低的杀鱼草价格就成为可能。与其他部门的人口相比,墨西哥农民为经济发展付出的成本更多和得到的利益更少,跨国公司就是利用了这一点而大赚其钱。

另外,根据墨西哥的法律,要开发地面上的自然资源,必须支付给地主利用土地的租金,这一法律把利用自然资源的租金与支付给那些采集原料的人们的费用分割开来。跨国公司虽然支付给采集杀鱼草的农民一定的报酬,但并没有向那些拥有生长杀鱼草的土地的主人(如村社)缴纳租金。从这个意义上讲,跨过公司在无偿地利用墨西哥的土地。因此,在 1976 年 8 月跨国公司被指控由于在过去的 25 年中没有向当地村社支付土地租金因而欠债达 4.7 亿比索,但跨国公司极力否认这一指控。[②]

三、通过"价格转移",造成墨西哥的税收损失

转移价格经常被跨国公司用来减轻全球税收负担,通常是低估子公司向外出口的价格,高估从母公司或其他子公司进口的价格,从而达到从一个既定国家转移资金而不必支付税收的目的。据墨西哥植物化学产品公司经理的估计,跨国公司从墨西哥出口的类固醇荷尔蒙的实际价值应该是每年 14 亿比索(根据世界市场的价格计算),但它们申报价值的却是 4 亿比索。这表明墨西哥每年损失 10 亿比索的应税收入。按照当时的税率,这意味着墨西哥政府损失了 42000 万比索(公司收入税为 42%),该行业的工人损失了 8000 万比索应该得到的分成利润[③]。

---

① Gary Gereffi. *The Pharmaceutical Industry and Dependency in the Third World*. p. 139.

② *Excelsior*(Mexico). August 17 and 19, 1976.

③ *El Sol de Mexico*. Aug. 17, 1976.

我们可以从以下同一产品的出口价格与进口价格的比较中发现造成上述申报价值与实际价值差异的机制。1972 年墨西哥的一个跨国公司以每公斤 3 万比索的价格进口黄体酮,而同年另一个跨国公司却以每公斤 1365 比索的价格出口黄体酮。还有雌二醇的事例,希特科斯公司以每公斤 11000 比索略多的价格出口雌二醇,而另外一个公司则以每公斤 100 万比索的价格进口该产品,其价格是希特科斯出口价格的 88 倍![1] 事实上,高估进口到墨西哥的类固醇荷尔蒙的价格并非什么秘密,相关的具体产品和详细资料可以从 1965 年以来墨西哥工商业部所公布的文件中看到,表 8.4 就记载了 1974 年墨西哥进口的 5 种著名类固醇荷尔蒙产品公布的信息。

表 8.4 1974 年墨西哥类固醇荷尔蒙业高估的进口价格

产品	来源国	公斤	比索	单价	高估率%	高估量(比索)
黄体铜	西德	2	1032	516	– [a]	0
	法国	35	67745	1936	375	49685
	西班牙	5	32060	6412	1243	29480
	荷兰	37	1078620	29152	5650	1059528
总计		79	1179457	14930	2893	1138693
泼尼松	意大利	3	6026	2009	– [a]	0
	法国	137	1037565	7573	377	762332
	巴西	10	102660	10266	511	82570
	荷兰	20	350365	17518	872	310185
总计		170	1496616	8804	438	1155087
泼尼松龙	英国	5	31250	6250	– [a]	0
	巴拿马	29	292750	10095	162	111500

[1] *Excelsior*(Mexico). Mar. 20,1976.

	法国	21	246150	11721	188	114900
	西德	11	171725	15611	250	102975
	意大利	6	118063	19677	315	80563
	荷兰	23	620223	26966	431	476473
总计		95	1480161	15581	249	886411
雌二醇	法国	5	56999	11400	– a	0
	西德	10	309466	30947	271	195466
总计		15	366465	24431	214	195466
氢化可的松	荷兰	5	35919	7184	– a	0
	西德	7	68330	9761	136	18042
	百慕大	9	601020	66780	930	536364
	瑞士	13	1006355	77412	1079	912963
总计		34	1711624	50342	701	1467369

注释:a,这一进口来源的单位价格是最小的(或参考)价格。

资料来源:Mexico,Secretaria de Industria y Comercio,1975. 转引自 Gary Gereffi. *The Pharmaceutical Industry and Dependency in the Third World*,Princeton, N. J. Princeton University Press, 1983. pp. 148 –149.

　　表 8.4 中的价格高估率并没有根据进口药的国际参考价格估算,而是根据特定产品的最低进口价格估算的。由于低价有时是因为购买量很大,因此,最低(参考)价是基于比较小的年订单(低于 5 公斤),其数量一般低于其他用来比较的进口来源,这种方法可以较好地理解该行业的价格高估。从表中可以看出,墨西哥类固醇荷尔蒙业进口的价格高估很普遍,在有几个案例中,价格高估率超过了 1000%,从荷兰进口的黄体铜甚至高达 5650%,价格高估率低于 300%的案例占少数。从上述 5 种产品看,最高的价格高估率都与墨西哥类固醇荷尔蒙业跨国公司的一个欧洲母国联系在一起(荷兰、西德或瑞士)。换句话说,高估进口价格很可能是被用来从墨西哥子公司向欧洲母公司转移未公布利润的一个主要机

制,通过这种方式墨西哥损失了大量可征税的收入。以上 5 种产品的全部价格高估数量几乎达到 500 万比索。

第四节 墨西哥政府的有关政策

在墨西哥类固醇荷尔蒙业的发展过程中,政府政策并非一成不变,而是根据内外形势的变化做出了不断调整。在 1944～1955 年,政府对该行业的兴趣很高,国家对西恩特科斯公司从多方面给予支持,不仅希望它成为墨西哥该行业中的冠军,而且希望它成为世界类固醇荷尔蒙业中的佼佼者。但在 1956～1974 年期间,政府对该行业的干预较少,主要是因为诸如汽车、石油化工、矿业等在新工业政策中更具有战略地位的部门需要国家关心。但是,随着跨国公司在该行业发展中暴露出来的问题,政府对该行业的关注再度提高,但这次是支持政府的企业而不是本地私人企业。政府想通过新建的国营企业控制类固醇原料供给来改善农民的福利和增加墨西哥对跨国企业行为的控制,但双方讨价还价的砝码不均衡,墨西哥政府并没有完全达到目的。

一、第一阶段的政府政策

在墨西哥类固醇荷尔蒙业发展的第一阶段,由于世界市场对类固醇荷尔蒙类药品的需求不断增加,由于在墨西哥先后发现了"黑头"和杀鱼草等可以大量提取类固醇荷尔蒙的原料,同时也由于墨西哥掌握了从这些原料中提取类固醇荷尔蒙的技术,因此到 1955 年,墨西哥在该行业的发展中已经处于世界领先地位。这时,在墨西哥类固醇荷尔蒙工业中已经有了 7 个企业,除了一个企业是跨国公司的子公司(拜萨)外,其他 6 个公司都是墨西哥的当地企业,但其中西恩特科斯是最大的和最成功的,之所以如此,与政府的倾斜政策有很大关系。为了巩固它的地位和保护它在技术研发方面的大量投资,该公司设法获得了墨西哥政府的直接支持,这种支持采取了两种方式,一是通过行政命令,对其他企业生产的主要产品征收出口关税;二是拒绝向西恩特科斯公司的竞争对手发放采集和运输杀鱼草的林业证。[①] 为此政府在1951年下令对其他企业出口薯蓣科根茎及其提取物征收出口税,在1955年下令对其他企业出口薯蓣皂苷元和16-D征收出口税。但是,这种试图通过立法保持其原料供给垄断地位的做法遭到了外国购买者的反对。美国拜萨(Beisa),朱利安实验室(Labs Julian)和佩萨(Pesa)三大公司向在美国的墨西哥类固醇购买客户宣称,由于它们不能得到墨西哥政府采集和运输杀鱼草的准许,它们在墨西哥建立制药企业受到阻止。在他们看来,给予西恩特科斯的这种歧视性保护从墨西哥国家利益讲并不具有良好的经济理由,因为墨西哥杀鱼草的供给似乎是无限的,世界对类固醇荷尔蒙需求的增长之快是所有生产企业都不能掌控的。

出口法令和拒绝发布授权书两项措施只能部分地阻止了西恩特科斯公司竞争对手的行为,那些能够生产比16-D更为先进的中间产品的企业可以避免缴纳出口税,另外还有少量的杀鱼草不断地通过非正当渠道外流到制造厂商手中。如前所述,西恩特科斯公司在1955年法令颁布两个月之后,再次要求要求政府将征收出口税的范围扩大到妊娠烯醇酮、环氧化物和肟。同时建议政府将荷尔蒙产品的购买者分为"旧客户"和"新客户"两类,限制旧客户从新建公司购买类固醇荷尔蒙。这后一个建议是试图阻止在墨西哥新建企业的发展。但是,西恩特科斯公司这一次的要求没有获得墨西哥政府认可,因为先是美国的原料购买方公司、后是美国政府抗议墨西哥阻止竞争的行为。美国的购买方公司和墨西哥的一小部分供应商联合起来向美国政府指控西恩特科斯公司的垄断行为,美国政府以其违反专利法为由将该案例提交到美国参议院委员会,如果指控证据确凿的话,该公司面临的惩罚将是其产品不能出口到美国市场。结果,西恩特科斯公司在1956年被迫出售给了美国奥格登公司。

---

①　Gary Gereffi. *The Pharmaceutical Industry and Dependency in the Third World.* p. 90.

由此可见,在20世纪50年代充满活力的国际类固醇荷尔蒙业中,尽管墨西哥是唯一拥有最佳原料的地方,尽管在政府的积极支持下,作为民族企业的西恩特科斯公司在技术和生产方面也逐渐成为该行业的世界领先者,在国外开始逐渐拥有一个大众市场,但在墨西哥的类固醇荷尔蒙业从一开始增长的时候,就深深地受到先是来自美国,后是来自欧洲的外国购买者需求性质的制约,即跨国公司的需求小于墨西哥的供给,墨西哥政府试图通过支持西恩特科斯公司组织一种在世界市场上的墨西哥供给垄断来对抗这种跨国公司控制需求的力量。但是,美国政府作为第二种重要的外部力量卷入了这一博弈,为了保证一种来自墨西哥的廉价的和可靠的原料供给,美国购买方公司诉诸于美国政府的支持。结果,斯恩特科斯公司与墨西哥政府的特殊关系被打破。

二、第二阶段的政府政策

在墨西哥类固醇荷尔蒙业发展的第二阶段,墨西哥政府本来可以从以下几方面推动民族工业的壮大,即通过关税限制原料出口,鼓励本地的药品制造;在墨西哥本国进行类固醇发酵;扩大墨西哥国有企业法基纳尔(Farquinal)的作用;在跨国公司大举进入的时期,利用"寡占反应"心理,通过讨价还价赢得墨西哥的民族利益。这些国家政策的选择是相互补充的,可以相继的进行,但是,政府并没有做出这些方面的选择。

如前所述,墨西哥政府曾经颁布过两个法令,意在鼓励本国类固醇荷尔蒙原料的深加工。1951年法令通过限制性出口关税要求墨西哥至少将类固醇荷尔蒙加工成薯蓣皂苷元;1955年法令要求至少要加工成为超越16－D以上的产品,如妊娠烯醇酮、环氧化物、肟。后来,当西恩特科斯公司要求墨西哥政府颁布第三个法令,对出口产品要求进一步深加工的时候,引致了美国企业和政府的压力,墨西哥政府此后再也没有颁布任何其他类似的法令。墨西哥政府为什么没有顶住压力继续通过颁布法令推动本国类固醇荷尔蒙的工业化呢?原因在于按照全球效率标准从需求和生产角度组织的国际工业结构。当人们发现可的松具有神奇的消炎作用并可以大量地从以薯蓣皂苷元为基础的类固醇荷尔蒙中间产品中提取之后,类皮质激素(即可的松和它的衍生物)的需求就直线上升,到 1969 年仍然占所有类固醇原料使用量的 95%。① 但是,类皮质激素只能在类固醇原料经过一个发酵工序后才能大量生产。厄普约翰(Upjohn)是第一个使用这种工序的,后来欧洲人也掌握了这一工序,但墨西哥没有。这一情况限制了墨西哥出口关税政策的实施,因为墨西哥不愿意利用关税阻止它的两种产品(黄体酮和 S 化合物)的出口,国外发酵工序中大量地需要这两种产品。

　　既然墨西哥有能力提供发酵工序所需要的类固醇荷尔蒙产品,为什么不自己进行类固醇发酵呢? 因为对墨西哥企业来说,由于跨国公司掌握着有关技术,如果要建立发酵工序的话则需要很高的费用来购买技术专利。对在墨西哥拥有子公司的跨国公司来说,在当地建立发酵工序的成本太高。从经济上,它们想利用公司内部的"转移价格"获利,从墨西哥子公司低价出口原料产品,从欧洲和美国母公司高价进口经过发酵的产品,从而获取高额利润。如果在墨西哥进行发酵,就不能实现转移价格。从政治上,跨国公司不愿意承担政治风险,因为它们担心投资太多会受到东道国的牵制,当东道国的技术人员掌握了发酵工艺后,跨国公司在与东道国争取本地利益的谈判中将处于不利的地位。很显然,墨西哥政府没有引进类固醇发酵工艺的努力,当然跨国公司也不愿意这样做。

　　推动该行业本国工业化的第三种可能是扩大国有企业法基纳尔实验室(Labs. Farquinal)的作用。法基纳尔实验室是"国家化学制药工业公司"的一个组成部分,后者是创建于 1950 年的一个更大的国营企业,负责管理第二次世界大战期间墨西哥从轴心国家接管来的化学和制药子公司。法基纳尔的基本目标是依靠从墨西哥原料中制造产品而推动国家化学制药工业的发展,它的注意力几乎完全放在了从杀鱼草中生产类固醇荷尔蒙上了。在 20 世纪 50 年代初,法基纳尔是西恩特科斯公司的主要

① 　Gary Gereffi. *The Pharmaceutical Industry and Dependency in the Third World*. p. 122.

竞争者,它的局限性在于只生产最基本的类固醇荷尔蒙,主要是薯蓣皂苷元。当西恩特科斯公司要求政府颁布 1951 年和 1955 法令限制薯蓣皂苷元和 16 - D 出口的时候,希望法基纳尔的出口受到损害,但墨西哥政府通过给予该公司与出口税同样多的补贴避免了这种损害。尽管如此,国家并没有为提高法基纳尔的生产能力而给予它更多的资金,结果它不能不丧失它的竞争地位,到 1962 年被迫停产关闭。为什么会造成这种局面?问题的关键在于国家对发展类固醇荷尔蒙工业尚没有明确有效的政策。从两个层面可以看出这个问题,一是从国家化学制药工业的经营层面看,按照墨西哥与前轴心国家到 1955 年的一个协定,由国家化学制药工业公司管理的企业必须回售给原来的主人,这样在 1956 和 1957 年所有制药厂房都归还原主,法基纳尔作为国家化学制药公司的一个分部被保留下来,但国家化学制药公司主任们的精力几乎全部放在了化学方面,他们既不允许法基纳尔独立,又不给它增加新的投入,在这种条件下,法基纳尔被迫关闭。国家化学制药工业公司也很快转变成国家石油化学公司。二是从宏观政策层面看,国家对跨国公司在工业化进程中如何与民族经济结合尚不清晰。到 20 世纪 50 年代末才试行"墨西哥化"和工业一体化纲领。也许 1958 年为石油化学工业建立的战略适合于法基纳尔,该战略规定国家保留所有基本石油化学产品的生产和销售,限制私人部门参与更先进的制造阶段。如果法基纳尔被赋予一种生产基本类固醇荷尔蒙的国家垄断权利,墨西哥对跨国公司的依赖将会大大的减轻,但是,墨西哥政府并没有这样做。①

　　20 世纪 50 年代后期和 60 年代是跨国公司大举进入墨西哥的时期,墨西哥政府本应该利用跨国公司的"寡占反应"心理,在与跨过公司的讨价还价中为墨西哥赢得利益,但是墨西哥政府无所作为。其原因之一是腐败,从西恩特科斯公司在 20 世纪 40 年代到 50 年代作为一个民族企业垄断类固醇荷尔蒙业到最后一个跨国公司进入的 1970 年,腐败一直是通

---

① Gary Gereffi. *The Pharmaceutical Industry and Dependency in the Third World.* pp. 126 – 127.

常商业活动的一个部分,贿赂先被一个民族企业用来取得国家的保护,后被跨国公司用来支持它的进入。[①] 尽管腐败盛行,但更有说服力的解释是类固醇荷尔蒙业在该时期不是国家发展战略的重点。如以前所提到的,在这时已经有几个新的和重要的政策创意在面向国内市场的重要工业中试行,"墨西哥化"在20世纪50年代末首次作为一个非正式的讨价还价的砝码使用在化学工业中,"工业一体化"计划在20世纪60年代初开始在汽车工业中实行,同期还出现了利用一个国有企业生产"基础"石油化工产品来抵制私人部门的竞争。与这些战略部门中所反映出来的问题相比,类固醇荷尔蒙业是出口导向的,是成功的,因此,普遍的态度是任其自行其是,这种态度又为不进一步疏远跨国制药公司的想法所加强,因为跨国公司是墨西哥所需求的许多其他成品药的供应者。

总的看,是国际工业结构形成的力量、跨国公司的全球战略和墨西哥国家缺少自主行动等因素的相互作用,导致在墨西哥类固醇荷尔蒙业发展的第二阶段政府干预的缺失。

三、第三阶段的政府政策

由于外国买方公司不断寻找替代原料和墨西哥国内杀鱼草面积的减少,在世界类固醇荷尔蒙生产中对墨西哥中间产品的需求份额不断下降,同时,国内反对跨国公司对墨西哥农民剥削的呼声也越来越高。在外部和内部双重压力之下,1975年1月墨西哥政府创建了"墨西哥植物化学产品公司",意在通过新建的国营企业控制类固醇原料供给来改善农民的福利和增加墨西哥对跨国企业行为的控制。如前所述,墨西哥植物化学产品公司提出,跨国公司如果要得到烘干的杀鱼草,必须考虑三个条件,即支付更高的原料收购价格;贡献一定比例的生产能力,为墨西哥植物化学产品公司制造类固醇荷尔蒙成品;或使6个全资的跨国公司"墨西哥化",加入一定比例的当地股份。1975年4月,墨西哥植物化学产品公

---

① Gary Gereffi. *The Pharmaceutical Industry and Dependency in the Third World.* p. 128.

司开始将它烘干的杀鱼草以每公斤 20 比索的价格向跨国公司出售。随后在 1976 年 1 月的董事会上,该公司又做出了两个重要的决定:将烘干的杀鱼草价格提高至每公斤 70 比索;要求跨国公司子公司交出 20% 的生产能力"收费制造"墨西哥植物化学产品公司选中的产品。① 墨西哥植物化学产品公司的实际目的是改善杀鱼草产区农民经济的基本结构,途经是利用当地的植物资源发展新的农村工业,为村社提供卡车,方便当地运输,降低基本食品价格,并向农民提供信贷。同时,该公司努力发展自己拥有的生产基本类固醇荷尔蒙的能力,其在 1976 年初宣布要建立三个薯蓣皂苷元制造厂,并决定形成自己的成品药和避孕药。为了保证杀鱼草的未来供应,开始更加合理化的采集杀鱼草,并试图人工培育和种植杀鱼草。墨西哥植物化学产品公司的整个发展计划是建立在由跨国公司来买单的想法上,但是,却遭到了对方的顽强抵制。

跨国公司面对每公斤杀鱼草 70 比索的价格,采取的对策是拒绝购买。这一战略因大多数跨国公司的原料库存足够一年使用而行之有效,但对墨西哥植物化学产品公司的计划却构成危险,因为 1976 年是埃切维利亚总统 6 年任期的最后一年,新上台的总统将可能改变政策,不会让墨西哥植物化学产品公司发挥这样积极的作用;墨西哥的类固醇出口将会急剧地降价,不利于墨西哥植物化学产品公司在谈判中讨价还价;公司仓库积压严重,不能再继续正常地从农民手中收购。于是,墨西哥植物化学产品公司决定依靠民众支持冲破僵局,在它的帮助下,维拉克鲁斯州的农民在 1976 年 3 月组织了一场群众集会,要求埃切维利亚政府对类固醇荷尔蒙业实行国有化;同年 8 月在墨西哥城又举行了另一次集会,代表 10 多万农民的 1000 多名村社领导人参加了这次集会,仍然是要求国有化。②

政府对这两次集会的反应比较低调。报纸上宣传的冲突很快就消失

① Gary Gereffi. *The Pharmaceutical Industry and Dependency in the Third World*. pp. 137 – 138.
② Gary Gereffi. *The Pharmaceutical Industry and Dependency in the Third World*. p. 143.

了,国有化的想法被放弃,跨国公司与政府之间开始谈判。三位政府代表和三位跨国公司代表组成了政府与私人部门联合调查委员会,墨西哥植物化学产品公司未被邀请参与。从 3 月到 8 月,该委员会仅召开了两次会议,也许是希望政府所表示的兴趣能够改善双方的关系,但没有达到这种效果。

在 8 月的集会上,墨西哥植物化学产品公司的领导人提出了对跨国公司的两项重要指控,一是跨国公司在过去的 25 年中因忽视缴纳土地租金而拖欠村社农民 4.7 亿比索债务;二是跨国公司利用转移价格每年向墨西哥国库掩盖 1 亿比索的应税款项①。这两项指控使跨国公司认识到问题的严重性,因为这是政治性的攻击,很可能造成被国有化的结果。于是,它们决定从墨西哥的私人部门集团中争取更加广泛的支持。为此,它们重新定位斗争的性质,将原来"关于农民福利和自然资源问题的跨国公司与墨西哥国家之间的冲突"修改为"墨西哥私人部门(本国的和国外的)与越来越加强的墨西哥国家干预主义之间的冲突"。结果,跨国公司找到了当地的政治联盟,在 8 月民众集会和墨西哥植物化学产品公司提出指控之后,墨西哥工业家联盟(Concamin)主席对国有企业提出两点谴责:首先,墨西哥植物化学产品公司的指控既不真实也没有法律依据,该公司并不清楚,由于联邦当局的腐败,跨国公司从来没有接到土地改革部关于欠交土地租金和财政部关于骗税的通告;其次,墨西哥植物化学产品公司的领导人试图煽动农民,在农村制造冲突,破坏整个私人部门的经济发展。② 国家化学药品实验室委员会主任也指出,墨西哥植物化学产品公司生产成品药将会在政府购买药品的市场上取代墨西哥的私人实验室,破坏了自由竞争的原则。

政府很快注意到这一新的动向,将随后的谈判任务交给了国家资产部,政府表示如果跨国公司愿意交出部分生产能力"收费制造"墨西哥植

---

① Gary Gereffi. *The Pharmaceutical Industry and Dependency in the Third World*, p. 145.
② *El Sol de Mexico*, August. 18, 1976.

物化学产品公司选中的产品,愿意出卖一部分股份给当地合伙人,杀鱼草的价格可以适当降低。谈判一直进行到新总统波蒂略上台,这时比索贬值了1/2,更有利于跨国公司的谈判。到1977年4月双方终于达成协议,跨国公司同意以每公斤60比索的价格购买烘干的杀鱼草(墨西哥植物化学产品公司支付给农民鲜杀鱼草的价格从1975年的每公斤2.10比索提高到了1976年的4.50比索)。但协议中没有提另外两个条件,即跨国公司子公司的"墨西哥化"和出让部分生产能力"收费制造"墨西哥植物化学产品公司选中的成品药。① 政府最终以牺牲改变工业结构的代价提高了跨国公司所支付的加工原料的价格。

总之,在上述三个阶段中,墨西哥政府政策呈现出不同的特点,第一阶段对本国企业实行了重点保护,希望西恩特科斯公司成为世界类固醇荷尔蒙业中的佼佼者,但由于跨国公司买方市场的限制和跨国公司母国政府的干涉,政府的计划终于落空。第二阶段正是墨西哥政府鼓励跨国公司进入制造业的时期,由于类固醇荷尔蒙业在该时期不是国家发展战略的重点,墨西哥政府未能像汽车工业那样利用跨国公司的"寡占反应"心理,通过与跨国公司的讨价还价,来促进民族企业的发展,随着跨国公司进入带来的"非民族化"、利用转移价格给当地造成税收损失、对当地农民的剥削等问题的暴露,第三阶段墨西哥政府利用国有企业展开了与跨国公司的博弈,但是受国际结构的制约(技术、替代原料、市场需求),墨西哥政府的砝码力量减弱,谈判的三个目标(提高原料价格、墨西哥化、一定比例的药品国产化)仅仅实现了一个。

小　结

制药业是跨国公司涉足最深的行业之一。从20世纪30年代开始,

---

① Gary Gereffi. *The Pharmaceutical Industry and Dependency in The Third World.* p. 152。

这一行业实行了进口替代工业化,但在 20 世纪 50 年代末开始出现"非民族化"现象,到 20 世纪 70 年代中期,35 个最大的制药业企业已经全部属于跨国公司的了。随着"非民族化"现象的加深,在制药业中同样产生了严重的国际收支逆差、跨国公司通过控制研发技术加强当地的技术依赖、利用各种内部经营战略赚取大量利润等一般性问题,在作为特殊行业的制药业中,跨国公司还通过广告和医院的医药代表制等其他药品促销方法,以它的现代西药取代了当地的传统草药,但下层百姓的健康医疗条件未能得到有效的改善。墨西哥政府通过颁布有关法律、建立制药部际委员会、建立制药业国营企业等措施对跨国公司的行为加强了干预。

墨西哥类固醇荷尔蒙业是制药业中跨国公司与东道国关系的一个典型案例。薯蓣皂苷元是一种生产类固醇荷尔蒙的多用途原料,20 世纪 40 年代中期墨西哥西恩特科斯创建之后,利用新掌握的技术,从当地一种被称作"黑头"的植物中提取这种成分,后来又发现了一种含量更高的"杀鱼草",从其根茎中可以大规模地生产出各种各样的类固醇,这种原料上的优势使得墨西哥到 20 世纪 50 年代末占到世界类固醇荷尔蒙产量的80% ~90% ,世界类固醇荷尔蒙生产的中心也从原来的欧洲转移到了墨西哥。墨西哥政府对本国企业西恩特科斯公司实行了重点保护,希望它成为世界类固醇荷尔蒙业中的佼佼者,但由于跨国公司买方市场的限制和跨国公司母国政府的干涉,该公司在 1956 年被迫转让给美国的跨国公司。此后,另外 5 个民族企业也先后被兼并,到 1963 年墨西哥类固醇荷尔蒙企业被迅速转移到了外国跨国公司的名下,被"非民族化"了。由于类固醇荷尔蒙业在该时期不是国家发展战略的重点,墨西哥政府未能像汽车工业那样利用跨国公司的"寡占反应"心理,通过与跨国公司的讨价还价,来促进民族企业的发展。跨国公司的到来,固然使类固醇的产量增长了,出口也增加了,但"非民族化"问题、跨国公司利用转移价格给当地造成税收损失问题、对当地农民的剥削问题凸现出来。墨西哥政府利用国有企业展开了与跨国公司的博弈,但由于跨国公司控制着买方市场、掌握着更先进的技术、并不断寻找其他原料替代当地"杀鱼草",同时还与当地的企业家组织结成联盟与政府对抗。墨西哥政府在谈判中不再具有优势,墨西哥政府干预的目标并没有完全实现。这个案例说明:一是,当地政府忽视利用"寡占反应"心理加强管制,造成了跨国公司的长驱直入;二是,博弈的成败取决于东道国政府是否掌握王牌和国际因素制约力量的大小,当墨西哥政府失去了王牌,国际制约因素加大的时候,谈判不易取得成功。

第八章 跨国公司与墨西哥的食品工业

　　本章选择墨西哥最重要的制造业之一——食品工业作为剖析案例，该行业大多数企业是本国私人企业，外国企业倾向于控制某些特定产品或领域，并且一般为外国股权占多数，也就是说，在食品工业某些部门中同样出现了"非国有化"的问题。另外，跨国公司子公司的生产主要面向墨西哥国内市场，并特别注重利用广告宣传、商标注册等方法影响中上阶层的消费模式；它们通过对技术的控制获得了高额利润；它们的出口很少，无助于墨西哥国际收支的改善；由于合成饲料工业改变了墨西哥的作物构成，大量原料依靠进口，结果不仅恶化了国际收支，而且还威胁到了墨西哥的食品安全。面对这些问题，墨西哥政府通过法律和法规对跨国公司加强了管制。本章特别选择了"墨西哥达诺内公司"的案例进行了剖析，这是1973年墨西哥外资法颁布之后建立的一个生产奶制品的合资企业，它的运行基本遵守了墨西哥的法律规范，从短期看，对当地经济发展起到了一定的促进作用，负面影响尚不突出。

第一节 墨西哥的食品工业与跨国公司

一、墨西哥食品工业的工业结构

　　食品工业是墨西哥最重要的工业部门之一，它几乎占全部工业产值的 1/5。官方统计通常将食品工业分成两类,第一类是大约 50000 个家庭式的小企业,一般雇佣工人在 5 人以下,采取手工作坊的形式,以小麦和玉米为原料,为满足当地社区消费而生产食品,1975 年它们每个企业的年平均产值为 20 万比索(合 16000 美元);第二类是雇佣 5 人以上的8400 个企业,其年平均产值为 100 万比索。实际上,这 8400 个企业中,大约有 8000 个属于中小企业,只有 400 个属于大企业。1970 年该行业中最大的 4 个企业占全部产值的 21.5%,在非酒精饮料业中的集中程度更高,4 个领先企业控制了全国生产的 30%。①

食品工业也是战后增长较快的部门。由于人口快速增长和城市化加速的推动,1970 年到 1975 年该行业的中小企业从 4800 家增加到 8400家,同期总产值从 3599000 万比索上升到 7867000 万比索,增长了122%,而该行业的总附加值也增长了 133%。由于机械化、自动化的发展和增长偏重于大企业,食品工业中就业机会的创造相对缓慢,同期中小企业的就业人数从 202000 人增加到 228600 人,增长率仅为 13%。

从工厂的产品和地理分布看,食品工业具有集中程度高的特点。400个大企业生产了 2500 多种在卫生当局登记的产品,销售于整个国家。这400 家企业开了 500 家工厂。其中 60 家最大的企业在市场上投放了 10种基本产品,开办了 200 家工厂,生产 1600 种产品,每家企业拥有多条生产线。如埃利亚斯·潘多(Elias Pando),是一个本国食品工业公司,拥有9 个工厂,生产 200 种产品,在生产多样化方面居第一位。位居第二的是一家美国公司嘉宝产品(Gerber Products),它只有一家工厂,为婴幼儿生产 100 多种产品。大企业在地理位置上一般靠近消费中心或工业类型的农牧业饲养区。属于 400 家最大企业的 500 家工厂,其 60% 位于首都或附近郊区,这里是该国最工业化的部分。另外的 20% 位于下加利福尼

---

① Remy Montavon, *The Role of Multinational Companies in Latin America, A Case Study in Mexico.* Praeger, New York, 1980. p. 24.

亚、锡纳罗亚、哈利斯科,以及瓜纳华托和克雷塔罗的农牧业地区。[1] 相比之下,除了雀巢公司在恰帕斯的工厂之外,在东南部和南部太平洋沿海农业地区则没有食品工业。

二、跨国公司的进入

外国企业对墨西哥食品工业的投资开始于 20 世纪初,但只是在 1950 年到 1970 年间才加快了步伐。外国直接投资额从 1950 年的 2000 万美元增加到 1960 年的 6340 万美元,再增加到 1970 年的 23550 万美元,增长了 10 倍,同期占该国所有外国投资的比例分别为 13.4%;10.5%;11.3%。到 1975 年这一数额达到了 30000 万美元。在墨西哥的工业中,食品工业是继化学工业之后吸引外资最多的部门,据美国商业部的资料,在墨西哥食品部门中的外国企业的销售额占全部外企销售额的 17%[2]。在美国食品业子公司营业额中,墨西哥继加拿大、英国和西德之后位居第 4 位。

墨西哥靠近美国的优越条件使它总是能够得到较高比例的美国投资。当 20 世纪 60 年代欧洲的外国直接投资开始出现在化学工业、机械工业和汽车工业的时候,在这些部门的美国投资所占比例开始降低,但是,在食品工业中的美国投资比例却不断提高,从 1960 年的 75% 到 1970 年的 93.7%。在 1970 年,其余的 6.3% 分别来源于加拿大、瑞典、瑞士和委内瑞拉。[3] 1970 年之后法国和西德也开始插足墨西哥的食品工业。

据墨西哥学者研究,在 1950 年之前,跨国公司在墨西哥食品工业的 16 个分支部门建立了 23 个子公司;1951～1960 年新建跨国公司子公司为 31 个,涉及的分支部门又增加了 6 个;1960～1970 年跨国公司进入的

---

① Remy Montavon, *The Role of Multinational Companies in Latin America*, *A Case Study in Mexico*. p. 24.

② Thomas Horst, At Home Abroad: American Corporations in the Food Industry, Cambridge, 1974. 转引自 Remy Montavon, *The Role of Multinational Companies in Latin America*. p. 25.

③ Remy Montavon, *The Role of Multinational Companies in Latin America*, *A Case Study in Mexico*. p. 26.

速度加快,在27个分支部门新建有93个子公司;1971～1975年又有新
建子公司41个。① 在世界"财富500强"名单中的39家主要的食品企业
(包括非酒精饮料企业)中,有32家落户于墨西哥。与之比较,这同样的
39家企业,在加拿大落户有31家,在法国落户的有23家,在委内瑞拉落
户的有22家,在巴西落户的只有8家。除了该部门中最大的美国企业和
仅根据在北美市场销售额跻身于该行列的企业外,我们注意到,在排列前
10位的企业中,有7个企业来到了墨西哥,有7个企业来到了墨西哥,它
们是卡夫公司(Kraft Co.),埃萨(Esmark),比阿特丽斯食品(Beatrice
Foods),通用食品(General Foods),博登(Borden),罗尔斯顿·普瑞纳
(Ralston Purina),可口可乐(Coca - cola)。

　到20世纪70年代中期,跨国公司控制了墨西哥食品工业的一些特
定部门。1974年的资料表明,外国企业在生产婴幼儿食品方面特别活
跃,100%的墨西哥供给来源于4个外国企业,其中嘉宝的产品控制了
85%的市场。在非酒精饮料供给方面,外国企业控制了75%的市场,主
要是可口可乐、百事可乐和七喜公司,其中可口可乐公司控制了42%的
市场份额。在中间产品方面,即包括颜料、添加剂、调味剂、各类浓缩物等
的化学产品和各种容器,墨西哥的市场完全在外国企业的控制之下。在
奶制品和谷物衍生品方面,外国企业所占比重也很大。1975年有8个与
奶制品生产有关的外国企业落户于墨西哥,它们是康乃馨公司(Carna-
tion),卡夫公司(Kraft Co.),雀巢(Nestle),国际惠氏(Wyeth Internation-
al),国际百时美施贵宝(Bristol Myers Squibb International),里德约翰逊
(Read Johnson),宠物公司(The Pet Corp.),BSN - 赫瓦伊斯·达诺内
(BSN - Gervais Danone),除了一个瑞士企业和一个法国企业外,其他6
个是美国企业。这些企业的主要产品是奶制品,如果连那些只生产某种
奶制品的企业也计算在内的话,这样的外国企业超过了30个。当然,外

① Rosa Elena Montes y Gerardo Escudero Columna, Las Empresas Transnacionales en La Industria Alimentaria Mexicana. *Comercio Esterior*, Vol. 31, Mun. 9, 1981. pp. 992 – 993.

资企业在奶制品分支行业中的分布并不平衡,如在高热杀菌牛奶的生产和销售以及冰淇淋的生产领域几乎完全为墨西哥资本控制,而在炼乳部门的 12 个企业中有 10 个企业是外国企业。外国企业控制了该部门 96% 的投入资本,98% 的附加值和 99% 的利润。①

据联合国跨国公司中心的不完全统计,到 1976 年跨国公司在墨西哥食品工业部门的子公司约达 74 个,它们分别分布于以下部门:肉类包装和加工业 5 个,鱼类加工业 5 个,水果和蔬菜加工业 14 个,咖啡加工业 2 个,可可和巧克力加工业 5 个,茶叶加工业 3 个,面粉加工业 7 个,动物食品 4 个,奶类加工业 10 个,葡萄酒和蒸馏酒精饮料 7 个,食用油加工业 6 个,浓缩非酒精饮料业 6 个。② 又据墨西哥学者较为详细的统计,到 1975 年在墨西哥食品工业的跨国公司已经达到 130 家,建立的工厂、超市或其他机构有 300 多家。③

三、跨国公司的所有权特点

在墨西哥食品工业中,所有权的格局是,大多数企业是本国私人企业;除了渔业和糖业外,国有企业也很少;外国企业倾向于控制某些特定产品的生产,并集中在这些领域。在外国企业中,一般为外国股权占多数。国家在食品加工工业中缺乏对所有权的政策规范,使得该行业与其他第二次世界大战以来就奉行墨西哥化政策的行业相比,外国股权占多数的现象很突出。在墨西哥的跨国公司子公司有多种形式,有的为母公司直接拥有,有的则是金子塔式的(即为母公司间接拥有)。有的企业只是与食品有关的子公司,但另外一些企业(特别是生产婴儿奶制品的药

① Remy Montavon, *The Role of Multinational Companies in Latin America*, *A Case Study in Mexico*. p. 27.

② Christopher D. Scott: Transnational Corporations Advantage and Food Security in Latin America. in Christopher Abel and Colin M. Lewis(edited): *Latin America*, *Economic Imperialism and The State*. The Athlone Press, 1985. pp. 486 − 487.

③ Rosa Elena Montes y Gerardo Escudero Columna, Las Empresas Transnacionales en La Industria Alimentaria Mexicana. *Comercio Esterior*. Vol. 31, Mun. 9, 1981. p. 991.

业公司)则是拥有生产不同产品的子公司。如金宝汤(Campbell's Soup),康乃馨(Carnation),嘉宝(Gerber),都只有一个墨西哥子公司;而雀巢(Nestle),克莱顿安德森(Anderson Clayton),比阿特丽斯食品(Beatrice Food)则有5个以上的分公司。因为1973年投资法没有追溯权和大多数外国企业是在此之前进入墨西哥的,因此,大多数外国企业的股权参与为50%以上,甚至是100%的全部外资企业。[1] 1977年在墨西哥国家外资注册局注册的企业有136个,它们的外资参与比例至少都在20%以上。各拥有直接投资至少100万美元的26个外国母公司,控制了食品工业中全部外国直接投资的85%。其中在它们的墨西哥子公司中,外国直接投资比例占49%以下的有5个,在49%~50%之间的有6个,其余均为外资占多数。[2]

四、跨国公司的行为分析

通过考察跨国公司在企业兼并、广告宣传、研究和开发、技术转移、专利和商标注册等方面的企业行为,我们可以认识在墨西哥食品工业中跨国公司的特点和问题。

1965年之前,在墨西哥食品工业中的大多数美国公司的分支机构都是新建的,但随着母国市场上主要食品加工商之间兼并事件的增加,在墨西哥发生的被外国企业兼并的案例也随之增加。1966至1977年之间出现的美国跨国公司子公司,其3/4是兼并的结果。[3] 从整个制造业看,非美国的母公司比美国的母公司更容易新建分支机构。根据未发表的哈佛大学跨国企业的研究资料,在美国拥有的企业中,几乎2/3的食品子公司

———————

① Rosa Elena Montes y Gerardo Escudero Columna, Las Empresas Transnacionales en La Industria Alimentaria Mexicana. *Comercio Esterior*, Vol. 31, Mun. 9, 1981. p. 991.

② Van R. whiting, JR: *The Political Economy of Foreign Investment in Mexico, Nationalism, Liberalism and Constrains on Choice*. The Johns Hopkins University Press, Baltimore And London. 1992. p. 183.

③ Richard S. Newfarmer and Willard F. Mueller, *Multinational Corporations in brazil and mexico: structural sources of economic and noneconomic power*, Washington, 1975. pp. 187 – 188.

是兼并的,而在整个制造业中只是 1/2。更明显的是,被兼并企业中 1/2
以上是间接获得的,即通过兼并另外的企业获得的。这是一个在母国公
司企业集中的改变(一个母公司被另一个母公司兼并)如何导致了发展
中东道国发生相应变化的案例,即当 R. J. 雷诺兹(R. J. Reynolds)获得了
德尔蒙特(Del Monte)或当标准品牌(Standard Brands)与纳维斯科
(Nabisco)合并后,在墨西哥的集中也在增加。[①] 在食品工业中外国人平
均持有资产的百分比比其他部门要高,这一部门中有更多的企业属于
"外资参与至少为 75%"的一类,同样,这一部门中的外国管理人员也比
其他部门要多。

广告是企业行为最重要的方面之一。虽然人们熟知食品工业是广告
业的领先者,但由于缺乏资料,很难估算墨西哥国内企业与跨国公司子公
司在广告开支方面所占的比例。根据法齐贝尔的研究,外国企业在食品
工业中注册的专利只占 2.2%,而注册的商标却占 11.4%。[②] 这说明外
国食品企业注册的专利很少,注册的商标较多,间接地肯定了它们对市场
的强调。但是,有证据表明外国食品企业主要对城市中产阶级市场感兴
趣,墨西哥政府曾邀请雀巢公司开发一种婴幼儿奶粉配方,试图通过"国
有民生公司"(CONASUPO)的商店和健康服务机构销售,但雀巢没有搞
成,最终由墨西哥国家营养机构完成了营养配方的开发,并以康拉克
(Conlac)品牌低价销售。据说雀巢的母公司为此批评墨西哥子公司错失
良机。另一个类似的事例是,墨西哥政府想开发一种豆类早餐食品在民
众中推广,为此曾邀请纳维斯科(Nabisco)公司生产,但也没有成功。一
位跨国食品和蔬菜企业经理的话一语道破天机:"我们无意于降低市场

---

① 转引自 Van R. whiting, JR: *The Political Economy of Foreign Investment in Mexico*, *National-
ism*, *Liberalism and Constrains on Choice*. p. 184.

② Fernando Fajnzylber y Trinidad Martinez Tarrago: *Las Empresas Transnacionales*, *Expansion A
Nivel Mundial y Proyeccion en La Industria Mexicana*. Mexico. Fondo de Cultura Economica. 1976. pp.
348 – 349.

目标,尽管我们知道不少穷人也购买我们的产品"。① 跨国公司的主要供应对象是中等和高等收入的消费者,战后以来这些人的收入水平逐渐提高,他们的饮食习惯也就随之"西方化",他们用白面包代替玉米饼,用动物蛋白质代替植物蛋白质,所吃的加工食品大大超过以前,城市居民中的低收入阶层消费的加工食品也多于过去。与开发适合发展中国家需求的新产品相比较,外国跨国公司在促进它们所熟悉的中产阶级市场上的产品方面可能更成功。

有关跨国公司对食品工业技术进步影响方面的资料很少,但一个由政府指定的专家小组在起草第一个国家科技计划时提出了这样的看法,他们认为,外国公司显然进口了不少技术,但这些购买的技术大多与注册商标的使用有关。1973 年提交给国家技术转让注册局的一些食品工业的技术转让合同表明,这些合同的 75% 具有与商标使用有关的条款,只有 8% 的合同具有与制造专利有关的条款。在 20 世纪 70 年代后期,食品部门的外国公司开始投资于当地的研究与开发,但是,这些活动的主要目的是创造新产品,而在大多数情况下,这种活动更多的是适应已经存在的面向城市中产阶级的产品。②

关于跨国公司在整个墨西哥食品工业中利润的资料很难找到。在美国,食品加工业中的利润率相对较高。如果在墨西哥的跨国食品企业属于该行业中垄断性程度较高的企业的话,它们就有可能得到一种垄断租金。来自美国参议院对墨西哥和巴西特别考察的资料表明,按照税后收入与股权的百分比计算,1972 年墨西哥食品加工业跨国公司子公司的回报率为 9.1%,化学工业为 13.8%,电力机械为 16.1%,交通运输业为 10%。可见食品工业低于在墨西哥其他行业中美国公司的平均回报率。但是,当我们考虑到"广义收益"(包括专利费、许可证费、技术资助等)的

① Van R. whiting, JR: *The Political Economy of Foreign Investment in Mexico, Nationalism, Liberalism and Constrains on Choice*. p. 185.

② Remy Montavon, *The Role of Multinational Companies in Latin America, A Case Study in Mexico*. p. 28.

概念后,这 4 个行业的利润水平大致都在 19% ~ 20% 左右,而跨国公司在整个制造业的平均利润率为 16.2%。[1] 因此,可以得出这样的结论,如果国际转移支付被包括进来的话,食品加工业的跨国公司是收取垄断租金的。

墨西哥政府吸引外资是为了通过这些企业的出口来平衡国际收支,从进口和出口占生产总值的比重看,食品部门显然低于其他工业部门,但是,与其他工业相反,在 20 世纪 70 年代初该部门的出口大于进口。1970 年在外资控制下的食品工业企业的出口系数为 3.1%,进口系数为 2.5%,不管是进口系数还是出口系数,外国企业都高于墨西哥本国企业。与整个制造业部门中外国企业的出口系数 3% 和进口系数 11.9% 相比较,出口系数相近,但进口系数的 2.5% 大大小于 11.9%。[2] 这一数字表明,外国企业控制的食品部门的原料大多来自墨西哥当地,因此,进口系数不高,同时,销售也几乎全部面向墨西哥市场,尽管这些企业大多数是邻国(美国)跨国公司的子公司,出口仍然不多。

但是,这种情况在 20 世纪 70 年代中后期发生了变化,尽管加工食品的出口仍然不多,但外国食品加工商的净进口在增加。墨西哥继续出口食物,但出口的不是加工过的食品,而是农牧业产品。农牧业产品是墨西哥外汇的一项重要来源,构成全部出口收入的 25%,集中在棉花、牛肉、咖啡、糖和西红柿等产品。根据美国参议院特别调查报告,1972 年墨西哥的美国食品加工业子公司仅出口了销售额的 2%,而化学公司是 4%,电力公司是 9%,交通运输公司是 8%。[3] 尽管农牧业出口特别是冬季蔬菜增加了,食品加工商比其他行业的外国投资者出口更少。

跨国公司的合成饲料工业却增加了墨西哥的粮食进口,甚至改变了

---

① Richard S. Newfarmer and Willard F. Mueller, *Multinational Corporations in brazil and mexico*: *structural sources of economic and noneconomic power*. p. 90.

② Remy Montavon, *The Role of Multinational Companies in Latin America*, *A Case Study in Mexico*. p. 27.

③ Van R. whiting, JR: *The Political Economy of Foreign Investment in Mexico*, *Nationalism*, *Liberalism and Constrains On Choice*, pp. 185 – 186.

墨西哥的作物构成。鉴于城市居民对动物性食物产品需求的增加,为促进养鸡、养猪、养牛等畜牧业的现代化,跨国公司在墨西哥逐渐建立起一个生产能力强大的饲料加工业,其中两家主要的企业是雷尔斯·顿普林纳和安德森与克莱顿公司。它们使用的动物饲料制造技术是在美国经过多年研究之后发明的,因而,这种技术所利用的原料(大豆、高粱、玉米)本来都是美国产品,价格低廉,具有高度的竞争力。在墨西哥开设的子公司除进口外,还利用当地的大豆和高粱解决原料问题。这两种作物的栽培于是迅速扩大,一直扩及到占用原来种植玉米等主食作物的地区。这样,从 20 世纪 60 年代中期到 70 年代晚期,墨西哥的 4 种传统主食(玉米、小麦、大米和豆类)作物以及棉花的种植面积大约下降了 140 万公顷,而油料作物(大豆和红花)以及饲料作物的种植面积则相应增加。与此同时,一方面是传统主食的增产速度落后于长期以来的人口增长率(3.4%),另一方面是大豆、高粱和苜蓿产量的年增长率分别达到了 15.1%、13.7% 和 9%。尽管如此,大豆进口值仍在 1950～1952 年到 1978～1980 年间从 40 万美元增加到 20220 万美元,原先不进口的高粱在 1980 年进口值也达到了 19200 万美元。同期,由于原来的玉米和小麦地被跨国公司的农工联合企业的经济作物所占用,小麦的进口从 3230 万美元增至 15000 万美元,玉米从 80 万美元增至 31570 万美元。结果,1980 年代前期国内粮食消费量中很大一部分是进口的,其中进口作物占总消费量的比重分别为小麦 31%、玉米 30%、豆类 25%。[①] 可见,跨国公司对墨西哥的食物供应系统产生了十分有害的影响,一方面它推广了一种与本国现有原料资源基本无关的技术,使饲料作物与主食作物争夺土地;另一方面,它通过广告推广了一种新的食物消费模式,对大多数尚未解决温饱的下层民众来说,这种模式未免过于奢侈。同时,大量的粮食进口也加重了墨西哥国际收支的困境。

---

① 露丝·拉玛:《跨国公司农工联合企业是否促进发展中国家的农业——墨西哥经验谈》,《国际社会科学杂志》1986 年第 3 期,第 52—53 页。

从上述分析可见,1965年之后出现在墨西哥食品工业中的跨国公司子公司主要是兼并当地企业的结果,这些子公司的生产主要面向墨西哥国内市场,并特别注重利用广告宣传、商标注册等方法影响中上阶层市场,虽然它们通过专利注册带来了一些相关的新技术,但也通过对技术的控制获得了高额利润,它们无助于墨西哥国际收支的改善,由于合成饲料工业改变了墨西哥的作物构成,大量原料依靠进口,结果不仅恶化了国际收支,而且还威胁到了墨西哥的食品安全。这些问题当然不能不引起墨西哥政府的反应。

五、墨西哥政府的政策

在墨西哥政府内部,大多数人相信,食品工业中的并购现象是鼓励政府规范外国投资的主要因素之一。但是,其最终结果并没有产生一个专门针对食品工业的政府政策,而是产生了针对所有制造业的一套关于外国投资和技术转移的规定。这就是1972年底的《技术转让和使用开发专利及商标注册法》和1973年墨西哥议会批准的《促进本国投资和规范外国投资法》。关于这些法律的内容在前面已经多次提到,这里需要着重强调的是这些法律在食品工业中实施的效果。

根据1973年外资法的规定,食品加工业不属于优先发展的行业,因此,对这一领域的新的外国投资不再受到鼓励,对墨西哥企业的直接兼并也就被有效地阻止了。但是,按照规定,已经存在的外国企业可以在不超出现存生产能力的条件下增加它们的生产,并且只要外国和本国资本的相对份额不发生变化,外国企业的投资也可以在征得墨西哥国家外国投资委员会的批准后而增加。由于"祖父条款"的缘故,大多数外国企业是在1973年以前建立的,新法律对这些企业没有追溯权利,因此,新的法律规定对食品工业的垄断结构和特定食品生产线的集中所产生的影响是有限的。相反,由于政府的墨西哥化政策和促进出口的政策,外国企业的地位在一定程度上得到了加强。如在范·惠廷的研究中所提到的两个案例正说明了这一点。

案例之一是,国家外国投资委员会授权一个外国公司购买一个跨国公司的子公司,被授权公司是拥有 60% 股权的外国合资公司,被收购的公司是一个全资外国企业,据称它要停止饲养和生产家禽(鸡)。前者有意购买后者,其申请书被递交到了国家投资委员会。作为总统办公厅附属机构的农业合作委员会被要求提供意见,该委员会探讨了安排一个墨西哥购买者的可能性,尽管联系了国家家禽生产者协会,但没有墨西哥投资者愿意购买。由于这个有问题的企业正在赔钱,它原来的主人威胁要结束经营,于是迅速形成了一个决定:将这个企业需要转让的 51% 的股份交给了一个信托基金,这些股份将在 7 年内被卖给墨西哥的投资者。然后被授权公司接管了这个企业的经营,由此,这个跨国公司子公司的墨西哥化将最终被完成。在该案例获得批准之后,农业部抗议这一行为,理由是授权公司将会增加它在家禽市场上的份额,通过增加其另一种产品(动物饲料)在企业内部的消费,赢得一种更大程度上的生产垂直一体化。尽管有 51% 的股份最终将会落到墨西哥人的手中,但从国内墨西哥家禽和动物饲料生产者的角度看,这个国际企业的地位被加强了。案例之二是德尔蒙特公司(Del Monte),它是墨西哥罐装水果和蔬菜最大的生产厂家之一,被授权开发一个外国所有权占多数的新工厂,于是,它在索诺拉(Sinaloa)的库利阿坎(Culiacan)创建了一个生产番茄酱的新工厂,这是根据 1973 年法律被授权建立的少数企业之一,原因是它的大多数产品将用于出口,将增加墨西哥低水平加工食品的出口。另外,其母公司还强调,它将会增加新的就业,对西红柿生产者的技术援助将导致产量的增加,通过将那些不适合上市的西红柿制成番茄酱也会降低浪费。[①] 就这样,尽管墨西哥国家外资委员会完成了它鼓励墨西哥化或为换取出口而允许例外的使命,但跨国公司在墨西哥食品加工业结构中的地位被加强了。

---

① Van R. whiting, JR: *The Political Economy of Foreign Investment in Mexico, Nationalism, Liberalism and Constrains on Choice*. pp. 188 – 189.

1973年外资法的第12条第4款授权国家外资委员会"决定墨西哥现存外国投资进入新的经济投资领域或新的生产线的比例。"这一规定的本意是希望能够限制跨国企业差异性产品的增加,从而构成对外资进入的制约。但是,国家外国投资委员会建立后4年,对"新的经济投资领域"和"新产品生产线"的定义仍然未能确定。在这一期间,跨国食品加工企业自己认为,只要是属于它们传统活动之内的任何食物产品就可以生产。结果,有些企业能够自愿地向外国投资注册局报告新产品,但也有些企业既不申请也不报告它们的新产品。有的企业从宠物食品生产扩展到相近系列的生产,如狗项圈的生产;还有的企业从生产宠物食品扩展到生产人类的补充食品;一个巧克力制造商要求并得到批准生产一种"即时早餐"条;而诸如此类的扩展到新食品生产线的案例很少被否定。在1977年9月,国家外国投资委员会终于发布了一项决议,包含了一份以4位数字编码确定新生产活动和新生产线的详细分类。按照委员会的决定,一个生产谷类早餐食品的企业仍然能够引进新的谷类食品;一个生产罐装狗食品的企业可以生产干燥的狗食品;一个生产桔子汁饮料甜粉的企业可以生产其他类型的混合粉。但是,这一决定的公布并不能达到限制产品差异性的目的。差异性产品是指性质相同但产品形式不同的产品,而新产品是指性质完全不同的产品。新产品生产线的多样化会增加墨西哥工业的竞争,而产品差异通过加强领先企业的市场地位而减少竞争。国家外国投资委员会被授权调整的是新产品生产线的多样化,因此并不能起到减少产品差异性的效果。

根据1973~1977年最初注册期在墨西哥注册合同的资料,食品加工业中的企业所接受的技术合同有170个,涉及到122个许可证。在接受合同的企业中,外资占多数股权的企业和本国资本占多数股权企业之间存在着重要的区别,最突出的一点是外国企业更看重商标。在48个外资占多数股权企业中,36个企业的合同中包括了商标许可证;在55个外资占股权为零到24.9%的企业中,仅有18个有商标许可证;在外资占多数股权的子公司的77个合同中,有52个涉及到了商标,而多数为本国资本的 93 个公司中只有 31 个涉及到了商标。在所有这些企业中,只有 13 个企业报告了专利许可证。从合同的有效期看,在所有类型中的大多数企业都限定了具体的年数。在外国子公司中,每个有效期一般最多为 10 年,但 1/3 以上企业的合同有效期是不确定的,一般规定,在双方同意取消之前,合同继续有效。在外国子公司中,几乎一半(38/77)使用这种不确定的形式,但 93 个本国资本占多数的企业中只有 26 个这样做。[①] 这些数字说明,由于商标代表了信誉和市场份额,代表了一种垄断力量,因此,与专利费相比,商标对外国企业更为重要。同时,利用不确定的有效期导致了一种实质上自我永久化的合同,降低了对合同 10 年限制的有效性。

总的看来,关于外国投资的规定和技术转让的规定都未能有效地改变食品加工业的工业结构。

针对跨国合成饲料工业带来的问题,墨西哥食物系统主管部门在 1980~1982 年间提出:禁止合成饲料工业所加工的原料与当地居民的粮食作物争夺土地,要提倡一种廉价而富有营养的食品消费模式,偏重食用植物蛋白,尤其要提倡种植主食粮食作物。出于对国家"食品安全"的担心,墨西哥政府鼓励在基本食物生产方面实现更大程度的自给自足,甚至建立了国家食品体系(SAM)[②]但是,墨西哥政府提出的措施只是部分地得到实施,而在实施的措施中又只有一部分收到实效,因为这些主要是短期性的措施,而食品战略的重新安排,却需要中期和长期的措施。但不管怎样,墨西哥政府、知识界和新闻界已经开始从满足大多数民众营养的角度重新审视食物供应系统所出现的问题,跨国公司受到广泛的批评,它们也开始同意改变制造饲料的配方。

---

① Van R. whiting, JR: *The Political Economy of Foreign Investment in Mexico, Nationalism, Liberalism and Constrains on Choice.* pp. 191 – 192.

② Christopher D. Scott: Transnational Corporations Advantage and Food Security in Latin America. in Christopher Abel and Colin M. Lewis(edited): *Latin America, Economic Imperialism and The State.* The Athlone Press, 1985. p. 488.

第二节 墨西哥达诺内公司的发展案例

墨西哥达诺内公司是 1973 年外资法颁布以后建立的一个生产奶制品的合资企业，通过对这个案例的剖析，我们可以增加对在政府新法律规范下发展起来的外资企业的感性认识。该案例的资料来源主要依据里米·蒙塔冯的《跨国公司在拉美的作用，墨西哥案例研究》。

一、墨西哥达诺内公司的发展轨迹

墨西哥达诺内（Danone Mexico）公司是法国 BSN – 赫瓦伊斯·达诺内（BSN – Gervais Danone）在墨西哥的一个很小的子公司。法国 BSN – 赫瓦伊斯·达诺内公司起源于 20 世纪初的一个生产玻璃包装原料的家庭企业，由于自身经营有方，通过不断地兼并，特别是在第二次世界大战后发达国家技术革命、欧洲共同市场形成的推动之下，快速发展为一个跨国性的工业巨头，其所从事的业务主要包括食品加工（占 54.7%）、平板玻璃（29.3%）和包装业（16%）。在 1966 ~ 1976 年间，它的营业额从 10 亿法国法郎增长到 117 亿法国法郎，就业员工从 15000 人增加到 61600 人，所辖 76 个企业分布于世界各地，在拉美国家的巴西、墨西哥、委内瑞拉、阿根廷都有它的子公司。[①]

墨西哥达诺内公司的发展主要发生在 1972 以后。1972 年法国的赫瓦伊斯·达诺内（Gervais Danone）[②]鉴于其在巴西子公司的良好发展状况，决定在拉美另外一个国家扩展其业务，生产酸奶和奶制品甜点，结果地点选在了墨西哥。经过几次考察之后，发现一个墨西哥企业家创建于

---

① Remy Montavon, *The Role of Multinational Companies in Latin America*, *A Case Study in Mexico.* pp. 31 – 34.

② 当时还没有被兼并，1973 年被 BSN 兼并，组成 BSN – 赫瓦伊斯·达诺内（BSN – Gervais Danone）公司。

1972 年 9 月的夏尔帕工业有限公司(Xalpa Idustrial S. A)比较适合作为合资对象,这个公司已经投资了 50 万比索,主要生产果汁和用巴斯德氏杀菌法制作的牛奶(高温加热牛奶)。在双方经过几次会晤之后,于 1973 年 1 月达成了一份意向书,其中规定:赫瓦伊斯·达诺内公司将投入其品牌、技术和 98 万比索的新资本,以及负责寻找购买机器和设备的贷款(在第一阶段将需要大约 350 万比索),墨西哥合伙人将以现存夏尔帕工业公司合法的构架和物资装备作为投入品,并保证定期提供新鲜牛奶。在意向书中还提到,夏尔帕工业公司的资本最终将从 50 万比索增加到 250 万比索,其中赫瓦伊斯·达诺内公司占 49%,墨西哥合伙人占 51%,另外董事长和总经理的位置留给墨西哥人担任。1973 年 10 月,赫瓦伊斯·达诺内公司派到墨西哥的专家发现,现存的设备已经不再适用,当地领导人也没有经验完成这一投资建设任务。于是,公司决定再次增加资本,从 250 万比索增加到 450 万比索,并更换了一位墨西哥新经理。1973 年 11 月,母公司赫瓦伊斯·达诺内公司被 BSN 公司(Boussois - Souchon - Neuvesel)兼并,两者组成为 BSN - 赫瓦伊斯·达诺内公司(BSN - Gervais Danone),新公司承认了赫瓦伊斯·达诺内公司在墨西哥的协议。①

1974 年 3 月墨西哥达诺内的第一批产品上市,包括纯酸奶和水果酸奶、牛奶蛋糊、布丁。创始阶段发展缓慢,1974 年的营业额是 940.1 万比索,该财政年度结束时亏损达 800 万比索,来自母公司的专家在经过研究之后,提出了重新组织生产和销售的建议,为了维持长期的发展计划,必须注入新的投资。1974 年 10 月法国方面承诺为保证企业的发展而提供金融支持,而墨西哥方面(仍占多数股权)同意交出经营权。于是,从 1975 年 6 月开始,一个在母公司经过训练并熟悉大众消费业务的法国人被任命为总经理。

企业经营在 1975 年仍然比较困难,尽管生产和营业额大量增加了,

---

① Remy Montavon, *The Role of Multinational Companies in Latin America*, *A Case Study in Mexico*. pp. 37 – 38.

但财政年度结束时亏损达到 1200 万比索,为了避免倒闭,必须再度注入资本。但墨西哥方面不能按比例提供新资金,BSN - 赫瓦伊斯·达诺内总公司就接管了对企业的有效控制权,现存资本是 2000 万比索,BSN - 赫瓦伊斯·达诺内总公司认捐了全部新增份额,即 1550 万比索,这样就控制了 88.5% 的份额,而墨西哥方面的份额减少到 11.5%。但根据 1973 年墨西哥的投资法,外国投资者不得在一个墨西哥企业中持有多数股。最后达成的解决的办法是 BSN - 赫瓦伊斯·达诺内总公司仍然持有 49% 的股份,剩下的 39.5% 的股份以"信托"形式被放在墨西哥银行中,在未来的 3 年内将由墨西哥人来认购。

1976 年夏尔帕工业有限公司被正式改名为墨西哥达诺内有限公司。 1976 年的两次比索贬值打击了该公司的财政收入。1976 年 8 月,政府决定放弃比索与美元的固定汇率,[①]结果,1976 年财政年度结束时,企业的亏损几乎达到 2100 万比索,其中 1600 万比索是由于企业拥有大量硬通货形式的债务而导致的汇率损失。这样到 1977 年 3 月需要再次增加新的投资,大约为 5500 万比索。[②] 1977 年经营状况得到了显著的改善,亏损只有 320 万比索,如果减去当年因汇率贬值影响而引起的 700 万比索的亏损的话,公司经营实际上是盈利的[③]。企业的经理人员将 1974 和 1975 年的不良表现归因于营销体系的不健全,产品的不良表现以及缺乏管理经验,这些情况在 1977 年都得到了改善。

二、墨西哥达诺内公司的生产和经营活动

墨西哥达诺内公司的建立是在墨西哥政府加强对跨国公司的管制并实行出口推动政策的背景下上马的。与前一时期政府积极推动工业化的

---

① 该汇率从 1954 年以来为 12.5 比索兑 1 美元,到 1976 年 11 月成为 20 比索兑 1 美元,很快又成为 28 比索兑 1 美元,最后稳定为 22 至 23 比索兑 1 美元。

② Remy Montavon, *The Role of Multinational Companies in Latin America, A Case Study in Mexico.* pp. 39 - 40.

③ 本研究主要取材于里米·蒙塔冯《跨国公司在拉美的作用,墨西哥案例研究》一书,该著作中数据资料的时间截止到 1977 年。

政策相反,按照 1973 年外资法,凡在墨西哥建厂的外国或国内企业均不再享受任何关税或税收减免,墨西哥达诺内公司也不例外。但是,该公司因 1972 年 7 月 9 日政府推动地区一体化的法令而受益,因为该法令为减轻城乡差距,倡导向非工业化地区的投资,特别是该法令有利于那些从当地农牧渔业中获取原料的中小企业。由于墨西哥达诺内公司的工厂位于离墨西哥城 60 公里的韦韦托卡(Huehuetoca),正好能够享受该法律提供的优惠。这样,墨西哥达诺内就能够在 5 年之内享受机器进口关税减免 70% 的好处,并且联邦销售税只需缴纳 2.5% 而不必缴纳 4%。另外,企业还可以通过加速折旧而减少账面利润,从而少交利润税。

韦韦托卡实际上是一个由几个村庄组成的、人口为 16000 人的"县",在墨西哥达诺内公司到来之前,这里已经有 3 个生产其他产品的工厂,雇佣工人总共不到 500 人。尽管这里靠近墨西哥城,但人们的生活水平更接近农村的标准。有正式工作的人很少,当地有几所小学,有一所中学。墨西哥达诺内选择在这里设厂,主要是因为它的墨西哥合伙人已经在这里建立了一个高温加热牛奶和瓶装鲜奶的生产单位,墨西哥合伙人除了可以提供合法的合作框架外,还可以提供土地和某些设施。

墨西哥达诺内公司的产品种类不多。到 1976 年,其主要有达诺内品牌的纯酸奶和水果酸奶、达尼(Dany)品牌的水质果子冻。1974 年曾生产布丁和牛奶蛋糊,但 1975 年停产。另外,工厂还以夏尔帕(Xalpa)品牌生产过桔子汁和口味牛奶,但产量微不足道。酸奶占全部产品的 75%。产品范围狭小是该企业的弱点之一。

韦韦托卡工厂的生产能力不断增加,从 1974 年开始时的每天 6 吨增长到 1977 年的每天 24 吨。在 1977 年该厂又购买了大片土地,表明了它要在这里扩大生产的意图。表 8.1 说明了各种产品增长的具体情况,其中酸奶从 1974 年的 136 吨增长到 1976 年的 2420 吨,同期奶制品甜点从 36 吨增长到 802 吨。1977 年酸奶将会增加 20%,达到 2910 吨,奶制品甜点会增长 70%,达到 1307 吨。

表8.1 墨西哥达诺内公司的生产量和营业额

	1974	1975	1976	1977(1976.3.估计)
酸奶(吨)	163	990	2420	2910
甜点(吨)	36	133	802	2910
饮料(百升)	12138	31800	36605	7720
营业额(千比索)	9401	27531	68575	94025
净收入(亏损): (千比索)	7980	12557	21710	2650

资料来源:Remy Montavon, *The Role of Multinational Companies in Latin America*, *A Case Study in Mexico. Praeger.* p. 42.

　　用来生产酸奶的原料是新鲜牛奶、脱脂奶粉、发酵粉、与酸奶混合的水果;生产果汁和口味饮料的原料是糖、颜料剂、调味剂、桔子、葡萄柚、水果精、化学防腐剂;生产奶质或水质果子冻的原料是颜料剂、糖和明胶晶(玉米面和藻类的提炼物)。这些原料主要来源于当地,从 1975 年的情况看,来源于进口的原料占全部原料的 15.3%,其中 60%是脱脂牛奶,1976 年占 16.9%,其中 61%是脱脂牛奶。[1]

　　墨西哥达诺内并不像某些外国公司那样(如雀巢公司)直接从生产者手中购买鲜奶,而是依靠一个原来属于墨西哥合伙人的中间企业间接供货,事实上,这个中间企业经常不能按时交货或交货中发生质量问题,这种情况带来了企业生产的困难。特别在 10 月份至来年 3 月份的旱季期间,新鲜牛奶往往供不应求,制奶企业之间的竞争很激烈。从 1977 年开始,工厂每天需要 11000 升鲜奶。由于鲜奶的稀缺,达诺内工厂经常以高于政府定价的价格收购鲜奶,如 1977 年韦韦托卡地区每升鲜牛奶的政府定价为 3.8 比索,而达诺内工厂的收购价格为 4.6 比索。由于政府对企业产品没有实行价格控制,这样企业对某些奶制品(如炼乳和脱脂奶粉)的购买政策可以相对地灵活一些。因此,可以不时地用进口的脱脂

---

　　[1]　Remy Montavon, *The Role of Multinational Companies in Latin America*, *A Case Study in Mexico.* p. 43.

奶粉解决鲜奶不足的问题,脱脂奶粉的价格比购买鲜奶便宜,但是,政府禁止这样做,为了保护本国牛奶生产,也为了迫使大的奶制品企业发展自己的新鲜牛奶生产基地,墨西哥政府严格限制进口,从原则上讲,进口量不能超过总需求的10%,并且要受"国营民生公司"(Conasupo)的审批和监督,每三个月检查一次,要提交许多证明文件,为此进行的讨价还价需要花费许多口舌。墨西哥政府甚至还以海关控制措施相配合,因为脱脂奶粉的走私和黑市活动很猖獗。

墨西哥达诺内公司在当时属于一个中型企业,其雇佣的劳动力从1974年的70人增加到1977年的170人,与1975年5人以上的8350个食品企业提供的228000个工作岗位比较,这170个就业岗位是微不足道的,但是从当地实际生活水平看,韦韦托卡工厂提供的就业岗位在当地劳动力市场上扮演了一个重要角色。外国员工数量很少,在1975年和1976年有4个外国员工,包括总经理、销售部主任、两个高级技术人员。到1976年底,两名法国员工的工作被墨西哥人接替。1977年剩下的外国人是总经理和一位技术人员。

企业在工资政策方面独立于母公司,但该企业在墨西哥建立的时间太短,还没有形成一套具体的工资和社会政策。工厂建立后,总薪水在不断增长,从1975年的530万比索,增长到1976年的1010万比索(占营业额的14.9%),到1977年达到近3000万比索(占营业额的16.6%)。该公司基本遵守了墨西哥实行的法律规范。因此,1977年1月企业的最低工资等于政府规定并按月调整的最低工资,当时,在企业雇佣的126个员工中有28个人得到的是最低工资,他们是该厂的非熟练工人,其工作不要求提前进行职业训练。销售员和推销员的基础工资根据他们完成任务的情况而定,一般为最低工资的1.5倍。对特殊工人、雇员、低级和高级行政人员工资的确定,企业主管首先要参考与本企业竞争的同类企业的情况,但不像在该国的外国大企业,达诺内的工资一般比较低。

在企业的社会政策方面,除了企业的行政人员和管理人员之外,其他员工一旦被雇佣就自动地加入了企业工会,这个工会是牛奶工人工会的一个分会。该行业的工会每两年会根据墨西哥社会立法的主要条款重新谈判集体合同和进行固定工资的内部调整。自建立以来,达诺内公司没有发生罢工和严重的劳工冲突。按照规定,工人每周工作48小时,夜班工作每周42小时。对超时工作者给加班费。另外还有4天的假期。但另一方面,企业在住房、养老金、体育运动方面没有任何作为,更令人惊奇的是工厂里竟然没有一个餐厅。社会立法的两项基本条款(即最低工资制和社会保障注册)也没有得到严格的执行。①

在经营管理方面,尽管在企业中的外国员工很少,但企业的年度预算甚至5年发展计划需要在经过讨论之后得到母公司的批准;企业的管理模式、成本分析方法都来源于母公司。但是,预算一旦批准,母公司不再干预,当地企业需要自主决定的事情包括:营业额、生产的增加或减少、原料的供给、产品的销售价格、广告宣传、所有与工厂或与推销、运输有关的固定成本核算,向市场投放新产品、人事和社会政策,等等。在金融管理上,固定资本和债务由母公司决定,经营资本和日常金融管理由子公司决定。

三、墨西哥达诺内公司的影响

(一)对墨西哥奶制品市场的影响

在墨西哥,第一个以工业化方式生产酸奶的企业是"奶制品有限公司"(Derivados de Leche SA),它在1968年以德尔萨(Delsa)品牌出售它的产品,这是一个家庭企业,其资本100%属于墨西哥人的。它不做广告,其销售网络局限于墨西哥城周围。像酸奶这样的新鲜产品的推销要求销售点必须拥有冷冻设备,或至少拥有电冰箱,但当时墨西哥城的大多数食品销售点尚不具备这样的条件。

到20世纪70年代初有两种因素推动了酸奶市场的发展。首先是现

① Remy Montavon, *The Role of Multinational Companies in Latin America, A Case Study in Mexico.* pp. 48 – 49.

代化超市像雨后春笋般地出现在墨西哥城和其他大的城市;其次,1973年一个合资企业生产的被称作"昌博尔西"(Chambourcy)新品牌的酸奶上市了,这一产品的生产企业是"食品工业会社"(Industrias Alimentacias Club S. A.),为一个在 1935 年于墨西哥建立的雀巢公司的子公司所有。[①] 该企业在墨西哥的长期经验、技术诀窍、现代生产方法、良好的销售网络、力争该行业第一的雄心、在广告业中的大量开支等,所有这些特点都有助于酸奶消费的快速扩张。由于"昌博尔西"的广告宣传扩大了墨西哥酸奶的需求,因此,雀巢子公司进入酸奶市场不仅没有挤垮德尔萨(Delsa),相反,在第一阶段还加强了它的地位。原来仅开工 50% 的德尔萨,到 1973 年底其生产能力得到了全面利用,它甚至计划在下一年度再增加 1 倍的生产能力。

当 1974 年 3 月墨西哥达诺内的第一批产品上市时,酸奶市场已经得到了充分扩张,即使如此,有资料表明,它的销售仍没有伤害到德尔萨,相反,市场得到了进一步扩张,所有竞争者的生产和销售都在增加。达诺内第一年以 163 吨的产量占居了 6% 的市场份额。第二年继续进步,以 990 吨的销售量占有了 31% 的市场份额,1976 年以 2420 吨的销售额占有了 40% 的市场份额,1977 年达诺内增加生产的能力不足,结果,其市场份额下降到 32.5%,尽管其产量增长到 3000 吨。[②]

1976 年又有两个新品牌上市,即达雷尔(Darel)和博纳菲纳(Bonafina),为"奶产品有限公司"(Productos de Leche SA)所生产,这是一个墨西哥人占 51%,美国博登(Borden)公司控制 49% 资本的合资企业,是墨西哥最大的鲜奶产品企业,拥有广泛的销售网络,1976 年生产 900 吨,占 15% 的市场份额。另外还有一个叫萨诺食品(Zano Alimentos)的墨西哥企业,以克雷莫(Cremo)品牌生产酸奶,以及其他几个作坊式的生产企业。它们的产量很小,1974 年为 37 吨,到 1976 年为 60 吨,大约占整个

---

① 该子公司 1973 年拥有 3000 名雇员,是墨西哥食品工业中最大外国企业之一。

② Remy Montavon, *The Role of Multinational Companies in Latin America*, *A Case Study in Mexico*. p. 53.

消费的1%。它们在市场上的地位可以忽略不计。具体情况见表8.2:

表8.2 1974～1977年墨西哥酸奶市场,不同竞争者的生产和市场份额(吨与%)

	1974		1975		1976		1977	
	吨	%	吨	%	吨	%	吨	%
达诺内(Danone)	163	6	990	31	2420	40	2940	32.5
昌博尔西(Chambourcy)	1640	62	1250	39	1400	23.5	1800	20
达雷尔和博纳菲纳 (Darel y Bonafina)	–	–	–	–	900	15	2280	25
德尔萨(Delsa)	810	30.5	936	29	1240	20.5	1900	21
克雷莫与其他 (Cremo and Others)	37	1.5	34	1	60	1	130	1.5
全部	2650	100	3210	100	6020	100	9050	100
100%的墨西哥企业	847	32	970	30	1300	22	2030	22
外企和合资企业	1803	68	2240	70	4720	78	7020	78

资料来源:Remy Montavon, *The Role of Multinational Companies in Latin America*, *A Case Study in Mexico*. p. 54.

上述统计资料说明,作为外国竞争者的"昌博尔西"和墨西哥达诺内进入奶制品市场后,并没有马上挤垮德尔萨,由于人们生活水平的提高和广告宣传的作用,人们对酸奶的需求在增加。但应该引起注意的是这个墨西哥企业的市场份额在不断减少,从1974年的30.5%,下降到1975年的29%,再下降到1976年的20.5%,1977年基本与上一年相当。鉴于整个奶制品生产在1974年到1977年是一个上升的增长曲线,德尔萨的产量增长不如合资企业,从1974年的810吨,到1977年的1900吨,而同期墨西哥达诺内从163吨增长到3000吨,达雷尔在两年内就从900吨增加到2280吨。

造成这种现象的主要原因不在于德尔萨的价格政策(德尔萨的价格略低于它的竞争者),而在于缺少广告宣传和保持产品质量的一致性。在产品开发的初期,"昌博尔西"和达诺内都毫不犹豫地在预算中拨出一大部分款项用于报纸、电台和电视的广告宣传,由于这些宣传主要介绍酸奶这种新产品,因此,德尔萨也间接地从中受益。但是,当这些新企业的广告宣传重点从一般的酸奶介绍转移到"昌博尔西"或达诺内的具体产品质量的时候,德尔萨就很快失去了市场。德尔萨没有效仿竞争者的原因一方面是由于资金短缺,它没有来自外部的连续性投资。但更重要的是它作为墨西哥中小企业的性质,这种企业通常是家族式的,寻求快速获利,缺少跨国公司那样的发展战略。相反,外国企业的经理可以运用他在商学院学到的和已经在发达国家某个子公司实践过的现代管理技术。为了服从总公司的战略或本企业的长期发展目标,子公司可能在数年之内亏损,但不管发生什么事情,子公司的经理在母公司都有一个位置,他在各方面都有保障,在子公司的逗留只是暂时的,随时会有人取代他的地位,但管理方法却是相同的。跨国公司的优势不仅在于投资的连续性,而且在于与这些资本联系的管理方法。

（二）对劳动力市场的影响

墨西哥达诺内公司的生产开始于 1974 年 3 月,当时只有 70 个就业者,此后就业不断增加,到 1977 年末,其成员达到了 170 人。这些新就业的人数从全国规模看,并不重要。但在墨西哥,平均起来每个有正常收入的人会对其他 6 个人的生存有贡献,考虑到墨西哥很高的失业率和半失业率,因此,该企业的出现是不能被忽略的。尤其是该工厂位于一个半农村地区,在这里找到一项工作是非常不容易的事情。

（三）在技术转移方面的影响

墨西哥达诺内公司的研究和开发工作集中在母公司。BSN - 赫瓦伊斯·达诺内总公司经营的主要项目包括三部分,即平板玻璃、包装材料和食物产品。其中新鲜食品的研究中心集中在法国的普莱西罗班松（Plessis - Robinson）。在巴西、墨西哥和委内瑞拉的子公司里,每个工厂都有一个"实验室",其主要的工作是控制产品的质量。由于企业规模狭小等原因,尚不具备在当地建立研究中心的条件,子公司主要是通过母公司获得技术或配方,它偿付一定的费用。

在酸奶和奶制品甜点的生产中,不存在像汽车工业中的那种严格意义上的成熟技术，因此，使用"技术转让"一词略有夸张。但是，要使这些产品批量生产、质量一致和高度安全，的确需要精确的诀窍或技术以及控制生产的经验。墨西哥达诺内达公司基本完成了这种"诀窍转让"。在早期阶段，这种类型的转让一般地涵盖了所有正常的商业内容，包括原料（鲜奶）的供给、机器设备安装、销售和推销。但该公司是从中间人手中购买鲜奶，在鲜奶的生产和采集或牲畜饲养的改良以及有关人员生活方式的改变中并不发挥直接的作用。因此，诀窍的转让集中在生产和推销中。

由于墨西哥达诺内并不是购买了一个已经生产酸奶的墨西哥企业，因此，母公司的技术服务不仅要从事生产单位的建设，而且还要从事初步的研究和各个计划阶段的执行，其中有些阶段还较为复杂。比如，首先，要在对市场上现有产品研究的基础上对生产内容做出选择；其次，要对原料部门的生产和发展做出分析；再次，需要研究已经在运行的推销网络。一旦搞清了这些情况，确定了墨方的参与伙伴，就必须对产品的种类、生产和销售的数量、价格做出决定。在工程建设方面需要确定的是，工程的总体规划；人员的组织；工业机器、蓝图、建筑物设计、能源需求等总方针的确定等。在初创时期，不仅要有常驻外国专家的指挥，而且需要母公司专家的短期造访，因为一些具体工作，如机器和设备的调试、生产的启动需要他们指导。同时，还需要征募工作人员、健全财务管理机制以及技术监督机制。当然，在生产启动之后，子公司仍会不断得到母公司的技术支持，这一点特别体现在职业训练方面。

在生产人员的训练方面，韦韦托卡所在的地区实际上是农业地区，在开始的时候，没有合格的劳动力可以依赖。除了一位机械师需要在工厂以外的学校上三个月的课程外，其他工人的训练均在工厂的实际操作中完成。技术监督层次上的职业训练是在当地管理人员替代外国管理人员的时候完成的。由于制造酸奶的工艺比较简单，工厂一旦建成并开始运行，所需要的技术监督任务有限。除了经理外，韦韦托卡工厂只需要两个高水平的技术员，一个生产部主任，一个维修部主任，后者是机械工程师，有两位助手协助负责机器的日常维修。1976 年,一位墨西哥技术监督员被提拔为生产部主任,代替了原来的法国人,后者被晋升工厂经理。对这位生产部主任来说,日常的实践性准备需要在三个月的时间内完成,每天外出学习两个小时。如果要晋升为经理的话,需要培训的时间为一到两年,因为经理所涉及到的经营范围更广,最重要的是候选人要熟悉母公司的管理体制,由于该企业是新建的,每个月必须向巴黎提交完整的活动报告,同时,每年都要回顾和讨论五年发展规划,在这样的实践中,他会逐渐学习和适应母公司的管理方法和模式。

在对销售人员的训练方面,到 1976 年底,该公司开始按照严格的标准选择销售员,这些标准虽然看上去比较初级,但表明了在这一行业中需要发展什么样的职业训练。这年的 12 月,一则报纸上的广告给墨西哥达诺内公司的办公室带来了 150 名候选人,第一轮筛选刷掉了 50 人,主要是那些没有驾驶执照和不能出示小学毕业证书者。剩下的候选人参加了一次快速的数学和智力测验,最后只留下了 10 个候选人,这些新的销售员在上岗之前都需要销售训练。该公司甚至把两位最有经验的销售监督员送到了当地的商学院学习①。

尽管我们谈到了 BSN – 赫瓦伊斯·达诺内公司在"技术转让"方面的上述种种影响,但是,我们还必须清楚地看到三点,第一,酸奶和甜点的生产技术实际上是一种诀窍和质量控制方法,当然,食品与顾客健康息息相关,质量控制是关键,但这样转让的诀窍或技术大多数属于贸易产品,而不需要支付专利费;第二,酸奶不是一种基本需求品,也不需要替代进口,因为在墨西哥达诺内公司成立之前,墨西哥就已经存在工业生产酸奶的技术。第三,法国企业带来的"新"技术并没有创造一种整体的上游或下游的生产链条。从上游链条看,为了保证新鲜牛奶的正常供应,奶产品部门中的某些企业在创建和发展墨西哥的牛奶产区方面发挥了积极的作

---

① Remy Montavon, *The Role of Multinational Companies in Latin America*, *A Case Study in Mexico*. p. 59.

用。牛奶生产的专家们一致认为,为了改善畜群,改良牲畜种族,达到一种更加平衡的牲畜饲养体系,使农民习惯于以适当的方式照料他的奶牛、牛奶,然后在良好条件下储藏牛奶,直到将其交到工厂,这需要在许多方面做出改变,即使产生一个很小的结果也需要花费很多年。而墨西哥达诺内,由于其规模比较小,它从中间商那里购买它所需要的鲜奶,因此,并没有在其基本原料(牛奶)生产方面发挥重要作用。而出产的酸奶是最终产品,也就谈不上什么下游链条了。

(四)专利费、利率和对国际收支的影响

由于墨西哥达诺内公司的成立比较晚,尽管其对国际收支影响的资料比较好找,但其影响的真实效果还需要更长时间的检验。

按照墨西哥政府 1972 年技术转让和专利商标法的规定,1973 年巴黎的母公司与在墨西哥的子公司签订了一个合同,根据这个合同,前 5 年上交的专利费将是纯营业额的 3.7% ,以后每年再上缴 1% 。政府注册委员会认为,在酸奶和奶制品甜点生产中使用的技术并不是新技术,因此不必更新合同。委员会对合同提出的付费比率也不接受,并做出如下修改:1974 年上交 3.7% ;1975 年 2.8% ;1979 年 1.9% 。以后每年为 1% 。另外原来的合同中还提到"子公司应该拿出 4% 的年收入用于其品牌的发展和广告宣传",委员会拒绝全部接受这一条。由于 1974 年子公司的亏损,母公司放弃了收取专利费的权利。在 1975、1976、1977 年,营业额分别为 2750 万比索、6850 万比索、9400 万比索,税后的专利费为 1743000比索。①

1973 年以后墨西哥实行货币紧缩政策,中小企业贷款特别困难。1976 年新总统上台后,要求减少银行准备金,放宽信贷。但这一措施引起了第二年高达 20% 的通货膨胀。在这一背景之下,墨西哥达诺内不得不在当地或国外寻求不同渠道的贷款。为了给国内企业保留信贷的可能

---

① Remy Montavon, *The Role of Multinational Companies in Latin America*, *A Case Study in Mexico*. p. 60.

性,墨西哥政府要求墨西哥银行不得放宽对跨国公司或它们在墨西哥子公司的贷款。这一时期外国银行的利率比较低,墨西哥达诺内直接向母公司贷款的利率更低。为了保护国内银行的活动和提高对"虚构"贷款的障碍,墨西哥财政立法对付给外国银行的利息课以重税,对在墨西哥有官方代表的贷款银行征收26.7%的利息税,而对没有官方代表的外国银行课以47.75%的利息税。① 尽管如此,墨西哥达诺内主要依靠了母公司的贷款。表8.3是墨西哥达诺内公司的国际收支情况。

表8.3　对国际收支的影响(千比索)

	1973	1974	1975	1976	1977	总计
资金流入						
新投入外国资本	1000	1125	15500	–	35000	52625
资金流出						
(1)股份分成	0	0	0	0	0	0
(2)专利费	0	0	308	535	900	1743
(3)外国贷款利率	0	0	2244	2923	3711	8878
(4)资本品进口	0	0	800	4200	11200	16200
(5)原料进口	0	2901	2558	5444	6000	16903
收支差额	1000	–1776	9590	–13102	13189	8901

资料来源:Remy Montavon, *The Role of Multinational Companies in Latin America, A Case Study in Mexico.* p.61.

如表8.3所示,分类账的流入方是从母公司流入的硬通货,包括最初的投资与后来增加的投资,从1973年到1977年总计流入5200多万比索。由于企业为国内市场生产,出口一栏中是空的。从分类账的流出方看,流出的项目包括原料设备的购买、专利费的支付、贷款利率等。我们

① Remy Montavon, *The Role of Multinational Companies in Latin America, A Case Study in Mexico.* p.46.

可以看到,由于企业的亏损,1974 年母公司放弃了收取专利费,并且直到 1977 年没有企业股份分成。而最后累计的收支余额是正的,表明流入墨西哥的净资金达到近 900 万比索。需要强调的是,硬通货的流入是由于企业亏损所导致的新投资的增加,一旦经营进入盈利阶段,就不再需要注入新的外来资本,因此,从长期看,企业越繁荣,对墨西哥国际收支的负面影响就会越大。

四、墨西哥达诺内公司与政府政策

墨西哥达诺内公司是在 20 世纪 70 年代墨西哥政府开始加强对外国跨国公司管制的背景下建立的。墨西哥政府在 1972 年底颁布了《技术转让和使用开发专利及商标注册法》,1973 年又批准了《促进本国投资和规范外国投资法》。1972 年法律除了其他目的之外,让墨西哥工业家理解到为了国家的发展而快速吸收技术的重要性。另外,通过要求技术购买者注册它们的技术转移合同,给予政府机构拒绝或批准这些合同的一个机会,加强了政府的干预力量。在此之前,政府关于技术的政策局限于对技术的购买实行不同的税率,根据是其与商标使用专利还是与技术资助付费有关。但在控制购买技术的外汇成本、考察墨西哥企业与外资企业之间合同的具体内容、分辨这些技术是否符合该国家的经济发展方面无所作为。1972 年之后,对跨国公司来说,这样的自由放任时期结束了。1973 年法律的目的则是给予在合资企业中的墨西哥参股者控制企业的权力。

达诺内公司的建立基本遵守了墨西哥政府规定的法律。该公司中墨西哥合伙人的资本在一开始占 51%,但由于墨方缺少新的投资,到 1976 年下降到 11.5%。法国参与者仍然是 49%,按照 1973 年法律,其余的 39.5% 储存在墨西哥银行的公共部门。从严格的法律意义上讲,有效的大多数应该属于在银行的股份,因为按照现行法律,银行有权利投票。但实际上银行没有干预企业的经营。除了从法律上的分析外,墨西哥人和外国合伙人之间实际建立起来的权力关系也很重要。在墨西哥达诺内建立之初,尽管合同规定总经理是墨西哥人,但墨西哥合伙人在制造酸奶和奶制品甜点方面没有任何经验,也无力开发出一种新产品的推销体系,让他自己来管理和经营这个企业是不可能的。从一开始,几乎所有事情都是按照外国引进模式来经营的,随着问题的增多和不良效果的产生,总经理的职位很快就被一个在法国集团受过训练的外国人所取代。因此,公司的实际权力并没有掌握在墨西哥人手中。在工资政策和福利政策方面大诺内也基本是遵守墨西哥法律的。

尽管墨西哥达诺内的产品既不是面向出口的也不是替代进口的,但该公司的建立因墨西哥1972年7月9日政府推动地区一体化的法令而受益。它在离墨西哥城60公里的韦韦托卡建厂,迎合了墨西哥政府工业分散化的意图。虽然它的产品的性质不能创造出一种整体的上游或下游的生产链条,制约了它在新技术方面的贡献,但它对墨西哥经济的积极影响是另一种类型的,即就业创造、工业分散化和职业训练。

由于建立的时间比较短,墨西哥达诺内公司的负面影响尚未凸显。从短期看,墨西哥达诺内和另一个外国企业进入酸奶市场,扩大了了墨西哥对酸奶的需求,并没有马上损害墨西哥当地的同行企业,但由于它们拥有雄厚的资本投入和大量的广告宣传,墨西哥企业的市场份额在逐年减少。在消费模式上,它属于迎合中产阶级需求,改变墨西哥传统食品结构的企业。在国际收支方面,尽管达诺内公司在1974~1977年累计顺差900多万比索,但当企业走上扭亏为盈、新资本投入不再增加之后,很快将会出现逆差。

里米·蒙塔冯在他的著作中提到,为了协调国家和本国私人部门为一方与跨国公司为另一方面的经济利益,必须满足三个条件:其一,国家必须具有一种有凝聚力的发展政策;其二,政府必须建立一系列工业和技术政策工具,它们清楚地确定外国企业行为的领域,以便于本国私人部门和跨国公司之间的和平相处;其三,这个国家必须具有将来成为企业家的工业家和商人。如果这些条件存在的话,在软弱的当地企业与大的跨国公司之间,以及跨国公司与东道国政府之间就能够达成一个比较好的谈判力量的平衡。① 墨西哥达诺内的案例基本符合前两个条件,但由于本地企业家的欠缺,尽管实现了名义上的多数所有权,但实际上是企业为外国人控制。

小 结

食品工业是墨西哥最重要的工业部门之一。1960年以后跨国公司的进入加快了步伐,并且1965年之后出现在墨西哥食品工业中的跨国公司子公司主要是兼并当地企业的结果。这些子公司的生产主要面向墨西哥国内市场,并特别注重利用广告宣传、商标注册等方法影响中上阶层市场,虽然它们通过专利注册带来了一些相关的新技术,但也通过对技术的控制获得了高额利润,它们无助于墨西哥国际收支的改善,特别是跨国公司控制的合成饲料工业,其大量原料依靠进口,结果不仅恶化了国际收支,甚至还威胁到了墨西哥的食品安全体系。墨西哥政府面对食品工业中跨国公司带来的问题,并没有制定一套专门针对食品工业的政策,而是用1972年的技术转让法和1973年的外资法对食品工业进行一般性地管制,但由于"祖父条款"的缘故,新的法律规定对食品工业的垄断结构和特定食品生产线的集中所产生的影响是有限的。相反,由于政府的墨西哥化政策和促进出口的政策,外国企业的地位在一定程度上得到了加强。

"墨西哥达诺内公司"是在1973年墨西哥外资法颁布之后建立的一个生产奶制品的合资企业,它位于离墨西哥城60公里的韦韦托卡建厂,迎合了墨西哥政府工业分散化的意图。它的运行基本遵守了墨西哥的法律规范。由于它从中间商那里购买它所需要的鲜奶,它的产业关联效应很小,不能创造出一种整体的上游或下游的生产链条,但它对墨西哥经济

---

① Remy Montavon, *The Role of Multinational Companies in Latin America*, *A Case Study in Mexico*. p. 111.

的积极影响是另一种类型的,即就业创造、工业分散化和职业训练。它属于迎合中产阶级需求、改变当地消费模式的那类企业,对民族企业也产生了排挤效果,由于建立的时间比较短,对国际收支的负面影响尚未凸现。至少从短期看,达诺内公司的建立对当地经济发展的作用表现为利大于弊,这说明,国家对跨国公司的引导和管制是必要的。

第九章　跨国公司与墨西哥国家

　　本章通过对新重商主义模式论、讨价还价理论、"变位权力行为"理论的介绍，强调了在发展中国家与跨国公司的关系中，国家作用的重要意义，并认为在墨西哥实行进口替代工业化战略期间，墨西哥国家在与跨国公司博弈中，扮演了企业所有者、政策管制者、制成品出口推动者、技术创新者、财政金融经营者等多种角色，其中有些是基本成功的，但在倡导技术创新和实行财政政策和货币政策方面最终是失败大于成功，这成为导致债务危机的重要原因。但是，政策服务于战略，国家在经济发展战略选择中的作用更重要，跨国公司的作用只是放大了经济发展战略的效果。与东亚国家(地区)相比较，墨西哥选择的进口替代工业化战略有着重要的失误。但是，一个国家选择这样的战略而没有选择那样的战略，往往不是主观因素就能够决定的，它要受到多方面客观条件的制约，国家作用只能在一定的制约框架之内发挥主观能动性。

第一节　跨国公司与民族国家关系的几种理论

一、罗伯特·吉尔平的三种模式论

　　美国学者罗伯特·吉尔平在《美利坚合众国的实力与跨国企业：对外直接投资的政治经济学》一文中，将政治经济学分为自由主义、马克思

主义、重商主义三种类型,从中划分出了跨国企业的三种模式,即走投无
路的国家主权模式、依附模式、重商主义模式(见表9.1),重要的是他从
这三种模式背后总结出了不同的国家观和国际经济观。即(1)自由主义
把国家看作"个人利益的集合体",由于"民族国家不是任何意义上的经
济实体",与跨国企业是相互依存以扩大世界福利的关系。(2)马克思主
义把国家看作不过是统治阶级的管理委员会,由于政治服从经济发展指
令,所以,国际经济本质上是隶属于帝国主义势力及其阶层的。跨国企业
根据"扩大企业规模的规律"和"不均衡发展的规律",使欠发达国家在经
济上依附于主要发达国家。(3)重商主义把国家看作固有的有机单位,
即整体比个体之和更大。以"国际经济关系中的真正行为者是民族国
家,即国家利益决定外交政策"为前提,否定跨国企业会带来富裕的"世
界福利",强调通过"各国家利益的相互作用"而争取"扩大在世界市场上
的比重"。① 吉尔平讲的马克思主义理论与第一章介绍的依附理论具有
一脉相承之处,而他的重商主义理论与结构主义理论具有一致性。他谈
到这是一种经济民族主义理论,其优点是高度重视国家作为国际关系中
的主要行为主体和经济工具的作用;深切关注国家安全和经济利益在组
织和处理国际关系中的重要性;重视经济活动与政治结构的作用。它的
弱点是认为国际经济活动是一种唯一的、并且永远不变的"零和"游戏。
但在这三种理论中,他更倾向于这后一种理论,"不管经济民族主义有什
么利弊,它具有持久的魅力"。②

---

① 加藤哲郎:《跨国企业与民族国家》,曲翰章译,《国外社会科学》1991年第9期。
② 罗伯特·吉尔平:《国际关系政治经济学》,杨宇光等译,经济科学出版社1989年版,第
59—62页。

表9.1　政治经济学的三种概念比较

	自由主义	马克思主义	重商主义
经济关系的性质	调和的	对立的	对立的
行为者的性质	市场及企业	不同经济性质的阶级	国家
经济活动的目标	扩大全球福利	扩大阶级利益	扩大国家利益
经济与政治的关系	经济应当决定政治	经济决定政治	政治决定经济
变动的理论	动态均衡	趋向不均衡	权力分配上的转移
跨国企业的未来	走投无路的国家主权模式	依附模式	新重商主义模式

资料来源:罗伯特·吉尔平:《跨国公司没落论》,转引自加藤哲郎:《跨国企业与民族国家》,曲翰章译,《国外社会科学》1991年第9期。

二、跨国公司讨价还价理论

讨价还价理论是一种政府与企业关系的理论,它被表达为一种游戏理论,有两个中心角色(国家政府和跨国公司),但也包括其他角色的参与,诸如竞争性的当地企业、地方政府和跨国公司的母国政府。这个游戏是一个政府和公司之间资源配置和利益分配的游戏(尽管对当地企业和一般国民也有直接的影响),其中政府建立规则并希望将跨国公司的行为引导到它所希望的活动中,而跨国公司则试图在每个市场中胜过对手,并将政府强加的负担最小化。从本质上来讲,跨国公司和东道国政府之间存在着错综复杂的竞争合作关系,二者有着不同的博弈目标。对于跨国公司来说,其在东道国投资,设立海外子公司,目的是为了获得较高的投资回报,实现利润的最大化。而东道国政府则更加关注本国宏观经济目标的实现,在保证本国经济发展和应得利益的基础上,采取各种可能的措施吸收外资为本国服务。从表9.2种可见,双方在利益分配上不可避免地存在着尖锐的冲突。同时,我们也应看到,这种冲突是在合作基础上调整利益分配的对立,其程度取决于双方在合作谈判中的谈判能力,而这种能力会随时间而变化,并且二者之间的关系在不同的时期也会表现出不同的特征。

表9.2　跨国公司和东道国政府的目标冲突

跨国公司目标	东道国政府目标
强化其全球市场竞争力,追求利润最大化	促进本国经济发展,提高本国福利
只允许其子公司采用标准化的成熟技术	希望得到高新技术
对当地市场更感兴趣	希望外国直接投资能促进出口
保留关键部件或设备由母公司的供应权	希望增加当地采购以强化关联效应
跨国公司则钟爱独资方式	偏好合资的外国直接投资项目
借严格的知识产权保护条款来维持其技术垄断	鼓励各种渠道的技术扩散或技术外溢
更想把利润汇回母国	希望子公司的利润多用于再投资
偏好并购的投资形式	偏好并购的投资形式偏好新建厂房的投资项目
有意在利润大的产业,如金融、保险等服务业	希望投资在所需产业,如制造业、基础设施等

资料来源:张宏霖,《跨国公司理论与实证研究前沿》,2003。转引自易志高"跨国公司与东道国政府间的竞合博弈分析",《唯实》,2007年第5期。

连续不断的讨价还价是跨国公司与东道国之间关系的突出特点。双方在不断的进行博弈。由于每个国家的政府为在这里经营的跨国公司制定了游戏规则,与政府的竞争通常不同于与企业对手的竞争。也就是说,政府不仅为经济利益而竞争,而且还确定竞争规则。由于政府和跨国公司在资源配置的游戏中都是玩家,它们的成功依赖于各自的力量和弱点,在这一意义上的情形与企业之间的竞争性战略相当地类似。表9.3展示了跨国公司和政府在讨价还价中各自具备的优势,双方都控制了一种或多种对手所必需的要素,每个玩家都抱有使自己的利益最大化而不引起对手从游戏中撤走的想法。跨国公司力图从东道国政府那里获得更多的让步:如优惠的税收待遇和贸易保护。而东道国政府也试图对跨国公司施加某些"业绩要求",例如:产品出口比例,技术共享、东道国人员参与管理,产品本地化等。显然,在政府和公司之间有某种一致的目标(如跨国公司在东道国良好的经济表现),但也有一些冲突性的目标。讨价还价理论的一个基本任务就是展现冲突情形的可能的结果,并解释可以取得什么样的结果。

表9.3 跨国公司和政府讨价还价的优势

政府	企业
1. 拥有对原料的主权	1. 控制技术
2. 控制着国内市场准入权	2. 控制信息的国际转移
3. 拥有建立和改变针对所有企业的"游戏规则"的权力	3. 有能力将生产从一个国家转移到另一个国家
4. 有权建立和改变针对跨国公司的规则,诸如税收、许可证、补贴、股权	4. 具有改变战略和活动的灵活性,仅仅是受主人的偏好的限制
5. 有能力让跨国公司之间相互竞争而从中渔利	5. 有能力通过子公司进入其他国家的市场

资料来源:Robert Grosse:*Multinationals in Latin America*. p. 44.

　　雷蒙德·弗农(Raymond Vernon)在1971年提出了一种"退化的讨价还价模式"(Obsolescing Bargain),他说,在那些石油和原料生产国家,"随着时间的推移,当地官僚对外国投资者的要求趋于增多,而对投资者的保护趋于减少,"[1]国家的力量在增强。换句话说,在投资前跨国公司处于强势地位,东道国会做出让步,一旦对方资金到位,东道国政府就会逐渐处于优势地位。

　　特奥多雷·莫兰(Theodore Moran)对"讨价还价力量的平衡"的研究为理解国家行为提供了一种分析框架,他的"学习曲线"的概念为国家努力去规范自然资源行业的外国企业并最终取而代之提供了一种解释:"但是,成功的投资为东道国发展适应该行业的技艺和操作提供了一种动机,带着这种基本目的加紧了讨价还价的进程,国家开始提高学习的曲线,从操纵工业行为上升到取代复杂的公司功能。"[2]也就是说,随着跨国公司在东道国承担越来越多为当地资源提供装备的任务,随着它训练当地人员经营和管理这些装备,以及随着时间的推移政府学会了如何管理

---

[1]　Raymond Vernon,Sovereignty at Bay:*The Multinational Spread of U. S. Enterprises*. New York:Basic Books. 1971. p. 197.

[2]　Theodore Moran,*Multinational Corporations and The Politics of Dependence*:Copper in Chile. Princeton University Press. 1974.　p. 167.

跨国公司,跨国公司就丧失了一些权利。国家运用公共政策的工具改变了外资带来的一些冲击。

这种情况大多出现在资源开采业。最早出现在墨西哥卡德纳斯时期的石油谈判,后来出现在委内瑞拉和厄瓜多尔的民族石油工业,智利和秘鲁的铜矿业。后面的几个案例都是跨国公司在十几年前开创(勘探、开采、使用和向工业国家销售)了这些工业,到20世纪60年代,当地的经理和工程师(许多人在国外受到训练)学会了采矿所必需的大多数技术。同时,政府在十多年的谈判和管理过程中学会了大量对付跨国公司的方法。当20世纪60年代末民族主义运动席卷整个拉美的时候,这两类工业被普遍地国有化,所有权和控制权回到了当地政府手中,跨国公司接到的仅是技术服务合同。"退化的讨价还价"导致拥有大规模设备的埃克森(Exxon)、德克萨斯、壳牌、阿纳科纳(Anaconda)、肯尼科特(Kennecot)、塞罗·德帕斯科(Cerro de Pasco)等采矿公司在面对东道国政府繁苛的规定时,显得力量弱小。① 当然,由于跨国公司仍然保留了新发展的技术、进入外国市场的能力和其他讨价还价的优势,因此,游戏还在继续,并没有导致跨国公司的死亡。技术和进入外国市场的能力被证明是跨国公司在与母国和东道国政府交涉时最基本的讨价还价的手段。

"退化的讨价还价"模式是否可以推广到制造业? 对制造业的管制与此前的国有化行为虽然有时类似,但一般说来更为复杂。对制造业的管制不仅仅涉及到外国企业的进出问题,而且还涉及到企业每天经营的经济和政治状况,包括股权、拥有或未拥有专利技术、诀窍、附着在公司名称或商标上的信誉、进入外国市场的能力、来自母公司或其他子公司投入品的供给等等。改变国内规则也许会影响到这些内容中的某个方面,但外国企业可能通过公司中的另一个部分或总公司中的另一个子公司采取补偿措施,这样的措施往往会令国家政策受到挫折。但管制也可能使双方实现双赢或减少负面影响,如东道国政府鼓励或强迫跨国公司子公司

---

① Robert Grosse: *Multinationals in Latin America*, Routledge, London and New York, 1989. p. 45.

增加出口,其影响对某个第三国也许是不利的,但对东道国和企业都有
利。如果说"退化的讨价还价"是一种价格谈判的"零和游戏"的话,制造
业中的讨价还价可能出现"双赢游戏"。由于制造业投资项目的多样性
特征(如固定投资规模、技术稳定性、产品差异程度和行业竞争程度),往
往会对谈判双方在投资周期中的地位产生不同的影响。正如本内特和
夏普在对墨西哥汽车业工业的研究中所得出的结论:

　　在像汽车工业这样的一个高技术消费品的制造业部门,退化的讨价
还价的情形经常是相反的。市场准入权是国家谈判力量的主要基础,可
以在最初的投资时点上被最有效地使用。此后,企业通过它们与供给者、
分配者、劳动力和消费者的关系确立了在东道国的地位。由于这样的制
造业企业与当地经济一体化的程度比资源开采型企业更高,通过加强东
道国对它们的生产种类和产品的需求,或通过动员国内联盟,它们建立的
与东道国之间的关系显著地提升了它们讨价还价的能力,只要该工业依
赖于外部的技术来源,东道国国有化的可能性就不是令人可信的威胁。[1]

　　一般说来,因制造业投资具有较强的灵活性,跨国公司会有更多的行
动自由和主动性,"退化的讨价还价"不是制造业中外国直接投资的普遍
性特征。

　　罗伯特·格鲁塞在特奥多雷·莫兰[2]和格拉德温与沃尔特斯[3]研究
的基础上,通过对拉美案例和各国政府政策的考察,总结出了在拉美的制
度环境之下左右讨价还价结果的主要因素(见表 9.4),这些因素将在讨
价还价的游戏中决定政府或企业的利益。

　　① Douglas C. Bennett and Kenneth E. sharpe: Agenda Setting and Bargaining Power: The Mexi-
can State VersusTransnational Automobile Corporations, *World Politics*, 32(1) 1979. p. 87.

　　② Theodore Moran(edited), *Multinational Corporations*. Lexington, Mass. Lexington Book, 1985.

　　③ Thomas N Gladwin and Ingo Walters, *Multinationals under fire: Lessons in the management of
conflict*, John Wiley & Sons, New York . 1980.

表 9.4　企业或政府讨价还价的主要优势及预期结果

讨价还价优势	对企业或政府有利	期望的管制
知识产权	企业	低
市场技巧	企业	低
出口依赖	企业	低
规模或范围经济	企业	低
容易移动设施（设备）	企业	低
依赖于当地资源	政府	高
依赖于当地市场	政府	高
交易信息公开化	政府	高
行业竞争激烈	政府	高

资料来源：Robert Grosse. *Multinationals in Latin America*. p. 78.

　　表 9.4 说明，跨国公司在四种情况下具有更大的优势，即在企业知识产权更重要（诸如制药、计算机、其它高技术产品）的情形下；在市场技巧发挥一种更大作用的情形下；在经济规模或范围重要的情形下；在企业可转移性较大的情形下。而政府同样在四种情况下具有更大的优势，即在工业是基于东道国可利用的原料（诸如石油、铜和热带气候）的情形下；在企业所服务的市场完全面向东道国国内的情形下；在政府和公司的交易被广泛地公布在报纸和其他媒体上的情况下；在高度竞争性工业中，即两、三个以上的外国企业能够供给产品和服务（诸如旅游业、标准化产品的生产、银行）的情况下。另外还有一种会对跨国公司或东道国产生影响的优势，即拉美的经济状况，在该地区大萧条的时期（如 20 世纪 30 年代或 20 世纪 80 年代），讨价还价会倾向于对跨国公司有利，但在该地区经济全面增长的时期，讨价还价会倾向于对东道国政府有利。需要强调的是，这些因素往往是共存的、难以割裂的、相互作用的，公司战略或政府政策的决定必须对这些因素加以全面整体的考虑。

三、结构冲突论与"变位权力行为"

斯蒂芬·D. 克莱斯勒(Stephen D. Krasner)是美国国际政治学著名教授,他在《结构冲突:第三世界对抗全球主义》中论述发展中国家的追求目标和南北关系的实质的时候,提出了两对核心概念,即"权威分配模式"(Authoritative Allocation)与"市场导向分配模式"(Market – Oriented Allocation);"联系权力行为"(Relational Power Behavior)与"变位权力行为"(Meta – Power Behavior)。"权威分配模式"指通过政治权威直接或间接分配资源;"市场导向分配模式"则指资源的分配是通过个体的能力或偏好,在价值规律的作用下得以体现。"联系权力行为"指"在一个给定的机制结构内寻求价值最大化的努力",亦即按照游戏规则行事的能力。而"变位权力行为"则指"改变机制本身的努力",亦即改变游戏规则的能力。①

他用这两对概念来解释发展中国家的行为。他认为,由于市场资本主义本质上的不稳定,必然会给脆弱的一方带来损害,因此,在南北关系中发展中国家倾向于较为稳定的"权威分配模式",而北方则青睐"市场导向分配模式"。发展中国家追求的目标既可能是经济利益,实现国家财富最大化,也可能是政治影响,谋求消除自身在国内国际两个层面上的脆弱性,如果是前者,就会在承认自由国际经济秩序的前提下,遵守市场导向分配原则,奉行"联系权力行为";如果是后者,就会奉行"变位权力行为",努力使国际制度中出现更多的权威导向色彩,实现控制最大化。南北关系的实质就是维护自由国际经济秩序和建立国际经济新秩序之间的斗争。

但是,在现实中,发展中国家追求的目标具有多样性,他们喜欢既运用"联系权力行为",又运用"变位权力行为"。它们提出的建立国际经济

---

① 斯蒂芬·D. 克莱斯勒:《结构冲突:第三世界对抗全球主义》,李小华译,浙江人民出版社 2001 年版,第 12 页。

新秩序的主张就是在运用"变位权力行为",而在国家内部和双边背景下,更多地运用"联系权力行为"追求具体的经济利益。它们可以同时在不同的场合追求不同的目标。克莱斯勒专门提到墨西哥的案例:"通过埃切维利亚,墨西哥在第三世界中占据了显著的地位,与此同时,墨西哥的金融和发展部长正就多国公司进入墨西哥的条件进行步步为营的谈判。"[①]在不同场合追求不同目标并不矛盾,相反,这正是发展中国家政策目标多样化的表现。同样,采取的行为类型也不是固定的,即使在国内和双边背景下,发展中国家运用"变位权力行为"也屡见不鲜,如对跨国公司章程的改变、对石油产量的控制等。

以上三种理论共同的假定是把国家作为行为主体,虽然它们各自强调的重点不同,但它们之间有一种层层递进的关联:重商主义强调国家的作用,强调国家干预;讨价还价理论不仅强调国家干预,强调国家公共政策的选择,而且还具体到国家怎样利用游戏规则来规范跨国公司的行为;结构冲突论则更进一步,不仅强调国家利用游戏规则,在承认游戏规则的前提下争取最大利益,更提出了通过改变游戏规则来实现利益最大化。这三种理论对我们理解和解释墨西哥政府与跨国公司之间的关系很有帮助。

实际上,我们在此前的章节中已经有所选择地借用了这些理论。如我们在第二章和第四章中所描述的墨西哥政府针对采掘业、公用设施行业的跨国公司实行的政策就体现了一种"退化的讨价还价"情形,而墨西哥政府针对制造业的政策,特别是我们在第六章提到的汽车工业、第七章提到的制药业就表明了政府与跨国公司谈判的艰难性,由于跨国公司控制着比较复杂的技术和销售渠道,"退化的讨价还价"在制造业中似乎难以行得通,更多的是跨国公司在谈判中占据上风。墨西哥国家也曾试图通过"变位权力行为"反败为胜,如卡德纳斯时期的石油国有化,埃切维

---

① 斯蒂芬·D.克莱斯勒:《结构冲突:第三世界对抗全球主义》,李小华译,浙江人民出版社 2001 年版,第 16 页。

利亚时期的1972年外资法,还有埃切维利亚时期在国际舞台上为争取建立国际经济新秩序而从事的一系列"第三世界主义"外交活动,都是这方面的表现。从1972年到1974年,埃切维利亚政府曾为争取建立国际经济新秩序而积极倡议制定《各国经济权利和义务宪章》。埃切维利亚提出,鉴于1964年联合国贸发会议以来发达国家的承诺和实际表现之间的差距,应该将国际经济合作问题"从亲善的范畴转至法律的范畴"来研究,制定一个指导富国和穷国关系的经济权利和义务宪章,作为国际经济新秩序的基础。他主张《宪章》应该包括10条基本原则,即(1)每个国家对其全部财富、自然资源和经济活动享有充分的永久主权;(2)各国有权将外国财产的所有权收归国有、征收或转移;(3)任何国家不得使用或鼓励使用经济、政治和其他措施来迫使另一个主权国家屈从自己;(4)外国资本的活动要服从所在国的法律;(5)禁止跨国公司干涉所在国的内政;(6)消除对非工业化国家的出口物的歧视;(7)经济优惠要与发展水平相平衡;(8)各国要对主要商品协商出一个公平稳定的价格;(9)向发展中国家转让技术专利的费用要低、效果要好;(10)作为发展基金的经济贷款必须是长期的和低息的[①]。这10项原则中的前4项属于一般原则,后6项属于具体原则。墨西哥政府的提议得到了广大第三世界国家的支持,联合国建立了《宪章》起草工作小组这项工作,经过墨西哥和其他发展中国家的共同努力,该《宪章》最终在1974年12月的联合国大会获得通过。《宪章》总共34条,其中第二条是针对外国直接投资的规定:

> 每个国家对其全部财富、自然资源和经济活动享有充分的永久主权、包括拥有权、使用权和处置权在内,并得自由行使此项主权。每个国家有权:(a)按照其法律和规章并依照其国家目标和优先次序,对在其国家管辖范围内的外国投资加以管理

---

① 《埃切维利亚在联合国第三届贸发会议上的发言》。《墨西哥通讯》第六期,1972年4月19日。转引自:李建国:《埃切维利亚执政期间墨西哥的对外政策和美墨关系》,《拉美史研究通讯》,第八期,1983年12月。

和行使权力。任何国家不得被迫对国外投资给予优惠待遇；
(b)管理和监督其国家管辖范围内的跨国公司的活动,并采取
措施保证这些活动遵守其法律、规章和条例及符合其经济和社
会政策。跨国公司不得干涉所在国的内政。每个国家在行使本
项内所规定的权利时,应在充分重视本国主权权利的前提下,与
其他国家合作。[①]

墨西哥政府联合世界其他第三世界国家一致行动,试图改变游戏规
则,这是一种典型的"变位权力行为"。

第二节　墨西哥国家与跨国公司

如前章节所述,1940～1982 年是墨西哥进口替代工业化发展时期,
也是本书论述的重点时期。在这一时期跨国公司积极地参与了墨西哥的
工业化进程,并且发挥了重要的作用,但同时也带来了不少问题。在民族
主义意识形态的支配下,墨西哥国家对外资始终采取了利用和限制相结
合的政策,并且国家在吸引外资、利用外资的同时,一直没有忘记取代外
资,在与跨国公司博弈中,试图承担外资在经济中的大多数功能,国家在
实施政策的过程中扮演了多种角色,如所有者、管制者、推动者、技术创新
者、财政经营者,等等[②],其中有些角色扮演得比较成功,但有的角色扮演
得很失败。以下略作考察。

一、国家作为企业所有者的表现

墨西哥国有企业的建立最初是对外国直接投资的一种回应。在革命

---

① 芮沐编:《国际经济条约公约集成》,人民法院出版社 1994 年版,第 17 页。
② Van R. Whiting, JR: *The Political Economy of Foreign Investment in Mexico*, *Nationalism*, *Liberalism and Constrains on Choice*. The Johns Hopkins University Press, Baltimore And London. 1992. p. 140.

前,墨西哥正处于早期现代化的进程中,美国企业也刚刚开始向海外扩张,加上墨西哥靠近美国的缘故,外国直接投资初次大量地进入墨西哥,主要投资于矿业、农业、铁路和石油开采。墨西哥革命后,革命的民族主义成为国家的意识形态,1917年宪法确立了国家控制资源的原则,随后,墨西哥政府和外国投资者就自然资源的所有权和经营权以及重要的服务设施展开了博弈。铁路的国有化在1906~1908年就开始了,当时三条重要干线的51%的股权被纳入国家控制的铁路系统,到卡德纳斯时期最终完成了铁路的国有化,1938年政府还接管了石油工业。随后的政府中延续了这种倾向,例如,在马特奥斯政府时期的电力工业国有化(1960年),奥尔达斯政府时期硫磺公司的国有化(1967年),甚至波迪略政府的银行体系国有化(1982年)。一方面,外国直接投资从铁路、矿业、石油和公用设施部门逐渐移出;另一方面,国家在这些部门中作为所有者和经营者的作用的扩大。墨西哥石油公司(PEMEX)和联邦电力委员会(CFE)成为墨西哥最大的两个国有企业,同时,国家拥有铁路和主要的矿业。

在铁路、矿山、石油和公用设施部门的经营活动中,获得国家的土地和资源是企业成功的关键。尽管国有企业在这些部门继续依赖中间产品和资本品的进口,但像墨西哥石油公司和墨西哥电力公司这样的大企业在技术上变得越来越自主,拥有或获得本地的许多工业投入。在这些部门中,国家与外国投资者关系正符合雷蒙德·弗农所描述的"退化的讨价还价模式",随着国家"学习曲线"的上升,国家的权力在增加,外国投资者的所有权被逐渐废除。在1973年外资法中,政府对那些事关国家安全或经济命脉的部门做了明确的规定:只有国家才能从事石油、基本化学、核能、电力、铁路、无线电和电报通讯的生产活动,只有墨西哥国民(个人和公司)可以从事无线电、电视、交通、森林和煤气的经营。在这些部门禁止外国直接投资。

墨西哥外资政策的结果之一是塑造了一个强大的国有部门。到20世纪70年代中期,国家控制了几乎所有的公用设施,在基础工业和金融部门中占支配地位。据1975年6月墨西哥国家资产部的报告,50个国有企业的附加值约占国民生产总值的10%,尽管没有全部国有企业的生产数字,但估计约为国民生产总值的25%左右①。其投资主要集中在诸如钢铁、化肥、矿业、能源、交通和通讯、银行、旅游等基础工业和服务业部门。主要的国有企业大约有400多个②,其中有一部分属于全部国有,还有不少是与外资合资的混合企业,国家占少数股份。表9.5中呈现了墨西哥有代表性的国有企业及其参股比例。

表9.5 在墨西哥代表性企业中国家参与的情况

企业	国家参与（％）	全部资产（百万比索）
化学助溶剂公司（Quimica Fluor, S. A. de C. V.）	17	500
卡纳内亚矿业公司（Minera de Cananea, S. A.）	26	1242
墨西哥电话公司（Telefonos de Mexico S. A.）	51	12198
墨西哥铜矿公司（Mexicana de Cobra, S. A.）	44	5000
墨西哥特雷塔拉托斯化学公司（Tereftalatos Mexicnos, S. A）	35	800
矿业进出口公司（EXIMIN, S. A.）	50	5
墨西哥出口公司（EXMEX, S. A）	51	3
拉姆帕索斯矿业公司（Minera Lampazos, S. A.）	32	30
塞德罗矿业公司（Cia. minera Cedros, S. A.）	20	16
萨尔出口公司（Exportadora de Sal, S. A.）	25	400
奥特兰矿业公司（Cia. Minera Autlan, S. A.）	51	317
伊斯特莫出口公司（Cia. Exportadora de Istmo, S. A.）	64	291
纳科萨利矿业公司（Cia. Minera Nacozari, S. A.）	15	10

---

① Richard S. Weinert：The State and Foreign Capital, In Jose Luis Reyna and Richard S. Weinert (edited)：*The Authoritarianism in Mexico*. ISHI, Inc, USA. 1977. p. 124。由于许多私人公司受银行的控制,1982年银行国有化之后,国家控制的企业产值占国民生产总值的比重达到了65%以上。见 Michael Novak and Michael P. Jackson（edited）：*Latin America：Dependency or Interdependence？* American Enterprise Institute For Public Policy Research, Washington, D. C. 1985. p. 6.

② John F. Purcell and S. K. Puecell, Mexican Business and Public Policy, in James M. Malloy (edited)`, *Authoritarianism and Corporatism in Latin Ameica*, University of Pittsburgh Press. p. 193

国际银行(Banco Internacional, S. A.)	51	2700
贝尼托·华雷斯－佩尼亚·科罗拉达公司(Consorcio Minero Benito Juarez－Pena Colorada, S. A.)	53	616
拉萨罗·卡德纳斯·拉斯－特鲁恰斯钢铁公司(Siderurgica Lazaro Cardenas－Las Truchas, S. A.)	※	6560
博金斯汽车公司(Motores Perkins, S. A. de C. V.)	67	125
国营机器加工制造公司(Fabrica Nacional de Maquinas Herramientas, S. A.)	50	30
墨西哥烟草公司(Tabamex, S. A.)	52	153
泛美硫磺公司(Azufrera Panamericana, S. A.)	96	514
乌尼维克斯乙内酰胺公司(Univex, S. A.)	10	624
墨西哥雷诺公司(Renault Mexicana, S. A.)	40	175

注释:※ 未标明

资料来源:Richard S. Weinert :The State and Foreign Capital, In Jose Luis Reyna and Richard S. Weinert(edited) :*The Authoritarianism in Mexico.* p. 125.

　　有些国有企业的创建具有明确的社会功能,如国营民生公司(CONA-SUPO)是食品业中一个综合性大企业,它的主要活动是通过大货车流动超市的方式以合理的价格向国民(特别是边远地区的民众)提供基本食品,发挥了稳定消费品市场价格的功能。[①] 工人住房基金会(INFON-NAVIT)是一个专门为工人住房的建造和融资提供服务政府机构,它从就业人员的义务贡献中提取基金,从事住房设计和建造的研究以及为工人家庭融资。国家在医疗和福利事业中也积极作为,主要通过墨西哥社会保障所(IMSS)来经营。另外,在埃切维利亚时期,国家为了保持就业的稳定,还接管了一批经营不良的私人企业。总之,国家的力量变得很强大,只有国家才有能力应对外国资本,并提供另外的选择。正如一位经济学家所观察到的,墨西哥"国家的作用不仅局限于为墨西哥企业家提供扶持性鼓励,而且还起到了一种平衡外国企业的作用,后者拥有更高的投

---

　　① Michael C. Meyer and William H. Beezley (Edited):*The Oxford History of Mexico*, Oxford University Press. 2000. p. 590.

资能力和更多的技术经验。"①

但是,由于进口替代政策的保护,也由于国有企业社会功能的拖累,不少国有企业效率低下,缺乏竞争力,特别是在 20 世纪 70 年代初级产品的价格(石油除外)下降时期,很多国有企业亏损严重。

二、国家作为外资管制者的表现

鉴于墨西哥革命前的历史教训和墨西哥革命的民族主义原则的影响,墨西哥政府在对待外资的政策上始终是比较谨慎的。它的外资政策具有二重性,一方面对采掘业和公用设施逐步实行国有化,对那些它认为是国家经济命脉的工业限制外国企业进入,最终赢得政府对关键部门的控制,这一点在 20 世纪 60 年代中期基本做到了。另一方面,积极引导新的外国直接投资进入欠发达的非传统经济活动领域,主要是制造业部门,但要求对进入工业部门的跨国公司实行"墨西哥化"和"工业一体化"(要求外国制造商增加在本地生产或购买它们所需要的中间产品和零部件),并以此作为政府努力保持工业化健康运行的政策目标。

如第四章中所述,从卡德纳斯执政末期开始,墨西哥政府就开始设计政策,引导和鼓励外国直接投资进入那些新的或缺乏资本的制造业部门,1941 年卡马乔政府的《制造业法》标志着墨西哥进口替代工业化进程的正式开始。受墨西哥国内市场的吸引和政府进口替代政策(关税、进口许可证、进口配额等)的刺激,外国资本纷纷进入制造业领域。科蒂内斯政府时期墨西哥转向耐用消费品的进口替代阶段,1954 年通过的"新建和必需工业发展法"确定外国企业进口中间产品和资本品可以免除关税和享受一些其他优惠,结果进一步刺激了跨国公司的大量进入。尽管早在 1944 年紧急法令中就具有了"墨西哥化"要求的雏形,但一直到 1962年,这项法令仅仅是在逐步完善的过程中,没有被认真地实行。1962 年

---

① Flavia Derossi, *The Mexican Entrepreneur*. Paris, Development Center of The Orgnization for Economic Co – operation and Development,1971. p. 89.

的汽车工业法令标志着制造业中"墨西哥化"和"工业一体化"进程的正式开始。如第六章中所述,为实现这两个政策目标,墨西哥政府与跨国公司之间展开了扣人心弦的讨价还价过程,莫兰的"退化的讨价还价"理论在墨西哥的采掘业和公用设施的讨价还价中也许得到了印证,但汽车工业的谈判比前者要复杂的多,政府作为管制者,利用跨国公司渴望在墨西哥市场立脚的心理,通过手中掌握的国内市场准入权,让跨国公司之间相互竞争,最终迫使其承认了1962年的汽车工业法令。但是,跨国公司手中掌握着技术和国际市场销售渠道的王牌,由于双方利益的冲突,不断有新的问题出现,于是政府随后又颁布了1969年汽车出口协议、1972年法令、1977年法令、1983年法令,不断更新的讨价还价就成了墨西哥政府和跨国汽车公司之间关系的一个突出特点。

到20世纪60年代中期,随着"非民族化"、国际收支赤字加大、市场扭曲、分配不平等等问题的突出,墨西哥政府越来越感受到来自跨国公司的特殊挑战,国家的反应是通过立法、管制和刺激来鼓励"墨西哥化",这种做法"暗含的理论假设是,墨西哥人占多数股份的公司的决策,对国家的创意和墨西哥的市场条件将会做出反应,于是,权力被保留在墨西哥,最终被保留在国家中。"[①]也就是说,可以避免主权受到威胁。因此,到埃切维利亚政府期间,国家对外国制造业者的管制变得更为积极了,标志是20世纪70年代初《促进本国投资和规范外国投资法》和《技术转让和使用开发专利及商标注册法》的通过。这两项法律同此前有关管理外资的规定相比,具有两个突出特点:(1)以前的规定主要是限制外资在企业中的股份,以保证墨西哥的资本在数量上占优势,而这两个法律不但综合并强化了以前的争取墨西哥化的规定,而且更加注意使外资促进墨西哥经济合理均衡地发展,如《外资法》规定,只要是有利于落后地区的经济发展、有利于地区一体化、有利于扩大出口创汇的外资,可以占较高的比重。

---

① Richard S. Weinert：The State and Foreign Capital，In Jose Luis Reyna and Richard S. Weinert (edited)：*The Authoritarianism in Mexico*. ISHI, Inc, USA. 1977. p. 111.

《技术转让法》规定对于要价过高或无意用于生产出口产品的专利不予注册。(2)提高了法律的灵活性,加强了国家对经济的干预。全国外资委员会有权按照"例外"情况对外资可占比例做灵活的调整。《技术转让法》要求合同注明"国家批准",从而将原来私人企业之间的双方交易合同变成了三方交易合同。国家仅仅是在一份合同起草完毕之后才参与进来,这样做非常有效地减少了当地特许证持有者对某些服务(诸如商标和技术援助)的国外付费。在"不予注册"的条款中还包含了一些限制性的商业行为。管制并不是为了创造一种有效的国内技术研究能力,仅仅是以国内已有技术取代外国技术。

国家作为管制者可能减缓了外资的进入或改变了它的行为,但并不能取代外国投资。国家与制造业跨国公司的讨价还价会不断更新,但并没有导致像采掘业和公用设施部门那样的退化。那些志在墨西哥国内市场的主要外国制造商并没有因国家管制而被迫撤走,而是仍在积极地继续经营。如第八章食品工业中达诺内公司的案例,这个公司就是在墨西哥政府《外资法》出台以后,按照法律规范的要求建立的合资企业,至少从我们研究的资料看,它的建立和经营对墨西哥当地经济的发展起到了良好的促进作用。

三、国家作为制造业出口推动者的表现

国家作为制成品出口的推动者,首先表现在发展"客户工业"方面。如第五章中所述,由于1964年美国单方面终止了在1942年墨美两国政府签订的"季节劳工计划",造成墨西哥北部边境地区滞留了20万名失业劳工,这些劳工急需一种新的安置渠道,受到波多黎各出口加工厂模式的启发,同时,美国关税法令的特别条款允许利用美国制造的元部件在国外组装或进一步加工后的产品再进口到美国,并免除海关关税或只征收增值税。于是,墨西哥开始在北方边境地区建立"客户工业",成为这一条款较早受益者,跟随其后的是亚洲"四小龙",台湾、新加坡、香港、南韩。但是,正如我们在前面提到的,墨西哥的客户工业与亚洲"四小"的

出口加工工业区相比,第一位的经济目的是为北方边境地区的失业劳工创造就业机会,赚取外汇是次要的,并且效果也不佳。而亚洲"四小"的第一经济目的则是赚取外汇,并且其出口加工业有着一定的"后向联系效应"。在 1985 年之前,墨西哥客户工业被称作"旧"的客户工业,或"出口飞地",其特点是产生就业和外汇、很少利用当地原料、与整个国家工业结构的其他部分几乎没有联系。只是到 1985 年之后,墨西哥客户工业才发生质的变化。

　　国家作为出口推动者的另一表现是在 20 世纪 60 年代末和 70 年代初开始转换发展战略,用推动耐用消费品的出口来补充第二阶段的进口替代战略。鉴于国际收支恶化的重要原因之一是跨国公司进口中间产品和资本品的花费过高,1969 年奥尔达斯政府颁布了汽车出口协定,要求每个汽车终端企业必须用出口补偿其稳定上升的零部件进口比率。它们出口的 60% 可以是终端企业本身制造的产品,其他的 40% 必须是它们的供给商的产品。这一协定将出口的责任交给了跨国公司的终端企业,迫使其不得不使产品适合于出口,并解决市场出路问题,否则就可能被排除出墨西哥的市场。1969 年出口协定标志着墨西哥的汽车工业政策从进口替代转向促进出口。如前所述,尽管政府公布的《外资法》和《技术转让法》侧重对外资的管制,但对能够扩大出口的企业和促进出口的技术则网开一面,采取鼓励的政策。

　　另外,20 世纪 70 年代以来,政府还采取了一些其他加强出口的措施,包括建立和健全促进贸易发展的指导和协调机构;对某些制成品的出口给予补贴;中央银行和外贸银行建立各种基金,为方便出口提供贷款;加强国际市场行情调研;对某些商品出口实行减税和退税,等等。

四、国家作为技术创新者的表现

　　科学技术是一个国家经济实力的基础,而研究与开发则是科技进步的原动力。研究与开发是指科学研究与技术开发,前者主要指知识的产生,后者主要指技术的创新。一个国家的技术创新和技术自主需要一种体制上的支撑,即政府、科研院所与企业的有机结合。与其他发展中国家相比,墨西哥建立国家技术创新体制的意识产生的比较早,但进展并不理想。

墨西哥政府中负责科学技术的职能部门是国家科学技术委员会(CONACYT)。这个委员会成立于1970年,当时隶属于总统办公室,其主要职责是对全国科技政策的制定提供咨询,并对科技政策的实施进行监督。它通过技术信息中心(INFOTEC)和墨西哥技术中心(负责墨西哥技术出口)这样的下属机构来沟通政府与企业之间的联系。为了加强全国的技术协作,在它的负责下还建立了一批国家实验室。它的另一重要职能是人力资源的开发,其大部分预算被用于向学生(也包括国外学生)提供奖学金,但由于外汇的短缺,这项工作并不顺利。1979年,国家科学技术委员会成为预算和行政发展部的所属机构,1992年又被纳入公共教育部。也就是说,墨西哥国家科学技术委员会成立的时间并不晚,但直到今天没有升格为国家科技部,没有被置于内阁一级,这无疑会削弱政府对全国科学技术发展的领导。

涉及协调全国科技活动的还有其他一些政府部门。如部际委员会(Interministerial Commissions)是一个比较重要的机构,总统可以通过它了解相关各部(主要是全国外资委员会、全国工业发展委员会和全国农业发展委员会)的情况,最终形成有关决策。与推动技术转让和信息服务有关的部委还包括外交部,它属下的墨西哥在国外的使馆经常是科技信息的重要来源。发挥同样功能的还有商业部和墨西哥外贸学院(IMCT)。国家发展银行(NAFINSA)在制定计划和协调与联合国工业发展组织的关系方面发挥着重要的作用。尽管它在向潜在的技术客户提供信息方面也很积极,但更重要的是它能够向这些客户提供金融方面的支持,它在伦敦、纽约、东京等地都有分支机构,在国外有着广泛的业务网络。另外,还有一些在政府倡议下建立起来的基金在为企业家提供技术和金融方面的信息、建议和帮助,如1953年创立的中小企业发展基金(FOGAIN)、1972年创立的工业发展基金(FOMIN)、工业设备基金(FONEI)、推动制成品出口基金(FOMEX)等,这些基金除了帮助企业选择外国技术外,还计划推动在墨西哥发展起来的技术的出口。

　　墨西哥政府部门拥有自己的研究机构。如在1938～1945年相继成立了国家地理研究所、物理研究所、化学研究所、医学与生物研究所、数学研究所、地球物理研究所。1951年成立了"国家农牧业研究所"(INIA),1965年成立了"墨西哥石油研究所"(IMP)。1966年创建的"国际玉米和小麦改良中心"(CIMMYT)曾是世界"绿色革命"的发源地,是受到世界银行赞助的世界性农业研究组织。另外还有从事社会科学特别是人类学和历史学研究的"社会人类学高级研究中心"(CIESAS)、研究原子能的"国家原子能研究所"(INEN)以及"国家营养研究所"(INN)。研究卫生和健康的机构有"墨西哥社会保障研究所"(IMSS)和"国家雇员社会保障和服务研究所"(ISSSTE),这两个机构不仅仅局限于卫生和健康的研究,主要工作是从事社会保障,前者建立于1943年卡马乔政府时期,起初是面向工人及其家庭的社会保障机构,现在成为墨西哥社会个人和团体福利的基本支柱,拉美最大的社会保障机构。后者建立于1959年,目前该机构的受益人数达到一千万。上述研究机构当年都靠联邦政府的预算支持,尽管它们在管理上是自主的,但它们的政策通常和相关国有企业及政府部门是一样的,它们是部属机构。

　　科技创新的基础在教育。高等院校不仅是墨西哥科技人才的摇篮,同时也是科研成果的主要完成者。墨西哥的大学体系分国立大学、州立大学和私立大学,国立大学受公共教育部管辖,并提供经费。州立大学由州基金会提供经费,受联邦政府监督。公立大学可以实行自立。墨西哥国立自治大学(UNAM)1929年获得自治权,这是全国最大的综合性大学,除了负责教学的院系外,1970年有12个研究中心,329位研究人员,到1979年增加到19个研究中心,931位研究人员。[①] 在墨西哥城的技术训练和研究中心是国立工学院(IPN),它是在卡德纳斯时期创建的。专

---

　　① 李明德等:《拉丁美洲的科学技术》,世界知识出版社2006年版,第427页。

门致力于社会科学研究和训练的是 1940 年创建的墨西哥学院(Colegio de Mexico)。另外,蒙特雷理工学院(MIT)是墨西哥最著名的私立大学,在技术训练方面享有很高的声誉,许多私人部门的企业家和技术人员都是从这里毕业的。

从 1966 年开始,墨西哥实施教授与研究员培训计划,到 20 世纪 70 年代中期,全国拥有的全日制研究者的数量仍很有限,这些人高度集中在少数几个研究机构。据统计,在 1974 年 5352 个研究人员中,近 17% 在墨西哥国立自治大学,8.6% 在墨西哥石油研究所。在 1976 年,10 个最大的研究所承担了全国研究和开发任务的近 1/3,30 个最大的研究所承担了全国研发任务的占近一半。[1] 由上可见,墨西哥政府的研发体系与高等教育部门的研发体系有一定发展,政府和科研院所与研究和开发之间有比较好的联系,但是,与其他拉美主要国家相比,在投入研究与开发的经费、从事研究与开发的科学家和工程师人数、本地居民获得批准的专利等方面看,墨西哥均处于落后地位。(见表9.6—9.8)

表9.6 投入研究和开发的经费

国家	年份	研发经费(1982 年百万美元)	研发经费占 GDP %	人均研发经费(1982 年美元)
阿根廷	1981	561.40	0.77	19.57
巴西	1978	1592.84	0.75	13.75
智利	1980	139.59	0.63	12.52
墨西哥	1984	881.50	0.50	11.37

表9.7 从事研究和开发科学家和工程师

国家	年份	在研发中的人数	每万人中从事研发的人数
阿根廷	1982	10486	3.6
巴西	1982	32508	2.6
智利	1984	1587	1.3
墨西哥	1984	16679	2.2

---

[1] Van R. Whiting, JR: *The Political Economy of Foreign Investment in Mexico, Nationalism, Liberalism and Constrains on Choice*. p. 148.

表 9.8　墨西哥等国家批准的专利

国家	1980		1985	
	全部	对居民的专利批准(%)	全部	对居民的专利批准(%)
阿根廷	4570	34.8	1677	30.4
巴西	3843	9.1	3934	15.4
智利	817	8.7	455	9.7
墨西哥	2552	6.8	1374	6.6

资料来源: Inter – American Development Bank: Social and Economic Report, 1988, 转引 Van R. Whiting, JR: *The Political Economy of Foreign Investment in Mexico, Nationalism, Liberalism and Constrains on Choice*. p. 155.

　　更为重要的缺陷是,政府和科研机构与企业之间的联系很薄弱,墨西哥企业缺少自身的研究和开发体系。政府、科研院所与企业之间有机结合的三角体制并没有形成,或者说,三角关系中有一角是软的。这说明,墨西哥还没有成功地形成一种本地的技术能力。从表 9.9 中可见,在墨西哥的企业生产中,来自外国的技术专利几乎占了全部,外国技术供给者与墨西哥企业之间的关系最密切,墨西哥企业对跨国公司技术的依赖很明显。如第六章在提到跨国公司对墨西哥产业结构效率影响时也表明,进口替代时期墨西哥的生产效率增长较快,从企业层次看,科技实力有所增强,但是这种增强主要是因为跨国公司内部母公司对子公司的技术溢出效应,是由于购买了跨国公司的技术专利和商标,而不是由于本地企业技术能力的自我形成。因此,当伴随经济危机发生的外资进入减少之后,相应的统计表明,墨西哥的技术实力在减弱。[①]

---

　　① 这是整个拉美国家带有共性的问题。见韩琦:《20 世纪拉丁美洲经济发展的特点》,载南开大学世界近现代史研究中心编:《世界近现代史研究》(第 2 辑),中国社会科学出版社 2005 年版,第 226—228 页。

表 9.9 1983～1987 年墨西哥的投资、技术、工业资产:外国参与(%)

	投资量	技术合同	发明专利和认证	商标注册
全部	100	100	100	100
本国	91.0	67.8	6.0	48.0
外国	9.0	32.2	94.0	52.0

资料来源:Executive Secretariat of National Foreign Investment Commission, *Summary of the* 1983 – 1987 *Report*(Mexico City,1988).

阿根廷学者萨瓦托提出了一种观点,即正是可以利用的外国技术保持了本国政府、科研院所与企业之间三角关系的软弱。国内企业接受了可利用的外国技术,政府也就不必去确定或实施一种技术开发的政策,现存的本国科研院所也就不必发展一种独立的研究能力,仅仅满足于辅助性的活动。他描述了一种正在加速的恶性循环:依赖(来自国外的技术)——缺乏本地的创新(如果你可以购买为什么要搞创新?)——复杂的自卑心理(我们不能创造)——(我们不知道怎样创造)以及其他。[①] 实际上,技术依附的代价是很高的,摆脱恶性循环的出路在于发展中国家的自我觉醒,民族主义的合理性在于东道国试图按照自己所选择的发展模式,建立起自己的研究和开发能力以及吸收新技术的能力。但是,债务危机之后的新战略排除了民族主义的选择,新自由主义战略进一步加强了对外国技术的依赖。正是从这个角度看,墨西哥的发展战略在取代外国技术,形成自己的技术能力方面没有获得成功。

五、国家作为金融家的表现

作为金融家的国家最不成功,首先是因为它的税收改革计划遭到了失败,其次是过多地向外国借债,最终导致 1982 年的债务危机。

---

① Jorge A. Sabato, Ciencia, Tecnologia, Desarrollo y Dependencia. Tucuman, Argentina: Universidad San Miguel de Tucuman. 1971. p57. in Van R. Whiting, JR: *The Political Economy of Foreign Investment in Mexico, Nationalism, Liberalism and Constrains on Choice*. p. 155.

　　长期以来,墨西哥政府实行保护主义政策,为私人资本提供各种基础设施,提供廉价的信贷和各种补贴,进口资本品和中间产品进口给予免税,并实行宽松的税收政策,使它们免于市场竞争。在 1940～1969 年期间,墨西哥的税收占 GNP 的比率几乎是拉美国家中最低的(见表9.10),特别是对资本的征税很低,而且墨西哥的税收结构是一种基于间接税的累退结构,从工人的工资中征税,尽管他们已经支付了消费税。本来财政制度的功能是进行收入再分配,但墨西哥的这种税收体制唯一的成功就是成为资本积累和集中的工具。

表9.10　1971 年有关国家税收占 GNP 的比重

国家	税收占 GNP 的%	国家	税收占 GNP 的%
德国	37.9	日本	10.9
英国	34.4	委内瑞拉	21.3
澳大利亚	23.9	秘鲁	14.4
美国	22.5	哥伦比亚	12.3
瑞典	22.0	厄瓜多尔	9.5
法国	17.3	巴西	9.0
加拿大	15.4	墨西哥	7.2

资料来源:Carlos Tello, *La Politica Economica en Mexico*, 1970 – 1976. Mexico, Ed. Siglo ⅩⅩⅠ. 1980, p. 45.

　　另一方面,公共支出和投资是国家干预的主要工具。特别是埃切维利亚上台后,为了修补因 1968 年事件造成的政府合法性危机,更加大了政府的开支,按扣除通货膨胀率计算,公共开支从 1971 年的 950 亿比索(76.3 亿美元)增长到 1976 年的 2000 亿比索(160 亿美元),即实际增长了 110%。这些政府开支用于经济发展的占 45% 以上,用于社会福利的占 23.5%(是 1934 年以来历届政府最高的),用于行政管理的占 31%。在埃切维利亚时期,政府部门快速增长,国有单位从 1970 年的 84 个增加到 1976 年的 845 个,它们的开支占联邦预算的将近 50%。1970～1976

年公共部门创造了 488400 个工作岗位。①

一方面是政府预算的大大增加,另一方面则是内部储蓄的不足。为此,埃切维利亚刚上任的第一个月就提议要对啤酒、瓶装酒精饮料的生产和销售实施税制改革;要求颁布新法案扩大税源,如对奢侈品征收 10% 的消费税。这意味着将直接影响企业家阶级的利润。1972 年埃切维利亚的经济顾问提出了一个新税收改革议案,这个议案与《外资法》是联系在一起的,它要求所有墨西哥公司的股份份额,不管其主人的国籍如何,都必须实行实名制。这样一来公司主人的国籍不再是秘密,同时也将墨西哥富人的经济利益和税收义务联系在了一起。在与私人代表谈判之前,政府的主要代理人在支持实行股权实名制的问题上是一致的。财政部长负责税收改革,工商业部长负责对外投资法的改革。鉴于这一提案的影响较大,总统指示财政部长马加因向私人部门做出说明。马加因在他的私人寓所主持召开了由来自工业协会联合会和全国加工工业协会的主要实业家、银行家、和商人参加的两次会议。企业家们提出了强烈的反对意见,尽管财政部长(他曾是前驻美国大使)显示出了他全部的外交技能、对他的客人们"强词夺理的语气不予置理",对他们的每一个论点都予以反击,但是,政府最终突然放弃了整个计划,并且没有做出任何的解释。② 后来有一种解释说,这是墨西哥政府内部官僚政策发生分歧的结果,"在政府部门对财政改革的争论中,反对消除股份假名者主要来自财政部和墨西哥银行,它们认为这种改革将损害墨西哥的投资环境和引起资本外逃。"③

但据当年曾作为总统办公厅经济研究室主任参与财政改革的莱奥波

---

① Samuel Schmidt. *The deterioration of the Mexican presidency : the years of Luis Echeverría.* University of Arizona Press. 1991. pp. 43 – 44.

② 莱奥波尔多·索利斯:《墨西哥的经济政策改革》,纽约,1981 年第 75—76 页,转引自莱斯利·贝瑟尔主编:《剑桥拉丁美洲史》(第七卷),江时学等译,经济管理出版社 1996 年版,第 139—140 页。

③ Susan Kaufman Purcell and John F. H. Purcell, State and Society in Mexico: Must a Stable Polity be Institutionalized? *World Politics*, Vol. 32, No. 2 (Jan. ,1980), p. 215.

尔多·索利斯(Leopoldo Solis)讲,税收改革建议是从 1972 年中期着手准备,到 10 月末才得到认真地讨论,参加会议的包括财政部、总统办公厅、国家财产部、中央银行行长,还有财政部的两名税收专家。大家在会上一致表示,税收改革是必要的。于是财政部官员着手起草计划。该计划在 11 月中旬被提交给总统,包括对所有个人收入征收收益税,消除股份假名、消除各种漏洞,重新确定税基,对超过 100 万比索收入者,将个人收入税从 35% 增加到 42%。在会议上,尽管对金融资产利息收入征税的议题发生了一些辩论,但与会者都同意其他条款。在 12 月初的会议上,税收改革者们就包括消除股份假名等条款达成了共识。同时,《外资法》的草案也准备就绪。就在这两份草案送交议会通过之前,总统指示财政部长与私人代表会谈,征求他们的意见。财政部长在他的家里与私人代表进行了两次会晤,在第二次会晤中私人代表一致激烈地反对这两个法案,认为法案将导致外汇控制,破坏投资者的信心。与会的各部门政府官员并没有发生意见分歧,都极力支持法案,是私人部门形成了反对派统一阵线。由于这种私人部门的反对或索利斯本人不知道的原因,"改革没有实施,被呈送到议会的是与原来增加销售税的建议一起的预算和外国投资法案。"①显然,政府是在私人资本的压力下不得不做出了让步。

税收改革的失败不仅对《外资法》的实施而且对墨西哥整个经济的发展都非常不利。随着政府支出的快速增加,政府收入来源成为国民经济发展的一个重要问题。全部政府开支由 1970 年占整个经济支出的 25% 增长到 1972 年的 28%,到埃切维利亚政府末期增长到占 32.8%。②这些资金如果不从税收中来从哪里来? 由于政府倾向于限制外国直接投资,因此答案只能是债务! 墨西哥公共部门的外债在埃切维利亚政府达到了一个新的水平,从 1971 年的每年新增 3 亿美元到 1976 年的 50 亿美

---

①　Van R. Whiting, JR: *The Political Economy of Foreign Investment in Mexico, Nationalism, Liberalism and Constrains on Choice.* pp. 161 – 163.

②　Van R. Whiting, JR: *The Political Economy of Foreign Investment in Mexico, Nationalism, Liberalism and Constrains on Choice.* p. 160.

元,从1971年到1976年墨西哥的公共外债余额增长了3倍多。这种增长的趋势甚至延续到了下届政府,波蒂略政府奉行了"负债发展"的石油战略,在他的任期内,公共外债又增长了2倍多(见表9.11)。

表9.11 1971~1982年墨西哥的外部债务(百万美元)

年份	公共外债 (占 GDP%)	私人外债 (占 GDP%)	外国官方银行债务 (占 GDP%)	IMF (占 GDP%)	全部	占 GDP%
1971	4546(11.6)	1833(4.7)	–	–	6379	16.3
1972	5065(11.2)	1054(2.3)	–	–	6119	13.5
1973	7071(11.2)	2066(3.7)	–	–	9137	16.5
1974	9975(13.9)	2224(3.1)	–	–	12199	16.9
1975	14449(16.4)	4480(5.1)	–	–	19929	21.5
1976	19600(22.1)	6500(7.2)	–	–	26100	29.4
1977	22912(28.0)	6800(8.3)	–	1200(1.5)	30912	37.7
1978	26264(25.6)	7200(7.0)	–	1200(1.2)	34664	33.8
1979	29757(22.1)	10500(7.8)	–	–	40257	29.9
1980	33813(17.4)	16900(8.7)	–	–	50713	26.0
1981	52961(21.2)	21900(8.8)	–	–	74861	29.9
1982	59730(35.0)	23907(14.0)	8531(5)	240(0.1)	92409	54.2

资料来源:*El Mercado de Valores*,9(may ,1989).

在探讨1982年外债危机形成的国内原因的时候,首要者是日益增长的财政赤字和主要用来弥补赤字的扩张性金融和信贷政策,而赤字的主要根源是公共开支的扩大。埃切维利亚任期内公共部门增多、社会福利和工业化支出增多以及国有企业的亏损都加重了政府的财政赤字。波蒂略政府推行石油出口战略,比索定值过高,未能有效地控制进口,并继续扩大了政府的开支。第二个因素是政府未能采取有效的政策,保持私人部门的信心,防止资本外逃。埃切维利亚政府末期的金融危机和波蒂略政府末期的银行国有化,都导致了墨西哥金融资产大量地向外转移。据摩根(Morgan)保险信托公司估计,集中在 1976 年、1981 ~ 1982 年、甚至包括 1986 年的外逃资本大约为 840 亿美元。[①] 第三个因素在过去的研究中为人们所忽略,那就是跨国公司因素。如法齐贝尔指出,在 1963 年,工业部门跨国公司债务占国家债务的 20%,到 1970 年这个部分已经提高到了 26%。在 1965 ~ 1966 年跨国公司 52% 的资产的增长是由当地资金扶助的,到 1969 ~ 1970 年这个数字上升到了 61%。[②] 如我们在第六章提到,跨国公司主导的汽车工业产生了巨大的贸易赤字,1981 年占整个墨西哥商业贸易赤字的 58%,产生的外汇赤字达 20 亿美元。第七章中提到,制药业也产生了巨大的贸易赤字。而这些表现在国际收支中的逆差都需要用外债来弥补。如表 9.11 所示,1982 年私人外债已经达到 239 亿美元,占到墨西哥整个外债的 26%,这些私人外债中,跨国公司占主要部分。另有资料揭示,跨国公司在国际收支中所产生的赤字从 1971 年的 2 亿美元上升到 1981 年的 43 亿美元。1971 ~ 1982 年累计的外汇赤字达到了 142 亿美元,它是同期 166 亿美元贸易赤字的主要因素,尽管同期资本账户的盈余为 135 亿美元。[③]

　　就债务危机形成的外部因素看,从 20 世纪 70 年代中期到 1980 年墨西哥得益于国际石油价格的上涨、国际资本市场过剩的流动性、国际银行之间为安置过剩资金而展开的激烈竞争以及随之而来的比较低的利率。但在 1980 到 1982 年间情况发生了逆转,不仅原油和其他商品的国际市场价格下跌,而且欧洲货币市场的贷款利率随着浮动利率的上升而收紧。发达国家经济正在经历一个严重萧条时期,它们恢复了贸易保护主义,结果伤害了来自像墨西哥这样的国家的制成品出口。面对这些困境,特别

① Van R. Whiting, JR: *The Political Economy of Foreign Investment in Mexico*, *Nationalism*, *Liberalism and Constrains on Choice*. p. 157.

② Fernando Fajnzylber y Trinidad Martinez Tarrago: *Las Empresas Transnacionales*, *Expansion A Nivel Mundial y Proyeccion en La Industria Mexicana*. pp. 358 – 359.

③ Wilson Peres Nunez, *Foreign Direct Investment And Indutrial DevelopmentIn Mexico*, OECD Development Centre Paris, 1990. pp. 27 – 28.

是墨西哥石油价格的下跌,外国银行开始不愿意对墨西哥给予新的金融支持。1981 年墨西哥公共部门的全部外债增加了 190 亿美元,其中的 1/2 是短期外债。短期外债占公共外债的比重由 1980 年的 4.4% 上升到 1981 年的 20.3%。[①] 短期外债偿还期短,利率又高,墨西哥的外债急剧增加,到 1982 年 8 月 22 日,墨西哥政府宣布暂停支付欠国际商业银行的债务,要求延期 3 个月支付公共部门债务,同时向国际货币基金组织提出贷款申请,这标志墨西哥陷入了债务危机。

可见,内部因素在 1982 年墨西哥债务危机形成中是主要的关键因素,但外部因素也产生了重要影响,国际因素引发和加重了债务危机。

上述研究也说明了墨西哥国家在利用财政政策和货币政策方面的弱点。它一方面限制外国直接投资,但另一方面又要推动经济发展。作为金融家的国家一开始设想以对当地资本的税收取代外国资本,但计划失败,继而尝试了以借贷资本取代外国直接投资,结果导致了外债危机。为了缓解债务危机,1986 年墨西哥开始实行债务资本化[②],到 1987 年 6 月债务资本化金额达 15.2 亿美元,按照墨西哥的规定,债务资本化的资金可以用来购买被私有化的国营企业。墨西哥国家本想利用外债替代外国直接投资,增强国家的自主性,结果因陷于债务危机,外债反而成为加强跨国公司的工具。作为金融家的国家最后面临的是失败。

总的看,在国家与跨国公司博弈中,墨西哥国家坚持了既限制又利用的原则,在利用外国直接投资的同时,并试图逐步地取代外国直接投资。在这一过程中国家扮演了多种角色,包括所有者、管制者、出口推动者、技术创新者、财政金融的经营者。在采掘业和公用事业的讨价还价中,国家取得了胜利,出现了“退化的讨价还价模式”,但在制造业的讨价还价中,墨西哥国家进展并不顺利,特别在埃切维利亚时期,政府曾试图采取“变位权力行为”,改变游戏规则,但效果不佳。历史表明,墨西哥国家作为

[①] Judith A. Teichman, *Policymaking in Mexico: From Boom to Crisis*. Boston, Allen & Unwin. 1988. p.113.

[②] 即债务与股权互换,把债务转换为投资。巴西在 1982 年 12 月首先实行。

所有者、管制者、出口推动者取得了部分的成功,但作为技术创新者和金融家却带来了更多的失败。随着德拉马德里总统的上台和国际形势出现的新变化,传统的国家主义开始悄然让位于新自由主义。

第三节　墨西哥国家与发展战略的选择

　　政策服务于战略,如果说发展战略是确定发展的方向和目标的话,发展政策只是实现这些方向和目标的措施和手段。国家在实施正确的政策方面固然重要,但更重要的是制定正确的发展战略。如前所述,墨西哥在 20 世纪经历了三种不同的发展战略类型,即 20 世纪 30 年代之前的初级产品出口战略、20 世纪 30 年代末和 40 年代初到 80 年代初的进口替代工业化战略、80 年代之后的新的非传统产品出口导向战略。其中进口替代工业化战略又经历了三种不同阶段的变化,即非耐用消费品进口替代、耐用消费品进口替代、多样化出口促进战略支持下的耐用消费品进口替代高级阶段。大致而言,三种不同类型的战略受到三种不同的意识形态支持,它们分别与古典自由主义、经济民族主义、新自由主义相一致,同时也是一种在全球经济中不同外国投资类型相对重要性变化的反映。如第五章中我们提到,与东亚国家(地区)相比较,跨国公司在墨西哥的作用,弊大于利,其中重要原因之一是与墨西哥经济发展战略的选择有关,因为,一者墨西哥没有在非耐用消费品进口替代阶段后期像东亚国家(地区)那样转向非耐用制成品的出口替代阶段;二者墨西哥的进口替代工业化阶段时间太长,没有顺利地转向耐用制成品的出口替代阶段。有的学者在讨论这个问题的时候,往往做出这样的假设:如果墨西哥选择如东亚国家(地区)一样的战略,墨西哥也会获得成功。但历史不能假设,一个国家经济发展战略的选择要受到内部和外部多种条件的制约,墨西哥也不例外。

　　我们首先对墨西哥与东亚国家(地区)在初级进口替代工业化枯竭

之后战略转型的差异进行分析。就内部因素的制约来看,发展战略的选择与一个国家的自然资源状况、人口多寡、经济发展水平高低、国内市场大小、政治利益集团之间的较量等都有关系。东亚国家(地区)地少人多,自然资源贫乏而人力资源丰富,初级产品出口的潜力较小,发展劳动密集型出口工业具有更大的优势。它们的主要出口产品主要是大米、糖等农产品,当20世纪50年代初传统的出口市场丧失之后,外国投资又很不足,就导致了它们对美国援助的严重依赖,到50年代末,美国谋求削减对东亚地区的外援,而韩国和台湾的进口替代工业化都面临着赚取巨额外汇的任务,在这种情况下,除了进行出口导向工业化以外,别无选择。[1]墨西哥资源丰富(各种矿产、石油和农产品),几个世纪以来一直是世界初级产品的重要生产基地之一,直到1960年其初级产品出口仍占出口总额的73%,其中农产品占52%,矿产品和石油占21%。[2] 大量农矿产品出口换取的外汇减轻了墨西哥政府选择出口导向工业化战略的压力,富饶的初级产品成为战略转型的障碍。

同时,当时墨西哥的经济发展水平比东亚国家(地区)高,国内市场的潜力也比较大。墨西哥早期工业化进程在19世纪末就开始了,作为两次世界大战的世外桃源,其经济起点远高于饱受战争摧残的东亚国家(地区)。根据美国学者小詹姆斯·E.马洪研究,由于墨西哥的工资率比较高,实现经济转型所要求的货币贬值幅度极大,代价高昂。如以表9.22提供的数据为例,韩国和台湾地区的制造业部门平均每小时工资为0.1美元,墨西哥则高达0.384美元,如果墨西哥政府谋求在制成品出口方面与韩国和台湾竞争的话,它就不得不冷酷无情地实行货币贬值,也就是说要使每小时工资降到0.1美元的竞争水平,为此必须使墨西哥比索贬值

---

① 美国政府说服韩国和台湾必须在发展方向上做出两点变更:"改变50年代占主导地位的进口替代工业化方法,让出口起更大的作用;对海外直接投资更加开放。"以此作为继续给予援助的条件。见加里·杰里菲等编:《制造奇迹——拉美与东亚工业化道路比较》,俞新天等译,上海远东出版社1996年版,第423页。

② 张文阁等:《墨西哥经济》,社会科学文献出版社1986年版,第165页。

74%。假定经济正常运转,墨西哥年美元工资增长 15%,那么要恢复到 1962 年的工资水平则需要 9 年半的时间。[①] 如果真要实行这样大幅度货币贬值的话,将对传统的出口部门有利,墨西哥有可能重返初级产品出口模式。另一方面会对城市工业资本家和城市工人不利,因为前者受益于为取代货币贬值而建立的外汇管理体制,后者则会因通货膨胀加速而蒙受损失。他们会联合反对政府,引起社会动荡。相反,东亚国家(地区)付出的代价则小得多。

表 9.12　1955～1970 三国(地区)制造业每小时工资数额(美元)

	1955	1958	1959	1960	1961	1962	1963	1964	1965	1970
墨西哥	0.22	0.28	0.30	0.34	0.36	0.384	0.45	0.50	0.54	0.70
韩国	0.9	0.9	0.1	0.8	0.9	0.1	0.7	0.6	0.7	0.19
台湾	0.6	0.7	0.6	0.8	0.1	0.1	0.11	0.11	0.11	0.19

资料来源:James E. Mahon,Was Latin America Too Rich to Prosper? Structural and Political Obstacles to Export – Led Industrial Growth, in *Journal of Development Studies*;Vol. 28 Issue 2(Jan92). p. 254.

　　上述情况使我们联想到,为什么发达国家制造业跨国公司会推动东亚国家(地区)的制成品出口,同时鼓励墨西哥等拉美国家的高级进口替代,因为正如小詹姆斯·E. 马洪在文章中提到的,跨国公司有其自身的全球发展战略,当它选定了支持某一低工资地区实现世界性出口之后,它们对其他高工资国家出口的热情就会减弱,而占领这些受到保护的市场则是更好的选择。因此,制造业跨国公司对高工资发展中国家鼓励出口的激进政策并不关心。[②] 相对较大的墨西哥国内市场对跨国公司更具有吸引力。

---

① James E. Mahon,Was Latin America too Rich to Prosper? Structural and Political Obstacles to Export – Led Industrial Growth,in *Journal of Development Studies*;Vol. 28 Issue 2(Jan92). p. 255.

② James E. Mahon,Was Latin America too Rich to Prosper? Structural and Political Obstacles to Export – Led Industrial Growth,in *Journal of Development Studies*;Vol. 28 Issue 2(Jan92). p. 256.

从外部因素看,第二次世界大战以后世界体系的动力来自美国,美国对东亚和拉美有着不同的战略考虑,从而为两个地域提供了截然不同的机会和制约。美国对东亚国家(地区)更多地是从政治上的考虑,将其作为抵抗共产主义的前哨,因此,在经济上给予了大量的财政援助。在 20世纪 50 年代,美援占台湾地区总投资的 40%,韩国为 80%。同样,优惠资本占韩国进口的 70%,台湾地区国际收支赤字的 85%,[1]可以说,没有美援,它们的经济难以为继。到 60 年代初,又是美国官员指导和帮助东亚国家(地区)转向出口导向的工业化,包括进入有利可图的美国市场和获得廉价的技术转让。与东亚不同,美国的决策者们认为,美洲的资本主义统治地位相当稳固,60 年代的"争取进步联盟计划"把安全和发展援助主要输送给较小的拉美国家,认为那里力量薄弱,容易发生农村暴动。由于像墨西哥这样的拉美大国似乎并没有受到共产主义势力的很大影响,因此,也就不可能得到像东亚那样的巨额美援。相反,由于地理上靠近美国,美国历来将墨西哥作为经济掠夺的对象。美国总统艾森豪威尔鼓励私人资本在墨西哥的投资,并呼吁墨西哥政府保证给美国公司提供有利的投资环境。可见,两地与世界体系联系的性质有区别,"韩国和台湾地区在 50 年代和 60 年代初结合进世界体系在性质上是政治性的,拉美主要国家与它们不同,与全球经济的联系更为紧密。"[2]这样,世界体系因素也制约了墨西哥发展战略的转型。

其次,我们再分析进口替代工业化延长的原因。从内部因素看,墨西哥长期的政治稳定和良好的政策环境为包括跨国公司在内的私人资本提供了发展空间,当这种私人资本的力量得到壮大后,特别是在国内私人资本、跨国公司与国营企业形成进口替代的"三驾马车"(或称"三方联盟")之后,进口替代工业化的既得利益集团就形成了,它们就会极力阻

---

① 巴巴拉·斯托林斯:《外国资本在经济发展中的作用》,载于加里·杰里菲等编:《制造奇迹——拉美与东亚工业化道路比较》,俞新天等译,上海远东出版社 1996 年版,第 83 页。

② 加里·杰里菲等编:《制造奇迹——拉美与东亚工业化道路比较》,俞新天等译,上海远东出版社 1996 年版,第 425 页。

止这种模式的变革。与其他拉美国家不同是，墨西哥在20世纪初经历了一场比较彻底的资产阶级革命，革命的任务直到卡德纳斯改革才基本完成。这场革命严重打击了出口部门的土地寡头和外国资本，建立了墨西哥革命制度党，使革命体制化，墨西哥政治体制中的独特因素产生了，即革命的民族主义和一个居支配地位的政党，其容纳了下层阶级同时保留了精英的特权。① 这为后来的进口替代工业化进程奠定了坚实的基础。在1940年以后的30年中，墨西哥政局基本稳定，经济快速发展，从而成为外国直接投资青睐的场所。墨西哥政府积极引导外资进入制造业，对机械和设备进口实行补贴，同时实行高度的保护主义（关税壁垒和严格控制制成品进口），维护了本国精英和为国内市场生产的跨国公司的利益。由于墨西哥坚持"墨西哥化"原则，因此，许多制造业企业，包括国营企业都是合资的，形成了"你中有我，我中有你"的局面。这时，跨国公司、国内私人资本、国营企业的部分工人成为受益者，而农业部门逐渐成为受损害者。20世纪60年代末到70年代初发生的向促进出口多样化战略的转变，仅仅是一种表面现象，实际上仍在深化进口替代工业化，因为进口替代的政策机制没有发生根本变化，在这一机制下，挑选特定的工业和企业，予以直接扶助，办法是减少税收，提供大量补贴，也就是确保跨国公司在受到保护的国内市场继续获得暴利，以换取它们能适应不断提高的出口目标。由于跨国公司掌握着技术和销售渠道，实际上跨国公司是最大的利益获得者。

从国际环境看，20世纪60年代和70年代初是发展中国家民族民主运动高涨的年代。20世纪60年代，国际格局发生了新的变化，在发达国家，欧洲和日本崛起、美国相对衰落，美国在越南战争的失败说明美国并非不可战胜，到20世纪70年代初，尼克松宣布实行新经济政策，终止美元兑换黄金，布雷顿森林体系解体。在发展中国家，1960年欧佩克国家

---

① Dale Story：*Industry，The State，and Public Policy in Mexico*，University of Texas，Austin. 1986. p. 201.

组织正式成立;1961 年第一届不结盟国家首脑会议召开;1964 年第一届
贸发会议期间形成了"77 国集团";1974 年 4 月 9 日至 5 月 2 日在联合国
第六届特别会议上通过了《关于建立国际经济新秩序的宣言》和《关于建
立国际经济新秩序的行动纲领》。1974 年 12 月在第 29 届联合国大会全
体会议上通过了《各国经济权利及义务宪章》[①]。发展中国家动员和赢得
对国际经济进程更大的控制权正在成为一种日益增长的国际趋势。在拉
美,结构主义提倡进口替代工业化模式,当 20 世纪 60 年代发现该模式的
局限性后,又主张从地区一体化和促进制成品出口等方面寻找新的出路。
墨西哥正是这种战略转变的积极响应者。而依附理论对跨国公司的揭露
和批判更坚定了墨西哥通过进口替代工业化实现经济"自主发展"的信
心和决心。因此,在这些内外因素的规定下,墨西哥的进口替代工业化战
略得以延续了下来。

　　第三,墨西哥向新自由主义出口替代战略的转变。从内部因素看,
1982 年墨西哥陷入了由债务危机引发的、自 20 世纪 30 年代大萧条以来
最为严重的经济危机。1982 年墨西哥的外债达到了 924 亿美元,占国内
生产总值的 54.2%(见表 9.11),远远超出了国际公认的 20% 的债务安
全警戒线。国内生产总值的年均增长率从 1978～1981 年的 9.2% 骤降
至 1982～1984 年的 -0.5%,跌到了半个世纪以来的最低点。外资流入
剧减,1977～1981 年墨西哥资本净流入总额为 82 亿美元,占国内生产总
值的 5.1%,但 1983～1990 年只流入 8 亿美元,占国内生产总值的
0.2%。巨额的公共财政赤字使通货膨胀率达到历史最高水平,从 1978～
1981 年的 23.7% 上升到 1982～1994 年的 79.6%,[②]其中 1983 年达到了
102%,到 1986 年仍高达 80%。1981～1982 年资本外逃估计额为 140 亿
美元。随着债务危机出现的经济负增长、净投资零增长、资本外逃、通货

---

　　① 该《宪章》是墨西哥总统埃切维里亚总统积极倡议制定并努力争取通过的,同时,他还广
泛发展与第三世界国家的外交关系,他的外交政策被人们称为"第三世界主义"。

　　② 江时学主编:《拉美国家的经济改革》,经济管理出版社 1998 年版,第 188 页。

膨胀率居高不下,实际工资水平也下降了 40% 以上,①结果,在初级进口替代工业化之后的战略转型时期不愿意付出的代价,由债务危机造成了,这场经济灾难导致墨西哥实际货币一再贬值,使之进入了世界低工资工业国家的行列,这种情况有利于墨西哥扩大出口,有利于促使墨西哥成为国际竞争性的出口国,但是,付出代价的主要是劳动阶层和民众,货币急剧贬值的受益人是可以使资本外逃的富有者。由于实际汇率贬值和压缩进口,墨西哥的贸易账户在 1983 年之后开始出现了顺差。

同时,墨西哥总统和政府官僚也是战略转变的催化剂之一。德拉马德里与埃切维利亚和波蒂略不同,后者曾作为学生亲身经历过卡德纳斯时期的石油国有化运动,但他出生于 1934 年,拥有墨西哥国立自治大学的法学学士学位和哈佛大学公共管理硕士学位,是新一代的技术官僚。他上台前曾任波蒂略政府的财政部部长助理,计划和预算部部长,拥有在各种政府机构和部门工作的经验。在外国商业报刊中他被描写为"一个技术官僚,精通现代经济学,但缺乏墨西哥革命的传统,""一位银行家和商人的朋友,""一位自由的资本家,而不是革命的火把。"②在德拉马德里的内阁中,拥有外国硕士和博士学位的官僚是墨西哥历届政府以来最多的,他的政府中几乎 1/4 的官员曾在美国学习过。据萨拉·巴布的研究,这个时候推动新自由主义改革的动力来自国家而不是有组织的国内利益集团。虽然墨西哥的职团主义一党制体制向来能够比较好地管理和代表民众的要求,但在新自由主义改革时期,有组织的民众利益并没有在政府政策的形成和谈判中发挥重要的作用,中小企业的利益被忽视,大企业集团的利益得到表达,但是,"改革的推动力不是来自大企业家,而是政府官僚首先选择实施自由化改革,然后成功地动员大企业家做他们的联盟,推动自由市场改革的进程。政府内的自由化改革者并不是资产阶级的木

① 鲁迪格·多恩布什等编:《开放经济:发展中国家政策制定者的工具》,章晟曼等译,中国财政经济出版社 1990 年版,第 426—434 页。

② Sarah Babb, *Managing Mexico:Economists from Nationlism to Neolibralism*. Princeton University Press,2001. p. 176.

偶,而是墨西哥自由主义革命的先锋。"①"正是那些在政府内部受过美国训练的经济学家,利用外部压力作为杠杆,瓦解了发展主义政府的体制。"②

从外部因素看,战略转变来自美国政府、国际多边机构和国际债权人的压力。当债务危机发生之后,里根政府就认为这是启动墨西哥政策改革的良好时机。美国财长詹姆斯·A.贝克1985年10月在汉城举行的国际货币基金组织与世界银行会议上提出的"贝克计划",就是以提供国际商业银行的贷款为条件,要求债务国采取市场导向和对外资开放的政策。世界银行行长任命明尼苏达大学的安妮·克鲁格(Anne Krueger)为世界银行的首席经济学家,该人拥护自由贸易,熟知保护主义下的"寻租"理论,在他的领导下,结构调整的贷款(即以实施政策改革为条件的贷款)成为推动债务国实行市场导向政策的有利工具。同时,国际货币基金组织也把债务危机当作一种机会,开始了一个"以政策调整为基础的借贷"的新时期,即以借债国家政府承诺减少赤字和采取保守的货币政策为条件提供金融支持。墨西哥从1982年到1985年是在国际多边机构监督下进行"结构调整"的时期,实行财政和货币紧缩政策,减少进口推动出口。到1985年中期之后,开始了体制改革的阶段,包括启动私有化进程,加入关贸总协定。到1988年萨利纳斯上台后,国际形势更加有利于新自由主义:柏林墙的倒塌、苏联式中央计划经济的崩溃,一些东欧和前苏联国家从计划经济转向市场经济所焕发的活力等均刺激了墨西哥向新自由主义出口替代战略的进一步转变。

可见,发展战略的选择在不同国家和不同的历史阶段均要受到变化着的一系列国内、国际条件的制约,在国内要受到自然资源状况、人口多寡、经济发展水平高低、国内市场大小、政治利益集团之间的较量、历史遗产等因素的制约,在国际要受到资本主义全球体系运动和跨国公司全球

---

① Sarah Babb, *Managing Mexico: Economists from Nationlism to Neolibralism*. p. 175.

② Sarah Babb, *Managing Mexico: Economists from Nationlism to Neolibralism*. p. 183.

发展战略的制约,是一件非常复杂的现象,正如美国学者 C. E. 布莱克所言:"没有两个社会会以完全相同的方式展开现代化,没有两个社会会拥有相同的资源和技术基础、相同的传统制度遗产、处在发展的相同阶段以及具有同样的领导模式或同样的现代化政策。"①一方面,不能假设一个国家可以简单地采纳另一个国家的发展战略,另一方面,一个国家可以选择自己的发展战略,但只是在一定的框架之内选择,在一定的制约条件下选择,必须建立在客观现实基础之上。归根结底,一个国家的发展战略不是随意产生的,而是该国特殊历史经验与国际体系相互作用的产物。

小 结

罗伯特·吉尔平在跨国公司三种模式论中提出的新重商主义模式;雷蒙德·弗农、特奥多雷·莫兰和罗伯特·格鲁塞等人提出的讨价还价理论;斯蒂芬·D.克莱斯勒提出的结构冲突论和"变位权力行为"的概念对我们理解和解释墨西哥政府与跨国公司之间的关系很有帮助。这三种理论共同的假定是把国家作为行为主体,虽然它们各自强调的重点不同,但它们之间有一种层层递进的关联:重商主义强调国家的作用,强调国家干预;讨价还价理论不仅强调国家干预,强调国家公共政策的选择,而且还具体到国家怎样利用游戏规则来规范跨国公司的行为;结构冲突论则更进一步,不仅强调国家利用游戏规则,在承认游戏规则的前提下争取最大利益,更提出了通过改变游戏规则来实现利益最大化。这三种理论可以在墨西哥政府与跨国公司关系的历史得到认证。

在进口替代工业化进程中,墨西哥政府通过各种政策的实施,在与跨国公司的关系中较为充分地发挥了国家的作用,它的政策是结构主义的,对跨国公司既利用又限制,并试图取而代之,在这种关系中,国家同时充

---

① C. E. 布莱克:《现代化的动力》,段小光译,四川人民出版社 1988 年版,第133—134 页。

当了企业所有者、政策管制者、制成品出口推动者、技术创新者、财政金融的经营者等角色,如果说墨西哥政府在前三种角色的扮演中成功大于失败的话,那么在后两种角色的扮演中则是失败大于成功。国家未能有效地促进政府、科研院所与企业之间有机结合的三角体制的形成,未能成功地形成一种本地的技术能力,对跨国公司的技术依赖倾向很大。国家在利用财政政策和货币政策方面存在明显的弱点,为了实现国家的经济自主,它想逐渐减少对外国直接投资的依赖,但税收改革的失败打破了它利用当地储蓄的设想,在国际利率普遍低下的环境下,它走上了"负债发展"的道路,最终陷入了不可自拔的债务危机。

在经济发展进程中,跨国公司作用的性质一方面取决于跨国公司本身追求利益最大化的本性和跨国公司的全球经营战略,另一方面取决于东道国国家的政策和发展战略,从某种意义上讲,发展战略的正确与否更重要,因为政策服务于战略。在与东亚国家(地区)的比较中,我们发现在进口替代简易阶段结束时墨西哥未能转向非耐用消费品的出口替代阶段是因为国内丰富的资源出口可以为进口替代高级阶段提供支持性资金;降低工人工资水平代价太大;作为世界体系动力的美国有自身的战略考虑,它更鼓励和支持东亚发展劳动力密集型制成品出口。而进口替代战略长期化的原因在于到 20 世纪 70 年代墨西哥国内形成了"三驾马车"的利益集团,国际上第三世界国家经济民族主义高涨,建立国际经济新秩序的运动方兴未艾。而墨西哥向新自由主义出口替代战略的转变则是由于国内深深陷于了债务危机和经济危机,在国外受到美国教育的新一代政府官僚倡导改革,同时得到了本国大资本的支持,国际上则先是来自美国政府、国际多边机构和国际债权人的压力,后是苏东国家从计划经济转向市场经济的转轨以及国际政治格局发生了重大变化。可见,一个国家选择这样的战略而没有选择那样的战略,往往不是主观因素决定的,它要受到多方面客观条件的制约,国家作用只能在一定的制约框架之内发挥主观能动性。

结束语

本部分首先对全书做一概括性总结,然后对 80 年代以后跨国公司与墨西哥经济发展的情况给予简要的交代。

一、全书总结

跨国公司在发展中国家经济发展中发挥了怎样的作用和东道国应该如何处理与跨国公司的关系,这是两个颇有争议的问题。自由主义理论强调了跨国公司的积极作用,认为跨国公司对东道国经济发展基本上是有益的,任何政府干预都是错误的;依附理论比较全面和深刻地揭示了跨国公司的本质特征及其给拉美国家造成的种种负面问题,其中的激进派倡导改变现存的国家性质,建立国际经济新秩序;结构主义理论是上述两种理论的折衷,它既看到了跨国公司有助于拉美国家资本积累、技术进步、引进新的生产模式和市场模式、促进制成品出口等积极方面,又注意到了跨国公司加重东道国的外部不平衡、收入分配的不平等、扭曲外围国家的消费模式等问题,倡导东道国国家管制跨国公司,对跨国公司既利用又限制。本项研究倾向于坚持结构主义理论关于跨国公司的观点。

跨国公司起源于 17 世纪和 18 世纪,资本主义产业资本的国际化是跨国公司发展的基本动力。当这种产业资本的国际化在经历了商品资本的国际化、货币资本的国际化后,第二次世界大战之后进入了生产资本国际化的阶段,在这个时候,真正意义上的跨国公司才得以面世。随着第三次科技革命的发展和世界政治经济格局发生的深刻变化,跨国公司越来越成为世界经济的行为主体。拉丁美洲与外国资本的关系源远流长。从二战后到20世纪80年代初,跨国公司在拉美投资的规模在迅速加大;英国作为最大投资来源国的地位被美国取代,到60年代末西欧和日本的跨国公司先后加入了竞争行列;但投资地域主要集中在阿根廷、巴西、墨西哥、委内瑞拉等少数国家;投资部门从农矿业和公用设施转向制造业;投资方式日趋多样化,经营管理方式更加国际化。作为跨国公司进入的拉美主要国家之一,墨西哥在1940－1982年经历了进口替代工业化简易阶段、进口替代工业化的耐用消费品替代阶段、进口替代工业化的多样化出口推动阶段,在此期间,尤其是在后两个阶段,跨国公司大量进入墨西哥的工业部门,成为引领墨西哥制造业发展的主角,墨西哥经济出现了长期的高速增长,被誉为"墨西哥奇迹"。

但是,在"墨西哥奇迹"的背后,潜藏着一系列问题,到20世纪60年代末,墨西哥的经济发展已经面临着一种困境,主要体现在墨西哥制造业的非民族化、国际收支逆差、地区发展不平等和收入分配不均方面,这些问题的出现与跨国公司有着直接的联系。因为从宏观资源配置效率的角度看,跨国公司没有促使墨西哥当地资源比较优势得到充分利用;从微观资源配置效率看,跨国公司没有促使当地企业的成长和增强其竞争力,尽管跨国公司的进入促进了墨西哥制造业的结构效率,但这种促进是通过跨国公司进入制造业的"现代"部门来实现的,而对整个行业的技术进步率和"传统"部门则没有影响,在某种程度上甚至加强了墨西哥工业现代部门与传统部门的"二元结构";从产业关联效应的角度看,跨国公司产业链条的主要部分在国外,关键技术也在国外,结果带来当地就业不足、外汇短缺等问题;尽管在墨西哥的北部边境地区曾出现了一种旨在利用非熟练劳动力的"客户工业",但在1985年之前,这是一种旧式的"飞地工业",与东亚新兴工业化国家(地区)的出口加工区在性质上有所区别,不宜高估。

由于受20世纪初墨西哥革命和1917年国家宪法的影响,墨西哥政府对外国资本一直采取了利用和限制相结合的政策,但在不同的时期侧重点和松紧程度有所区别。革命之后，特别是 20 世纪 30 年代，墨西哥民族主义盛行，政府对外资采取了收紧的政策，对石油和一些公用设施部门的外国公司实行了国有化；从 20 世纪 30 年代末到 40 年代初，墨西哥的进口替代工业化进程开始后，政府开始调整外资政策，放松对外资的限制，受墨西哥日益增长的国内市场的吸引和政府进口替代政策的刺激，外国资本开始进入制造业领域，特别是到 20 世纪 50 年代中期墨西哥进入耐用消费品进口替代阶段后，在结构主义思潮的推动下，进入制造业的外国直接投资被认为有助于经济结构的激进性变革，有助于加强国家的自主性，因此被大量引进，但这仅仅是外资政策的侧重点发生了变化，政府在采掘业和公用设施部门仍然坚持国有化，并对一些基础工业也提出了"墨西哥化"的要求，只是没有严格实行。20 世纪 60 年代末和 70 年代初，随着跨国公司带来问题的日益突出和依附理论的盛行，迫使墨西哥转向多样化出口战略与耐用消费品高级进口替代战略相结合的"混合战略"，政府的外资政策再次收紧，埃切维利亚政府在两条战线"作战"，在国内先后出台了以《促进本国投资和管制外国投资法》为代表的一系列法律，在国际舞台上施展了"变位权力行为"，倡导制定《各国经济权利和义务宪章》和建立国际经济新秩序。这种政策的转变在短期内收到了一定的效果，但迫于墨西哥政府本身所不能左右的国际因素的制约，在 1982 年债务危机发生之后，墨西哥的外资政策又转向了开放的新自由主义。

　　经济发展战略在决定跨国公司作用方面起着重要的作用，因为包括外资政策、外贸政策在内的整个经济政策是服务于经济发展战略的。与东亚国家（地区）比较，两地的发展战略在初级进口替代阶段枯竭之后的转型时期开始分道扬镳。墨西哥实行的是耐用消费品的高级进口替代战略，并配合以较为宽松的外国直接投资政策和保护主义的贸易政策，面向当地市场的跨国公司大量进入，它们属于资本和技术密集型企业，倾向于使用熟练劳动力，偏离了利用当地非熟练劳动力的方向，同时，跨国公司在墨西哥主要产业部门和重要的产品市场上逐渐确立了自己的寡占地位,通过技术垄断使当地企业边缘化,使之越来越依附于外国企业。这样就导致了墨西哥宏观资源配置效率和微观资源配置效率的恶化。进一步的结果是,工业的"非民族化";产业、经济、城乡二元结构;市场萎缩,经济缺乏内在拉动力;国家的关税和配额制度是为了保护当地的幼稚工业,而受益最多的却是跨国公司,大量进口原料、中间产品和资本品,导致国际收支逆差加大。东亚国家(地区)实行的非耐用消费品的出口导向战略,并配合以较为宽松的外国直接投资政策。跨国公司发挥其国际市场营销方面的优势,集中于出口加工业区,充分利用当地的非熟练劳动力,引导当地企业走进国际市场,促进了宏观资源配置效率的提高。由于面向国外市场,在当地市场不与本地企业竞争,本地企业有了发展的机会,从而促进了微观资源配置的效率。同时由于劳动密集型技术容易模仿和吸收,当地企业在激烈的国际竞争中不得不提高自身的效率水平,效仿跨国公司的技术和管理模式,并且越来越多地进入国际市场,先是个别企业最终是整个行业结构效率的提高。墨西哥以农矿资源的出口补贴进口替代所需要的外汇,但"重工轻农"的政策最终使农业部门衰落,外汇枯竭。东亚开发了当地最丰富的可再生的人力资源,并培育了本地企业的成长,形成了经济发展内在的自我支持能力,整个经济开始步入良性循环。这说明,在一定意义上,跨国公司的活动是在东道国经济发展战略所确定的框架下进行的,如果东道国政府能够选择顺应当地资源比较优势、促进当地企业成长的战略,并配以相应正确的政策,跨国公司就会放大这种战略的效果,反之反是。因此,经济发展战略的确定是一国经济发展的关键因素,经济发展战略的性质在一定意义上规定了跨国公司的作用。

国家不仅在发展战略的制定上发挥着重要的作用,在具体经济政策的制定和实施中的作用同样不可忽视。在1940～1982年的进口替代工业化进程中,墨西哥政府通过各种政策的实施,在与跨国公司的关系中较为充分地发挥了国家的作用,它的政策是结构主义的,对跨国公司既利用又限制,并试图取而代之,在这种关系中,国家同时充当了企业所有者、政策管制者、制成品出口推动者、技术创新者、财政金融的经营者等角色,如果说墨西哥政府在前三种角色的扮演中成功大于失败的话,那么在后两种角色的扮演中则是失败大于成功。国家未能有效地促进政府、科研院所与企业之间有机结合的三角体制的形成,未能成功地形成一种本地的技术能力,对跨国公司的技术依赖倾向很大。国家在利用财政政策和货币政策方面存在明显的弱点,为了实现国家的经济自主,它想逐渐减少对外国直接投资的依赖,但税收改革的失败打破了它利用当地储蓄的设想,在国际利率普遍低下的环境下,它走上了"负债发展"的道路,最终陷入了不可自拔的债务危机。

国家发展战略和经济政策的出台并不是"主观意志"的结果,作为行为主体的国家的选择要受到多种客观条件的制约,包括国内的自然资源状况、人口多寡、经济发展水平高低、市场大小、利益集团的力量对比等因素,国外国际经济体系和政治格局变动,特别是近邻的美国经济兴衰的影响。如进口替代简易阶段结束时墨西哥未能转向非耐用消费品的出口替代阶段主要是因为国内丰富的资源出口可以为进口替代高级阶段提供支持性资金;降低工人工资水平代价太大;作为世界体系动力的美国有自身的战略考虑,它更鼓励和支持东亚发展劳动力密集型制成品出口;而墨西哥进口替代战略长期化的原因在于到 20 世纪 70 年代墨西哥国内形成了"三驾马车"的利益集团,国际上第三世界国家经济民族主义高涨,建立国际经济新秩序的运动方兴未艾;墨西哥向新自由主义出口替代战略的转变则主要是由于国内深深陷入了债务危机和经济危机,曾经接受美国教育的新一代政府官僚倡导改革,同时得到了本国大资本的支持,国际上则先是来自美国政府、国际多边机构和国际债权人的压力,后是苏东国家从计划经济转向市场经济的转轨以及国际政治格局的巨变。可见,一个国家的战略选择只能是有限制的选择。

总之,通过对 1940 ~ 1982 年跨国公司与墨西哥经济发展进程的研究,笔者的结论是:

第一,跨国公司对墨西哥经济发展做出了一定的贡献,包括资本积累贡献、税收贡献、就业贡献、技术贡献、出口贡献等,但跨国公司是一把双刃剑,它也给墨西哥经济发展也带来的不少问题,如在第三章和第六至八章案例分析中提到的东道国制造业的"非民族化"、国际收支逆差、地区发展不均、收入分配不平等、加强技术依附、改变东道国市场结构、干预东道国政治进程等等。跨国公司与1982年债务危机之间有着内在的联系。与东亚国家(地区)相比,跨国公司在东亚国家(地区)发挥了更大的积极作用,而在墨西哥则基本没有发生像在东亚国家(地区)所产生的那种经济扩散效应。

第二,在经济发展的进程中,代表东道国利益的政府与跨国公司之间的关系可以被看作一种博弈关系,因为二者追求的战略目标有很大差异,东道国可以与跨国公司展开讨价还价,通过各种政策手段引导和管理跨国公司的行为。墨西哥汽车工业、制药工业和食品工业的案例分析表明:当东道国政策与跨国公司的经营战略在大方向上一致的时候,跨国公司就会做出很多改进或让步,当东道国政策目标与跨国公司战略发生冲突的时候,外国企业就会忽视东道国政策目标,采取一种捍卫现状的立场。在与跨国公司的较量中,东道国可以取得成功;东道国在博弈中的成败,既取决于双方力量的对比,又取决于国际环境的制约。东道国取得成功的时候,往往既是东道国手中握有王牌,同时又是顺应了国际时势的变化、使谈判双方感到共同利益大于分歧的时候。

第三,在经济发展进程中,跨国公司作用的性质一方面取决于跨国公司本身追求利益最大化的本性和它的全球经营战略,另一方面取决于东道国国家的经济政策和发展战略。与东亚国家(地区)的比较表明,墨西哥经济发展战略的选择和经济发展政策的实施有许多失误之处,它的经济发展战略和经济发展政策限制了跨国公司作用向积极方向发挥,在某种意义上讲,跨国公司仅仅是经济发展的手段,它的作用只是放大了经济发展战略的效果。但是,一个国家选择这样的发展战略而没有选择那样的发展战略,往往不是主观因素就能够决定的,它要受到多方面客观条件的制约,国家作用只能在一定的制约框架之内发挥主观能动性。

二、20 世纪 80 年代以来跨国公司与墨西哥经济的新发展

1988 年萨利纳斯成为墨西哥的新一届总统,他毕业于美国哈佛大学,1978 年获政治经济学博士学位,曾担任德拉马德里政府的财政和计划部部长。这个时候的国际环境更加强调市场导向的经济改革,债务危机也迫使墨西哥将外部资源依靠的重点再次转向外国直接投资。[①]萨利纳斯上台后一方面强调多样化出口战略,新政府在 1990 年公布的"1990～1994 年全国工业现代化和对外贸易计划"中提出,墨西哥的工业不必生产本国需要的全部产品,而应该生产在国际市场上更有竞争性的产品。政府在今后四年里将继续强有力地支持非石油产品出口,以完全实现出口产品多样化的战略目标。另一方面大力吸引外国直接投资。1989 年新政府对外资法做了重大修改,扩大了对外资开放的领域,进一步放宽了股权、产品内销比例、汇出利润等限制,并简化了审批手续。[②] 1993 年政府又颁布了新的《外国投资法》,无论在宗旨还是具体内容上都有重大突破。它进一步废除了以前限制外国控股权的各种措施,开放了以前不允许外国投资者涉足的领域。新法律体现的原则是:建立清晰的管理规则;扩展外资的参与领域;消除会导致国际贸易扭曲的规则;减少并消除不必要的外资参与条件。在新的外资法框架之下,外资几乎可以进入到经济的所有部门。在经济和生产活动目录所列出的 704 项活动中,有 606 项

---

① 80 年代发生的一个重大变化是拉美国家成了净资本输出国,尽管接连不断的债务重新谈判、多次暂停还债和获得的新贷款减少了它的资本输出,但 1982～1987 年拉美净资本输出额仍高达 1450 亿美元。发达国家声称,拉美今后的外汇收入要靠由跨国公司推动的出口来获得,更有人鼓吹引进外国直接投资比举借外债具有显著的优点。拉美国家对此深信不疑,它们纷纷采取了减少甚至取消对外国直接投资管制的政策。见阿尔弗雷多·格拉－博尔赫斯:《在拉美的外国投资:近几年一些突出的事实和倾向》,墨西哥《发展问题》第 72 期,1988 年。转引自拉美所:《拉美问题译丛》,毛里金译,1990 年第 3 期。

② United Nations Center on Transnational Corporations, *Foreign Direct Investment and Industrial Restructuring in Mexico. United Nations*, New York, 1992. pp. 14 – 15.

对外资参与比例不作限制;35 项允许外资参与比例达到 49%;37 项允许
在得到国家外国投资委员会批准后,不限制外资参与比例;16 项只允许
墨西哥人投资;10 项只能由墨西哥政府经营。金融部门的开放是法令的
重要内容之一,法令规定,从 1994 年 1 月 1 日起,所有美国和加拿大的金
融机构可以在墨西哥设立全资附属子机构,包括银行、证券公司、保险公
司和其他专业机构。同时,法律还允许外国投资者通过多种机制进行投
资,包括发行特别的"N"级股票,该股票给予投资者经济权利,但不给予
参与企业经营管理的表决权。另外,外国投资委员会首次授权外国投资
者在指定区域内可将拥有的房地产用于非居住目的。[①] 1993 年墨西哥还
与美国和加拿大签署了北美自由贸易协定,并于 1994 年 1 月 1 日正式生
效。为了吸引外资,政府还实行了比较彻底的私有化,国有企业 1982 年
尚有 1150 家,在德拉马德里政府期间,被出卖和关闭了 379 家,到萨利纳
斯时期又有 561 家被出卖和关闭,到 1994 年仅剩 210 家。[②] 实际上,自萨
利纳斯政府开始,墨西哥走上了一条以外国直接投资带动的出口导向的
工业化道路。

　　在外国直接投资引导的出口导向战略之下,跨国公司再次大规模进
入墨西哥。1980～1993 年外国直接投资进入额年均仅 25 亿美元,到
1994～2002 年达到年均 123 亿美元,其中 28% 是并购,72% 是绿地投资。
外国直接投资的地区分布主要集中在墨西哥城和美墨边境地区,其中墨
西哥城得到了全部投资的 60%,北方的新莱昂、下加利福尼亚、奇瓦瓦、
塔毛利帕斯、哈里斯科接受的外国直接投资占总额的 30%。从部门分布
看,在 1994～2002 年期间,外国直接投资的 75% 流入制造业和金融服务
业,农业、矿业和建筑业各得到不足 1%。客户工业得到了 32%。在客户
工业的外国直接投资中,大约 72% 流向了汽车、电子装配业和成衣业。

---

　　① *Mexico`s Foreign Investment Law dated December* 27, 1993. http://www. MexicoLaw. Com/
LawInfo26. htm － 31k.
　　② Laura Randall(edited), *Changing Structure of Mexico:Political, Social, and Economic Pros-
pects*, M. E. Sharpe, Inc, 1996, p. 60, 107.

但就制造业部门看,几乎近 1/2 的外国直接投资流入了机械和设备工业,包括汽车、电子、成衣、纺织等,食品和饮料工业位列第二(18%),化学工业位列第三(13%)。从外资来源国看,美国占 1994 年以来流入外国直接投资的 67%。[①]

在跨国公司直接投资的带动下,出口额增长显著。1994~2002 年墨西哥的出口增加了近三倍,从 500 亿美元增加到 1600 亿美元,其中 88% 的出口来自制造业部门。金属产品、设备和机械(包括汽车、电子)占制造业出口的 72% 和所有出口的 64%。这期间制造业出口年均增长 13.8%。在出口商品中,跨国公司生产的出口商品在出口总额中所占的份额从 1993 年的 56.5% 上升到 1998 年的 64.2%,而同期出口到美国的商品占全部出口商品的份额则从 79.3% 上升到 88.2%。[②] 国内生产总值恢复了增长,1994~2002 年年均增长率为 2.7%。生产率也提高了 18%。通货膨胀率由 1987 年的 180% 下降到 1994 年的 7%,1994 年底金融危机后通货膨胀再度上升,1996 年达到 42%,到 2002 年已经下降到 4%。

但是,这种新的发展战略存在很多问题。首先是进口增长比出口增长更快,产生了大量经常账户的赤字,1994~2002 年制造业部门年均赤字 114 亿美元,几乎占整个赤字的 80%。不管是国内还是国外的制造业企业,为了出口都依赖于进口,而不是利用当地资源投入。根据墨西哥国家统计地理信息研究所(INEGI)的资料,客户工业的当地投入品的份额从 1990 年的 4.7% 下降到了 2002 年的 3.7%。[③] 促使墨西哥对进口依赖

① Kevin P. Gallagher and Lyuba Zarsky: *Sustainable Industrial Development? The Performance of Mexico's FDI - led Integration Strategy*. Global Development and Environment Institute, Fletcher School of Law and Diplomacy, Tufts University, February, 2004. p. 20 - 21. http://www. ase. tufts. edu/gdae.

② 马丁·哈特 - 兰兹伯格:《对墨西哥新自由主义经济模式"成功"的质疑》,刘志明译,《外国理论动态》2003 年第 10 期。

③ *INEGI* (2003). Bureau of Economic Informations. Mexico City, Instituto Nacional de Estadística Geografía e Informática (INEGI): http://www. Inegi. Gob. Mx.

的主要原因是本国汇率高估,而它本身又是高利率和反对通货膨胀政策的结果,当通货膨胀得到控制后,其代价便是经常账户的大量赤字。另外,墨西哥低工资竞争力下降,按照世界竞争力手册,墨西哥从 1998 年的第 34 位下降到 2002 年的第 41 位。

其次是国内投资不足,经济增长乏力。尽管 1994～2002 年国内生产总值实现了 2.7% 的增长率,但这不到进口替代工业化时期的一半。造成这种状况的重要原因之一是国内投资的减少,1994～2002 年国内投资年均为 GDP 的 19.4%。与 1980 年代几乎是一样的。而同期外国直接投资从 1980～1993 年的占 GDP 的 5.4% 增长到 1994～2002 年的 12.6%。国内投资紧缩使制造业受到明显的打击。1970～1982 年制造业投资平均占 GDP 的 10%,占全部投资的几乎 1/2。1980 年代制造业投资下降到占 GDP 的 5%,占整个投资的 1/4。1988～1994 年紧缩倾向仍然继续,制造业投资占 GDP 仍然低于 6%,占全部投资的 1/3。[①] 有些拉美经委会的经济学家认为,外国直接投资的增加是以全部投资的减少为代价的,原因在于反通胀政策引起的高利率和汇率高估不利于国内投资。因此,外国直接投资和自由化战略并没有刺激投资,而是挤走了国内投资。另外,这一战略还强化了制造业的两极分化现象,制造业的转变和现代化主要集中在了那些能够得到外资的、大的、出口导向的企业。那些中小企业因缺乏资金和客户而陷于困境。1988～1998 年小企业的年均增长率只有 1.2%,中型企业为 2.8%,而大企业为 4.2%。

第三是技术进步成效不大。根据莫兰的研究,跨国公司的汽车工业产生了较大的技术溢出效应,由于墨西哥政府 1980 年代鼓励出口的政策,跨国公司的生产是为了出口而不是在当地市场销售,因此,在 20 世纪 80 年代初以通用汽车公司为首的跨国公司引进了最好的技术和零缺点生产程序。这些新建厂家的后向联系也很广泛,在 5 年之内增加了 310

---

① Kevin P. Gallagher and Lyuba Zarsky: *Sustainable Industrial Development? The Performance of Mexico's FDI – led Integration Strategy*. p. 26.

个零部件生产厂商,其中有三分之一年销售额在100万美元以上。在出口销售的技巧方面也有溢出效应,1987年最大的汽车零部件出口商中仅有十分之四拥有外国股权。[①] 但是,除了汽车工业外,其他的个案研究没有发现来自跨国公司的技术溢出效应。大部分墨西哥供给商实际上没有进入跨国企业分包合同的圈子。在考察哈利斯科电子工业的分包过程中,达塞尔发现,该行业高度依赖进口投入品,墨西哥企业在全部生产中的附加值仅为5%。缺乏后向联系有多种原因,其中包括当地企业很难得到资金,以及外国企业对当地政局稳定的担心[②]。但在国内企业中,当地供给商提供了80%以上的投入品。从墨西哥本国看,政府对科技的投入不足,与其他发展中国家比较,科技进步有下滑之势。如与韩国比较,1995 - 2000年年均研究与开发支出占GDP的百分比,墨西哥为0.36%(制造业更低,为0.22%),韩国则为2.6%,高出将近10倍。同期,在每一百万人中的科学家和工程师数目,墨西哥为225人,而韩国为2152;每一百万人中的研究与开发技术人员,墨西哥为172人,而韩国为576人。就两地的居民专利申请数目比较,2000年墨西哥居民申请专利为451项,比1996年增长了16%,另一方面,非居民申请66465个专利,比1996年增长120%。居民申请专利份额占全部专利申请的比例比1996年下降了1/2,由1996年的1.27%下降到2000年的0.67%。相比之下,韩国1995~2000年平均居民申请份额占全部专利申请的51%。[③] 这种状况显然会对墨西哥工业化的可持续发展带来不利影响。

第四,创造就业机会的能力有限,工人收入状况恶化。制造业部门不稳定的增长,特别是20世纪90年代末的萧条,加速了墨西哥的失业和就

---

① T. H. Moran, *Foreign Direct Investment and Development*, *The New Policy Agenda for Developing Countries and Economies in Transition*. Washington D. C. , Institute for International Economics. 1998. pp. 53 – 56.

② E. D. Dussel, *La Subcontratación Como el Proceso de Aprendizaje*: *el Caso de la Electrónica en Jalisco (México) en la Década de los Noventa*. Santiago, Chile, CEPAL, United Nations. 1999.

③ Kevin P. Gallagher and Lyuba Zarsky: *Sustainable Industrial Development? The Performance of Mexico's FDI – led Integration Strategy*. p. 35.

业不足。1994～2002 年制造业部门创造了 637000 个工作岗位,也就是说每年创造 82500 个岗位。但是由于人口增长和北美自由贸易协定对农业的冲击,每年新进入到经济活动中来的人口达 730000 个人,1994～2002 年期间大约有 650 万个新工人在寻找工作,而制造业部门所提供的就业机会不到总需求的 12%。尤其是,从 1997 年开始就业增长出现了下降。[①] 新增就业机会的 96% 大约是在客户工业中,也就是说,墨西哥出口导向的制造业部门是有活力的,但由于出口导向制造业部门占整个制造业部门的比重很小,因此,创造就业的能力仍然有限。2002 年,主要的出口工业和客户工业仅占墨西哥全部就业的 5.8%。由于缺乏投资,面向国内的制造业部门的就业增长(占就业的 95%)枯竭,再加上出口部门的就业受到了来自亚洲的竞争、全球市场的变化和美国经济衰退的不利影响,政府希望出口导向部门带动国内企业的设想并没有实现。

根据墨西哥国家统计地理信息研究所发布的全国就业调查报告,1994 年以来创造的工作岗位大多数质量不高,在所有部门中 55.3% 的新工作不提供福利,49.5% 的墨西哥被雇劳工没有福利待遇。从 1982～2003 年墨西哥的最低工资下降了 70%,即使从 1994～2003 年也下降了 7%。整个制造业的工资从 1994～2003 年下降了 13%,由于 1995 年比索危机的原因,实际上 2003 年制造业的工资比 1982 年低 24%。1987～1994 年客户工业的工资比其他工业的工资低 80%,虽然从 1994 年以后有所增加,但在 2002 年仍比其他工业工资低 14%。增加工资的部门主要是那些最大的企业。那些找不到工作的墨西哥人构成了墨西哥的非正规经济。[②] 2002 年最富有的 20% 的人口仍占整个墨西哥收入的 50%;最穷的 20% 人口继续占不足 4%,与 1984 年相当。1984 年墨西哥的吉尼系数为 0.45,2002 上升到0.48。在 1980 年代每年平均近 20 万人移民到

① Kevin P. Gallagher and Lyuba Zarsky: *Sustainable Industrial Development? The Performance of Mexico's FDI – led Integration Strategy*. p. 44.

② Kevin P. Gallagher and Lyuba Zarsky: *Sustainable Industrial Development? The Performance of Mexico's FDI – led Integration Strategy*. p. 45.

美国,而 1990 年代上升为每年 30 万人①。

第五,环境状况出现了恶化的趋势。1985~1999 年农村土地侵蚀增长 89%,城市固体垃圾增长 108%,城市空气污染增长 97%。墨西哥政府估计这一时期环境恶化的经济成本增加到占每年 GDP 的 10%,或每年 360 亿美元,这些成本阻碍了经济的全面增长。但由于国家财政困难,到 2000 年为止,政府在环境领域所花的费用反而比 15 年前减少了 45%。② 北部边境地区环境恶化的问题尤为突出,据 2000 年美国总会计署的一项调查,华雷斯城的污水仅 34% 得到了处理,下水道污水经常被排放到该地区的可饮用水水源,寄生虫和其他微生物引起的肠胃疾病成为导致该地区婴儿死亡的主要原因。边境地区的三条主要河流均为当地废水、废物和有毒化学品所污染。尽管周围地区的沙漠、土路、露天焚烧的垃圾和燃烧木料的火炉也是空气污染的来源,但工业排放的废气和汽车尾气是空气污染的主要原因。另外,边境地区产生的有害垃圾只有 1/9 得到了适当处理,尽管墨西哥法律规定工业垃圾要运回原产地国家,但据墨西哥国家生态研究所估计,1997 年边境各州产生的工业有害垃圾只有 2% 运回了美国。③ 美国医疗协会的一份报告指出:"客户工业计划的推行、美国贸易计划的刺激和 1987 年墨西哥贸易规则自由化的驱动,墨美边境地区的工业发展已经使这个地区变成了一个'事实上的污水池'和一个传染病的滋生地。"④"出口加工区造成严重的环境污染,在墨美边界沿线,地面、水面和空中到处都是污染物。"⑤

① Kevin P. Gallagher and Lyuba Zarsky, *Sustainable Industrial Development? The Performance of Mexico's FDI – led Integration Strategy*. p. 48.

② 帕特里克·邦德:《墨西哥学者反思新自由主义发展模式》,何耀武译,《国外理论动态》2004 年第 4 期。

③ Charles W. Schmidt and Jeffry Scott, Bordering on Environmental Disaster, *Environmental Health Perspectives*, Vol. 108 , No 7 (July 2000). pp. A310 – 311.

④ Robert Housman, *Reconciling Trade and The Environment : Lessons From the North American Free Trade Agreement*, United Nations Environment Programme, 1994. p. 63 .

⑤ 马丁·哈特 – 兰兹伯格:《对墨西哥新自由主义经济模式"成功"的质疑》,刘志明译,《国外理论动态》2003 年第 10 期。

　　总之,墨西哥债务危机之后实行的外国直接投资引导的出口导向工业化战略在增加跨国公司的进入、促进制成品出口、控制通货膨胀率和提高生产率方面达到了它的目标,但是,由于进口增长太快导致了贸易赤字的持续增加,国内投资停滞,经济增长乏力,在技术溢出、工业重建、就业增长、环境改善方面都乏善可陈。导致这种结果的主要原因仍然是发展战略和政府政策的错误。一是,政府没有采取什么措施迫使或鼓励出口企业与国内企业建立起生产纽带①,跨国公司仍然保持与墨西哥国内经济的严重脱节。之所以这样,是因为墨西哥政策制定者吸引外资的条件是给它们最大限度的自由,过分地放弃了对外国直接投资的干预和引导。二是,对出口企业工人实行低工资的政策继续削弱了国内的购买力和国内企业的市场空间,这种低工资政策是为了降低跨国公司的生产成本,保证出口繁荣。三是,为吸引外资的高利率政策导致国内投资窒息,高汇率政策使进口增长快于出口增长。四是,银行系统的崩溃极大地限制了面向国内市场的企业、特别是中小企业获得贷款的能力。1991～1992年银行系统的私有化,1994～1995年金融危机给墨西哥银行系统留下一大堆问题,包括相当于国内生产总值20%的不良贷款,事实上降低了银行贷款能力,1994以来银行贷款下降了大约40%。② 出口导向的大企业可以从国外融资,国内中小企业却成为受害者。可见,墨西哥选择的发展战略和政策混淆了"手段"(宏观经济稳定、引进外国直接投资、增加出口)与"目的"(提高大多数人的生活水平,增强本国企业的创新和生产能力),将"手段"视为"目的",老问题没有解决,又产生了新问题。墨西哥需要改弦更张,重新调整发展战略,走一条可持续的、自主发展的工业化道路。

---

　　① 出口企业包括客户工业、国内出口企业和跨国公司三种类型,它们都强调出口导向,强调与外国生产厂商的联系。
　　② 马丁·哈特－兰兹伯格:《对墨西哥新自由主义经济模式"成功"的质疑》,刘志明译,《国外理论动态》2003年第10期。

参考文献

一、中文著作

[1]陈舜英,吴国平等.经济发展与通货膨胀.北京:中国财政经济出版社,1999。

[2]陈芝芸等.拉丁美洲对外经济关系.北京:世界知识出版社,1991。

[3]郝名伟,冯秀文,钱明德.外国资本与拉丁美洲国家的发展:历史沿革的考察.北京:东方出版社,1998。

[4]江时学主编.拉美国家的经济改革.北京:经济管理出版社,1998。

[5]李滨.国际政治经济学——全球视野下的市场与国家.南京大学出版社,2005。

[6]李明德,宋霞,高静.拉丁美洲的科学技术.北京:世界知识出版社,2006。

[7]刘研.跨国公司与中国企业国际化.北京:中信出版社,1992。

[8]庞中英.权力与财富——全球化下的经济民族主义与国际关系.济南:山东人民出版社,2002。

[9]芮沐.国际经济条约公约集成.北京:人民法院出版社,1994。

[10]时和兴.关系、限度、制度——政治发展过程中的国家与社会.北京:北京大学出版社,1996。

［11］苏振兴,徐文渊主编.拉丁美洲国家经济发展战略研究.北京大学出版社,1987。

［12］苏振兴主编.拉美国家现代化进程研究.北京:社会科学文献出版社,2006。

［13］谈世中等编.经济全球化与发展中国家.北京:中国社会科学出版社,2002。

［14］陶文达主编.发展经济学(修订本).成都:四川人民出版社,2000。

［15］藤维藻,陈萌枋主编.跨国公司概论.北京:人民出版社,1991。

［16］吴国平主编.21 世纪拉丁美洲经济发展大趋势.北京:世界知识出版社,2002。

［17］徐世澄等.秘鲁经济.北京:社会科学文献出版社,1987。

［18］徐世澄.墨西哥政治家经济改革及模式转换.北京:世界知识出版社,2004。

［19］曾昭耀主编.现代化战略选择与国际关系.北京:社会科学文献出版社,2000。

［20］张宝宇,周子勤,李银春.拉丁美洲外债简论.北京:社会科学文献出版社,1993。

［21］张森根,高铦.拉丁美洲经济.北京:人民出版社,1986。

［22］张文阁,陈芝芸等.墨西哥经济.北京:社会科学文献出版社,1987。

［23］中国拉丁美洲研究会编.拉丁美洲史论文集.北京:东方出版社,1986。

［24］商务部.《2007 年中国外商投资报告》,北京:经济管理出版社,2007 年。

［25］柴瑜.外国直接投资对拉美和东亚新兴工业化国家和地区经济发展影响的比较研究:［博士学位论文］.天津:南开大学 1996。

二、中文论文

[1]安建国.墨西哥的投资环境及对墨西哥的直接投资.拉丁美洲研究,1990,3。

[2]陈才兴.战后外国对拉美直接投资的变化.拉丁美洲研究,1990,2。

[3]陈舜英.战后外国私人投资对阿根廷的影响.拉丁美洲丛刊,1981,3。

[4]陈舜英.跨国公司在拉美的扩张.拉丁美洲丛刊,1982,1。

[5]丁文.跨国公司与拉美的经济发展.拉丁美洲研究,1990,6。

[6]董国辉.墨西哥客户工业迅速发展的原因.拉丁美洲研究,1996,6。

[7]董国辉.墨西哥发展客户工业的历史根源.见:南开大学世界近现代史研究中心编.世界近现代史研究:第1辑.北京:中国社会科学出版社,2004。

[8]冯秀文.70年代墨西哥外贸政策剖析.世界历史,1998,1。

[9]高静.近年来外国在拉美的直接投资.拉丁美洲研究,2002,3。

[10]高君诚.美国阔国公司与拉美农业.拉丁美洲研究,1987,6。

[11]高铦.拉丁美洲外资政策的新发展.拉丁美洲丛刊,1985,3。

[12]过启渊,周洪林.美国汽车工业的发展.世界经济文汇,1983,3。

[13]韩琦.20世纪拉丁美洲经济发展的特点.见:南开大学世界近现代史研究中心编.世界近现代史研究:第2辑.北京:中国社会科学出版社,2005。

[14]韩琦,杜娟.墨西哥埃切维利亚政府化解社会危机的对策与启示.历史教学问题,2007,4。

[15]黄红珠,张森根.拉美国家对外资政策的调整.拉丁美洲研究,1993,5。

[16]江时学.拉美国家利用外资的经验教训.拉丁美洲丛刊,1985,5。

[17]江时学.拉丁美洲汽车工业的发展.拉丁美洲研究,1989,5。

[18]江时学.拉美和东亚利用外资的比较.拉丁美洲研究,2001,3。

[19]金计初.外资与巴西经济的发展:1922~1929.世界历史,1998,5。

[20] 来有为. 对巴西汽车工业发展中政府作用的研究. 拉丁美洲研究, 2001, 6。

[21] 李连友, 韩冰. 关于用汽车消费带动我国经济增长的几点思考. 中央财经大学学报, 2003, 3。

[22] 林华. 外国资本进入墨西哥银行业的现状及影响. 拉丁美洲研究, 2005, 6。

[23] 刘玉树. 在拉美的外国直接投资. 国际经济合作, 1987, 1。

[24] 邵恒章. 外国资本对巴西工业发展的影响. 拉丁美洲研究, 1986, 1。

[25] 王耀媛. 墨西哥的客户工业. 世界经济, 1980, 5。

[26] 卫岩. 外国在委内瑞拉投资的特点与变化. 拉丁美洲丛刊, 1981, 3。

[27] 吴国平. 90 年代初以来外资流入的变化对拉美经济的影响. 拉丁美洲研究, 1994, 6。

[28] 谢文泽. 墨西哥制造业的结构调整及其特点. 拉丁美洲研究, 2005, 1。

[29] 徐世澄. 80 年代外国对拉美直接投资的动向. 拉丁美洲研究, 1987, 6。

[30] 杨茂春. 墨西哥外国直接投资浅析. 拉丁美洲研究, 1990, 6。

[31] 杨茂春. 墨西哥改善投资环境促进经济发展. 拉丁美洲研究, 1993, 2。

[32] 杨西. 60 和 70 年代外国资本对中美洲经济的影响. 拉丁美洲研究, 1989, 5。

[33] 杨志敏. 对当前拉美直接投资环境经济评估初探. 拉丁美洲研究, 2002, 5。

[34] 杨志敏. 2002 年以来拉美吸收外国直接投资分析. 拉丁美洲研究, 2003, 5。

[35] 袁兴昌. 对依附论的再认识(中). 拉丁美洲研究, 1990, 6。

[36] 袁兴昌. 对依附论的再认识(下). 拉丁美洲研究, 1991, 2。

[37] 曾昭耀. 墨西哥的三次现代化浪潮. 见: http://www.cas.ac.cn/html/

Dir/2005/03/17/6111.htm。

[38]张凡.关于拉美国家政府干预及其演变的问题的思考提纲.拉丁美洲研究,2001,3。

[39]张文阁,王锡华.墨西哥的客户工业.拉丁美洲丛刊,1981,4。

[40]张意轩.中国外资政策变奏曲.大地,2006,20。

[41]赵雪梅.浅析跨国公司在拉美经济中的扩张趋势.拉丁美洲研究,2003,1。

[42]周小妹.墨西哥经济发展的重要支柱——客户工业.瞭望,1993,12。

[43]朱理胜.外国投资与巴西工业化.拉丁美洲研究,1986,1。

[44]左大培.学术界有人争着卖国——左大培在乌有之乡书吧的讲座.见:http://www. wyzxwyzx. com/xuezhe/zuodapei/ShowArticle.

三、中文译著

[1][苏]阿尔波罗维奇,拉甫罗夫主编.墨西哥近代现代史纲.刘立勋译.北京:三联书店,1974。

[2][美]艾伯特·赫尔希曼.经济发展战略.潘照东,曹征海译.北京:经济科学出版社,1991。

[3][乌拉圭]爱德华多·加莱亚诺.拉丁美洲:被切开的血管.王玫等译.北京:人民文学出版社,2001。

[4][巴西]阿里斯托特列斯·莫拉.外国资本在巴西(内部读物).黄北林译.北京:世界知识出版社,1966。

[5][德]安德烈·冈德·弗兰克.依附性积累与不发达.高铦、高戈译.北京:译林出版社,1999。

[6][美]彼得·柏格著.发展理论的反省——第三世界发展的困境.蔡启明译.台北:台湾巨流图书公司,1981。

[7][英]布鲁厄.马克思主义的帝国主义理论.陆俊译.重庆出版社,2003。

[8] [美]C. E. 布莱克. 现代化的动力. 段小光译. 成都:四川人民出版社,1988。

[9] [美]查尔斯·K. 威尔伯主编. 发达与不发达的政治经济学. 高铦等译. 北京:中国社会科学出版社,1984。

[10] [英]戴维·赫尔德等著. 全球大变革:全球化时代的政治、经济与文化. 冬雪等译. 北京:社会科学出版社,2001。

[11] [巴西]费尔南多·恩里克·卡多佐,恩佐·法勒托. 拉美的依附性及发展. 单楚译. 北京:世界知识出版社,2002。

[12] [巴西]弗朗西斯科·洛佩斯·赛格雷拉主编. 全球化与世界体系(上、下). 白凤森等译. 北京:社会科学文献出版社,2003。

[13] [美]弗雷德里克·皮尔逊,西蒙·巴亚斯里安著. 国际政治经济学——全球体系中的冲突与合作. 杨毅等译. 北京大学出版社,2006。

[14] [阿根廷]海梅·富奇斯. 美国托拉斯渗入阿根廷. 任鸣皋等译. 北京:世界知识出版社,1963。

[15] [美]霍华德·弗·克莱因. 墨西哥现代史. 天津外国语学院,天津师范学院译. 天津人民出版社,1978。

[16] [美]霍华德·威亚尔达. 新兴国家的政治发展——第三世界还存在吗?. 刘青等译. 北京大学出版社,2005。

[17] [美]加里·杰里菲等编. 制造奇迹——拉美与东亚工业化道路比较. 俞新天等译. 上海远东出版社,1996。

[18] [阿根廷]劳尔·普雷维什. 外围资本主义:危机与改造. 苏振兴等译. 北京:商务印书馆,1990。

[19] [法]勒内杜蒙. 拉丁美洲的病态发展. 胡晓等译. 北京:世界知识出版社,1984。

[20] 联合国跨国公司中心编. 再论世界发展中的跨国公司. 南开大学经济研究所等译. 北京:商务印书馆,1982。

[21] 联合国跨国公司中心编. 三论世界发展中的跨国公司. 南开大学经

济研究所译. 北京:商务印书馆,1992。

[22]联合国秘书处经济社会事务部编. 世界发展中的多国公司. 南开大学经济研究所,世界经济研究室译. 北京:商务印书馆,1975。

[23]联合国贸易和发展会议. 2002 年世界投资报告. 冼国明等译,北京:中国财政经济出版社,2003 年版。

[24]联合国贸易和发展会议. 2008 年世界投资报告. 冼国明等译,北京:中国财政经济出版社,2008 年版。

[25][美]鲁迪格·多恩布什等. 开放经济——发展中国家政策制定者的工具. 章晟曼等译. 北京:中国财政经济出版社,1990。

[26][英]罗宾·科恩,保罗·肯尼迪. 全球社会学. 文军等译. 北京:社会科学文献出版社,2000。

[27][美]罗伯特·吉尔平. 国际关系政治经济学. 杨宇光等译. 北京:经济科学出版社,1989。

[28]美国在拉丁美洲的企业和拉丁美洲的劳工—美国芝加哥大学经济发展与文化变革研究中心研究报告(内部读物). 国际关系研究所编译室译. 北京:世界知识出版社,1962。

[29][美]M. P. 托达罗. 第三世界的经济发展(上下册). 于同申等译. 北京:中国人民大学出版社,1988。

[30][日]纳古诚二等. 发展的难题:亚洲与拉丁美洲的比较. 陈家海等译. 上海三联书店,1992。

[31][美]派克斯. 墨西哥史. 翟菊农译. 北京:三联书店. 1957。

[32][巴西]塞尔索·富尔塔多. 拉丁美洲经济的发展——从西班牙征服到古巴革命. 徐世澄等译. 上海译文出版社,1981。

[33][巴西]塞尔索·富尔塔多著. 巴西经济的形成. 徐亦行、张维琪译. 北京:社会科学文献出版社,2002。

[34]世界银行. 1985 年世界发展报告. 北京:中国财政经济出版社,1985。

[35]世界银行. 东亚奇迹:经济增长与公共政策. 北京:中国财政经济出版社,1993。

[36][美]斯蒂芬·D.克莱斯勒.结构冲突:第三世界对抗全球主义.李小华译.杭州:浙江人民出版社,2001。

[37][巴西]特奥特尼奥·多斯桑托斯.帝国主义与依附.杨衍永,齐海燕,毛金里,白凤森译.北京:社会科学文献出版社,1999。

[38][德]沃尔夫格雷贝道尔夫.拉丁美洲向何处去.齐楚译.北京:时事出版社,1985。

[39][美]W.W.罗斯托.经济成长阶段论——非共产党宣言.郭熙宝等译.北京:中国社会科学出版社,2001。

[40][日]小岛清.对外贸易论.周宝廉译.天津:南开大学出版社,1987。

[41][美]肖夏纳·B.坦塞.拉丁美洲的经济民主主义——对经济独立的探求.北京:商务印书馆,1980。

[42][智利]亚历克斯.E.费尔南德斯等.发展中国家的自由化.陈江生译.北京:经济科学出版社,2000。

四、中文译文

[1][美]艾伯特·伯格森.新型的世界系统学.国际社会科学杂志,1984,1。

[2][德]安德烈·冈德·弗兰克.不均等和不稳定的世界经济发展史.陈宇,李孜译.河南信阳师范学院学报,1989,1。

[3][哥伦比亚]埃杜阿多·韦斯纳.拉美债务危机的国内外原因.金融与发展,1985,3。

[4][英]彼德·迪肯.跨国公司和民族国家.国际社会科学杂志,1998,1。

[5][英]戴维·戈茨布拉夫.发展中国家的外国直接投资:趋势、政策问题与前景.金融与发展,1985,3。

[6][委]何塞·席瓦尔·米切利纳.拉美的不发达及其发展战略.世界经济译丛,1983,12。

[7][日]加藤哲郎.跨国企业与民族国家.国外社会科学,1991,1。

[8][美]理查德 A. 赖特. 美国汽车工业第一个百年发展. 机械,2007,增刊。

[9][墨]露丝拉玛. 跨国公司农工联合企业是否促进发展中国家的农业——墨西哥经验谈. 国际社会科学杂志,1986,3。

[10][美]马丁·哈特 – 兰兹伯格. 对墨西哥新自由主义经济模式"成功"的质疑. 国外理论动态,2003,10。

[11][法国]莫依泽·依科尼科夫:"关于第三世界工业化的三个错误观点",沈国华译,《经济学译从》,1988 年第 6 期。

[12][墨]帕特里克·邦德. 墨西哥学者反思新自由主义发展模式. 国外理论动态,2004,4。

[13][美]乔尔·伯格斯曼,申小芳. 发展中国家的外国直接投资:成就与问题. 金融与发展,1995,12。

[14][苏]特·科列斯尼科娃. 拉美国家社会经济结构中的跨国公司. 世界经济译丛,1985,5。

[15][德]沃尔克·博恩希尔. 世界体系中的世界经济:结构、依赖关系和变化. 国际社会科学杂志,1984,1。

[16][苏]叶菲莫娃. 拉美的发展观点与制度主义. 国外社会科学,1984,6。

五、外文著作

[1]Arruda, Marcos. The Impact of Multinational Corporations in the Contemporary Brazilian Economy. Toronto:Brazilian Studies Latin America Research Unit, 1975.

[2]Baer,Wernwer and William R. Miles eds. Foreign Direct Investment in Latin America. New York:International Business Press, 2001

[3]Bennett, Douglas C. and Kenneth E. Sharpe. Transnational Corporations versus the state:the political economy of the Mexican auto industry, New

Jersey: Princeton University Press, 1985.

［4］Blomstrom, Magnus and Edwaid N. Wolff. Multinational Corporations and Productivty Convergence in Mexico. Cambridge, Massachusetts: Eepal. Nber Working Paper, 1989.

［5］Bunnett, Mark. Public policy and industrial development: the case of the Mexican auto parts industry. Mark Bennett. Boulder, Colorado: Westview Press, 1986.

［6］Calcagno, Alfredo Eric. Informe Sobrelas Las Inversions Directas Extanjeras En America Latina. Santiago de Chile: De La Cepal, 1980.

［7］Campo, Manuel Martines Del. Industrilization En Mexico, Hacia Un Analisis Critico. Mexico: El Colegio De, 1985.

［8］CEPAL. Las Empresas Transnacionales En La Econimia de Chile, 1974 – 1980. Santiago de Chile: Naciones Unidas, 1983.

［9］CEPAL. Las Empresas Transnacionales En La Argentina. Santiago de Chile: Naciones Unidas, 1986.

［10］CEPAL. Mexico: La Industria Maquiladora. Santiago De Chile: Naciones Unidas, 1996.

［11］Coatsworth, John H. and Alan M. Taylor. Latin America and The World Economy Since 1800. Cambridge: David Rockefeller Center For Latin American Studies, Harvard University, 1998.

［12］Commerce and Industrial Development Ministry. Legal Framework for Direct Foreign Investment in Mexico. Mexico City: National Chamber of Commerce of Mexico City, 1990.

［13］Evans, Peter. Dependent Development, The Alliance of Multinational, State, and Local Capital in Brazil. New Jersey: Princeton University Press, 1979.

［14］Fajnzylber, Fernando y Trinidad Martinez Tarrago. Las Empresas Transnacionales, Expansion A Nivel Mundial y Proyeccion en La Industria

Mexicana. Mexico: Fondo de Cultura Economica,1976.

[15] Faundes, Julio and Sol Picciotto eds. The Nationalization of Multination-als in Peripheral Economies. London:Macmillan Press Ltd, 1978.

[16] Gereffi, Gary. The pharmaceutical industry and dependency in the Third World, Princeton, N. J. : Princeton University Press, 1983.

[17] Grayson, George W. Oil and Mexican Foreign Policy. Pittsburgh: University of Pittsburgh Press, 1988.

[18] Girvan, Norman. Corporate Imperialism: Conflict and Expropriation, Transnational Corporations and Economic Nationalism in the Third World. New York and London: Monthly Review Press, 1976.

[19] Grosse, Robert. Multinationals in Latin America. London and New York: Routledge,1989.

[20] Hewlett, Sylvia Ann. The Cruel Dilemmas of Development: Twentieth Century Brazil. New York: Basic Books, 1980.

[21] James, Petras and Mautice Zeitlin eds. Latin America: Reform or Revolution · New York: Fawcett World Library, 1968.

[22] Jorge, Antonio and Jorge Salazar – carrillo eds. Foreign Investment, Debt and Economic Growth in Latin America. New York: St. Martin's Press, 1988.

[23] Jenkins, Rhys Owen. Dependent Industrialization in Latin America, the Automotive Industry in Argentina, Chile, And Mexico. New York: Praeger Publishers, 1977.

[24] Jenkins, Rhys Owen. Transnational Corporations and Uneven Development: The Internationalization of Capital and the Third World. London and New York: Methuen, 1987.

[25] Jenkins, Rhys Owen. Transnational Corporations and Industrial Transformation in Latin America. NEW York: St. Martin's Press, 1984.

[26] Jenkins, Rhys Owen. Transnational Corporations and the Latin American

Automobile Industry. Pittsburgh: University of Pittsburgh Press, 1987.

[27] Krenn, Michael L. U. S. Policy Toward Economic Nationalism in Latin America, 1917 – 1929. Wilmington: SR Books, 1990.

[28] Lietaer, B. Europe + Latin America + The Multinationals, A Positive Sum of Game For Exchange of Raw Materials and Technology in the 1980s. ECSIM, Farmborough: Saxon House, 1980.

[29] Lall ,Sanjaya (edited) Transnational Corporations and Economic Development, United Nations, New York. 1993.

[30] M, Alonso Aguilar y Victor M. Bernal. El Capital Extranjero En Mexico. S. A. : Editorial Nuestro Tiempo, 1986.

[31] Meyer, Michael C. and William H. Beezley eds. The Oxford History of Mexico. New York: Oxford University Press, 2000.

[32] Meyer, Michael C. William L. Sherman, Susan M. Deeds eds. The Course of Mexican History. New York: Oxford University Press, 2003.

[33] Montavon, Remy. The Role of Multinational Companies in Latin America, A Case Study in Mexico. New York: Praeger, 1980.

[34] Moran, Theodore H. Multinational corporations and the politics of dependence: Copper in Chile. Princeton, N. J. : Princeton University Press, 1974.

[35] Newfarmer, Richard S. and Willard F. Mueller. Multinational Corporations in Brazil and Mexico: structural sources of economic and noneconomic power. Washington: United States Government Printing Office, 1975.

[36] Newfarmer, Richard S. eds. Profits, Progress and Poverty: Case Studies of International Industries in Latin America. Notre Dome, Indiana: University of Noter Dame Press, 1985.

[37] Novak, Michael and Michael P. Jackson eds. Latin America: Dependency or Interdependence? Washington, D. C. : American Enterprise In-

stitute for Public Policy Research, 1985.

[38] Nunez, Wilson Peres. Foreign Direct Investment and Industrial Develop-
ment in Mexico. Paris: OECD Development Centre, 1990.

[39] Otero, Gerardo eds. Neoliberalism Revisited: Economic Restructuring
and Mexico ` s Political Future. Boulder, Corolado: Westview
Press, 1996.

[40] Philip, George. Oil and Politics in Latin America: Nationalist Move-
ments and State Companies. Cambridge and New York: Cambridge Uni-
versity Press, 1982.

[41] Poulson, Barry W. and T. noel Osborn eds. U. S. – Mexico Economic
Relations. Boulder, Colorado: Westview Press, 1979.

[42] Purcell, John F. and S. K. Puecell. Mexican Business and Public Poli-
cy. in James M. Malloy eds. Authoritarianism and Corporatism in Latin
America. Pittsburgh: University of Pittsburgh Press, 1977.

[43] Raat, W. Dirk. Mexico and The United States Ambivalent Vistas. Ath-
ens and London: The University of Georgia Press, 1992.

[44] Ramsaran, Ramesh F. US Investment in Latin America and the Caribbe-
an, Trends and Issues. London: Hodder and Stoughton, 1985.

[45] Reynolds, Clark W. and Carlos Tello. U. S. – Mexico Relations, Eco-
nomic and Social Aspects. California: Stanford University Press, 1983.

[46] Roett, Riordan. eds. Mexico and The United States: Managing The Re-
lationship. Boulder and London: Westview Press, 1988.

[47] Sarah, Babb. L. Managing Mexico: Economists From Nationalism to
Neoliberalism. Princeton, N. J. : Princeton University Press, 2001.

[48] Schmidt, Samuel. The deterioration of the Mexican presidency: the
years of Luis Echeverría. Tucson, Arizona: University of Arizona Press,
1991.

[49] Siekmeier, James F. Aid, Nationalism, and Inter – American Rela-

tions: Guatemala, Bolivia, and the United States, 1945 – 1961. Lewiston: the Edwin Mellen Press, 1999.

[50] Sigmund, Paul E. Multinationals in Latin America, The Politics of Nationalization, A twentieth Century Fund Study. Madison, Wisconsin: The University of Wisconsin Press, 1980.

[51] Story, Dale. Industry, The State, and Public Policy in Mexico. Austin: University of Texas, 1986.

[52] Stosberg, Jorg. Political Risk and the Institutional Environment for Foreign Direct Investment in Latin America. New York: Peter Lang, 2004.

[53] Swansbrough, Robert H. The Embattlted Colossus, Economic Nationalism and United States Investoes in Latin America. Gainesville: The University Presses of Florida, 1976.

[54] Vaitsos, Constantine V. Intercountry income distribution and transnational enterprises. Oxford: Clarendon Press, 1974.

[55] Veliz, Claudio. eds. Obstacles to Change in Latin America. New York: Oxford University Press, 1965.

[56] Villamil, Jose J. eds. Transnational Capitalism and National Development: New Perspectives on Dependence. Brighton, Sussex: The Harvester Press, 1979.

[57] Vodusek, Ziga. Foreign Direct Investment in Latin America: Perspectives of the Major Investors. Madrid: Rumagraf. S. A, 1998.

[58] Weinert, Richard S. The State and Foreign Capital, in Jose Luis Reyna and Richard S. Weinert eds. The Authoritarianism in Mexico. USA: ISHI, 1977.

[59] Weintraub, Sidney. eds. Industrial Strategy and Planning in Mexico and the United States. Boulder and London: Westview Press, 1986.

[60] Whiting, Van R. JR. The Political Economy of Foreign Investment in Mexico, Nationalism, Liberalism and Constrains on Choice. Baltimore

and London: The Johns Hopkins University Press, 1992.

[61] Williams, Edward J. The Rebirth of the Mexican Petroleum Industry, Development Direction and Implications. Lexington, Massachusetts: Heath and Company, 1979.

[62] Wionczek, Miguel S. El Nacional y La Inversion Extranjera. Sa: Siglo Verntinuo Editors, 1967.

[63] Wright, Harry K. Foreign Enterprise in Mexico, Law and Policies, The Univeisity of North Carolina Press, Chapel Hill, 1971.

六、外文论文

[1] Bennett, Douglas. and Kenneth E. Sharpe. "Transnational Corporations and the Political Economy of Export Promotion: the Case of The Mexican Automobile Industry". International Organization, Vol. 33, No. 2. (spring, 1979).

[2] Bennett, Douglas. and Kenneth E. Sharpe. "Agenda Setting and Bargaining Power: The Mexican State versus Transnational Automobile Corporations". World Politics, Vol. 32, No. 1 (Oct., 1979).

[3] Bennett, Douglas. and Kenneth E. Sharpe. "The State as Banker and Entrepreneur: The Last – Resort Character of the Mexican State's Economic Intervention, 1917 – 76". Comparative Politics, Vol. 12, No. 2. (Jan., 1980).

[4] Blomstrom, Magnus. "Foreign Investment and Productive Efficiency: The Case of Mexico". The Journal of Industrial Economics, Vol. 35, No. 1. (Sep., 1986).

[5] Bornschier, Volker. "Dependent Industrialization in the World Economy: Some Comments and Results concerning a Recent Debate". The Journal of Conflict Resolution, Vol. 25, No. 3. (Sep., 1981).

[6] Bortz, Jeffrey. "Problems and Prospects in the Mexican and Borderlands Economies". Mexican Studies (Estudios Mexicanos), Vol. 7, No. 2. (Summer, 1991).

[7] Campos, De Maria y. " La Industria Farmaceutica en Mexico". Comercio Exterior 27. No. 8. (August, 1977).

[8] Caporaso, James A. "Dependency Theory: Continuities and Discontinuities in Development Studies". International Organization, Vol. 34, No. 4. (Autumn, 1980).

[9] Davis, Diane E. "The Dialectic of Autonomy: State, Class, and Economic Crisis in Mexico, 1958 – 1982". Latin American Perspectives, Vol. 20, No. 3, Mexico: Political Economy, Social Movements, and Migration. (Summer, 1993).

[10] Evans, Peter. "After Dependency: Recent Studies of Class, State, and Industrialization". Latin American Research Review, Vol. 20, No. 2. (1985).

[11] Frieden, Jeff. "Third World Indebted Industrialization: International Finance and State Capitalism in Mexico, Brazil, Algeria, and South Korea". International Organization, Vol. 35, No. 3. (Summer, 1981).

[12] Gallagher, Kevin P. and Lyuba Zarsky. "Sustainable Industrial Development? The Performance of Mexico's FDI – led Integration Strategy". Global Development and Environment Institute, Fletcher School of Law and Diplomacy, Tufts University, February, 2004. www. ase. tufts. edu/ gdae.

[13] Gereffi, Gary. "Drug Firms and Dependency in Mexico: The Case of the Steroid Hormone Industry". International Organization, Vol. 32, No. 1, Dependence and Dependency in the Global System. (Winter, 1978).

[14] Gereffi, Gary. and Peter Evans. "Transnational Corporations, Depend-

ent Development, and State Policy in the Semiperiphery: A Comparison of Brazil and Mexico". Latin American Research Review, Vol. 16, No. 3. (1981).

[15] Goodman, Louis Wolf. "Horizons for Research on International Business in Developing Nations". Latin American Research Review, Vol. 15, No. 2. (1980).

[16] Green, Maria Del Rosario. "Mexico's Economic Dependence". Proceedings of the Academy of Political Science, Vol. 34, No. 1, Mexico – United States Relations. (1981).

[17] Haggard, Stephan. "The Newly Industrializing Countries in the International System". World Politics, Vol. 38, No. 2. (Jan., 1986).

[18] Haggard, Stephan. "The Political Economy of Foreign Direct Investment in Latin America". Latin American Research Review, Vol. 24, No. 1. (1989).

[19] Korbrin, Stephen Jay. "Foreign Direct Investment, Industrialization, and Social Change". The Journal of Conflict Resolution, Vol. 20, No. 3 (sep., 1976).

[20] Leonard, H. Jeffrey. "Multinational Corporations and Politics in Developing Countries". World Politics, Vol. 32, No. 3. (Apr., 1980).

[21] Looney, Robert E. "Mexican Economic Performance during the Echeverría Administration: Bad Luck or Poor Planning?". Bulletin of Latin American Research, Vol. 2, No. 2. (May, 1983).

[22] Mahon, James E. "Was Latin America too rich to prosper? Structural and Political Obstacles to Export – led Industrial Growth". Journal of Development Studies, Vol. 28, Issue. 2(Jan. 1992).

[23] Mares, David R. "Explaining Choice of Development Strategies: Suggestions From Mexico, 1970 – 1982." International Organization, Vol. 39, No +. (Autumn, 1985).

[24] Moran, Theodore H. "Multinational Corporations and Dependency: A Dialogue for Dependentistas and Non - Dependentistas". International Organization, Vol. 32, No. 1, Dependence and Dependency in the Global System. (Winter, 1978).

[25] Marquez, Viviane Brachet. "Explaining Sociopolitical Change in Latin America: The Case of Mexico". Latin American Research Review, Vol. 27, No. 3. (1992).

[26] Maviglia, Sandra F. "Mexico's Guidelines for Foreign Investment: The Selective Promotion of Necessary Industries". The American Journal of International Law, Vol. 80, No. 2. (Apr. , 1986).

[27] McCaughan, Edward J. "Mexico's Long Crisis: Toward New Regimes of Accumulation and Domination". Latin American Perspectives, Vol. 20, No. 3, Mexico: Political Economy, Social Movements, and Migration. (Summer, 1993).

[28] Needler, Martin C. "Understanding Mexican Politics". Mexican Studies, Vol. 1, No. 1. (Winter, 1985).

[29] Olson, Wayne. "Crisis and Social Change in Mexico's Political Economy". Latin American Perspectives, Vol. 12, No. 3, Repression and Resistance. (Summer, 1985).

[30] Purcell, Susan Kaufman and John F. H. Purcell: "State and Society in Mexico: Must a Stable Polity be Institutionalized?", World Politics, Vol. 32, No. 2 ,Jan. , 1980.

[31] Ramirez, Miguel D. "Mexico's Development Experience, 1950 - 85, Lessons and Future Prospects". Journal of Interamerican Studies and World Affairs, Vol,28,No,2 (Summer,1986).

[32] Scott, C. D. "Transnational Corporations and Asymmetries in the Latin American Food System". Bulletin of Latin American Research, Vol. 3, No. 1. (Jan. , 1984).

[33] Schmidt , Charles W. and Jeffry Scott, "Bordering on Environmental Disaster", Environmental Health Perspectives , Vol. 108 ,No 7 (July 2000).

[34] Villarreal, Rene. and Rocio de Villarreal. "Mexico's Development Strategy". Proceedings of the Academy of Political Science, Vol. 34, No. 1, Mexico – United States Relations. (1981).

[35] Weinert, Richard S. "Multinationals in Latin America". Journal of Interamerican Studies and World Affairs, Vol. 18, No. 2. (May, 1976).

[36] Weinert, Richard S. "Foreign Capital in Mexico", Proceedings of the Academy of Political Science, Vol. 34, No. 1, Mexico – United States Relations. (1981).

[37] Wilkins, Mira. "Multinational Corporations". Latin American Research Review, Vol. 17, No. 2. (1982).

CEPAL REVIEW

[1] Azpiazu , Daniel. Eduardo Basualdo and Bernardo Kosacoff. "Transnational Corporations In Argentina,1976 – 1983". CEPAL REVIEW, No. 28, April, 1986, pp. 99 – 133.

[2] De Lucio , Alberto Jimenez. "The East, The South And The Transnational Corporations". CEPAL REVIEW, No. 14, August 1981, pp. 51 – 82.

[3] Del Prado , Arturo Nunez. "The Transnational Corporation In A New Planning Process". CEPAL REVIEW, No. 14, August 1981, pp. 35 – 50.

[4] Esser , Klaus. "Modification of The Industrialization Model In Latin America". CEPAL REVIEW, No. 26, August 1985, pp. 101 – 113.

[5] Joint ECLAC/UNIDO "Industrial Development Division. Thoughts on In-

dustrialization, Linkage and Growth". CEPAL REVIEW, No. 28, April 1986, pp. 49 – 1986.

[6] Kerner , Daniel. ECLAC, "Transnational Corporations and The Quest For A Latin American Deveopment Strategy". CEPAL REVIEW, No. 79, April 2003, pp. 83 – 95.

[7] Knakal , Jan. "The Role of The Public Sector and Transnational Corporations in The Mining Development of Latin America". CEPAL REVIEW, No. 30, December 1986, pp. 143 – 162.

[8] Lahera , Eugenio. "The Transnational Corporations in The Chilean Economy". CEPAL REVIEW, No. 14, August 1981, pp. 107 – 125.

[9] Lahera , Eugenio. "The Transnational Corporations and Latin America`s International Trade". CEPAL REVIEW, No. 25, April 1985, pp. 45 – 64.

[10] Marinho , Luiz Claudio. "The Transnational Corporation and Latin America`s Present Form of Economic Growth". CEPAL REVIEW, No. 14, August 1981, pp, 9 – 34.

[11] Nunez , Wilson Peres. "The Internationalization of Latin American Industrial Firms". CEPAL REVIEW, No. 49, April 1993, pp. 55 – 74.

[12] Tavares , Maria Da Conceicao And Aloisio Teixeira. "Transnational Enterprises And The Internationalization of Capital in Brazilian Industry". CEPAL REVIEW, No. 14, August 1981, pp. 83 – 105.

后 记

　　《跨国公司与墨西哥的经济发展》一书是在我博士论文的基础上修改而成的。在我攻读学位期间，导师洪国起先生无论从学习上还是生活上都给予我无微不至的关怀。不管是洪先生的授课还是他的文章，总是高屋建瓴、立意深远，给人以顿开茅塞的启发。他强调加强马克思主义理论和方法的学习与修养，以发展了的马克思主义理论为指导，研究新材料，发现新问题；强调与时代同呼吸共命运的治史思想以及求实、求新的治史方法；他本人谦虚谨慎、实事求是的治学态度都给我留下了极为深刻的印象。论文从选题到成篇，都得到了洪先生的悉心指导。由于我是在职学习，工作比较忙，论文的写作久拖不成，心中十分焦急。洪先生尽管已经退休，但仍坚持勉励我不要着急，要写出一篇高质量的论文。先生宽以待人，工作第一，他人第一，甘为人梯。先生的谆谆教诲和道德文章将使我终生受益！在攻读学位期间，王晓德教授也给予了我多方面的指教和关照。

　　《跨国公司与墨西哥的经济发展》是一项挑战性较强的课题，这不仅由于它的资料难觅、需要有良好的英语和西班牙语功底，而且还由于它是一项历史学与经济学的跨学科研究，需要有长期的学术积淀。因此，本书的完成离不开那些在我学术成长之路上给我以长期关怀和帮助的前辈和同行。他们是山东师范大学历史文化与社会发展学院的王春良教授，北京大学历史系的林被甸教授，中国社会科学院拉丁美洲研究所的苏振兴研究员，张森根研究员、曾昭耀研究员、徐世澄研究员、张宝宇研究员，世界史研究所的郝名玮研究员、冯秀文研究员,欧洲研究所的江时学研究员,复旦大学国际问题研究院拉美研究室的刘文龙教授、陈才兴教授,北京语言文化大学西班牙语教研室的方瑛教授、何塞·拉蒙(Jose Ramon)教授,中国人民大学国际经济系的吴大琨教授,辽宁大学经济学院的宋则行教授,北京大学经济学院的朱克炴教授,墨西哥国立自治大学经济研究所的拉蒙·马丁内斯·埃斯卡米利亚(Ramón Martines Escamilla)教授、阿莉西亚·希龙·冈萨雷斯(Alicia Giron Gonzalez)教授,等等,是他们的著作和文章的启迪,是他们亲切的关怀、热心的指教和可贵的鼓励,使我对拉美研究,特别是拉美经济史研究情有独钟,并能够执着地、始终不渝地在这一领域坚持耕耘,直到迎来收获的季节! 特别要提到的是苏振兴研究员,他听说我的书即将出版后,除了表示祝贺外,还不顾古稀之年的身体劳顿,在百忙之中拨冗为本书写序,其关心拉美史学科发展和提携后学的精神着实令人感动!

中国社科院拉美所图书馆的钱去菲副研究馆员、宋玉兰馆员、王锡华副研究员,《拉丁美洲研究》编辑部的高川生副研究员、刘维广副研究员,在我每次到拉美所图书馆查找资料时,都给予我非常热情的接待和周到的帮助。另外,作为"哈佛燕京项目"学者2005年在美国哈佛大学访学的南开大学历史学院孙卫国教授、作为福布赖特学者2006年在美国伊利诺伊大学访学的南开大学拉美研究中心董国辉副教授、作为联合培养博士生2007年在美国堪萨斯大学求学的张世轶同学、作为联合培养博士生2008年在美国加州大学圣迭戈分校求学的孙晨旭同学、作为本科生在北京大学(2004~2008)和作为博士生在美国哥伦比亚大学(2008年至今)求学的韩硕硕同学,以及在天津市图书馆工作的谷俊娟同志,都曾热心地帮我查找和复制资料,解我燃眉之急。

南开大学经济史学科带头人王玉茹教授将本书稿列入她策划的"南开经济史丛书",从而使本书得以顺利出版。

我的妻子、女儿、父母和岳父母都是我学术生涯中的坚定支持者和鼓励者,她(他)们无私的爱心和默默的奉献,给我以勇气,给我以力量,给我以智慧,鞭策我努力前行。

　　我向所有这些提到的以及那些未曾提到的给我以关怀、激励、帮助的人们,致以诚挚和由衷的感谢!

　　书稿虽然马上就要出版,但我深知学无止境,对拉美跨国公司的研究仅仅是一个开端,还有许多问题有待更加深入的探讨。由于水平所限,书中定有疏漏和不足之处,欢迎读者不吝赐教,批评指正。

韩琦

2010 年 3 月 28 日于南开大学